딜레마와 교육정책

Dilemma and Educational Policy ——————— 임연기 저

한국 농촌학교의 딜레마 상황과 정책 대응

학지사

이 저서는 2016년 정부(교육부)의 재원으로 한국연구재단의 지원을 받아
수행한 연구임. (NRF-2016S1A6A4A01018576)

머리말

시골에 가면 오지벽지를 마론하고 어디서든 '학교'를 만날 수 있다. 그런데 여러 학교가 이미 문을 닫았거나, 그런 처지에 놓여 있어 아쉬움이 매우 크다. 마지막 학생이 학교를 떠나면서 학교가 소멸하는 사례는 어쩔 수 없다 할지라도 소수일망정 학생이 남아 있는 상황에서 학교 문을 닫고 다른 지역의 학교로 학생들을 내보내야 하는지, 아니면 한 사람이라도 남을 때까지 학교를 유지하고 학생의 학습권을 보장해야 하는지 쉽게 판단하기 어렵다. 작은학교를 통폐합해야 할지, 아니면 보존하고 육성해야 할지 딜레마 상황이다.

딜레마와 관련하여 학술논문을 처음 접한 것은 한국교육개발원에서 연구원 생활을 하던 30여 년 전의 일이다. 당시 연구기관이 3년간(1990∼1992년) 대형 사업으로 추진한 '입시위주 교육의 실상과 대책' 연구에 참여하면서 Geel(1988)의 「죄수의 딜레마와 교육정책」이라는 논문을 읽고 또 읽었다. 그는 너도나도 사교육에 빠지고, 그래서 공교육을 비정상화로 몰고 가는 이유를 딜레마의 틀로 설명했다. 딜레마로부터 벗어나려면 학생, 학부모, 교사의 각성을 기대하기 이전에 정부의 역할이 중요하다는 점을 마음에 새길 수 있었다.

역시 같은 연구의 일환으로 1992년에 개최한 '입시위주교육의 해소 대책 탐색'이라는 교육정책토론회의 주제발표에서 농촌학생 그리고 농촌학교 발전을 위한 첫 번째 정책방안을 제안하였다. 해외 외교관 자녀들에게 제한적으로 적용하고 있던 정원 외 특별정원을 장애인과 함께 농어촌학교 졸업생들까지 확대해야 한다고 주장하였다. 당시에는 「헌법」에서 명시하고 있는 교육기회 균등의 정신에 어긋난다는 따끔한 이견이 있었으나, 몇 년 후 우여곡절을 거쳐 공적 제도로 진입하였다. 제도화의 물꼬를 튼 모 대학의 학생회 임원들과 공개 좌담회를 가졌던 기억이 아직도 생생하다.

　농촌교육에 대한 문제의식과 안목을 키울 수 있었던 결정적 계기는 서울의 국책연구소로부터 지방의 공주대학교로 연구 활동 무대를 옮기면서부터이다. 지척에서 농촌학교의 현실을 목격할 기회가 많아졌다. 또한 대학원에 훌륭한 제자들이 입학하여 농촌학교에 대한 호기심과 열정을 발동시켰다. 특히 이진철, 민병성 선생 등은 농촌교육에 대한 생각을 정리하는 데 많은 도움을 주었다. 때마침 농촌교육과 관련하여 NURI(지방대학교육역량강화사업), BK21 등 정부의 재정지원 공모사업에 선정되어 연구기반을 확고히 할 수 있는 행운을 가졌다. 이어서 정부가 특별교부금으로 추진한 '농어촌 교육여건 개선사업'을 측면에서 지원하는 중점 연구센터 역할을 2000년대 중반부터 오랜 기간 수행하였다. 책임자로서 처음부터 끝까지 묵묵히 완주함으로써 개인적으로 여러 다른 기회를 상실했지만 보람도 컸다.

　두 번째 딜레마와의 만남은 '도덕적 딜레마'였다. NURI 사업의 일환으로 사범대학에 재학 중인 예비교사들이 학교현장에서 발생하는 도덕적 갈등 사례들을 비판적으로 경험할 수 있는 도덕성 함양 강좌를 개설하고, 2년간 준비하여 2007년 4월 『교사와 도덕성』이라는 강의교재를 발간하였다. 도덕적 민감성, 판단 또는 추론, 동기화, 성품 또는 실천력을 키우기 위한 토론학습의 자료로 활용한 도덕적 딜레마 사례는 대규모의 교사 인터뷰를 거쳐 소재를 찾고, 학생의 인권, 교사의 권리, 교사의 의무 차원에서 법적 판례를 바탕으로 대학원 제자들과 함께 완성하였다. 사업 종료 이후 강좌를 이어 가지 못하여 아쉬움이 남는다.

　정부의 재정지원사업, 중점연구 지원센터 업무가 과중하여 기초연구 수행과 학술논문 발표는 뒷전으로 밀렸다. 다행스럽게 국제교류 요청이 쇄도하여 이에 응하면서 반강제적으로 몇 편의 기초연구와 논문을 준비할 수 있었다. 대표적으로 호주의 뉴잉글랜드 대학교, 일본의 홋카이도 대학교, 가고시마 대학교 그리고 중국의 동북사범대학교와는 여러 차례의 국제학술심포지엄을 초청도 하고 초청을 받아 교차해서 개최하였다. 한국의 농촌교육 현실과 정책을 여러 나라에게 알리고 농촌교육의 국제적 흐름을 공부하는 기회를 가졌다. 특히 2011년 2월 한국교육행정학회장이자 한국농촌교육연구센터 책임자로서 공주대학교에서 일본교육행정학회, 호주의 SiMMER 등과 공동으로 11개국에서 53여 명의 발표자가 참가한 제2차 세계농촌교육학술심포지엄(ISFIRE 2)을 2박 3일간 개최하기도 하였다. 2015년 12월에는 대만 정부 초청으로 대만의 벽지학교를 돌아볼 수도 있었다.

2000년대 초반부터 씨름해 왔던 농촌교육 연구의 흔적을 모아 남기고 싶어 여러 방법을 모색하였다. 우연히 2016년 한국연구재단의 학술저서 편찬지원 사업에 응모하였다. 정년 이후에야 저서편찬이 가능해 지원 자격이 있는지 문의하였는데, 저술계획서의 질이 중요하다는 담당자의 전화를 받고 용기를 냈다. 계획서 심사, 그리고 연차평가, 최종 출판 적합 판정을 해 주신 익명의 심사위원님들께 감사드린다. 아울러 죄수의 딜레마와 도덕적 딜레마는 이전의 연구노트를 중심으로 제2장과 3장에서 다루었지만, 한국행정학회 '딜레마 세미나' 모임의 연구 성과를 바탕으로 그간의 농촌교육 연구결과를 묶는 딜레마 관점을 정립할 수 있었다. 다년간 연구기반을 축적한 교수님들께 감사드린다.

딜레마의 관점에서 이미 발표한 글들을 재정리하고, 필요한 부분은 새롭게 집필하여 추가하였다. 일부 내용은 발표한 시 15년이 지나 발간 시점에서 어울리지 않는 점도 없지 않지만 나름대로 의미가 있다고 판단하여 가급적 원문 그대로 포함시켰다. 통계자료는 최대한 최신화하였으나 한계가 있었다. 여러 미흡한 점이 많지만 정해진 기간 내에 저서출판을 마무리하여 홀가분하다. 정년에 즈음하여 발간해서 대한민국학술원으로부터 2018년 우수학술도서로 선정받은 『한국의 교육행정 탐구』, 2018년 9월 제자, 현장 전문가들과 함께 발간한 『교직 실무: 교직의 이해와 혁신』, 연구센터에서 고락을 같이하다가 대학교로 영전한 교수, 후배 교수들과 공동 집필하여 2020년 5월 발간한 『세계의 통합학교: 제도와 운영 사례』에 이어서 또 하나의 단행본 연구 전문서를 세상에 내놓을 수 있어 기쁜 마음 그지없다.

무엇보다 3년간의 연구와 집필을 지원해 주신 한국연구재단에 다시 한번 감사드린다. 출판을 도와주신 공주대학교 한국농촌교육연구센터 김영미 소장님, 아울러 공주대학교에서 든든하게 지켜봐 주신 임규진 외 선배 교수님들, 합심해서 연구했던 후배 교수님들, 크고 작은 도움을 주고 연구센터를 거쳐 갔던 동지들, 저서 집필에 직접 도움을 준 문미희, 이상용, 강충서, 곽효정, 정영모 그리고 거친 글을 읽어 준 조덕제 선생에게도 감사드린다. 농촌교육연구로 만난 모든 분들, 강남중학교, 공주대학교, 대학원 모든 제자, 졸강을 기억해 준 모든 분께 심심한 감사의 마음을 남기고 싶다. 끝으로 흔쾌히 출판을 맡아 주신 학지사 김진환 대표님께도 감사드린다.

2021. 2.

임연기

차례

제4부 / 딜레마 양상

제1부

딜레마 관점

제1장

일상에서 딜레마 만나기

딜레마의 어원은 그리스어 'die'와 'lemma'의 합성어이다. die는 숫자 2(two)이고 lemma는 주장, 제안(to state specifically)을 말한다. 그리스 어원으로 보면 딜레마는 두 개의 명제를 말한다. 그런데 레마는 로고스와 구분된 개념으로서 로고스가 개인의 의견이나 견해가 들어가지 않은 객관적(what is spoken)인 주장인 반면에 레마는 개인의 의지나 의도가 중요한 주관적인 주장이라는 점을 주목할 필요가 있다. 레마는 객관적인 사실(fact)이라기보다는 주관적인 해석(interpretation)을 의미한다.

딜레마의 뜻을 이원으로부디 '두 개의 명획하게 다른 주관직 주장'이라는 점에서 볼 때, 우리가 널리 알고 있는 두 개의 길을 읊은 시 한 편을 떠올리게 한다. 프로스트의 작품을 피천득(2008: 89-90) 시인이 옮긴 '가지 않는 길'을 음미해 보자.

가지 않는 길

노란 숲속에 길이 두 갈래 났습니다.
나는 두 길을 다 가지 못하는 것을 안타깝게 생각하면서
오랫동안 서서 한 길이 굽어 꺾여 내려간 데까지
바라다 볼 수 있는 데까지 멀리 바라다보았습니다.

그리고 똑같이 아름다운 다른 길을 택했습니다.
그 길에는 풀이 더 있고 사람이 걸은 자취가 적어
아마 더 걸어야 될 길이라고 나는 생각했던 게지요.
그 길을 걸으므로, 그 길도 거의 같아질 것이지만.

그날 아침 두 길에는
낙엽을 밟은 자취는 없었습니다.
아, 나는 다음 날을 위하여 한 길은 남겨 두었습니다.
길은 길에 연하여 끝없으므로
내가 다시 돌아 올 것을 의심하면서……

훗날에 훗날에 나는 어디선가
한숨을 쉬며 이야기할 것입니다.
숲속에 두 갈래 길이 있었다고.
나는 사람이 적게 간 길을 택하였다고.
그리고 그것 때문에 모든 것이 달라졌다고.

이 시에는 똑같이 아름다운 두 갈래의 길이 등장한다. 그냥 두 갈래 길이 아니고 선택하기 어려운 똑같이 아름다운 두 갈래 길이다. 우리는 그중에 하나를 선택하고, 하나를 포기해야 한다. 3연과 4연에서 선택하지 않은 길에 대한 아쉬움을 물씬 묘사하고 있다. 3연에서는 다른 한 길을 남겨 두었다 했

지만 다시 돌아올 수 없어 포기한 길이라는 점을 암시하고 있다. 4연에서는 가지 않은 길에 대한 여운과 그리움을 오래 간직하게 한다.

내가 좋아하는 테니스 선수 페더러는 현역 선수로서 정년을 넘긴 불혹을 앞둔 나이에도 여전히 상위 랭커의 자리를 굳건하게 지키고 있다. 널리 존경을 받는 이유가 단순히 언젠가는 뒤처질 현재의 랭킹 때문만은 아니다. 많은 동호인들뿐만 아니라 전문 선수들도 유튜브에 올린 그의 테니스 폼을 교과서로 삼고 있을 정도로 황제의 위치에 우뚝 서 있다. 페더러는 테니스 선수로서 성공한 이유를 학교와 교우관계의 포기에서 찾았다. 16세에 학교를 그만두고 20세까지 맺을 수 있던 교우관계를 포기해야만 했는데 이러한 희생은 그만한 가치가 있었고, 만약 다시 돌아간다고 해도 같은 선택을 했을 것이라고 강조했다.[1]

페더러는 어린 나이에 포기한 길을 생생하게 기억하고 있다. 어떤 가치의 포기 없이 오늘날의 페더러가 있을 수 없었을 것이다. 그런데 페더러가 옛날로 돌아가도 테니스 선수로서의 길을 다시 선택하겠다고 주저 없이 말한 것은 그의 선택이 만족스럽고 그 만큼 성공했음을 입증하고 있다. 그런 긍정적인 결과가 없었다면 쉽게 언급하기 어려웠을 것이다.

딜레마는 '두 개의 길'과 '하나의 포기'라는 점을 프로스트의 시와 페더러의 경험을 통해 살펴보았다. 가지 않는 길에서는 '긴 아쉬움'으로 페더러의 경험에서는 '단호한 결단'으로 표현하였다. 이제 두 개의 길 앞에서 난관에 부닥친 선택에서의 상황으로 한 걸음 다가가 보자.

- '딜레마의 뿔(horn of dilemma)': 달려오는 황소의 오른쪽 뿔을 피하면 왼쪽 뿔에 찔리고, 왼쪽 뿔을 피하면 오른쪽 뿔에 찔리는 상황을 말한다. 모두 뿔에 찔리는 형국이다.
- 'Buridan의 당나귀 우화': 중세 스콜라 철학자들이 언급한 Buridan의 당

---

[1] http://news.joins.com/article. 2019.03.28. 추출.

나귀는 양쪽에 먹이를 두고 이쪽을 먹으러 가면 저쪽 먹이가 좋아 보이고, 저쪽을 먹으러 가면 이쪽 먹이가 더 좋아 보여서 왔다 갔다 하면서 굶어 죽었다는 이야기다.

• '고슴도치 딜레마': 고슴도치는 날카로운 가시가 있어 가까이 가면 찔리고, 멀어지면 서로의 온기를 나눌 수 없는 상황을 말한다. 이를 쇼펜하우어는 인간의 독립성과 타인과의 일체감 사이의 근원적 갈등으로 설명하였다.

Cameron과 Quinn(1988: 2)은 딜레마를 두 개의 똑같이 매력적인 대안 중에서 하나만을 선택해야 하는 상황으로 설명하고 있다. 이때 자칫 양손에 떡을 쥐고 즐거운 비명을 지르는 행복한 상태로 오해할 수 있으나, 황소, 당나귀, 고슴도치 등 세 동물의 이야기에서 짐작할 수 있는 바와 같이 이럴 수도 저럴 수도 없는 난처한 상황을 일컫는다. 여기서 딜레마는 '실패'의 의미를 함축하고 있는 개념이다.

사람이 겪는 딜레마로 가보자. 트롤리 딜레마와 몬티홀 딜레마, 죄수의 딜레마 등은 사람이 주인공인 대표적 딜레마 사례이다. 사람이 주인공인 딜레마는 선택이 난처한 상황에서 종료한다. 동물이 주인공인 딜레마가 비극적인 결말을 명시하는 것과는 대조적이다. 죄수의 딜레마는 다음 절에서 상세하게 다루기로 한다.

• 트롤리[2] 딜레마(Trolley Dilemma): "당신은 전차 기관사입니다. 지금 전차는 시속 100㎞가 넘는 속력으로 질주하고 있습니다. 그런데 저 앞에 다섯 명의 인부가 철로에 서 있습니다. 속도가 빨라 브레이크를 잡아도 멈출 수 없는 상황입니다. 대신 오른쪽에 비상철로가 눈에 보입니다. 그러나, 그곳에도 인부가 한 명 작업하고 있습니다. 당신은 바로 철

---

2) 전차의 폴 끝에 달려, 공중의 전선으로부터 전동차로 전력을 공급받는 작은 쇠바퀴.

로를 바꿀지 말지를 결정해야 합니다." "이번에 당신은 폭주하는 전차가 다가오는 광경을 철로를 가로지르는 다리 위에서 내려다보고 있습니다. 전차는 다섯 명의 인부를 향해 전속력으로 질주하고 있습니다. 그런데 당신 옆에서 뚱뚱한 한 사람이 역시 이 광경을 지켜보고 있습니다. 만약 당신이 그 사람을 밀쳐 전차가 들어오는 철로로 추락시키면 다섯 인부의 목숨을 구할 수 있습니다."

• 몬티 홀 딜레마(Monty Hall Dilemma): "당신은 TV 쇼 프로그램에 출연한 사람입니다. 당신이 서 있는 무대에는 커튼으로 가려진 세 개의 문이 있습니다. 이 중에 한 개의 문 뒤에는 근사한 상품이 숨어있고, 나머지 두 개의 문 뒤에는 꽝을 상징하는 동물이 숨어 있습니다. 출연자가 1차로 특정 문을 선택했을 때 사회자는 상품이 없는 다른 문 하나를 열어 보이며 출연자에게 다시 한번 문을 선택할 수 있는 기회를 줍니다. 당신은 처음에 선택한 문을 다시 선택하겠습니까? 아니면 마음을 바꾸어 다른 문을 선택하겠습니까?"

트롤리 딜레마는 원래 영국의 여성 철학자인 필리파 푸트(Philippa Foot)가 제안했으며, 뚱뚱한 사람의 예는 역시 여성 철학자인 주디스 톰슨(Judith Thomson)이 덧붙였다(손정수, 2019). 국내에서 밀리온 셀러 반열에 오른 마이클 샌델(Michael Sandel)의 저서 『정의란 무엇인가(Justice)』에 언급되면서 널리 알려진 딜레마이다. 둘 다 죄없는 한 사람을 희생해서 더 큰 인명손실을 막겠다는 선택이 개입한다(이창신 역, 2010: 39).

몬티 홀(Monty Hall)은 1960년대 말부터 대단한 인기를 끌었던 미국의 TV 쇼 프로그램 〈Let's make a deal〉의 사회자 이름이다. 출연자가 상품을 갖기 위해서는 사회자의 유혹대로 새로운 문으로 옮기는 게 유리한지 아니면 최초에 선택했던 그 문을 고집하는 게 유리한지의 고민을 몬티 홀 딜레마 또는 몬티 홀 문제라고 부른다.[3] 상품을 받을 수 있는 확률이 처음 선택한 문을 고

---

3) https://ko.wikipedia.org/wiki/. 2019. 6. 1. 추출.

집하면 1/3, 다른 문으로 바꾸면 2/3이지만 순간적으로 선택행위 별로 당첨 확률을 계산하기가 쉽지 않고, 처음 선택한 문을 바꾸는 선택이 쉽지 않다.

우리 일상에서 딜레마가 무엇인지 알아보기 위하여 신문기사의 제목을 검색해 보았다.[4] 다음 [그림 1-1]은 2016년 1월부터 2018년 11월 말까지 단어 출현빈도 20회 이상 단어를 빈도 횟수에 따라 크기로 시각화한 결과이다. 아마도 2020년 시점에서는 '코로나 19 사태' 관련 단어의 출현이 중심을 차지했을 것으로 짐작할 수 있다.

[그림 1-1] '딜레마' 단어 워드클라우드(wordcloud) 시각화

주요 출현단어는 금리, 한국, 정부, 국민, 트럼프, 인상, 삼성, 죄수, 대통령, 은행 순으로 나타났다. 주로 경제와 관련된 단어가 높은 빈도를 보이고 있음을 알 수 있다. 세부적으로 살펴보면 다음 [그림 1-2]와 같이 경제적으로는 금융, 일자리, 대기업, 정치적으로는 북한, 트럼프와의 관계에 대한 빈도가 높고, 그리고 '딜레마'를 상징하는 단어로 '우려', '죄수'를 사용하고 있다.

• 금리 단어는 반대, 한미, 한국, 우려, 경기 단어와 연결관계가 강하게 나

---

4) 검색 단어: 딜레마, 기간: 2016.1.1.~2018.11.30., 대상: 신문기사 (네이버), 총 검색 건수: 6,739건, 분석 도구: R(version 3.5.1).

타남

- 한국 단어는 대통령, 북한, 은행, 투자 단어와 연결관계가 강하게 나타남
- 정부 단어는 경기, 한미, 최저임금, 문제, 정책, 일자리 단어와 연결관계가 강하게 나타남
- 국민 단어는 경제, 정책, 죄수, 철수 단어와 연결관계가 강하게 나타남
- 트럼프 단어는 금융, 기업, 반대, 북한, 압박, 투자, 우려 단어와 연결관계가 강하게 나타남
- 인상 단어는 금리, 한미, 최저임금, 우려 단어와 연결관계가 강하게 나타남
- 삼성 단어는 압박, 전자, 해법, 투자, 반대 단어와 연결관계가 강하게 나타남
- 죄수 단어는 '죄수의 딜레마'라는 용어를 인용하면서 나타남. 이와 관련

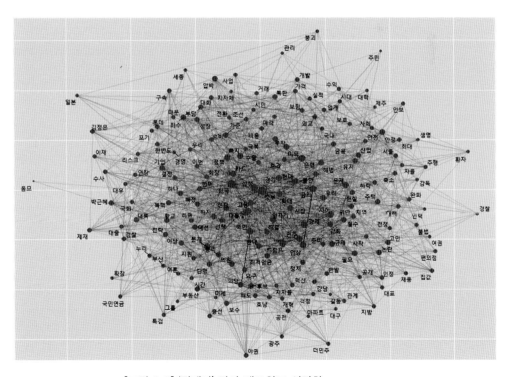

[그림 1-2] '딜레마' 단어 네트워크 시각화

해 미국, 가격, 우려 단어와 연결관계가 강하게 나타남

- 대통령 단어는 압박, 최대, 성장, 탄핵 단어와 연결관계가 강하게 나타남
- 은행 단어는 금융, 산업, 일자리, 조선, 하나 단어와 연결관계가 강하게
나타남

제2장

한국교육의 딜레마 스쳐보기 I:
사교육의 딜레마

    한국교육은 해방 이후 외형적으로 괄목할만한 성장을 거듭해 왔으나 교육의 본질에 비추어 볼 때 성장의 그늘이 너무 짙게 드리워진 딜레마 상황에 처해 있다. 대표적으로 과도한 입시경쟁의 수렁에 빠져 있는 교육현실을 딜레마 관점에서 살펴보자. 물론 다른 입장에서 딜레마를 제명으로 한 몇 권의 교육전문서를 찾아볼 수 있다. 이를테면 우리교육 편(2008)『교실 속 딜레마 상황: 100문 100답』, 이규철(2013)의『수업 딜레마』등이 있다. 이들은 가르침에서의 난관을 딜레마로 표현하고 있다. 이정민 역(2020)의『교사교육의 딜레마』는 D. F. Labareer의 본래 저술명인『The Trouble with Ed School』에서 문제를 딜레마로 명명하고 있기도 하다.

1. 죄수의 딜레마와 교육

1) 죄수의 딜레마와 사교육

경향신문에서 흥미로운 기사를 접했다. 임아영과 박은하(2019) 기자는 "어쩌다 자식은 부모에게 행복 아닌 '짐'이 되었나"[1]라는 제하의 기획기사에서 개인이 육아책임을 떠맡으며 '뒤처지지' 않기 위해 돈을 쏟아 붓는다고 표현하였다. 부모의 짐 중에 사교육도 빠질 수 없다. 이 글에서 신한은행이 2018년 3월 만 20~64세 금융거래 소비자 2만 명을 대상으로 조사한 '2018년 보통사람 금융생활 보고서'를 인용한 결과를 보면 자녀 1명의 고등학교 졸업 때까지 드는 교육비는 총 8,552만 원이다. 사교육비가 6,427만 원으로 75.1%를 차지했다. 대학등록금까지 고려하면 교육비로만 1억 원이 든다는 것이다. 월평균 소득이 1,000만 원 이상인 가구의 자녀 1인당 총교육비는 1억 4,484만 원으로 300만 원 미만인 가구의 교육비 4,766만 원보다 3배나 많다고 한다.

사교육의 투자 가치를 어떻게 평가할 수 있는가. 한국의 워렌 버핏으로 불리는 존리(한국명 이정복)은 『뉴스 1』 이길원 객원대기자와의 대담[2]에서 한국 사회가 '금융문맹'이라고 하는 지독한 전염병이자 유전병에 걸렸다고 진단했다. 금융문맹에는 사교육비도 한몫한다. 한 해 20조 사교육비가 자식과 부모를 가난뱅이로 만든다고 하였다. 그는 사교육비를 쓰는 것은 바보 같은 짓이다. 돈을 쓰레기통에 버리는 것과 같다. 아이에게 1억 원의 학원비나 과외비가 들어간다고 말해 보자. 그 아이는 스스로 공부를 열심히 할 테니 차라리 그 돈을 나중에 달라고 할 것이다. 한국의 부모들은 남들이 하니까 따지지 않고 수입의 30~50%를 사교육비로 쓴다. 아이들을 과외나 학원에서 해방시키면 아이도 행복해지고 부모도 갈등이 없어진다. 공부는 공부를 잘하

---

1) 경향신문(2019. 1. 20.).
2) 뉴스 1(2020. 7. 26.).

는 아이들이 하면 된다. 90%의 아이들은 공부에 취미도 없고 사교육비를 들여 애써도 실제로 별 효과가 없다. 다 부모의 욕심이다. 아이들 좋은 대학교에 보냈다는 트로피를 받고 싶어서 애쓴다고 한다.

어째서 사교육을 멈출 수 없을까? 백일우(2000)는 과외나라, 사실은 우리나라 학부모들의 사교육 열풍 현상을 죄수의 딜레마 관점에서 기술하고 있다. 우선 죄수의 딜레마를 간략히 알아보자.

> 범죄 조직의 두 조직원이 체포되었다. 각각의 죄수는 독방에 갇혔고, 다른 죄수와 이야기하거나 메시지를 교환할 수단을 지니지 못하고 있다. 경찰은 두 사람을 주된 죄목으로 유죄 입증할 충분한 증거를 가지고 있지 못하다고 시인했다. 그들은 둘 다 모두를 경미한 다른 혐의로 1년형에 처할 계획을 세웠다. 동시에 경찰은 각 죄수에게 파우스트적 협상안을 제시한다. 만일 동료의 죄를 증언하면 자신은 석방되는 반면, 동료는 주된 죄목에 따라 3년형을 받을 것이다. 구미가 당기는 제안이다. 하지만 만약 두 죄수 모두 동료의 죄를 증언한다면 둘 다 2년형을 받을 것이다(박우석 역, 2004: 177-178).

죄수의 딜레마에 대한 더 상세한 논의는 뒤에서 다시 다루기로 하고, 이를 사교육에 적용한 백일우(2000: 164-165)의 설명부터 살펴보자. 경제사정과 학업능력이 비슷한 갑과 을 두 가족으로 구성된 과외나라 대학입학 정원은 단지 1명이고 학부모 모두 과외가 입학에 주는 영향을 굳게 믿고 있다. 모두가 과외를 시킨다면 비용은 -10이고 둘 다 과외를 시키지 않는다면 비용은 당연히 0이 된다. 만일 둘 중에서 한 사람만 시킨다면 과외를 시킨 학부모는 +30, 안 시킨 학부모는 -30의 기대효과가 있다. 이와 같은 상황에서 두 학부모는 모두 다른 학부모가 과외를 시킬 것에 대비하여, 또는 과외를 시키지 않을 것에 대비하여 과외를 선택한다. 더 행복한 결과를 마다하고 전략적 균형[3]을 선택하여 가장 바람직한 상태를 외면하는 것이다. 죄수와 딜레마

---

3) Nash 균형상태.

는 사교육 열풍이 우리 사회에서 만연하고 있는 이유를 간명하게 설명하고 있다.

2) 죄수의 딜레마와 공교육

죄수의 딜레마는 사적 영역의 문제에 대한 설명으로 그치지 않는다. Geel(1988: 336-345)은 죄수의 딜레마 게임을 공교육 영역으로 확장하여 적용하였다. 때때로 개개인이 자신의 이익을 얻고자 기울이는 노력은 실제로 그들의 성취를 방해하기도 한다. 개인적인 이익을 얻기 위해서는 협력이 필요하지만, 다른 사람과의 협력은 불가능하지는 않더라도 어려운 경우가 많다. Axelrod(1984)가 묻는다. 중앙의 권위와 개입 없이 이기주의자들이 그들의 세계에서 서로 협력을 도모할 수 있는 조건은 무엇인가?

이기주의자들이 그들의 세계에서 서로 협력을 도모할 수 있는가? 이 질문은 오랫동안 사람들의 주목을 받았다. 그럴 만한 이유가 있다. 우리 모두는 사람들이 천사가 아니며 자신과 자신을 먼저 돌보는 경향이 있다는 것을 알고 있다. 그러나 우리는 또한 협력이 이루어지고 우리의 문명이 그것에 기반하고 있다는 것을 알고 있다. 하지만 각 개인이 이기적인 동기가 있는 상황에서 어떻게 협력을 도모할 수 있을까?

협력을 확보하기 어렵다는 점을 두 명의 플레이어가 죄수로 참여하는 딜레마로 설명할 수 있다. 각 플레이어는 협력 또는 이탈을 선택할 수 있다. 그리고 각자는 다른 플레이어가 무엇을 할지 모른 채 선택을 한다. 플레이어가 직면하는 딜레마는 그들이 협력하면 둘 다 좋지만, 둘 다 자신의 위치를 이탈하면 더 나빠진다는 것이다. 둘 중의 한 사람이 이탈하면 협력하는 다른 플레이어는 실패에 직면한다. 이를 [그림 2-1]에서 설명하고 있다.

Jones

		협력	이탈
Smith	협력	R=3, R=3 상호 협력 보상(R)	S=0, T=5 범생이 Smith 지불(S) Jones 이탈유혹(T)
	이탈	T=5, S=0 Smith 이탈 유혹(T) 범생이 Jones 지불(S)	P=1, P=1 상호 이탈 벌(P)

출처: Van Geel (1988). The Prisoner's dilemma and educationa policy, Notre Dame Journal of Law, *Ethics & Public Policy*, 3. p. 337.

[그림 2-1] 죄수의 딜레마 게임 I

이 게임에서 한 플레이어 Jones는 협력 또는 이탈을 선택하고 다른 플레이어 Smith는 동시에 협력 또는 이탈을 선택한다. 이러한 선택은 매트릭스에 표시된 네 가지 결과 중 하나가 된다. Jones와 Smith가 협력하면 상호 협력의 보상을 받는다. 한 플레이어가 이탈하고 다른 플레이어가 협력하면 이탈자는 유혹의 보상을 받고 다른 플레이어는 실패자가 된다. 둘 다 이탈하면 둘 다 같은 처벌을 받는다.

이 게임을 설명하기 위해 Smith와 Jones가 체포되어 침묵을 지키거나, 아니면 고백하여 이탈하는 둘 중의 하나를 선택하는 상황에 직면했다고 가정한다. 각자 가벼운 처벌을 받기 위해 다른 죄수를 고발하고 연루시키는 유혹을 받는다. 다른 사람이 고백하지 않을 것이리고 믿지 못히여 그들은 모두 법의 힘에 무너지는 실패자가 된다. Smith와 Jones 사이의 협의가 불가능할 때 합리적인 죄수는 자백할 것이다. Smith와 Jones는 모두 자백하고 상호 이탈에 따른 처벌에 직면할 것이다.

죄수의 딜레마는 광범위한 사회적 병폐와 정부의 필요성을 설명한다. 가령 모든 사람이 공원에서 멋진 잔디를 원한다고 가정하면 모두 잔디 위를 걷지 않아야 한다. 'A'는 잔디를 가로지르는 지름길로 시간을 절약하기로 결정한다. 여기서 A만 이탈하면 공원의 잔디는 피해가 거의 없다. A는 다른 사람들이 계속 준수하는 한 시간을 절약하고 멋진 공원을 즐길 수 있기 때문에 협정을 깨고 싶은 유혹을 받는다.

그러나 다른 모든 공원 이용자 역시 동일한 유혹에 직면하고, 곧 잔디가 파괴된다. 이를 공공지의 비극이라 한다. 죄수의 딜레마는 정부 업무, 범죄 예방, 오염 제한, 고래 보호, 무기 통제 확립 및 평화 유지를 포함한 여러 공적 영역에서 나타나는 문제를 설명한다. 협력은 어렵고 자기 이익 추구는 바람직하지 않은 결과로 이어진다. 이 상황은 '보이지 않는 손의 어두운 이면'이라고 설명할 수 있다.

죄수의 딜레마 게임을 공익의 개념에 적용하면 더욱 큰 설명력을 발휘한다. 공공재는 '공급의 공동성(비경합성)'과 '배제 불가능성(비배제성)'이 특징이다. 모든 사람이 자동으로 어떤 이익을 얻고, 한 사람이 좋은 것을 향유한다고 해서 다른 사람의 이익이 줄어들지 않으면 재화를 공동으로 공급할 수 있다. 사람들이 재화를 즐기는 것을 막는 것이 기술적으로나 경제적으로 불가능하다면 배제가 불가능하다는 특징이 있다. 예를 들어, 국방의 장점은 모두에게 이익이 되고, 이러한 혜택을 누리는 사람을 배제하는 것은 사실상 불가능하다.

공공재의 경우 심각한 협력 문제가 발생한다. 공공재는 무임 승차자로서 비용을 지불하지 않고 혜택을 얻을 수 있기 때문이다. 예를 들어, 노조는 직원에게 노조 회비를 지불하도록 요구하는 규정을 통해 강하게 압박한다. 그러한 조항이 없다면 노조원은 회비를 내지 않고 무임 승차자로서 모든 근로자의 급여를 인상하려는 노조의 결실을 즐기는 이기적인 개인과 마주하게 된다. 그러한 사람들이 많아지면 노조의 근간이 위태로워진다.

Hardin(1982: 25)은 무임 승차자 문제의 근본적인 논리가 죄수의 딜레마와 동일하다는 점을 입증했다. 개인인 John과 John을 제외한 사람으로 구성하는 집단(단순함을 위해 9명) 간의 매트릭스를 상상할 수 있다. 여기서 각각의 순보수는 비용을 제외한 혜택으로 계산한다. 네 가지 가능한 조합이 있다. ① John과 집단은 모두 재화에 대해 경비를 지불한다. ② John은 지불하지만 집단은 지불하지 않는다. ③ John은 지불하지 않지만 집단은 지불한다. ④ John도 집단도 지불하지 않는다. 만약 John과 집단 모든 구성원이 1단위를 지불하면 공공재에 지불한 총액은 10단위이고, 이를 재화의 비용이라고 한다. 각 구성원에게 제공되는 혜택은 2단위이고 총액은 20단위이다.

이러한 가정은 네 가지 상황을 생성한다.

상황	경비	개인당 총이익	개인당 순이익
상황 1. John 지불 집단 지불*	1 9	20÷10=2	John: 2-1=1 집단**: 2-1=1
합계 :	10		
상황 2. John 지불 집단 지불 안함	1 0	2÷10=.2	John: .2-1=-.8 집단: .2-0=.2
합계 :	1		
상황 3. John 지불 안함 집단 지불	0 9	18÷10=1.8	John: 1.8-0=1.8 집단: 1.8-1=.8
합계:	9		
상황 4. John 지불 안함 집단 지불 안함	0 0	0÷0=0	John: 0-0=0 집단: 0-0=0
합계:	0		

* '집단 지불'이란 집단의 각 개인이 1단위, 총 9단위 지불을 의미한다.
** '집단'은 집단의 각 개인에 돌아가는 순 혜택을 의미한다.
출처: Van Geel (1988). The Prisoner's dilemma and education policy, Notre Dame Journal of Law, *Ethics & Public Policy*, 3. p. 339.

[그림 2-2] 죄수의 딜레마 게임 II

이러한 결과는 이제 익숙한 죄수의 딜레마 매트릭스로 구성할 수 있다.

		집단	
		지불	지불 안함
John	지불	1, 1	−0.8, 0.2
	지불 안함	1.8, 0.8	0, 0

출처: Van Geel (1988). The Prisoner's dilemma and educationa policy, Notre Dame Journal of Law, *Ethics & Public Policy*, 3. p. 339.

[그림 2-3] 죄수의 딜레마 게임 Ⅲ

이 상황에서 개인은 집단 구성원이 계속 지불하기를 바라면서 자신은 지불하지 않으려는 유혹을 받는다. 10명 모두가 같은 계산을 할 가능성이 높기 때문에 개인의 이익 추구는 모두에게 이익이 될 집단의 재화를 구매하지 못하게 된다. Hardin은 말한다. 행동을 결정하는 것은 개인이고, 집단의 각 구성원이 개인 [John]의 위치에서 게임 매트릭스를 보기 때문에, 집단의 전략은 개인의 전략이 무엇이든 간에 마침내 집단의 이익을 암시하는 것과는 관계없이 정해질 것으로 가정할 수 있다. 잠재적 공익을 실현하려면 사회 각 구성원의 지불을 강제하기 위해 정부와 같은 공권력이 필요하다.

죄수의 딜레마 게임은 교육 영역으로 확장할 수 있다. 어떤 종류의 교육이 공익이라고 가정하거나 모든 교육이 부분적으로 공익이라고 가정하면, 이기적인 사람들이 비용을 지불하도록 독려할 수 없을 경우, 공익으로서의 교육 프로그램을 제공할 수 없을 것이라고 예측할 수 있다. 정부는 공적 또는 사적 형태의 교육 프로그램을 세금을 사용하여 쉽게 제공할 수 있다.

교육은 사적 시장을 통해서는 제공할 수 없는 공익이며, 사교육 서비스는 공익 차원의 교육 프로그램을 생산할 가능성이 낮다. Levin(1999)은 공적 자금을 지원하고 적절하게 규제하더라도 사교육이 관용의 가치를 촉진하지 않을 것이라고 주장했다. 공익은 공적으로 운영하는 학교 시스템에서만 생산할 수 있다는 것이다.

여기서 잠시 미국에서 시장중심적 개혁의 일환으로 도입하고 장려한 차터스쿨의 공과에 대해 짚어 볼 필요가 있다. 차터스쿨의 긍정적인 영향을 옹호하는 연구결과도 있지만 상반된 연구결과들도 있어서 단정적인 결론을 내리기는 쉽지 않다. 국내 자립형 사립고 존폐 논란과도 유사한 측면이 있다. 그럼에도 Owens와 Valesky(2011: 323)가 인용한 몇 개의 연구결과들은 시사한 바가 크다. 차터스쿨의 존립을 정당화하는 가장 중요한 이유는 차터스쿨이 전통적인 공립학교에 긍정적인 효과를 주는지 여부에 있다. 즉, 일반 고등학교가 차터스쿨의 존재에 대한 부담을 갖고 이에 대응한 결과 동반하여 학생들의 학업성취수준이 올라가느냐에 관심을 기울일 필요가 있다. 차터스쿨과 일반 학교간의 거리에 따라 경쟁적인 효과가 나타났다는 연구결과도 있지만 이와 반대로 경쟁적인 효과를 찾아볼 수 없다는 엇갈린 연구결과도 있다. 후자의 입장에서 Buddin과 Zimmer(2005)는 학생의 학업성적을 분석하고, 직접 일반 학교 학교행정가에게 질문한 결과 차터스쿨과의 경쟁 때문에 일반 학교에서 교육과정, 교수방법, 혹은 전문성 개발에 긍정적인 영향이 나타나지 않았다는 점을 지적한다. 차터스쿨의 효과에 대한 여러 연구결과로부터 공감할 수 있는 내용은 다음 세 가지이다. Imberman(2009)의 지적처럼 첫째, 차터스쿨로 진학하는 학생 수만큼 공교육재정을 감축한다. 둘째, 차터스쿨은 높은 사회경제적 배경을 지닌 학생들을 전통적인 공립학교에서 끌어 온다. 셋째, 차터스쿨은 전통적인 학교의 우수한 교사에게 매력적이다.

교육이 모든 사람이 유형, 무형적으로 지불해야 하는 공익이라면 죄수의 딜레마 논리를 적용할 수 있다. 일부 가족은 이탈하여 무임 승차자로서 누릴 수 있는 이익에 관심을 기울일 것이다. 주된 방법은 공립학교 밖에서 대안적인 교육을 찾는 것이다. 대안교육은 자녀를 입시경쟁에 유리한 사립 학교에 보내거나 공립학교에 등록한 다음 집에서 사교육 프로그램을 제공함으로써 이루어진다. 두 경우 모두 이러한 경로를 선택하는 부모는 다른 아이들이 계속해서 학교교육에만 매달리고 법을 준수하며 자기 희생을 치르기를 바란다. 자신의 자녀는 공립학교에서 제공하는 것과 다른 가치와 신념을

배우기를 기대한다. 사교육에서 아이들은 공익을 위해 개인적인 자기 이익
을 희생하도록 권장받지 않는다. 그들은 각자와 사회의 '덕'을 추구하거나 애
국심을 갖도록 권장받지 않을 것이다. 이러한 방식으로 부모와 자녀는 다른
사람의 '덕'과 애국적인 희생으로부터 혜택을 받을 수 있으며 자녀가 죄수의
딜레마 게임에서 순진한 '범생이(sucker)'로서 피해를 받지 않도록 대처할 수
있다.

교육, 특히 공교육체제는 모든 사람이 민주적 시민으로서 책임을 수행하
는 데 필요한 지식을 습득하고, 이해력을 증진하며, 건강한 정서 또는 태도
를 갖도록 하기 위하여 구축해 왔다. 민주 국가의 사회적 결속에 필수적인
지식과 성향을 습득할 수 있도록 의도적으로 공공성을 확보하고, 공공이 통
제할 수 있는 학교 시스템을 존립해 왔다. 공교육은 청소년의 신념, 가치 및
성격을 형성하기 가장 좋은 수단임과 동시에 비판적 사고와 합리적인 가치,
도덕적 선택을 위한 능력을 개발하는 경로로 발전해 왔다. 사교육은 공교육
의 근간을 무너뜨리고, 온갖 규율을 혼란에 빠뜨린다.

2. 도덕적 딜레마와 교육

1) 사교육을 위한 도덕적 권리

한국에서 상급학교 입시 준비를 위한 사교육 열풍의 역사는 1960년대 초
반으로 거슬러 올라간다. 정부는 과열 사교육을 완화하고 공교육을 정상화
하기 위한 갖은 정책적 노력을 전개하였다. 굵직한 사건들만 열거해 보자면
1969년 중학교 무시험 진학제도 실시, 1974년부터 단계적인 고교평준화제
도 도입, 그리고 이어서 이른바 7·30 교육개혁의 일환으로 1980년 과외 전
면 금지조치를 단행하였다.

공권력으로 과외를 전면 규제한 과외 금지 조치는 2000년 4월 27일 헌법

재판소의 위헌 결정(헌재 2000. 4. 27. 98헌가16 등)으로 소멸하였다. 헌법재판소는 과외금지 조치의 법적 근거인 「학원의 설립·운영에 관한 법률」 제3조가 배우고자 하는 아동과 청소년의 인격의 자유로운 발현권, 자녀를 가르치고자 하는 부모의 교육권, 과외교습을 하고자 하는 개인의 직업선택의 자유 및 행복추구권을 제한한다고 판결하였다.

헌법재판소는 교육받을 권리의 보장이 원칙이고, 이에 대한 제한은 예외적이어야 함에도 기본권적으로 보장해야 할 권리를 원칙적으로 금지하고, 예외적인 사항을 허용하는 방식을 규정하고 있어서 원칙과 예외가 뒤바뀐 방식을 취하고 있음을 지적하였다. 그럼에도 사교육에 대하여 우리 사회가 이미 자정능력이나 자기조절 능력을 상실했고, 이에 국가가 부득이 개입하지 않을 수 없는 실정이므로 고액과외 교습을 방지하여 사교육 과열로 인한 학부모의 경제적 부담을 덜어주고, 나아가 국민이 균등한 정도의 사교육을 받도록 하려는 입법목적은 정당하고, 고액 과외교습의 가능성이 있는 개인적인 과외교습을 광범위하게 금지하는 규제 수단도 적합하다고 인정하였다.

여기서 주목해야 할 것은 헌법적 권리로 판시한 부모의 자녀교육권이다. 자녀의 양육과 교육은 일차적으로 부모의 천부적인 권리인 동시에 부모에게 부과된 의무라고 전제하였다는 점이다. 사실 부모의 자녀 교육권은 「헌법」에서 명시하고 있지 않지만 국민의 자유와 권리는 「헌법」에 열거하지 않은 이유로 경시하지 않는다는 규정(「헌법」 제37조 제1항)에 근거하여 해석한 결과이다. 부모의 자녀교육권은 다른 교육주체와의 관계에서 사적 영역, 특히 학교 밖에서는 원칙적으로 우위를 가진다고 보았다.

요컨대, 과외금지를 통한 부모와 자녀의 기본권 침해가 과외로 인해 초래하는 공익의 폐해보다 크다고 하는, 기본권 이외의 다른 의견을 고려하지 않은 비해석주의적 아쉬운 판결이라고 볼 수 있다. 학부모는 자녀의 사교육을 위한 헌법적 권리를 확보하고 있다. 그렇다면 죄수의 딜레마에서 설명하였듯이 공교육의 근간을 해치는 사교육을 받도록 하는 도덕적 권리가 있을 수 있는가?

Geel(1988: 345-349)은 학부모에게 자녀에게 사교육을 시킬 도덕적 권리가 있다고 말한다. 그의 주장을 경청해 보자. 우선 부모가 자녀에게 빚진 의무를 알아볼 필요가 있다. 부모가 사교육을 자녀에게 시킬 의무가 있음을 입증한다면 부모는 그 교육을 제공할 도덕적 권리가 있는 것으로 보아야 한다. 이 결론은 도덕적 의무는 의무를 이행할 도덕적 권리를 수반한다는 가정에 근거한다. 사교육은 아동이 죄수의 딜레마 게임에서 '범생이'로서 실패자가 되지 않도록 도와줌으로써 아동에게 도움을 준다고 가정한다. 사교육은 아동으로 하여금 위험으로부터 자신을 보호하는 데 도움을 준다.

부모가 자녀에게 사교육을 제공할 도덕적 의무가 있을 수 있다는 사실은 집을 팔려고 하는 주인이 집을 사려고 하는 고객에게 빚진 의무에 대해 먼저 검토함으로써 알 수 있다. 부동산에 특별히 초대된 사람들은 부동산 매입의 위험에 대한 경고를 받을 의무가 있다. 이 법적 의무는 공정하게 경고하여 사람들을 위험에 빠뜨리지 않고, 해를 끼치지 않는 도덕적 의무와 일치한다. 부모는 말하자면 아이를 세상에 초대했기 때문에 비슷한 상황에 처해 있다. 부모는 자녀를 무의식적으로 지금의 경제적·정치적·사회적 시스템으로 데려 왔기 때문에 자녀에게 자신이 처한 위험에 대해 공정한 안내를 해야 하는 도덕적 책임이 있다. 달리 말하면 우리 모두는 해를 끼치지 않아야 하는 도덕적 의무를 공유한다. 자녀에게 위험을 알리지 않는 부모는 사교육을 통해 피할 수 있는 위험에 자녀를 노출시킨다. 위험이 현실화되고 아이가 피해를 입었다면 부모와 아이의 특별한 관계 때문에 교육 실패가 그 원인이라고 말할 수 있을 것이다.

우리는 특정인의 이익을 보다 진지하게 받아들이고 더 넓은 집단의 이익보다 우선권을 부여할 수 있는 권한을 인정한다. 그러한 우선 순위에는 공립학교에서 제공하는 공식적인 교육 프로그램을 비판적으로 받아들일 위험이 있음을 아동에게 경고함으로써 아동을 위험으로부터 보호하기 위한 조치를 취하는 것도 포함한다. 사교육을 받지 않은 아이는 성숙에 이르고 죄수의 딜레마에서 '범생이'라는 실패자의 고통을 겪은 후 부모를 탓할 것이다. "왜 경고하지 않았습니까?"

　따라서 자녀를 보호하기 위해 자녀를 준비시키려는 부모의 노력 자체는 합법적인 활동인 것 같다. 그러나, 부모를 포함하여 어느 누구도 공익을 희생하여 불특정의 개인에게 해를 끼치는 방식으로 행동할 권리는 없다. 개인의 피해와 공익에 대한 피해의 균형을 맞추는 계산을 포함하여 다양한 검토를 해야 한다. 판단하기 어려운 문제는 누가, 어떤 방식으로, 얼마나 많은가이다. 전적으로 개인주의적인 이기심이 '좋은' 것이라고 믿는 사람은 거의 없다.

　사교육이 '완전히 개인주의적인 이기심'의 한 형태라는 것과 그러한 교육의 효과가 모든 교육을 부도덕하게 만들 정도로 다른 사람들의 이익을 해친다고 생각하지는 않는다. 사교육은 우리 사회에 주의와 경고를 주는 교육이다. 아이들을 항상 이기적이고 항상 기만하고 타락하도록 가르치지 않는다. 그들은 다른 사람들이 기만적일 수 있고 배반할 수 있다고 배운다. 그리고 그들은 특정 상황에서 다른 사람들이 이탈할 가능성이 큰 경우 자신을 배반하지 않는 것이 비합리적일 수 있다는 신호를 받는다.

　부모는 완전히 이기적이지 않은 형태로 자녀를 교육시킬 수 있다. 죄수의 딜레마 게임에 빠지는 것과 관련된 위험을 어린이에게 경고하는 것은 현실에 대한 메시지일 뿐이다. 이 메시지를 전달한 것에 대해 부모를 사회적으로 비난하는 것은 적절하지 않다. 자기 방어를 위한 준비는 다른 사람, 특히 경쟁자에게 불리한 결과를 가져올 수 있음에도 불구하고 도덕적으로 용인할 수밖에 없다.

2) 도덕성 함양 교육의 딜레마

　도덕이란 무엇인가, 윤리와는 어떻게 다른가. 윤리란 개념은 습관, 풍속, 성격 등의 뜻을 갖는 고대 희랍어 ethos에서 유래하여 라틴어 mos/moris로 옮겨졌고, 이것으로부터 'moral(도덕적)'이라는 형용사가 만들어졌다. 그러므로 엄밀히 말하자면 'ethical(윤리적)'란 말과 '도덕적'이란 말은 동일한 의미를 가진다(이충진 역, 1999: 12). 따라서 윤리와 도덕은 대체로 인간 행위를 규제하는 기준을 의미하며, 도덕성(morality)은 그러한 윤리, 도덕적 기준이 내면화된 상태를 의미한다.

물론 도덕성과 윤리를 엄격히 구분하려는 입장이 있다. Haynes(1998: 4-5)는 도덕성은 일상적인 언어로 습관과 규칙 등 개인적인 생활과 관련하여 사용하고, 윤리는 대부분의 철학자가 반성의 상위 수준에서 도덕성에 대한 철학적 연구라는 의미로 사용한다고 지적하고 있다. 윤리는 내가 지금 여기서 무엇을 해야 하는가라는 실천적 질문을 넘어서서 이러한 도덕적 질문에 대해 폭넓고, 체계적이며 이론적으로 검토한다는 점에서 차이가 있다는 것이다. Ricoeur(1992: 169-239)는 윤리는 '선한 삶'을 목적으로 하고, 도덕성은 규범에 대한 의무라고 구분하였다.

인간의 도덕성에 대한 접근은 철학적, 윤리학의 관점에서 올바른 윤리, 도덕적 기준이 무엇인가에 대한 논의와 도덕심리학적 관점에서 윤리, 도덕적으로 행동할 수 있도록 하는 도덕성을 어떻게 함양시켜 줄 것인가에 대한 논의로 구분할 수 있다. 도덕성에 대한 윤리적 논의와 차별적으로 도덕성 함양에 초점을 둔 도덕심리학적 관점은 정신분석학적 관점, 행동주의 학습이론의 관점, 사회학습이론의 관점, 인지발달론적 관점에서 이루어져 왔다(임연기, 문미희, 정현승, 2007: 4-5).

Freud가 대표하는 정신분석학적 관점에서는 도덕성이 성격구조에 어떻게 내면화되는가에 관심을 가진다. 이 접근에서는 도덕성이 내면화되는 과정을 아동이 부모와 동일시하는 과정 속에서 이루어지는 것으로 보고 있다. 아동은 오이디푸스 콤플렉스를 겪으면서 부모로부터 처벌받을 것 같은 불안감 때문에 부모에 대한 성적 본능을 자제하고 부모에 대하여 동일시하게 되는데, 이 과정에서 부모가 전달해 주는 가치기준이나 규범 등을 내면화하면서 도덕성이 발달한다고 본다. 즉 아동은 부모에 대한 동일시를 통하여 권위, 관습, 전통 등을 존중하게 되고, 부모는 아동에게 본능을 억압하도록 하고 금지행위에 대한 죄책감을 형성하도록 하며 초자아나 양심을 형성하도록 영향을 미친다. 가정에서 부모의 역할이 중요하다.

Skinner가 대표하는 행동주의 학습이론적 관점에서는 도덕성의 내적 구조보다 행동 그 자체에 관심을 가지고 도덕적인 행동이 어떻게 습득되는가에 관심을 둔다. 이 관점에서는 도덕적 행동이 학습되려면 그러한 행동을 했을 때 강화를 받아야 한다고 주장한다. 반면 Bandura를 중심으로 한 사회학습이론에서는 도덕적 행동이 습득되는 것은 사회적 모델에 대한 관찰을 통하여 이루어진다고 본다. 따라서 도덕적 행동이 학습되려면 도덕적 행동을 하는 모델을 관찰하는 것만으로도 충분하며, 강화는 학습된 도덕적 행동을 실제로 수행하는 데에 영향을 미치는 변인으로 본다. 도덕적인 행동에 대한 강화 교육, 도덕적 행동을 본받을 수 있는 사회적 모델이 필요하다.

한편, Kohlberg의 인지발달론적 관점에서는 도덕적 판단에 초점을 둔다. 인지발달론에서는 도덕판단의 차이는 인지구조의 차이에서 유래한다고 보고, 연령에 따라 인지구조가 발달하듯이 도덕판단의 구조가 발달한다고 본다. Kohlberg는 도덕판단력의 발달단계에는 3수준(인습 이전, 인습, 인습 이후 수준), 6단계(1단계-벌 회피와 복종의 도덕성, 2단계-도구적 이기주의 도덕성, 3단계-친애주의 도덕성, 4단계-사회질서 유지의 도덕성, 5단계-사회계약적 도덕성, 6단계-보편적 윤리원칙의 도덕성)가 있다고 밝혔다. 발달 단계별 도덕적 판단력의 향상 기회를 제공해야 한다.

이상에서 제시한 도덕성에 대한 이론적 관점들은 도덕성과 도덕적 행동의 포괄적 측면을 다루는 것이 아니라 각기 다른 한 측면을 다루고 있을 뿐이다. 즉 동일시와 초자아의 작용과정을 강조하는 정신분석학적 관점에서는 도덕적 정서의 측면을, 조건화 과정을 강조하는 행동주의 학습이론과 모델링 과정을 강조하는 사회학습이론은 도덕적 행동의 측면을, 인지구조의 평형화 과정을 강조하는 인지발달론적 관점에서는 도덕적 사고를 주로 다룬다. 그러나 어떤 사람이 도덕적 정서만 가지고 있다거나, 도덕적 사고만 할 수 있다거나, 또는 구체적인 도덕적 행동을 학습한 것만으로, 온전한 도덕적인 삶을 살아갈 수 있는 것이 아니다. 그러므로 앞의 네 이론적 관점은 도덕성을 통합적으로 다루는 이론으로서는 한계가 있다.

Rest(1983, 1986)는 도덕성을 구성하는 요소를 도덕적 행동을 표출하려면 거치게 되는 4가지 심리적 과정으로 개념화하고 있다. 즉, 도덕적 행동을 표출하려면 도덕적 문제에 대해 민감하게 지각해야 하고(도덕적 민감성), 그 상황에서 도덕적으로 가장 바람직한 행동방안이 무엇인지를 추론해 낼 수 있어야 하며(도덕적 추론), 도덕적인 가치와 갈등관계에 있는 다른 경쟁하는 가치들을 물리치고 도덕적인 가치를 우선적으로 선택하는 의사결정을 할 수 있어야 하고(도덕적 동기화), 도덕적 행동방안을 끝까지 밀고 나갈 수 있는 성격상의 특성(도덕적 품성)이 있어야 한다는 것이다.

네 가지 구성요소를 구체적으로 설명하면 다음과 같다(임연기, 문미희, 2007: 119-141).

- 도덕적 민감성(moral sensitivity): 도덕적 민감성은 도덕적 문제가 개재되어 있는 상황을 지각하고 해석하는 과정이다. 도덕적 행동을 하려면 사람들은 주어진 상황에 중요하고도 심각한 도덕적 문제가 개재되어 있음을 지각해야 하고, 주인공의 행동이 관련된 다른 사람들에게 어떤 영향을 미치게 될 지를 예측할 수 있어야 한다. 주어진 상황을 도덕적인 문제 사태로 인지하거나 해석하지 못하면 도덕적 행동은 나타나지 않는다.
- 도덕적 판단 또는 도덕적 추론(moral judgment or reasoning): 도덕적 판단 또는 추론은 도덕적인 문제를 해결하기 위해서는 어떻게 하는 것이 도덕적으로 옳고 공정하며 정의로운 방안인지를 구체적으로 사고, 판단, 추론해 보는 과정이다. 이렇게 구체적으로 행동방안을 추론해 보는 과정이 없으면 도덕행동은 일어나지 않는다.
- 도덕적 동기화(moral motivation): 도덕적 동기화는 여러 가지 갈등하는 가치들 중에서 도덕적 가치를 우선적으로 선택하여 의사결정을 내릴 만큼 도덕적으로 동기화되는 과정이다. 주어진 상황을 도덕적인 문제

상황으로 지각하고, 그 문제를 해결하는 구체적인 행동방안을 추론해 냈어도, 도덕적 가치와 경쟁 관계에 있는 여타의 가치나 동기, 예를 들면, 경제적, 정치적, 종교적 가치나 동기 등에 압도당하면 도덕적 행동으로 이어지지 않는다.

- 도덕적 성품 또는 도덕적 실천력(moral character or implementation): 도덕적 품성 또는 실천력은 여타의 가치에도 불구하고 도덕적 가치를 최우선시하여 의사결정을 내린 특정 도덕적 행동을 실천에 옮기는 과정에서 개인의 성격특성이 작용하는 과정이다. 용기, 인내심, 지구력, 결단력, 자아강도, 자기규제력 등의 특성은 도덕적 행동을 실행에 옮기는 데 도움을 주지만, 그 반대의 특성은 도덕적 행동의 실천을 방해할 것이다.

요약하면, Rest의 도덕성의 구성요소 모형에 의하면, 도덕행동의 심리적 과정이자 도덕성의 구성요소는 도덕민감성, 도덕추론능력, 도덕적 가치에 대한 동기화, 도덕행동 실천력의 네 가지로 구성될 수 있다. 결국, Rest는 특정 상황에서의 도덕행동의 표출은 도덕사태에 대한 피험자의 인지 및 해석 과정, 이상적인 도덕행동의 추론 및 판단 과정, 행동에 옮길 방안의 선택 및 결정 과정, 결정된 행동방안의 실행과정 등의 네 가지 구성요소와 관련된다고 본다.

이러한 Rest의 구성요소 모형에 의하면, 도덕행동을 실행하는 데 실패하는 것은 구성요소 중의 어느 한 가지 이상의 구성요소의 결여나 부족에 기인한다. 예를 들면, 어떤 사람이 타인의 욕구에 민감하지 못하거나 사태가 해석하기에 상당히 모호할 경우(제1요소 결여), 도덕행동 방안을 조직화하는 데 실패하거나 아주 단순하고도 부적절한 도덕판단을 할 경우(제2요소 결여), 실행할 도덕행동 방안의 결정과정에서 다른 동기나 다른 가치에 의해 억압되거나 절충될 경우(제3요소 결여), 결정된 도덕행동 방안을 실행해 가는 과정에서 주의가 산만해지거나 또는 심리적인 영향으로 그 목표에서 이탈될 경우(제4요소 결여)에는 도덕적 행동을 실행하지 못하게 된다. 따라서 도덕적 행동을 표출하려면 네 가지 구성요소 과정 모두를 성공적으로 거쳐 가야 한다. 도덕적 딜레마 상황에서 도덕적 민감성, 추론능력, 동기화, 실천능력을 기르는 교육의 역할이 중요하다.

또한 우리가 자라나는 세대의 도덕성 계발을 위한 교육의 조건을 갖추고 있는가 자문해 보아야 한다. 가정과 사회에서 누구를 본받고, 학교에서 도덕성을 어떻게 키울 수 있을 것인가. 인기 드라마 〈SKY 캐슬〉에서 자녀의 일류 대학 진학을 위해 수단과 방법을 가리지 않는 학부모상, '성공적으로 교육받은' 고위 공직자들의 민낯과 이중성은 모두 도덕교육의 실패를 나타낸 증거이다. 교육의 도덕적 딜레마 사태에 주목할 필요가 있다.

제3장

한국교육의 딜레마 스쳐보기 II:
대학입학전형 정책의 딜레마

대학입학전형 정책은 우리나라 교육의 딜레마를 대표한다. 죄수의 딜레마와 교육, 도덕적 딜레마에서 정부의 역할이 중요함을 시사받을 수 있었다는 점에서 대학입학전형 정책의 난맥상을 일견하고, 그 배경을 짚어보며, 향후 지향점을 제안하고자 한다.

1. 대학입학전형 정책변화의 난맥상

대학입학전형 정책은 해방 이후 75년 동안 크고 작은 변화를 거쳐 오늘에 이르고 있다. 갖은 노력에도 불구하고 아직 안정화를 도모하지 못하고 있다는 데 문제의 심각성이 있다. 최근 발표한 '대입제도 공정성 강화방안'(2019. 11. 28.)으로 그치는 것이 아니라 조만간 새로운 정책을 입안해야 한다는 점은 놀라운 일이다. 우선 주요 정책변화를 살펴보자(임연기, 2019 참조).

- 대학별 고사(1945~1961): 대학별 입학시험, 흔히 말하는 대학입학 본고사를 기초로 학생을 선발하였다. 특히 초기에 부정입학과 무자격자 입학 문제가 드러났다. 이에 1954년에는 대학입학연합고사를 시도하였으나 그 결과는 활용하지 않았다. 1955~1961년 고등학교 내신반영을 권장하였으나 실효성이 없었다. 학사비리, 대학 간 격차, 입시위주 교육은 여전하였다.

- 국가 대학입학자격 고사 시행(1962~1963, 1969~1981): 대학별 고사를 유지하면서 1954년 시도한 대학입학연합고사와 같은 맥락에서 1962년 국가 대학입학자격고사를 도입하였다. 자격고사는 대학입학 지원자를 일정 비율로 제한하는 기능을 하였다. 대학의 학생선발권을 침해한다는 비판과 함께 비인기 대학의 정원미달 사태를 불러와 1964~1968년에는 대학별고사 위주의 선발로 회귀하였다. 1969년 다시 대학입학예비고사라는 이름으로 자격고사를 부활시켰다. 1969~1972년에는 대학입학예비고사와 대학별 고사, 1973~1980년에는 대학입학예비고사와 대학별 고사와 함께 고등학교 내신을 반영하였다. 1981년에는 1980년에 공표한 7·30 교육개혁방안에 따라 본고사를 폐지함으로써 선 시험의 대학입학예비고사와 고등학교 내신을 중심으로 학생을 선발하였다. 대학입학 자격고사를 기존의 대학별 고사에 추가하여 응시해야 하기 때문에 입시의 이중 부담, 과열과외가 쟁점화되었다.

- 고등학교 내신성적 반영(1973~1996): 1973년부터 1996년까지 교과성적 중심의 고등학교 내신을 반영하였다. 1955~1961년에 내신을 반영하도록 권장하였지만 실효적이지 않았고, 공식적으로는 1973년에 최초로 내신을 학생선발을 위한 전형자료로 활용하였다. 1997년에는 학교생활기록부로 확대 반영하기 시작하여 오늘에 이르고 있다. 내신 성적의 반영은 고등학교 교육의 정상화를 위하여 추진하였으나 1회 실시하는 대학별 고사나 국가 고사와는 달리 3년간 지속적으로 학교 내 성적 경쟁을 부추기고 입시부담을 가중시켰다는 평가를 받기도 한다.

- 대학입학학력고사 체제(1982~1993): 1980년 7 · 30 교육개혁방안에서 대학 본고사를 폐지하면서, 그 첫 해인 1981년에 선 시험의 대학입학예비고사와 고등학교 내신 중심으로 선발하고, 바로 다음 해인 1982년 대학입학예비고사를 대학입학학력고사로 전환하였다. 대학 본고사를 폐지하였기 때문에 예비고사라는 명칭은 적절하지 않았다. 이 시기에는 대학입학학력고사와 내신 성적을 중심적인 전형자료로 활용하였다. 1986년 이후 부분적으로 논술, 면접을 병행해서 시행하였으나 논술은 학교교육에서 감당하기 어려운 문제를 야기하였고, 면접의 기능은 미약하였다. 대학의 학생 선발기능 약화에 대한 불만이 있었고, 지원자들의 눈치 보기가 치열했다. 학력고사가 암기지식 중심의 입시위주교육을 유발한다는 비판 속에서 대학수학능력시험 체제로 넘어간다.

- 대학수학능력시험 도입과 변천기(1994~): 1994년 암기지식위주 학력고사에서 탈피하여 탈 교과, 통합 출제 원칙의 대학수학능력 시험을 도입하였다. 대학수학능력시험은 1997년부터 학교생활기록부 단계적 확대 반영, 입학사정관제 도입, 대학의 학생선발 자율권 확대, 대입전형 간소화, 대입 공정성 강화방안 등 20여 년 동안 빈번한 정책변화 속에서 생존해 오고 있다. 이와는 별개로 시험 자체적으로 숱한 풍파를 겪어 왔다. 이를테면 1993년 8월과 12월 2회 실시한 시험에서 난이도 조절실패에 따라 연 1회로 변경, 입학연도 기준 1996, 1997 불수능, 2001 물수능, 2002 불수능, 2009 불수능, 2011 불수능, 2015 물수능, 2019 불수능으로 난이도가 들쑥날쑥 하였다. 2008학년도에는 등급제 적용으로 혼란을 일으켰다. 탐구영역 과목 축소(2005학년도, 2012학년도, 2014학년도), 영역별 문제수 증가 및 감소도 빈번했다. 2017학년도에는 국가적으로 국정교과서화 논란이 있었던 한국사 9등급 절대평가 도입, 2018학년도 영어 9등급 절대평가 도입도 큰 반향을 일으켰다. 특정 영역에서 수준별 수능 시도(2014학년도 A, B 선택형) 및 좌절(2017학년도), 제2외국어와 탐구 영역 등에서 선택과목 눈치 보기도 특별났다. 2004년 휴대전화를 이

용한 부정행위가 들통났고, 2014년 수능에서 세계지리 8번 문항 복수 정답 출제오류로 기관장 문책도 겪었다. 족집게 고액과외가 성행하고, 이에 대응하여 2011학년도에 70% 이상 EBS 연계 출제로 수능의 본래 취지가 변질되었다. 고교학점제 도입을 앞두고 다시 한번 변신을 예고 하고 있다.

• 대학입학 전형 자료와 시기 다양화(1997~2006): 전형자료로 학교생활기록 부를 포함시키고, 전형시기를 수시모집과 정시모집 형태로 복수화 하 였다. 1995년 5・31 교육개혁방안에서 구상한 교육의 자율성, 다양화 와 특성화 기조를 대학입학전형 정책에 반영하였다. 1997학년도부터 국공립대부터 학교생활기록부를 필수 전형자료로 하고 수능시험, 논 술, 면접 등을 선택자료로 활용하도록 하였다. 2002년도에는 추천서, 심층면접 등을 허용하여 대학마다 다양한 전형 요소와 방법을 개발하 여 채택하도록 권장하였다. 1997학년도에 처음으로 도입한 수시전형 은 당해 연도에 전체 정원 비중의 1.4%에 그쳤으나, 2002학년도 전형 시기를 수시모집과 정시모집으로 구분하면서 2002학년도 28.8%에서 급격히 늘어나 2007학년도부터는 정시모집 비율을 초과(51.5%)하였고, 2020학년도에는 77.3%에 달하고 있다. 주객이 전도된 셈이다. 이 시기 에는 '한 줄 세우기'에서 벗어나 '여러 줄 세우기' 전형이 본격화하였다.

• 대학의 학생 선발권 확대와 책무성 강화(2007~2014): 대학입학 전형에서 대학의 자율권을 확대하고 그 책무성을 강화하기 위하여 대학입학사정 관제를 도입하였다. 대학입학전형에서 대학수학능력시험의 영향력을 축소시키기 위해 등급제(2007), 등급제 표준점수제 전환(2008), 등급, 표 준점수, 백분위 점수 병기(2009), 70% 이상 EBS 연계출제, 출제범위 조 정, 영역별 만점자 1% 목표 설정(2012)화, 과목 축소 등을 시행하였다. 이와 함께 추천서, 학교생활기록부에 기재한 특별활동, 수상경력, 논 문 경험 등을 전문적, 자율적으로 평가할 수 있도록 대학입학사정관제 를 도입하여 적극 지원하였다. 대학의 자율적 학생선발이 가능한 수시

모집의 비중이 2007년 51.5%에서 2014년 66.2%로 늘어났다. 수시모집 비율의 급격한 증가에 따른 공정성 시비와 복잡해진 전형방법에 대한 학부모들의 불만이 쌓여 갔다.

- 대학입학 전형의 간소화(2015~2021): 정부는 2013년 8월 28일 '대입전형 간소화 및 대입제도 발전방안'을 발표하였다. 학생과 학부모의 입시부담 완화와 학교교육 정상화를 위한 조치라고 하였다. 대학의 학생 선발권 확대 그리고 대학 입학전형 자료와 방법의 다양화에 대한 부작용이 바로 나타났고, 정부는 이에 대응하여 대학입학전형의 간소화 정책을 표방한 것이다. 입학사정관제를 학생부종합전형제로 개편하여 전형 주체에서 전형 대상으로 초점을 이동하였다. 2015학년도부터 대학입학 전형방법을 간소화하도록 하여 수시 4개, 정시 2개로 총 6개 이내로 지원기회를 제한하였다. 수학능력시험의 영향력을 축소하기 위하여 수능 최저 학력기준 반영을 완화하도록 권장하고, 영어 수준별 시험을 통합하였다. 수능 영어는 절대평가로 전환하였다(2018). 대학입학전형의 자율화, 다양화 관성이 작용하여 간소화 추진은 미흡하였고, 공정성 문제가 지속적으로 제기되었다.

- 대학입학전형의 공정성 강화(2022~): 2018년 4월 말부터 8월까지 사상 초유의 대입제도 개편 공론화 과정을 전개하였다. 2015 교육과정의 적용을 받는 당시 고등학교 1학년의 입시방안 결정을 1년 유예하고 운영한 대입제도개편공론화위원회(위원장: 김영란)는 2018년 8월 3일 공론화 결과를 발표하였다. 요지는 세 가지이다. 첫째, 대학수학능력시험과 학생종합부 전형의 단점 보완이 필요하다. 둘째, 학생부 위주 전형의 확대에 제동을 걸고, 수능 위주 전형의 일정한 확대를 요구한다. 셋째, 수능절대평가 과목의 확대를 지지한다. 정부는 2018년 8월 17일에 '2022학년도 대학입학제도 개편방안 및 고교교육 혁신방안'을 발표하였다. 미래 사회에 대비하여 학생 중심 교육으로의 전환을 위하여 고등학교 혁신방안을 포함시킨 점이 특징이다. 바로 다음 해인 2019년 11월

28일 '대입제도 공정성 강화방안'을 발표하였다. 서울 소재 14개 대학의 정시전형 비율을 40%까지 확대, 2015 교육과정 취지에 따라 수능시험의 문이과 구분 폐지 등의 수능체제 개편, 그리고 비교과 전형자료의 과감한 정리, 고른 기회 전형 확대 등이 주요 사항이다. 특히 대입전형자료의 공정성 강화를 위하여 2024학년까지 단계적으로 자기소개서 폐지, 2022학년도부터 교사추천서의 폐지, 그리고 학생부 기재항목 축소 및 비교과 활동 단계적 폐지사항을 담고 있다. 방과후학교 활동, 청소년 단체활동은 2022학년도부터 미기재, 자율동아리, 개인봉사활동 실적, 수상경력, 독서활동은 2024학년도부터 대입 미반영 등이다.

대학입학전형 정책은 동원할 수 있는 수단이 제한적이다. 정책을 공표하면 대학지원자들이 이를 준비할 기간이 필요하고, 경로의존성이 강하여 획기적 변화보다는 신중하고 점진적인 접근이 불가피하다. 또한 정책결정과 집행 사이에 시차가 발생하여 정책환경의 변화를 정확하게 예측하기 곤란하다. 그리고 국민들의 입장이 다양하여 숙의와 공론의 과정을 거친다 해도 단일의 대안을 수렴하기가 어렵다. 그간 당면한 정책문제 해결을 위해 숱한 정책변화를 이끌어 왔지만 일관성 없이 왔다 갔다(노명순, 2009: 293-322) 하였고, 장기적 전망이나 지향점을 잡지 못하였으며, 국민들로부터 신뢰를 받지 못한 형편이다. 사실 졸속 개편에 따른 시행착오와 후유증도 없지 않았다.

2. 대학입학전형 정책환경의 특징

1) 국민의 교육에 대한 높은 기대와 열의

통계청의 2018년 사회조사 결과를 보면 자녀의 기대교육 수준에 대한 항목에 90.7%가 '4년제 대학교 이상'으로 응답했으며, '박사 이상'을 기대한다고 응답한 비율도 10.7%에 달했다. 임연기(1998: 47)의 1997년 조사결과에서 나타난 학부모의 자녀 교육기대 수준은 4년제 대학 56.5%, 석사 7.4%, 박사 24.5%로 4년제 대학교 이상은 88.4%로 유사하지만 박사학위 취득에 대한 기대 수준은 크게 낮아졌음을 알 수 있다.

〈표 3-1〉 학생과 부모의 기대하는 교육 수준   (단위: %)

구분		계	고등학교 이하	대학교 (4년제 미만)	대학교 이상			
					계	대학교 (4년제 이상)	대학원 (석사)	대학원 (박사)
학생	2016년	100.0	3.0	12.1	84.9	64.7	11.2	9.0
	2018년	100.0.	4.0	13.2	82.7	61.9	10.6	10.2
부모	2016년	100.0	1.0	8.1	90.9	72.8	8.2	9.9
	2018년	100.0	1.3	8.0	90.7	71.2	8.8	10.7

출처: 통계청(2019). 2018년 사회조사 결과.

한국 초 · 중등학생의 대부분은 사교육에 엄청난 시간과 비용을 쏟아 붓고 있다. 통계청이 실시한 2018년 초 · 중 · 고 사교육비조사 결과를 보면 2018년 기준 초 · 중등학생의 72.8%가 사교육을 받고 있으며, 사교육을 위해 지출한 비용은 약 19조 5,000억 원이다. 사교육에 참여한 학생 수는 전반적인 학생수 감소 추세 속에서 줄어들고 있지만 참여율과 총액은 늘어나고 있음을 알 수 있다. 20여 년 전의 임연기(1997: 123, 140)의 조사결과에서 나타난 사교육 참어 학생 비율 53.1%, 총액 9조 6,000억 원 수준과 비교하면 참여율과 사교육비 총액이 크게 늘어났음을 알 수 있다.

〈표 3-2〉 사교육비 총액 및 참여 학생 수

구분	2017년	2018년	증감률
사교육비 총액(조원)	18.7	19.5	4.4
학생 수(만 명)	573	558	- 2.5

출처: 통계청(2019). 2018년 초 · 중 · 고 사교육비 조사결과.

〈표 3-3〉 사교육 참여율 및 참여시간

구분	2017년	2018년	증감률
참여율(%, %p)	71.2	72.8	1.7
참여시간(시간)	6.1	6.2	0.1

출처: 통계청(2019). 2018년 초·중·고 사교육비 조사결과.

　　사교육은 이제 공교육의 '보완재'나 '잔여'로서 공교육의 영향과 규제를 일
방적으로 받기만 하는 것이 아니라 오히려 공교육에 영향을 주거나 규제하
는 힘을 발휘하고 있기도 하다. 사교육 증가 원인은 학교 교육의 질보다는
학력주의 사회 풍토와 대학 서열화, 입시제도 등 교육 경쟁 구조에 있다고
볼 수 있다. 즉, 학교 교육이 채워 줄 수 없는 교육적 요구를 충족시키려는
것 보다는 학력주의 사회의 교육 경쟁에서 우위를 차지하기 위한 욕구가 사
교육을 받게 만드는 강력한 동기로 작용하고 있는 것이다.

　　임연기(1998: 52)의 연구에 따르면 지적능력, 성품, 학벌, 부모의 뒷받침,
출신지역 중에서 한국 사회에서 출세와 성공요인을 교원, 대학생, 고등학생
모두 '학벌'을 1순위로 꼽았다.

〈표 3-4〉 한국 사회에서 출세와 성공요인 　　　　　　　　　　　　　　(단위: %)

구분	학부모	교원	대학생	고등학생
지적능력	34.7	27.6	32.4	30.2
성품	18.7	12.3	9	11.9
학벌	34.6	46.3	47.2	49.3
부모의 뒷받침	10.4	9.2	9.5	7.7
출신지역	1.2	3.3	1.2	0.4
무응답	0.4	1.4	0.6	0.5
계	100	100	100	100
사례 수(명)	3,019	1,532	1,196	1,181

출처: 임연기(1998). 교육에 대한 국민의식 조사 연구. 한국교육개발원. p. 52.

사회적 지위 획득에 결정적인 역할을 하는, '선망'의 대상인 학교에 진학하기 위한 경쟁에서 우위를 차지하려는 욕구로 인해 사교육이 성행하고, 이로 인한 폐단을 막기 위해 입시제도를 개혁하고 다양한 교육정책을 시행해 왔다. 사교육 수요를 줄이고 사교육비를 줄이기 위한 일부 정책이 성과를 내고 있음을 보여 주는 연구 결과가 보고되고 있기도 하지만, 여전히 사교육의 기세가 약해지지 않고 있다.

2) 교육불평등 구조

통계청이 발표한 2018년 가구의 순자산 및 소득을 분위별로 분석한 결과는 다음 표와 같다.

〈표 3-5〉 가구의 순자산 및 소득의 분위별 평균 금액과 점유율   (단위: 만 원, %)

구분	순자산				소득			
	2016년		2018년		2016년		2018년	
	평균금액	비중	평균금액	비중	평균금액	비중	평균금액	비중
전체	31,572	100	35,281	100	5,478	100	5,828	100
1분위	950	0.6	863	0.5	1,001	3.7	1,104	3.8
2분위	8,404	5.3	8,988	5.1	2,556	9.3	2,725	9.3
3분위	18,982	12	20,283	11.5	4,323	15.8	4,577	15.7
4분위	34,832	22.1	37,743	21.4	6,590	24.1	6,977	23.9
5분위	946,760	60	108,517	61.5	12,291	47.2	13,754	47.2

주: 분위는 순자산, 소득 각각의 분위임.
출처: 통계청(2019). 가계금융복지조사.

표에서 알 수 있는 바와 같이, 상위 20%가 순자산은 61.5%, 소득은 47.2%를 차지하고 있다. 한국 가구의 자산과 처분이 가능한 소득은 중위값보다 평균이 큰 오른쪽으로 긴 꼬리를 갖는 비대칭분포를 가진다(총자산은 중위값

2억 2,637만 원, 평균은 4억 830만 원, 처분가능소득은 중위값 2,224만 원, 평균은 2,683만 원). 순자산과 소득을 중심으로 부의 편중이 심하고, 가구의 경제적 양극화는 더욱 심화할 전망이다.

이와 같은 가구의 경제적 양극화는 교육의 양극화로 이어진다. 교육의 양극화는 단순히 양극화 차원을 넘어 다른 문제들을 야기한다. 양극화로 인한 부의 편중은 곧 교육에서의 과도한 사교육비 양극화 문제를 유발한다. 통계청의 조사에 따르면 2018년 기준 가구 소득수준별 월평균 사교육비는 월 소득 800만 원 이상 고소득 구간에서 50만 5천원이었으며 월 소득 200만 원 미만의 저소득 구간에서는 9만 9천원이었다. 소득 구간에 따라 최대 5.1배에 달하는 사교육비 지출격차가 벌어진 것이다. 사교육 참여에 있어서도 월 소득 200만 원 미만의 저소득구간에서는 47.3%만이 사교육에 참여하고 있었지만, 월소득 800만 원 이상 고소득구간에서는 84%의 학생이 사교육에 참여하고 있어 사교육비 지출 및 참여에 있어서의 양극화를 극명하게 보여 주고 있다.

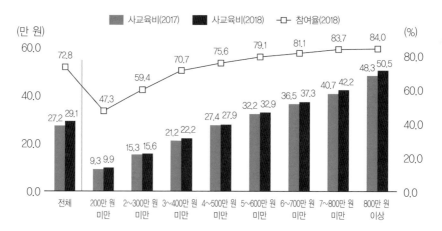

[그림 3-1] 가구 소득수준별 학생 1인당 월평균 사교육비 및 참여율

〈표 3-6〉 가구 소득수준별 학생 1인당 월평균 사교육비 및 참여율

구 분	사교육비(만 원, %)			참여율(%, %p)		
	2017년	2018년	전년 대비 증감률	2017년	2018년	전년 대비 증 감
전 체	27.2	29.1	7.0	71.2	72.8	1.7
200만 원 미만	9.3	9.9	5.9	44.0	47.3	3.3
200~300만 원 미만	15.3	15.6	2.1	58.8	59.4	0.6
300~400만 원 미만	21.2	22.2	4.4	68.5	70.7	2.1
400~500만 원 미만	27.4	27.9	1.5	75.5	75.6	0.1
500~600만 원 미만	32.2	32.9	2.1	79.0	79.1	0.2
600~700만 원 미만	36.5	37.3	2.2	81.5	81.1	- 0.4
700~800만 원 미만	40.7	42.2	3.9	83.8	83.7	- 0.1
800만 원 이상	48.3	50.5	4.5	84.5	84.0	- 0.6

출처: 통계청(2019). 2018년 초·중·고 사교육비 조사결과.

최근 『한국경제신문』[1]의 의뢰로 한국노동연구원(2020)이 수행한 '사회이동성 조사'에서 한국 사회에서 사회·경제적 지위가 높아지는 데 가장 큰 영향을 미치는 것에 대한 질문에서 부모의 사회·경제적 지위 40.3%, 본인의 능력과 노력 36.2%, 공정성 확보를 위한 정책·제도라는 응답 비율이 22.9%로 나타났다(모름, 무응답 0.7%). 부모의 사회·경제적 지위가 교육의 사다리를 타고 대물림할 가능성이 커지고 있다는 점을 알 수 있다. 교육에서 부모 찬스 활용이 경쟁의 불공정성을 공고히 하고 있음은 우려할 만한 일이다.

3) 대학 보편화와 서열화

한국의 대학 취학률은 1980년 이전만 해도 10% 미만이었으나 1980년

---

1) 한국경제신문(2020. 10. 4.).

에 15.9%, 1985년 35.1%, 1995년 55.1%로 급격히 증가하였고, 2000년에는 80%를 돌파하였다. 취학인구 감소, 대졸 취업률 저하 등으로 취학률이 감소 추세를 나타내고 있으나 대학의 급격한 팽창은 많은 과제를 던지고 있다.

Trow는 대학교육체제 성장유형론에서 모든 선진사회에서 겪고 있는 대학 교육의 문제는 성장과 관련을 맺고 있다고 지적한 바 있다(임연기, 2007d). 성장은 성장을 경험하는 교육체제와 교육체제를 뒷받침해 주는 사회에 다양한 문제를 안겨 준다는 것이다. 이러한 문제는 대학교육의 모든 부문, 즉 학생 선발, 교육과정과 수업양식, 연구, 교수의 채용 및 능력개발, 재정, 관리 등에서 일어난다고 한다. 그리고 이러한 문제들은 모든 선진 사회에서 진행 중인 대학교육의 성장 형태, 즉 엘리트 교육에서 대중교육 궁극적으로는 보편화를 향하는 변화로부터 일어나는 일종의 증후군으로서 이해될 수 있다고 보고 있다.

그는 대학 취학률이 15%에 이를 때까지를 엘리트 교육, 15%를 상회하여 50%에 이를 때까지를 대중교육 그리고 50%를 상회하는 경우 보편교육이라고 명명하고, 엘리트 대학교육체제로부터 학생 수의 팽창을 통하여 대중 대학교육체제로 전환하고, 종국적으로는 보편 대학교육체제로 변모하게 된다고 설명한다. 그리고 체제의 전환은 양적인 측면에서뿐만 아니라 질적으로 달라진다고 주장한다.

대학교육의 성장에 따른 변화 가운데 학생선발과 관련된 내용만을 발췌하여 살펴보자. 대학팽창과 이에 따른 학생 수의 증가는 학생들의 대학입학에 대한 생각의 변화를 가져오기 시작한다. 그다음, 학생 선발의 원리와 과정에서의 변화를 가져온다. 대학교육체제의 다른 요소들은 변화에 대한 저항도 크고 그 속도도 느리다. 학생 수 팽창, 대학입학에 대한 개념 규정, 선발의 원리 등은 대학교육체제 밖에서 결정된다. 반면에 교육과정과 수업양식, 내부 통치 등은 대부분 대학 내에서 결정된다. 이러한 체제 내부의 과정은 매우 보수적이다. 이는 대학이 운영되는 방식 또는 교수집단의 특성 때문이다.

우선 절대규모의 성장은 기관의 거대화와 체제의 거대화를 가져온다. 절대 규모의 성장에 따른 대학교육체제의 거대화는 경제적·정치적인 문제를 야기한다. 즉, 체제의 거대화로 막대한 공공재원이 소요하게 되고 이로 인하여 세인으로부터 주목과 거센 비판의 대상이 된다. 여기서 학문의 자유와 기관의 자율성에 대한 정치적 문제가 제기된다.

다음으로 취학률 증가는 대학교육에의 접근상의 많은 문제를 가져온다. 예컨대, 취학률 증가는 지역, 계급, 인종 간의 교육기회 격차를 완화시키지 못한다. 이 문제는 민주주의와 평등주의 이념이 강한 사회에서 정치적인 쟁점이 되고, 높은 학력이 삶의 기회에 강력한 영향을 미치는 사회일수록 평등화에 대한 압력이 커진다. 취학률의 증가는 또 다른 중대한 문제를 가져온다. 대학교육은 특권이 아닌 의무라는 의미를 갖게 되고, 이에 따라 학생들의 학습동기, 대학의 교육과정과 지적 풍토상의 변화를 가져온다. 접근 기회가 고도로 제한되면 특권으로 간주하고, 취학률이 15%를 상회하면 어떤 공식적인 자격을 가진 사람들의 권리로서, 50%를 초과하면 의무로 간주한다. 대학교육에 대한 접근의 용이성 정도는 대학교육의 수학에 대한 사람들의 생각과 밀접한 관련을 맺고 있다.

〈표 3-7〉 Trow의 대학체제의 성장유형별 학생선발 특징

준거	엘리트교육	대중교육	보편교육
대학진학태도	특권	자격 있는 사람의 권리	의무
학생선발원리	능력주의	제한된 능력주의	개방

출처: M. Trow(1974). *Problems in the transition from elite to mass higher education, in Polices for higher e ducation*, Paris: OECD에서 발췌.

대학체제의 급격한 양적 성장에 따라 대학의 보편화를 이루었다. 그러나 대학체제의 분화와 다양화 등 질적 차원에서 변화가 따르지 못하였다. 모든 대학이 서울대학교를 정점으로 획일적인 발전모델을 추구한 결과 대학의 서열화를 벗어나지 못하고 더욱 고착되는 경향마저 있다. 대학의 서열화는 대학입시 경쟁을 촉발하는 핵심 요인 중의 하나로 자리잡고 있으며, 대학입시 전문 학원들이 매년 작성한 대학진학 배치표는 대학 서열화의 상징이다.

류지성 외(2006: 3-6)는 한국의 대학은 미국, 일본 대학과 비교해 볼 때, 석·박사, 종합대학에 치우쳐서 다양성이 떨어지고 있음을 지적하였다. 획일적인 단일 발전모형으로는 다양한 경제적, 사회적 요구에 대응하지 못해 고객만족도가 저하되고, 생존자체도 심각한 위협에 직면해 있다는 것이다. 한국 대학은 이제 공급초과시대에 접어들었으며, 이제 시장의 힘에 의해 학생충원 및 자원배분이 결정될 수밖에 없기 때문에 시장 환경에 따라 차별적인 전략 유형을 통해서 대학 자체의 경쟁역량을 제고해야 함을 강조하였다.

정부에서도 고등교육기관의 분화와 다양화 정책을 추진해 오고 있다. '대학경쟁력 강화방안'(2003)에서 대학의 설립목적, 교육여건, 양성하고자 하는 인력 수준에 따라 자율적으로 연구중심, 교육중심 등의 유형화를 유도하고자 하였다. 특히 연구중심 대학은 학부정원 축소, 대학원 비중 확대원칙을 견지하여 왔다(임연기, 2005a: 254). 이러한 맥락에서 대학평가와 연계하여 각종 재정지원사업을 추진하고 있다. 대학평가 특히 구조조정을 위한 대학평가가 대학서열화에 어떤 영향을 미치는지 검토할 필요가 있다.

4) 사회 갈등 첨예화

사회 갈등이 첨예한 환경에서는 숙의, 공론의 과정을 거쳐 합의안을 마련하기가 쉽지 않다. 한국 국민은 여러 사회갈등 유형 중 보수·진보 간 이념갈등을 가장 심각한 것으로 보고 있는 것으로 나타났다. 2018년 한국행정연구원의 사회통합실태조사 결과에 따르면 보수·진보 간 이념갈등에 대한 인식은 4점 만점에 3.3점으로 가장 높은 것으로 나타났다. 이어 계층갈등과 노사갈등(이상 각 3.0점), 환경갈등(2.9점), 세대갈등(2.8점), 지역갈등, 종교갈등(각 2.7점), 성별갈등(2.6점)순으로 나타났다. 이념갈등은 2016년 3.2점에서 지난해 3.3점으로 격화되는 양상을 보이고, 환경, 세대, 종교, 성별갈등도 전년에 비해 심화되는 것으로 나타났다.

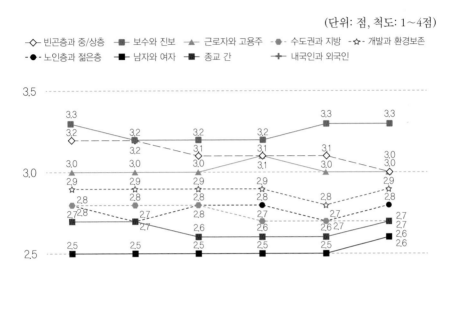

[그림 3-2] 사회갈등의 정도 연도별 추이

출처: 한국행정연구원(2018). 2018년 사회통합실태조사.

이러한 사회갈등이 발생하는 원인으로는 '개인·집단 간 상호 이해 부족'
이 27.5%로 가장 높게 나타났다. 이는 전년도 17.6%에 비해 9.9%p 상승해
가장 큰 상승폭을 보였다. 이어 '이해 당사자들의 각자 이익 추구'(24.8%), '빈
부격차'(20.5%), '개인·집단 간 가치관 차이'(11.8%), '권력 집중'(8.3%) 순으
로 나타났다. 사회갈등 해소에 중심적 역할을 해야 하는 집단에 대한 응답은
정부 41.7%, 국회 19.3%, 언론 14.7%, 교육계 10.9% 순으로 높게 나타났다.
전년도와 비교하면 정부에 대한 인식은 3.8%p 증가한 반면, 국회, 언론, 교
육계에 대한 인식은 각각 1.8%p, 0.4%p, 1.1%p 감소하였다.

사회 갈등의 유형 중에서 진보-보수 간의 이념 대립이 가장 심하고, 정부가

갈등 해소 역할을 해야 한다는 의견이 다수를 차지하고 있다. 대학입학전형 정책의 경우 그 어떤 교육정책보다 묵직한 문제가 잠복해 있고, 이에 따른 갈등의 소지가 많아 선거 때마다 반복적으로 정치 쟁점화되어 왔다. 정치의 목적이 좋은 삶을 구현하며 올바른 시민을 육성하고 좋은 자질을 배양하고자 하는 데 있으므로, 정치 쟁점화 그 자체가 우려할 일은 아니다. 이념의 차이에 따라 정부의 대학입학전형 정책의 기조가 흔들릴 수 있다는 점이 문제이다.

공교육의 이념에 대한 논쟁은 '교육의 본질이 무엇인가'와 관련된 논란에 뿌리를 두고 있다. Theobald와 Mills(1995: 462)는 교육의 책무성에 대한 입장의 차이를 미국 공교육의 이념에 대한 다툼으로 설명하고 있다. 과연 가치로운 지식이란 무엇인가, 학습결과는 어떻게 나타날 수 있는가, 공교육에서 교육자와 정부의 역할은 무엇인가, 현장에서 책무성은 어떻게 성취될 수 있는가 등의 질문에 대한 신념의 차이에서 비롯된다고 보고 있다.

교육이념에 대한 근본적 입장 차이를 초개인주의와 공동체주의로 양극화하여 구분할 수 있다. 이를 정리하면 〈표 3-8〉과 같다. 이는 대학입학전형 정책의 쟁점을 확인하는데 요긴한 기반이 될 수 있다. 초개인주의 입장에서 보면 사교육이나 부모의 도움을 받는 입시점수 향상과 스펙 관리는 큰 문제가 아니다. 그러나 공동체주의 입장에서 보면 사교육의 기회, 부모의 영향력이 과도하게 작용하는 선발장치는 공정성 차원에서 수용하기 어렵다.

〈표 3-8〉 교육과 사회에서의 책무성

책무성 차원	초개인주의(Hyper-Individualism)	공동체주의(Communitarianism)
'학습자'의 정의	잠재적 능력을 발현하는 교육을 필요로 하는 '개인'	사회에 공헌하는 시민으로서 학습해야 할 '사회 구성원'
최우선 과제	개인의 역량 극대화	민주주의와 지역사회 발전
책무성의 목적	학습과 학교 성취수준 측정	교육공동체 평가
적절한 책무성 과정	학생의 지식, 기술, 태도 습득 수준의 객관적 측정	이해의 깊이, 질을 측정하고 발전시키기 위한 형성평가

출처: Macpherson, R. J. S. (1996). *Educative Accountability: Theory, Practice and Research in Educational Administration*. New York: Elsevier Scince Inc. p. 20의 표에서 발췌, 재구성.

3. 대학입학전형 정책의 딜레마와 정부의 역할

대학입학전형 방법과 자료로써 대학별고사, 학교생활기록부, 대학수학능력시험의 딜레마를 짚어 보고(임연기, 2019 참조), 대학입학전형 정책의 개선방향과 원칙을 제안하고자 한다.

1) 대학별 고사의 딜레마

해방 이후 대학 신입생 선발은 대학별 고사로 출발하였다. 각 대학별로 실시하는 본고사에 의한 선발은 제대로 정착하지 못했다. 정부는 1980년 8 · 30 교육개혁 일환으로 대학 본고사를 전면 폐지 조치하였다. 이후 대학들은 꾸준히 대학의 학생선발 자율권 보장을 요구해 왔으며, 논술, 면접고사 등의 숨통이 열렸으나 여전히 대학의 선발기능은 미약하였다. 1994~1996년에 부분적으로 본고사가 허용되었으나, 1999년 3불정책 시행으로 다시 대학 본고사 금지 조치가 취해졌다.

1995년 5 · 31 교육개혁방안에 근거하여 1997학년도부터 대학의 학생선발 자율권 확대를 위하여 대학마다 다양한 전형요소와 방법을 개발, 적용할 수 있도록 하였고, 상위권 대학을 중심으로 본고사를 대체할 수 있는 심층면접, 논술고사가 슬그머니 자리를 잡았다. 사실 대학별 고사로 치르는 심층면접, 논술고사는 본고사에 버금가는 사교육 열풍을 일으키고 있다. 고등학교에서 대학별로 수준과 내용이 다른 심층면접고사, 논술시험에 대응하기는 역부족이다. 입시철에 대치동 학원 골목을 가서 수험생을 실어 나르는 고급 외제차 행렬을 만나 보라.

대학의 학생선발권 주장은 「헌법」 제31조 제4항에 근거한다. 대학의 자율성은 헌법적 권리이나 법률에 정하는 바에 따라 보장한다고 명시하고 있다. 앞서 설명하였지만 대학 보편화 시대에서는 대학이 막대한 공공재원을 지원을 필요로 하고, 특히 학부모 납입금 의존도가 높은 만큼 학문의 자유마저도 국민의 주목을 받고 논란의 대상이 될 수 있다는 점을 유념해야 한다.

대학이 최선의 우수한 신입생을 선발하기 위하여 전형지침을 마련하고 시행하는 일련의 노력은 존중해야 한다. 대학 보편화 시대에도 학문지향적 대학이나 학과는 대학은 오로지 학문을 장려하기 위해 존재하며 학업성취가능성이 대학입학의 가장 중요한 기준이 되어야 한다고 주장할 수 있다. 대학학생선발권이 필요하다는 주장은 대학수학능력시험 결과나 고등학교 교과내신 성적이 학생선발에 필요한 정보를 충분히 제공할 수 없는 실정에서 더욱 설득력을 가진다. 대학이 학생선발에 필요로 하는 전형자료를 충분히 확보할 수 있다면, 굳이 대학별 고사를 치루지 않고 공교육 발전에 기여함으로써 사회적 책무를 다할 수 있을 것이다. 대학별 고사의 갈 길을 바로 잡아야한다.

2) 학교생활기록부 전형의 딜레마

1995년 5 · 31 교육개혁방안에 따라 종합생활기록부제를 도입하였다. 이에 따라 고등학교 교육활동에 관한 대학입학전형 자료를 고등학교 교과성적 위주의 내신성적에서 종합생활기록부로 전환하였다. 학습의 제반 과정과 교과 외 동아리활동, 봉사활동 등은 물론 수상경력, 자격증 취득 등을 누가적으로 기록하여 대학입학전형에 본격적으로 반영하기 시작하였다. 이때 종합생활기록부 명칭을 학생생활기록부로 변경하였다. 비교과 활동 평가와 함께 자기소개서, 추천서 등을 활용한 무시험 전형을 통해 성적위주 한 줄 세우기에서 여러 줄 세우기로 변화를 시도하였다.

학교생활기록을 대합입학전형 자료로 채택한 이유는 무엇보다 고등학교 정상화에 있다. 학생들의 학교생활이 대학 본고사나 국가가 관리하는 표준화 시험에 치우치지 않도록 하고, 학교가 교과성적 중심의 교육과정 운영에서 벗어나 학생들의 적성과 특기를 살리는 전인교육을 실현할 수 있을 것으로 기대하였다. 이명박 정부에서는 학생생활기록부를 전문적으로 책임있게 평가할 수 있는 입학사정관제를 도입하고, 박근혜 정부에서는 지나치게 다양해진 전형방법의 간소화를 추진하면서 명칭을 학생종합부전형으로 개칭하였다. 최근에는 자소서와 추천서, 비교과 활동 등을 대학입학전형에서 단계적으로 제외시켰다.

학교생활기록부는 장점도 많지만 단점도 많다. 1회의 시험 성적이 아니라고 하지만 입학에서 내신성적 산출을 위한 마지막 시험까지 학생들을 통제한다. 학생들로 하여금 숨이 막히게 한다. 교과 내신성적 산출은 상대평가를 적용하여 학교 내 모든 친구들을 경쟁 대상으로 만든다. 절대평가로 전환해야 하지만 성적 인플레 우려에 쉽지 않다. 학교마다 교사마다 격차가 심하다. 고교등급제 금지 원칙에 따라 차이를 인정하지 못한다. 교사들은 학생들의 학습과 생활 과정을 충분히 관찰해야 하기 때문에 가르치는 일 이외의 추가적인 업무부담에 시달린다. 충분히 관찰할 만한 여유도 없다. 학생생활기록을 학생과 학부모가 열람할 수 있기 때문에 솔직하게 기술하기 곤란하다. 교사들은 정성적으로 평가하여 기록하고, 대학에서는 객관성 확보를 위해 계량화하여 양적평가를 한다. 주관적 평가를 배제할 수 없다. 무엇보다 비교과활동 기록과 평가는 무한 경쟁을 유발한다. 자기소개서를 비롯하여 대부분의 요소들을 사교육에 의존하고 부모 후원이 중요하게 작용한다.

학생부종합전형제 도입으로 고등학교 교육활동에서 소홀히 하고 대학입학전형에서 무시했던 비교과 활동의 활성화가 이루어진 것은 부인할 수 없다. 그러나 내학입학전형을 활용한 학교교육 정상화는 빈껍데기에 불과하다. 학생부종합전형은 대학은 무엇을 하는 곳이며 대학입학 자격은 무엇이어야 하는가에 대한 근본적인 의문을 갖게 한다.

3) 대학수학능력시험의 딜레마

대학수학능력시험은 대학입학전형에서 중추적 위상을 가지고 있다. 본래 도입 취지에서 크게 이탈하고 있다는 비판도 받고 있고, 사교육을 유발하고 고등학교 교육 정상화를 가로막는 최대 걸림돌이라는 공격도 받고 있다. 고교 학점제를 앞두고 다시 한번 손질이 불가피하기도 하다. 용도 폐기해야 한다는 주장도 있고, 국가가 관리하지 않고 민간에 이양해야 한다는 의견도 있다. 결론부터 말하자면 대학입학전형의 안정적 정착을 위해 정부의 역할이 중요하고, 특히 대학수학능력시험의 중심을 바로잡는 데 총력을 기울여야 한다고 생각한다. 이러한 입장에서 대학수학능력시험의 탄생과정에서 모델로 삼았던 미국 SAT의 딜레마를 다소 깊이 그리고 길게 고찰해 보고자 한다. 대학수학능력시험의 딜레마는 SAT의 딜레마에서 찾을 수 있기 때문이다.

대학수학능력시험 도입 이전의 국가 관리 표준화 시험인 대학입학예비고사(1969~1981년)와 대학입학학력고사(1982~1993년)는 암기위주 입시교육을 유발한다는 비판을 받아왔다. 이를 해소하기 위한 방편으로 미국의 SAT에 관심을 가졌다. 1985년 9월 5일 대통령 직속기구인 '교육개혁심의회'에서 학력고사와 내신성적으로 전형이 이루어지는 대입제도에 대한 전반적인 재검토 및 보완이 필요하다는 인식 아래 '대입제도개선안 장기발전모형'으로 '대학입학학력고사'를 범교과적 영역별 평가인 '대학교육적성시험'으로 전환하는 안을 채택했다.

1988년부터 문교부(현재 교육부)가 본격적으로 대학입시제도 전면개편 작업을 추진하기 시작했고, 1989년 대학교육협의회가 대략적인 대입제도 개선안을 발표했다. 개선안에는 종래 특정 교과목 중심의 고사 방식에서 과감히 탈피하여 종합적 사고능력을 묻는 적성시험을 채택한다는 내용을 포함하였다. 시험 내용을 '기초수학능력'과 '고등정신능력' 측정에 둠으로써 암기 위주의 입시 교육을 방지하고, 시행 과목을 언어, 수리, 외국어 등 3개 영역에 한정시킴으로써 학생들의 심리적 부담 경감, 과외수요 감소 등의 효과를 기대한다고 하였다. 구체적인 출제 형태는 지능검사(IQ TEST)와 기존의 학력고사 문제의 절충방식이 될 것이라고 밝혔다.

이후 전국적으로 새로운 대입제도에 대한 의견수렴을 위한 공청회를 개최하였고, 이때 사회와 과학 과목도 포함하자는 의견과 '적성 검사'와 이름이 비슷해 오해와 혼잡을 일으킬 수 있는 '대학교육적성시험'을 '대입기초공통시험' 또는 '대학수학능력고사' 등으로 명칭을 변경하자는 의견도 나왔다. 1993년도부터 이 제도를 시행하기로 했으나, 여러가지 문제로 1년 늦춰졌고, 교육정책자문회의에서 '대학교육적성시험'을 백지화하고 '사고력 중심의 학력고사'로 바꿀 것을 건의하는 등 혼란이 있었다.

1990년 4월 28일 최종 개선안을 발표하였다. 당시 명칭과 성격을 둘러싼 논란이 분분했으나 시험의 개념을 '사고력을 측정하는 발전된 학력고사'라고 정립하고, 대학교육의 수학에 기초가 될 보편적 학력을 측정하고, 학교에서 배운 능력을 평가하며, 고교 교육과정의 내용과 수준에 맞춰 출제한다고 밝혔다. 또한, 특수직업 적성시험, 선천적으로 타고난 능력을 측정하는 지능검사와 다르다고 분명하게 밝혔다.

1991년 1월 23일 '대학교육적성시험 실험평가' 문제를 언론에 공개하면서 드디어 대학수학능력시험 도입이 현실로 다가왔다(1990년 12월 19일 당시 30개 고교 2학년 1,601명을 대상으로 시행된 실험평가 시험지가 공개된 것이다). 1980년대 후반부터 연구를 시작하여 SAT를 벤치마킹하여 가칭 '대학입학 적성검사(College Scholastic Aptitude Test)'라는 이름으로 1990년부터 1992년까지 7차례의 대학수학능력시험 '실험평가'를 실시하고, 비교적 상당한 개발 기간을 거쳐서 준비된 시험을 1994년 도입하였다.

대학수학능력 시험의 원조는 미국의 SAT임을 알 수 있다. 따라서 SAT 시험에 대한 논란과 근황을 들여다볼 필요가 있다. SAT는 90년 이상의 역사와 함께 변천을 거듭해 왔다. SAT의 공식 명칭이 학업적성평가(the Scholastic Aptitude Test)에서 학업능력평가(the Scholastic Assessment Test)로 바뀐 것은 이러한 흐름을 극적으로 보여 준다. SAT 시험 주관 기관인 대학위원회(The College Board)에서 발간하는 보고서에 따르면(Lawrence et al., 2003; Shaw et al., 2016), 그간의 괄목할 만한 SAT 변화로, 언어와 수학 능력 과목에서의 문제 유형 변화, 문제 풀이 시간 증대(시험 풀이에 쓰이는 시간에 따라 성적이 변화하는 문제를 최소화하기 위한 조치), 수학 시험에 있어서 계산기 활용 허용 등이 있었다. 현재는 이른바 '점수 올리기'를 목적으로 하는 행위를 견제하는 방안과 SAT 점수가 대학에서의 교육성과를 보다 더 많이 예측할 수 있도록하는 방안에 대해 논의 중이라고 한다. 그뿐만 아니라 1970년대 이후 SAT 시험 개발자들은 미국의 다양한 문화적, 교육적 배경을 지닌 학생들을 균형 있게 고려하는 시험 문제를 내기 위해 노력하고 있다고 밝히고 있다. 근래에 들어서는, 학생의 사회 경제적 배경을 고려하는 역경점수(adversity index)의 개발과 이를 수정한 랜드스캐이프(Landscape)의 도입으로 이어지고 있다.

실제로 그것이 가능했는지 그리고 적절했는지 여부를 떠나, SAT가 태동할 당시 평가하고자 했던 것은 학생의 고유한 '학습 능력'인 것으로 보인다. Lemann(2013)이 정리한 초기 SAT의 역사(1920~1930년대)를 보면, SAT의 위세가 확대되는 데 있어 중요한 계기가 두 번 등장한다. 첫 번째는 당시 전 세계적으로 위상이 높던 IQ 테스트의 활용이고, 두 번째는 하버드 대학교에서의 입학 전형 자료로서 SAT 시험 점수의 도입이다. 이 시기가 선천적인 능력의 우위가 인종에 따라 있다는 이른바 '우생학'이 맹위를 떨치던 시기라는 점을 기억할 필요가 있는데, 당시 IQ 테스트는 우생학적 믿음을 뒷받침하는 매우 중요한 장치였다. 테스트를 통해 인종의 우위를 검증할 수 있다는 믿음과 학생을 특정한 점수에 근거하여 '선별'할 수 있다는 믿음은 동전의 양면과 같은 것이었다.

실제로, 초기 SAT는 미국 군부대에서 군인 선발에 활용하였던 IQ 테스트를 보완 개발한 것이었다. 이러한 SAT 시험이 미국에서 시험으로서 권위를 얻을 수 있었던 것은 하버드 대학교가 이를 채택한 것과 연관되어 있었다. 당시 하버드 대학교는 미국 동부 지역 사립 고등학교에 다니는 '부잣집 자녀'들의 학교였으며, 학생 선발은 학생의 '능력'이 아닌 그들의 '특성(characteristics)'을 고려하여 이루어졌다. 이른바 '뛰어난 학생'이 존재한다는 믿음의 확산은 이러한 당시 입학 선발 체제에 균열을 가져오게 된다. 당시 하버드 대학교 총장은 흥미롭게도 하버드 대학교에서는 '사회의 진보를 가져다줄' 아인슈타인과 같은 학생을 선발해야 한다고 믿었고, 이를 위해 학생 고유의 능력을 평가할 수 있는 시험의 필요성을 주장했다. IQ 테스트의 '개 정판'이었던 초기 SAT는 이러한 하버드 대학교의 요구에 맞는 시험이었다. 특히 당시 하버드 대학교 총장은 SAT가 고등학교에서 배우는 것과 일정 정 도 거리가 있는 학생 고유의 '학습 능력'을 검증할 수 있다는 점에서 이 시험 에 대해 긍정적으로 평가했으며, 대학에서의 학업 성과를 적절하게 예측할 수 있을 것이라 기대했다.[2] 달리 말하면, 당시 SAT는 학생의 가정 배경, 그리 고 고등학교(특히 부유한 사립 고등학교)에서의 경험에서 '독립적'인 학습 능력 을 평가하는 것으로 간주되었고, 바로 이 점이 SAT 시험의 장점으로 주목받 았다.

대학위원회가 SAT를 전국 규모의 시험으로 치를 수 있도록 행정력을 갖추 는 데까지 성장하는 과정은 단순하지 않았다. 대학위원회는 비영리 민간 기 업이기에 기업의 '생존'과 직결된 사회적인 요구에 민감하게 반응해 왔으며, 정부, 시민 사회, 교육 기관, 학계 등의 다양한 목소리를 반영하면서 끊임없 이 변화를 시도해 왔다. 이 중 두 가지의 중요한 도전에 대해서 언급하지 않 을 수 없다. 첫째는 SAT가 가정과 학교 배경에서 자유로운 학생의 고유한 학 업 능력을 측정할 수 있는지와, 둘째는, SAT 점수가 대학에서의 성공적인 학

---

2) 하버드 대학교보다 SAT를 먼저 도입한 학교는 예일 대학교였다. Soares(2007: 22-33)가 지적 하듯이, 당시 SAT를 대하던 예일 대학교의 입장은 1930년대 하버드 대학교와 달랐다. 1920년 대에 SAT를 가장 먼저 도입한 예일 대학교의 입학관리자들은 IQ 테스트와 같은 SAT 시험이 '재능이 있는 학생'과 '벼락치기로 공부하는 학생'을 구분할 수 있을 것이라 기대했다. 이러한 시도는 당시 공립 고등학교에서의 높은 교육 성취를 통해 예일대학교로 진출하는 유대인들에 대한 견제의 의도가 있었다는 비판이 있다. 당시에 (그리고 지금도) 유대인은 공부를 매우 열 심히 하는 것으로 알려져 있었는데, 이른바 '만들어진 잘하는 학생'보다 '타고나게 뛰어난' 학생 들을 선발하는 것이 중요하다고 본 것이다. 당시 예일 대학교에서는 미국의 전통적인 상위-계 층 집단인 WASP(영국계 백인 개신교 집단)이 유대인들에 비해 뛰어나다는 우생학적 믿음이 있었으며, SAT가 이를 정당화할 것이라 보았다. 결과적으로 이러한 시도는 실패했다. SAT가 유대인을 입학 과정에서 걸러 주지도 못했을 뿐만 아니라 대학에서의 학업 수준도 유의미하게 예측하지 못했기 때문이다. 이에 예일 대학교는 나름의 자체적인 학생 선발 기준을 만들어 나 가는 시도를 하게 된다.

업을 적절하게 예측할 수 있는지에 대한 지적이다. 사실 이 두 가지는 배타적이지 않고 서로 연관되어 있다. 많은 통계 연구들은 SAT 점수가 학생의 가정과 학교 배경의 영향을 받고 있으며, 대학의 학점, 혹은 졸업 가능성을 예측하는 데에 있어 얼마나 제한적인지 비판해 왔다. 이러한 비판은 학계에서만 제기되는 것은 아니었으며, 더욱더 세련된 표준화한 점수를 바탕으로 효율적인 교육 시스템을 구축하려는 진영에서도 제기되어 왔다.

대학위원회의 역경점수(Adversity score) 도입은 이러한 배경에서 추진하였다. SAT 시험 성적에 학생의 사회 경제적 배경을 수치화하여 새로운 등급의 점수를 부여하려는 시도였다. 이 점수는 학교 주변의 범죄율, 주택 공실률, 부모의 교육 수준과 소득 수준, 학교의 무료 급식 학생 비율 등을 종합하여 산정하도록 한다. 대학위원회는 사전 시도에서 확보한 자료를 바탕으로 역경점수를 반영하여 보정한 SAT가 대학에서의 학업성취를 더욱더 잘 설명할 수 있다고 보았으며, 이러한 점수를 수치화하는 시도가 대학의 입장에서 탈락률이 낮고 더욱더 높은 학업성취를 달성할 학생을 선발하는 데 도움이 될 것이라 기대했다(Soares, 2020).

결과를 놓고 보면, 역경점수를 도입하려는 시도는 실패하였다. 『뉴욕타임스』, 『Inside Higher Edu.』 등을 비롯한 미국의 주요 언론사는 역경점수가 대학입학담당자와 고등학교 진학 상담자, 그리고 다양한 학부모 단체로부터 공격받았다는 점을 보도했다(Hartocollis, 2019; Jaschik, 2019 등). 가장 큰 문제는 역경점수가 학생의 환경을 하나의 점수를 환원함으로써 오히려 학생에 대한 적절한 평가를 불가능하게 한다는 점이었다. 역경점수가 제대로 된 '역경'을 반영하지 못한다는 것이다. 대학위원회가 활용할 것으로 발표한 여러 지표들이 미국 중산층에게 의도하건 혹은 의도하지 않건 유리하게 작용할 수 있었다. 대학위원회가 역경점수의 지표를 개발하는 데 SAT 점수를 예측하는 통계 모형을 활용하였는데, 사회과학에서 통계 모형은 학생들의 평균적인 양상을 설명하는 것이지 개별 학생의 특수성을 반영하는 것은 아니다. 따라서 이 모형에서 고려되지 않는 다양한 환경적 요소들에 대한 배려가 충분하지 못했으며, 모형 안에 다루어진 요소들 사이에서도 그 분포가 특수한 사례들을 적절하게 다루지 못하는 한계가 있었다. 예를 들어, 대학교 이상의 학력을 지닌 엄마를 둔 학생이라 하더라도 엄마가 알코올 의존증과 같은 정신 병력이 있는 경우를 적절하게 고려하지 못한다. 또한 젠트리피케이션으로 주위의 공실률이 높아진 값비싼 지대의 부유한 학교들은 좋은 교육 환경에도 불구하고 오히려 높은 역경점수를 받을 수 있었다.

SAT에 대한 비판적인 입장을 견지해 온 Soares(2020)는 대학위원회의 역경점수 도입을 두고 학생의 능력을 표준화된 하나의 잣대로 측정할 수 있다는 오래된 믿음이 더 이상 관철될 수 없다는 것을 드러낸 것이라 평가하고 있다. 또한, 대학위원회가 한발 물러 발표한 랜드스케이프(Landscape) 지표는 학생의 학교와 지역 배경을 두 가지 방면으로 나누어 제시해주는 자료를 제공하는 것으로 기존의 역경점수를 다른 방식으로 구현한 것에 불과하다고 비판했다. 거칠게 보면, 역경점수를 둘러싼 논란은 표준화된 시험 점수를 통해 학생의 고유한 학업 능력을 측정하는 것이 불가능하다는 것을 미국 사회가 인정하고 있다는 것을 보여 준다. 시험 점수 하나에 측정되지 않는 학생이 가진 학술적인 재능이 있으며, 이러한 재능은 학생의 가정과 학교 배경에 의해 영향을 받는 표준화된 시험 점수로 드러나지 않을 가능성이 크다는 주장이 사회적으로 지지를 받는 것으로 보인다. 그간 SAT 점수의 신뢰성—그것이 학생의 능력을 오롯하게 보여줄 수 있다는 믿음—을 담보하고자 했던 대학위원회는 그 점수의 사회적 쓰임에 대해 지속적인 도전을 받는 모양새다.

1990년대 초반에 SAT 명칭이 바뀐 배경에는 이 시험의 정체성에 대한 끊임없는 잡음이 있었기 때문이다. 이는 한국에서 대학수학능력시험을 도입하는 과정에서 그 성격을 규정하는 데에도 중대한 영향을 미쳤을 것으로 생각한다. 대학위원회는 이름 그대로 SAT가 대학에서의 교육에 필요한'적성'을 평가하는 것인지에 대해 공격받았고, 이를 해명해야 하는 번거로움을 경험했다. 따라서 이들은 SAT가 학생의 잠재력을'평가'하기 위한 시험이라는 사실을 강조하였다.

역사적 맥락에서 알 수 있듯이 초기 SAT가 개발될 당시 적성(aptitude)은 IQ 테스트의 토대에 있는 인식과 궤를 같이하듯이 '타고난' 것(가정 혹은 학교에서 '가르쳐지지 않는' 것)을 나타내는 것이었으며, 그것이 실제로 가능했는지, 그리고 적절했는지 여부와 관계없이, 이는 대학위원회가 일관적으로 주장했던 시험의 성격과 오롯이 합치하는 개념은 아니었다. 대학위원회는 SAT가 학생이 특정 과목에 얼마만큼의 지식을 가졌는지 여부가 아니라, 지식을 구체적인 상황에서 '적용'할 수 있는지 아닌지를 측정하는 것을 목표로 한다고 발표해 왔으며, 이는 타고난(talented) 특성을 함축하는 '적성'의 개념과는 괴리가 있었다. 또한, 대학위원회는 지속해서 SAT 시험의 형태를 수정해 왔으며 (과목을 늘리거나, 특정 내용의 축소 혹은 확대 등), 그 과정 안에서 SAT가 '길러지는 지식'을 측정하고 있다는 데에 대한 비판에서 벗어날 수 없었다(Strauss, 2014). SAT의 이름을 바꿀 당시 대학위원회의 고위관계자(총장)는 SAT가 이름 그대로의 학생의 노력과 관계없이 천부적인 것을 측정한다는 논란을 불식시키기 위한 노력의 일환이라고 밝혔으며, SAT의 목적은 학생의 잠재적인 '능력'을 평가하는 것이라 발표했다(Jordan, 1993).

SAT의 성격에 대한 논란, 그리고 이에 대한 해명과 대응에도 불구하고 현장에서 나타나고 있는 현상을 주목할 필요가 있다. Owens와 Valesky(2011: 331)은 Marchant와 Paulson(2009: 4)의 흥미로운 연구결과를 인용하였다. 미국에서 졸업시험이 있는 주들의 경우 응시자들이 SAT에서 상대적으로 낮은 점수를 나타내는 경향이 있다는 지적이다. 이는 해당 주의 학교들이 교육과정을 협소화하고, 전통적인 교수법을 강조하고 있어서 논리적 사고를 필요로 하는 SAT 문제를 풀기가 어렵기 때문에 나타난 현상이라고 설명하였다. SAT는 학생의 학습 숙련도를 측정하는 것이 아니라 학습할 수 있는 능력을 측정하는 지능검사와 동일한 형태를 갖는다는 것이다. 아무튼 SAT의 성격이 무엇이든 학교 공부와 SAT의 준비는 다르다는 점을 시사받을 수 있는 대목이다. 우리나라에서 학교 내신성적을 위한 공부와 수능 준비가 각기 다른 점과 유사하다.

현재의 SAT[3]는 '고등학교에서 배운 것'과 '성공적인 대학 수학을 위해 필요한 것'을 평가하는 데 목표가 있다고 기술하고 있다. Verbal(언어 영역) 800점, Math(수학 영역) 800점 만점으로 한다. 독해(reading), 작문(writing and language), 수학(math), 에세이(SAT essay) 과목으로 구성하고 있다. 독해는 비문학 읽기에서의 비판적 읽기 능력(저자의 주장에 대한 비판적 해석), 단어의 의미 파악 능력, 역사/일반 사회, 과학 과목 지문에 대한 독해 및 추론 능력, 맥락 속에서 의미 파악 능력을 평가한다. 작문은 특정 단어 혹은 문장을 합리적 사고를 바탕으로 배치 및 활용하는 능력을 평가한다. 수학은 개념적 이해와 응용 능력을 평가한다. 대학 과정의 수학, 과학, 사회 과학에서 요구하는 수학적 능력을 평가하고, 실생활(직업과 일상생활)에서 활용하는 수학적 능력에 대한 평가 역시 한다. 에세이는 필수는 아니고 선택과목이다. 지문을 읽은 후 저자의 논지가 어느 정도로 설득력 있는지에 대해 글을 쓴다. 저자의 의견에 대한 찬반은 묻지 않는다. 지문을 정확히 이해하고, 저자의 논리 전개의 문제점과 강점을 짚어 낼 수 있는지, 그리고 이를 글로 명료하게 표현할 수 있는지를 평가한다.

SAT의 위상은 어떠한가. 2021년 SAT 점수(ACT 점수도 포함) 제출을 의무화하지 않는다고 발표한 4년제 대학의 수는 1,550개를 웃돈다. 이는 미국 4년제 전체 대학의 5분의 3에 해당하는 규모이다. 2021년 입시에서는 COVID-19로 인해 시험을 적절하게 치르지 못하는 학생 수가 많아짐에 따라 SAT 혹은 ACT 점수를 제출하시 않아도 되는 학교의 수는 폭발적으로 늘었다. 여기에는 미국의 Flagship 대학(입학 경쟁이 치열한 공립대학)에 속하는 주립 대학들(UC, UT-계열 등)뿐만 아니라 프린스턴 대학교, 예일 대학교, 컬럼비아 대학교와 같은 유명 사립 대학교를 포함한다. 이러한 경향은 단순히 COVID-19로 인해 발생한 것이 아니라 지난 수년간 꾸준하게 진행

---

3) SAT 관련 기본 정보는 대학위원회(The College Board)의 홈페이지에서 발췌하였다.
   https://collegereadiness.collegeboard.org/sat/inside-the-test.

되어 왔다. 2009년에 이미 전체 대학의 3분의 1이 SAT점수 제출을 '선택'하도록 하였으며, 입학 경쟁이 심한 일부 대학 역시 참여했다. 관련한 정보는 미국 대학 입시에서 SAT(혹은 ACT) 점수의 활용을 폐지하는 운동을 해 온 Fairtest(https://www.fairtest.org/university/optional)의 공식 웹사이트에서 확인할 수 있다.

그러나 SAT와 ACT 시험의 규모만 놓고 보면, SAT(ACT를 포함한)와 같은 표준화된 대학입학점수의 위상은 여전히 강하다. 2018~2019학년도 기준 약 220만 명의 수험생이 SAT 시험을 치렀으며, 약 180만 명의 수험생이 ACT 시험을 치렀다. 미국의 한 해 학생의 숫자가 대략 400만 명인 것을 고려하면, 중복으로 시험을 치렀을 학생을 고려하더라도 적지 않은 숫자이다(미국에서는 일부 고등학교가 졸업 요건으로 SAT 혹은 ACT 시험을 치르도록 하는 경우가 있으나, 대학 진학을 염두하지 않을 경우 SAT 혹은 ACT 시험을 치를 필요가 없다). 또한 입학 경쟁이 심한 대학에서 여전히 SAT/ACT 점수는 학생의 입학을 결정하는 중요한 입학 사정 요소로 활용하고, Merit-based financial aid(성적 기반 장학금)의 선정 기준으로도 활발하게 이용한다. 또한 여러 대학이 SAT와 ACT 시험 점수를 선택적으로 제출하도록 입학 사정 정책을 바꾸었지만, 이 시험을 치르는 학생의 비율은 극적으로 줄어들지 않고 있다.

Landscape는 대학위원회가 준비한 역경점수(adversity score)가 크게 비판받자 대안적으로 내놓은 지표이다. Landscape의 사전적 의미를 국어로 표현하자면 지형, 풍경, 조경과 같은 것이 될 수 있으며, 또한 다른 지역과 구분되는 장소라는 의미가 있다. Landscape가 발표되기 전에 이를 'Environmental Context Dashboard'로 불렀던 점을 상기하면, Landscape가 학생의 환경 조건들에 대한 여러 정보를 의미하는 것을 알 수 있다. 대학위원회가 단어를 맥락화시킨 셈이다. 이는 마치 SAT가 단어의 뜻이 아니라 그대로 대학입학시험이라는 고유명사로서 작동하듯이, Landscape도 고유명사와 같이 활용하는 것이 번역에 오해를 사지 않을 가능성을 보여 준다.

Landscape는 학생의 학교와 거주 지역에 대한 정보를 제공한다. 대학 입학 관계자가 학생 선발에 있어서 SAT 점수에 대해 대안적인 보충자료로서 활용할 수 있도록 제공하는 자료이다. 학생의 출신 고등학교와 이웃에 대해 더욱더 이해하기 쉽게 하려고 제공하는 자료이다. 구체적으로 학교 관련 지표로는 학교 위치(City, suburban, urban, rural), 학급당 학생 수, 급식 지원 대상자 수, 대학 입학자의 평균 SAT 점수, 대학 수준 과정(Advanced Placement) 과목 이수 정도와 성적, 해당 학교 내에서의 학생 SAT 점수의 상대적 위치가 있다. 지역 지표로는 해당 지역의 4년제 대학 입학 예상 비율, 해당 지역 가족 구성 비율, 해당 지역 소득 수준 중간값, 공실률, 해당 지역 교육 수준, 범죄율이 있다. 학교 지표와 지역 지표는 1~100점 사이로 표준화하여 평균값을 제공한다. 더 높은 점수가 평균적으로 교육 기회를 얻고 성취를 높게 달성하는 데 어려움을 겪었다는 것을 나타낸다.

역경점수가 가장 많이 비판을 받았던 점은 대학위원회가 학생의 역경을 수치화할 수 있다는 부분이었다. 대학위원회는 그러한 시도가 어렵다는 것을 인정하였으며, 특히 개인 수준의 역경에 대해서는 측정하는 것이 불가능하다는 것을 받아들였다. 대학위원회가 3년의 예비 실험과 수정을 통해 학생의 교육 환경을 고려해야 하는 지표를 만든 데에는 SAT 점수가 학생의 능력을 적절하게 평가하는 데 근본적인 한계가 있다는 비판에서 벗어날 수 없었기 때문이었다. SAT 점수가 줄곧 학생의 환경에 의해 결정되고, 특히 인종에 따라 큰 격차를 보임에 따라 SAT 점수는 학생의 능력이 아닌 '배경'에 의한 점수라는 비판이 사회적으로 지지를 받았다. 역경점수와 Landscape의 개발을 발표하면서, 대학위원회가 줄곧 SAT 점수가 대학 입학에서 보다 더 '공정한 모습(fair look)'을 갖출 수 있게 하려고 학생의 배경에 대한 배려가 요구된다고 밝힌 것은 이러한 양상을 상징적으로 보여 준다(Soares, 2020).

4) 정부의 역할

대학입학전형 정책에서 정부의 역할을 올바로 수행하기 위해 적절한 원칙의 정립이 필요하다. 예시적으로 몇 가지 원칙들을 제안하면 다음과 같다.

- 제안 1: 대학입학전형 정책은 현재와 같이 대학을 정점에 두고 초등학교와 중등학교 등의 하급학교가 따라가게 하는 '하구형'에서, 초등학교 위에 중등교육을 구축하고, 이 바탕 위에 대학을 두는 '상구형'으로 전환한다. 대학수학능력시험도 그 명칭이나 성격을 고등학교 졸업시험으로 바꾸고, 출제도 고등학교 교사들이 담당하도록 한다. 대학 입학전형에 있어서 고등학교에서 배운 것을 대학에서 성공적인 수학을 위한 것보다 우위에 둔다.

- 제안 2: 대학입학전형 정책목표를 명료하게 좁혀서 설정한다. 대학입학전형 정책은 대학 입학생 선발 기능뿐만 아니라 고등학교 교육 정상화, 사교육 완화 및 해소, 대학의 학생선발자율성, 미래 인재 양성 등 너무 무거운 짐을 짊어져 왔다. 물론 대학입학전형 정책의 영향을 받기 때문에 고려하지 않을 수 없으나 대학입학전형 정책으로 해결할 수 있는 범위를 분명히 정하여 대학입학전형 정책목표는 대학 신입생 선발의 공정성과 적합성에 초점을 두도록 하고, 고등학교 교육 정상화, 사교육 경감 등의 정책은 각기 별개의 다른 정책으로 입안하여 정착시키도록 한다.

- 제안 3: '상구형' 대학입학전형 정책으로서의 전환과 함께 대학 학생선발 자율권을 제한하도록 한다. 대학의 학생선발 자율권은 전형자료의 활용에 제한한다. 전형자료의 생산은 고등학교의 학생생활기록부와 국가관리 표준화 시험결과에 국한한다. 삼불정책의 하나인 대학 본고사 폐지와 함께 대학 자체의 논술고사, 심층 면접, 특기자 전형을 일체 불허한다(물론 예체능 실기고사는 예외로 한다). 대학별로 치르는 논술고사

와 심층면접은 고등학교에서 감당하기 어렵다. 본고사와 다를 바가 없다. 대신에 대학이 건학이념에 적합한 학생을 뽑을 수 있는 다양한 자료를 정부 정책에 기초하여 제공하도록 한다. 정부는 전형자료 활용방법을 단계적으로 대학 자율에 맡기고, 사전에 선정기준과 활용방법을 공지하여 투명하게 관리하도록 지원한다.

• 제안 4: 자율 혁신 중심 고등학교 교육 정상화 조건을 정비한다. 고등학교 교육 정상화는 관료적 명령체계를 바탕으로 한 하향식 개혁시도에서 탈피하여 단위학교의 자기 혁신전략과 학교간 네트워크를 중심으로 이루어 나가도록 한다. 단위학교의 교장과 교사에게 활력을 주고, 동기를 부여하며, 문제해결을 위해 서로 돕고 협동하도록 장려하며, 학교에서 학생들과 교직원이 함께 성장 가능한 문화를 조성해야 한다. 흔히 대학입학전형 정책 때문에 고등학교 교육 정상화가 어렵다고 하면서 대학입학전형 정책을 활용하여 고등학교 교육 정상화를 도모하려는 시도도 없지 않았다. 발상을 전환하여 미래 인재 육성을 위한 교육과정을 정비하고 교육과정을 충실하게 이행할 수 있는 기반을 자체적으로 확고히 하도록 해야 한다. 비교과 활동은 대학입학전형과 관계없이 학교에서 활성화시킬 수 있는 방안을 마련해야 한다. 과도한 입시지도 부담을 야기하였던 자기소개서, 추천서 폐지, 비교과활동 등의 단계적 축소와 폐지 조치는 지극히 당연하다. 이에 따라 수시모집은 정시모집으로 통합시킨다.

• 제안 5: 대학입학수학능력시험의 성격을 재정립한다. 정부는 역량을 결집하여 대학입학수학능력시험을 보완해야 한다. 중장기적으로 시험과목을 언어, 수학, 외국어를 중심으로 하는 공통 필수과목과, 학점제 적용에 따른 선택 교과과목으로 구성하도록 한다. 모두 기초 역량과 고등 정신능력을 평가할 수 있도록 출제하되, 공통과목은 '고등학교에서 공통 교육과정으로 배운 것'에 초점을 맞추고, 선택 교과과목은 '대학에서 성공적인 수학을 위한 것'과 균형을 맞추도록 한다. 논술이 아니라 SAT

에세이 타입의 서술형 시험을 선택과목으로 도입한다. 채점은 그 결과를 활용할 대학에게 맡길 수도 있다. 대학, 전공에 따라 대학수학능력시험 결과를 자율적으로 다양하게 활용할 수 있도록 한다. 지리적인 불이익, 부모의 사회·경제적 차이를 반영하는 방안을 중·장기적으로 연구할 필요가 있다.

• 제안 6: 대학입학전형 정책 발전을 위한 전담 기구를 설치한다. 대학입학전형 정책의 안정적 정착을 위해 정부의 역할이 중요하다. 대학입학전형 정책의 안정적 정착은 한국 교육개혁의 필요 충분 조건이기도 하다. 무엇보다 장기적 비전을 가지고, 정권의 교체에도 흔들림 없이 정부의 원할한 역할수행을 이끌 수 있는 위상을 가진 전담기구가 필요하다. 현행 국가교육회의 주된 기능으로 대학입학전형 정책을 전담하도록 할 수도 있다. 이 기구는 대학입학전형 정책의 심의, 연구, 모니터링 기능을 가져야 한다. 잡다한 교육문제를 망라적으로 다루지 말고 대학입학전형 제도 개선을 중심으로 고등학교 교육 정상화, 사교육 완화, 대학의 학생선발의 책무성 강화 등에 집중하도록 한다.

제4장

농촌학교의 딜레마 들어가기

농촌학교란 농촌에 소재하는 학교를 말하기 때문에 농촌의 개념을 명확히 할 필요가 있다. 세계 여러 나라들은 농촌을 인구규모, 인구밀도, 인구밀집 지역으로부터 떨어진 거리, 행정구역, 경제활동 유형 등에 따라 서로 다른 기준을 적용하여 도시와 구분하고 있다. 한국은 행정구역을 중심으로 농촌을 구분하고 있다. 농촌이라는 용어는 관련 법률에 근거하여 행정구역상 시지역과 구분하는 읍지역과 면지역을 지칭한다. 물론, 읍·면 지역 이외의 지역 중에서 산업, 생활여건, 인구규모를 고려하여 해당 장관이 고시한 지역으로 그 범위를 확대시키고 있다. 행정구역뿐만 아니라 산업, 인구 규모, 생활여건 등을 고려하여 농촌을 정의하고 있음을 알 수 있다.

농촌지역에서 읍과 면을 구분하고 읍과 면지역에서 도서와 벽지를 별도로 구분하기도 한다. 대체로 읍과 면지역을 모두 농촌지역으로 분류해 오고 있으나 최근에는 읍지역과 면지역을 구분해서 파악하려는 경향이 있다. 통계개발원(2008: 28)은 읍지역은 비교적 인구밀도가 높은 도시형 농촌지역(predominantly urbanized)으로 분류하고 있기도 하다. 사실 초·중학교의 경우 면지역으로부터 읍지역으로의 학생이동이 현저하게 나타나고 있어서 농촌지역 중에서 면지역 소재 학교에 대한 육성을 차별적으로 시도하고 있는 형편이다. 도서·벽지란 관련 법에서 지리적, 경제적, 문화적, 사회적 혜택을 받지 못하는 산간지, 낙도, 수복지구, 접경지구 및 광산지구로서 교육부령이 정하는 지역으로 규정하고 있다. 도서·벽지 지역은 도서지역과 벽지지역이라는 두 개념의 복합어인데, 도서란 만조 시 4면이 바다로 둘러싸인 지역으로 간척, 매립되었거나 방파제, 방조제, 교량 등으로 연육된 도서와 제주도 본도를 제외한 지역이다(임연기 외, 2016: 1-2).

산업차원에서 보면, 농촌은 농업의 비중이 높은 지역이다. 유사한 용어로 산촌, 어촌이 있는데, 산촌은 임업, 어촌은 어업의 비중이 높은 지역을 말한다. 농촌은 산촌과 어촌을 모두 포함한 도시와 대비되는 지역으로 정의하기도 하고, 산업의 의존성에 따라 산촌, 어촌과 구분하기도 한다. 도시와 대비되는 개념으로 농촌 대신에 농어촌 또는 농산어촌이라는 용어를 사용하기도 한다. 2004년 제정한 「농림어업인삶의질향상및농산어촌지역개발촉진에관한특별법」에 따라 농업과 임업과 어업에 대칭하여 농산어촌이라는 용어를 공식적으로 사용하여 왔으나, 동 법률의 개정으로 2010년부터 농어촌으로 변경하여 사용하고 있다.

여기서는 도시와 구분하여 농산어촌, 농어촌, 또는 시골이라는 명칭 대신에 가급적 농촌이라는 용어를 포괄적으로 사용하되 인용 글의 원전에 충실하기 위해 농촌, 농어촌, 농산어촌이라는 용어를 혼용하기도 하였다. 이에 따라 농촌교육이란 농촌지역에 소재한 유, 초, 중, 고등학교에서 이루어지는 교육을 말한다.

해방 이후 농촌교육 육성정책을 3기로 구분할 수 있다(임연기, 2012c: 4-12). 제1기는 1945년부터 1981년까지로서 농촌교육 기회 확대 및 여건 개선 정책의 추진기로 분류한다. 정부는 1982년부터 공식적으로 농촌 소규모 학교를 통폐합시키기 시작했는데, 이는 농촌교육 정책의 중대한 변화를 함축하고 있다. 아울러 이 시기에는 농촌교육 내실화를 위한 여러 정책을 병행해서 추진하였으므로 제2기는 농촌학교 통·폐합 및 교육 내실화 정책의 추진기로 명명한다.

정부는 농촌인구 감소 및 고령화, 개방 확대에 따른 농림어가 경제의 악화에 따라 농촌의 정주여건이 크게 악화하고 있음을 직시하고, 도·농 균형 발전을 통한 지속가능한 국가발전을 도모하기 위해서 도시에 비해 낙후되어 있는 농촌의 지속적인 발전을 위한 「농림어업인삶의질향상및농산어촌지역개발촉진에관한특별법」(이하 「특별법」)을 2004년 제정하였다. 이 「특별법」은 농촌교육 육성을 담보하는 법률 제정의 차원에서 중요한 의미를 가지고 있으므로 2004년 이후를 농촌교육의 질 향상을 위한 정책의 추진 시기로 분류한다. 농촌교육정책의 변천을 교육정책의 변천, 농업정책의 변천과 관련하여 개관해 보면 다음과 같다(〈표 4-1〉 참조).

〈표 4-1〉 교육정책, 농업정책, 농촌교육정책의 변천

연대	1950	1960	1970	1980	1990	2000	현재
교육 정책	신교육체제수립 교육기회 개방(초등의무 교육추진)		국가 교육체제 확립 교육기회 확대(중등교육 기회확대)	체계적 교육개혁 (초·중등교육 내실화)		수요자 중심 교육체제 수립 (초·중등 교육개혁)	
농업 정책	식량 증산 농가 소득 증대			개방농정 농가소득 다양화 농촌공업화	경쟁력 있는 농업육성 농업 구조개선	농촌 삶의 질 향상 삶, 휴양, 산업 조화 복합정주 공간 구상	
농촌 교육정책	농촌교육 기회 확대 농촌교육 여건 개선			농촌 소규모학교 통·폐합 농촌교육 내실화		농촌교육의 질 향상	

출처: 임연기(2012c). 농어촌학교 육성정책의 성과와 과제. 한국농촌교육연구센터 정책토론회 자료집. p. 5.

정부는 1980년대부터 형평성 차원에서 도·농 교육격차를 완화 또는 해소하기 위하여 농촌학교의 교육여건 개선을 시도하는 한편, 효율성 차원에서

학교 통폐합을 시도하여 왔다. 이제 농촌학교가 도시학교와의 격차가 발생하고 있다는 지적은 호사스러운 걱정이고 학교의 존립을 걱정해야 하는 상황에 이르렀다. 이러한 맥락에서 이 책은 농촌학교 정책현상을 딜레마 이론의 관점에서 분석하려는 최초의 시도로서 다음과 같은 입장에서 출발하고 있다.

첫째, 농촌학교 정책은 정보의 불완전성과는 독립적으로 재정의 효율화와 교육의 형평성 추구라는 상반된 가치가 충돌하는 딜레마 양상을 띠고 있다.

둘째, 농촌학교 정책 딜레마는 이미 1982년부터 발생해 왔고, 농촌지역뿐만 아니라 일부 도시지역에서 학생 수의 현저한 감소 추세 속에서 앞으로도 지속화될 가능성이 크다. 최근 정부의 일련의 조치들은 임계치를 상회하여 딜레마 수준을 더욱 악화시키고 있다.

셋째, 딜레마적 상황 속에서 40여 년의 역사를 가진 학교 통폐합 정책에 대한 논란이 지속되고 있다. 학생 수 감소 속에서 아직도 적절한 통폐합 절차와 방법이 정착되고 있지 못하고 있으며, 소규모학교의 통폐합에 대한 염려와 압박 속에서 작은 학교를 위한 육성 방안을 활기차게 추진하지 못하고 있다.

넷째, 딜레마 이론과 딜레마 이론을 적용한 연구결과로부터 농촌학교 정책의 딜레마를 선제적으로 관리할 수 있는 제도 설계나 딜레마의 전략적 활용 등 정책적 대응을 위한 시사점들을 제공할 수 있을 것이다.

딜레마 이론이 설명하는 딜레마를 구성하는 논리적 구성요소는 '두 개의 대안'과 '선택 불가피성'이다. 딜레마의 조건은 둘 중에 하나를 선택해야 하는 상황이다. 우선 딜레마 상황에서는 상이한 가치가 개입된 두 개의 대안이 존재하는데, 이는 아무리 복잡하고 애매한 상황일지라도 최종적으로 두 개의 대안으로 치환할 수 있다는 것을 의미한다. 다음으로 선택불가피성이란 선택을 하지 않고 넘어갈 수 없으며 반드시 하나의 대안을 선택해야 하는 상황이다. 소영진(1994: 46-55; 2009: 189)은 둘 중에 하나를 선택하기 곤란한 형식적 조건으로서 대안의 분절성, 상충성, 균등성, 선택의 불가피성을 제시하고 있다.

- 분절성(discreteness): 두 대안이 서로 단절적이어서 대안들 간에 연속성이 없다. 대안들 간의 타협이나 절충이 원칙적으로 불가능하다.
- 상충성(trade-off): 두 대안이 상충되므로 두 개의 대안을 동시에 선택할 수 없다. 하나만 선택해야 한다.
- 균등성(equality): 대안들이 가져올 결과 가치가 엇비슷하다. 두 대안 중에서 어떤 대안을 선택하든 무시할 수 없는 기회 손실과 이해당사자의 저항이 뒤따른다.
- 선택의 불가피성(unavoidability): 선택을 하지 않고 넘어갈 수 없으며, 최소한 하나의 대안을 반드시 선택해야 한다.

딜레마의 유사개념으로서 갈등과 패러독스가 있다. 각기 두 가지 의견이나 주장이 있고, 이것이 양립할 수 없다고 하는 공통적 속성이 있다. 갈등 연구의 분석단위가 집단인 반면에, 딜레마는 갈등을 겪고 있는 전체를 분석 단위로 한다는 점(이종범, 1994: 216), 패러독스에 비해 정도가 임계점을 벗어난 심각한 수준이라는 점 등에서 유사개념들과 구분할 수 있다.

- 갈등은 심리학적, 사회학적 입장으로 대별할 수 있다(최홍석, 윤건수, 2000: 35). Muray(1968: 220)는 심리학적 입장에서 두 개 이상의 서로 배타적인 활동에 개입하고 싶은 상황으로 정의하고, North(1968: 226)는 사회학적인 입장에서 둘 이상의 사람이나 집단이 동일한 대상을 소유하거나 동일한 지위 또는 공간을 점유하려고 할 때 언제나 발생하는 현상이라고 정의하였다. 갈등은 당사자 간의 충돌과 경쟁에 관심을 가진 반면에 딜레마는 갈등을 겪고 있는 의사결정자의 관점에 주목한다.
- 패러독스는 상충된 요구, 모순 또는 역설을 말한다. 소영진(1994: 59-60)은 패러독스를 구성하는 조건으로서 두 개의 명제가 있고, 각각의 명제는 참이며, 서로 논리적으로 모순이라고 주장한다. Cameron과 Quinn(1988: 2)은 패러독스를 상호 모순되거나 요소들이 동시에 존재하

거나 활동하는 현상, Van de Ven과 Poole(1988: 22)은 동일하게 타당한 가정이나 결론들 상호간에 존재하거나 인식된 모순으로 정의하였으며, Ford와 Backoff(1988: 89)는 사람들이 정신적으로 만들어내는 현상으로 보았다.

정책결정자 또는 조직 관리자가 딜레마, 갈등, 패러독스 상황에서 대처해야 하는 방법에서 차이가 있다. 갈등은 효용성의 극대화를 위해서 '관리'해야 한다. 패러독스는 상대적으로 안정적인 정신상태이고, 딜레마는 선택을 피할 수 없는 긴장의 강도가 강한 역동적인 상황이다. 패러독스는 정책의 고려사항이고 딜레마는 어떤 형태로든지 대응을 요구하는 정책문제이다. 패러독스는 잠재적 딜레마이다.

이와 같이 딜레마 상황은 정책대응으로부터 그 개념적 독자성을 확인할 수 있다. 그렇다면 딜레마의 상황에서 정책대응의 특징을 살펴보자. 이종범(2009: 44-50)은 소극적 대응으로서 회피적 결정과 적극적 대응과정으로서 공적과정을 설명하고 있는데, 흥미로운 대응은 결정의 지연, 책임전가, 순환적 선택 또는 정책의 비일관성, 형식주의, 무마용 자원 확대 등이다. 여러 연구자들은 상당 부분 딜레마 상황이 주는 부담감을 피하기 위해 다양한 대응행동을 한다는 근거를 제시하고 있다. 이를테면 최홍석과 윤견수(2000: 39), 염재호와 박국흠(1994)은 딜레마 상황에서 비 일관적인 행태를 보인다고 했는데 이는 기회손실의 부담감 때문에 하나의 선택과 다른 선택을 되풀이 하는 경우이다. 윤견수의 연구(1994) 역시 선택 이후에 따르는 부담을 줄이기 위해 상징적 행동을 한다고 본다. 또한 박통희와 김동환의 연구(1994)는 결정상황에서 나타나는 딜레마 때문에 하나를 선택한 후 그에 대한 집행을 형식적으로 한다고 하였다. 딜레마 상황에서 독특한 정책대응을 열거하면 다음과 같다.

• 결정의 지연: 결정을 지연하고 시간을 끄는 대응

- 책임 전가: 결정자가 자신의 책임과 권한을 포기하고 회의체, 하급기관, 상급기관으로 결정을 전가하여 처리
- 정책의 비일관성: 정책을 변경, 수정하면서 왔다 갔다 하는 형태
- 상징적 행동: 정책대안에 대한 불평이나 저항을 줄이기 위해 수사적, 은유적 표현 동원
- 형식주의: 실효성이 약한 정책을 채택하거나, 조직, 인력, 예산을 충분히 배정하지 않아 정책을 목적대로 집행하지 않음
- 무마용 자원 확대: 정책대안 선택에 따른 기회 손실을 보상하기 위한 무마용으로 자원을 확대하여 대응

딜레마 상황에서 독특한 정책대응을 나타내는 이유는 상충하는 이해관계가 존재하고 하나의 대안을 선택하였을 때 다른 대안을 지지하는 기관이나 사람들로부터 강한 반발을 예상할 수 있기 때문이다. 강력한 이해관련 집단들이 있고, 이들이 서로 상충적 가치를 주장하고 있으며, 또한 이들 간의 비교가 가능하지 않기 때문에 선택이 어려운 경우이다(이종범, 2000: 179). 사실 딜레마의 강도는 이해관계의 크기뿐만 아니라 대립하는 집단 간의 힘이 균형을 이루고 있는 정도(대립 집단 간 힘의 균형), 양립하고 있는 두 집단이 잘 조직화되어 응집력이 큰 정도(집단의 응집력) 에 영향을 받을 수 있다(소영진, 2000: 76).

행위자는 딜레마 상황 속에서 상충된 가치나 이해관계의 범주를 대변하는 사람들이며, 개인이나 집단 모두를 포함한다. 그리고 집난의 경우 실제 활동하지는 않지만 사람의 인식 속에 자리 잡고 있는 잠재적 집단까지 포함한다. 결정자는 관련 집단을 포함한 전체일 수도 있고, 그를 대표하는 역할 점유자로서의 개인이나 집단을 의미할 수도 있다. 후자의 경우 중개자로서 또는 조정자로서의 정부 기관이나 그 대표자를 들 수 있다. 결정자는 표상된 대안의 밑에 숨어 있는 가치들 간의 비교가 불가능하고, 관련 집단 간의 요구가 상충되기 때문에 어느 하나를 수용하기 곤란하며, 어느 대안을 선택하든 기회

손실이 큰 경우에 딜레마를 경험한다.

이종범 외(1994: 31)는 딜레마 상황의 분석을 위한 인과적 모형을 제시하고, 구성요소로서 사회적 맥락, 선택기회, 대안, 가치, 이해관계집단, 결정자, 대응행동 등을 설명하고 있다. 원인군은 선택기회와 사회적 맥락, 결과군은 대응행동, 딜레마 자체의 구성요소를 대안, 가치, 이해관계로 설명하고 있다.

딜레마에 대한 정책연구는 전체적 접근방법과 개체적 접근방법으로 구분할 수 있다(이종범 외, 1992: 13-18). 전체적 접근방법과 개체적 접근방법을 혼용하고 두 접근방법의 한계를 극복하기 위해 부분적으로 사회적 구성주의 관점을 활용할 수 있다.

- 전체적 접근방법은 정책의 비일관성, 결정지연, 형식주의 및 정책실패 등의 존재를 먼저 인식하고, 이러한 현상이 나타나는 원인으로서 딜레마의 존재를 파악함으로써 딜레마와 대응행동 사이의 관계를 파악하는 데 주된 관심을 갖는다. 이는 딜레마의 발생과 형성에 대한 일관된 설명을 제시하지 못하는 한계가 있다고 지적되어 왔다(김동환, 2002).
- 개체적 접근방법이란 딜레마의 존재를 인정하고 그에 대한 대응으로서 주관적인 판단과 설정을 고려한다. 이 역시 딜레마의 주관적 인식이나 설정을 딜레마에 대한 대응 중의 하나로 취급해 왔다는 한계를 가지고 있다(이종범 외, 1992).

전체적 접근방법과 개체적 접근방법의 한계를 보완하기 위하여 부분적으로 사회적 구성주의 관점에서 딜레마를 해석할 수 있다. 사회적 구성주의 관점은 구체적인 맥락을 중심으로 정책 딜레마가 형성되는 과정을 살펴봄으로써 특정 행위자가 의도적으로 딜레마 상황을 구성하여 딜레마 상황을 형성하는 해석적 준거 틀을 제공하여 딜레마가 형성되고 해체, 변질되는 과정을 파악하는 데 기여한다(서준경, 2009: 354-357).

이 책의 내용은 [그림 4-1]과 같이 딜레마 원인군, 프레임, 정책대응으로 구성한다. 농촌학교 딜레마 프레임으로서 공리주의적 가치(효율성)와 보호된 가치(형평성), 그리고 이와 연계된 학교 통폐합 정책과 학교보존 및 육성정책의 상반된 대안의 충돌, 정부와 이익단체의 갈등을 중심으로 설명한다. 딜레마의 발생 조건으로서 학생 수 감소, 자원의 제약, 제도의 변화, 그리고 딜레마의 정책적 대응으로서 비일관성, 형식주의, 책임전가, 무마용 자원 투입 확대로 구성한다.

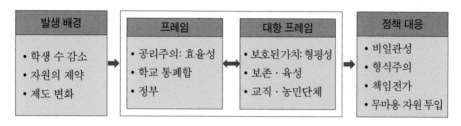

[그림 4-1] 저술의 구성

제2부

딜레마 발생 배경

제5장

농촌지역 교육기회 확대

　정부는 1982년부터 학교 통폐합 정책을 추진하였다. 그 이전으로 거슬러 올라가면 해방 이후 1950년대 중반 이후에야 초등학교 설립을 본격화하였으니 길게 잡아도 25년 동안 급격한 학교 팽창이 이루어졌다(임연기 외, 2005; 임연기, 2006). 다소의 시차가 있었지만 도시와 농촌 구분 없이 전국 방방곡곡에 학교를 설립하였다. 역설적이지만 농촌의 교육기회 확대 정책은 통폐합에 직면한 농촌학교의 딜레마 상황을 조성하는 데 작용하였다.

1. 농촌지역 학교설립 확충

　해방 직후 정부는 국가 교육제도의 정초기에 6·3·3·4의 단선형 학제를 정착시키고, 당시 폭발적으로 표출한 국민의 교육수요를 수용하기 위한 전면적인 교육기회 확대 정책을 폈다. 교육정책의 핵심은 일차적으로 초등의무교육 추진에 있었다. 1948년 정부수립과 동시에 초등의무교육을 추진하였으나 한국전쟁으로 주춤하였으며, 1954년 '6개년 완성계획'의 입안을 바탕으로 본격 추진하였다. 이에 따라 50년대 중반 이후 초등학교 설립을 본격화하였다.

초등교육의 기회 확대에 이어 중등교육 기회의 획기적 확대가 이루어졌다. 1963년 「사립학교법」이 공포된 이후 전국 각지에서 중등 사립학교가 설립되었다. 1969년 중학교 무시험입학제 시행은 중등교육 기회확대의 중요한 계기로 작용했다. 아울러 1974년부터 시행된 고등학교평준화정책 역시 중등교육 기회확대에 기여하였다.

정부의 교육기회 확대 정책은 농촌 학생의 취학률 차원에서 비교적 조기에 성과를 나타냈다. 농촌지역은 도시지역에 비해 학교설립이 뒤처졌으나 1949년 농가인구가 전체의 83%에 이르렀으며, 농촌거주 인구는 이를 훨씬 상회하는 수준이었을 것이므로, 이때의 농촌교육은 양적으로 한국 교육을 대표하는 중심적 위상을 가지고 있었다. 의무교육완성계획, 중학교 무시험제 도입, 고등학교평준화정책의 적용 등은 농촌학교 발전만을 추구한 정책은 아니었지만 전국의 방방곡곡에 학교를 설치하고, 농촌학생의 취학기회를 열어 주는 데 기여했다.

1) 의무교육 완성 6개년 계획 시행

1948년 제정된 「헌법」에서 모든 국민이 균등하게 교육받을 권리, 초등교육의 의무화와 무상화를 규정하였다. 1949년에 제정된 「교육법」에서는 모든 국민은 6년의 초등교육을 받을 권리가 있으며, 국가와 지방 공공단체는 초등교육시설을 확보할 의무가 있고, 학령 아동의 친권자나 후견인은 취학시킬 의무가 있음을 규정하였다. 이에 따라 1950년 6월 착수를 목표로 의무교육 6개년 계획을 수립하였는데, 한국전쟁으로 인해 실행하지 못하였다. 의무교육을 실질적으로 추진하기 시작한 것은 휴전 직후인 1954년 의무교육 완성 6개년 계획(1954~1959)을 수립하면서부터이다. 의무교육 완성정책은 농촌 초등교육 기회의 확대를 가져왔다.

특기할 상황은 농촌지역의 경우, 특히 리 지역의 상당수 학교는 학교부지를 자치단체 예산이 아니라 주민들이 자치단체에 기부 체납하는 형식으로 마련하였다는 점이다. 이는 교육기회를 확대하는 과정에서 농촌 주민의 기대와 호응이 컸음을 엿볼 수 있는 대목이다.

2) 중등학교 입시 정책의 개편

1950년대 급격한 초등학교 취학 기회의 확대는 중학교 입학난을 야기하였다. 중학교의 입시경쟁은 1960년대 들어 점점 치열해졌으며, 국민학생의 입시부담과 학부모의 과외비 부담 등의 문제가 심각해져 1969학년도부터 중학교 무시험 진학제도를 시행하기에 이르렀다. 제도 도입 이후 농촌의 중학교 증가는 경이적이었다. 대부분 군청소재지에 편재해 있던 중학교를 면 단위에까지 설립하여 전국의 중학교 수는 1966년에 1,251개교에 지나지 않던 것이 1976년에 1,977개교로 증가하였다(김병성, 1993: 3). 1965년에 41.4%에 불과했던 중학교 취학률은 1980년에는 95.1%로 급격히 증가하였고 이후에는 완전 취학에 가까운 수준에 이르렀다. 중학교 무시험 진학제도는 교육기회의 확대와 함께 모든 중학교의 시설, 교원, 재정 등을 평준화하는 것을 전제로 도입하였다.

고등학교평준화정책은 1974년 서울, 부산을 시작으로 단계적으로 확대 적용하여 왔다. 중학교 무시험 진학제도와 마찬가지로 고등학교평준화정책은 입시경쟁 해소와 함께 교육기회의 균등화 실현을 정책 목표로 삼고 있다. 고등학교평준화성책은 일부 도시지역을 중심으로 한정적으로 적용하고 있으나, 실제로 고등학교의 교육기회 확대에 크게 작용하였다. 고등학교 취학률은 1965년에 26.4%에 불과했으나 1980년에는 63.5%로 증가하였다(이혜영, 1998: 34).

결과적으로 중학교 무시험제 도입, 고등학교평준화정책 적용 등의 중등학교 입시정책의 변화는 농촌지역 중등교육 기회의 확대를 가져왔다.

3) 농촌학생 정원외 대학입학전형제도

1990년대 중반에는 초·중등학교의 취학기회 확대에 그치지 않고 실질적인 대학 진학기회를 보장하기 위한 정원외 특별 정원 대학입학전형제도를 도입하였다. 농촌학생 정원외 대학입학전형제도는 장애인과 함께 소외계층의 대학진학기회를 일정 부분 보장하자는 취지에서 제안되었고(임연기, 1992: 70), 이에 대해 교육기회의 균등화라는 헌법정신에 어긋난다는 반론도 제기되었지만 여러 논란 끝에 1996년부터 제도화되었다. 그리고 2005년부터는 「고등교육법 시행령」 제29조 제2항을 개정하여 농촌학생의 대학특별입학전형 비율을 3%에서 4%로 확대하였다.

이와 함께 도·농복합도시를 수혜대상에 포함시켜야 '된다.' '안 된다.'는 논란이 벌어졌는데, 2006년부터는 신활력도시로 선정한 태백시, 남원시, 김제시, 나주시, 상주시, 문경시의 6개 지방도시만 적용 대상에 포함시키기로 하였다. 특별전형제도는 군지역이 인구증가에 따라 시지역으로 승격을 추진할 때, 이해관계에 따라 시로의 행정구역 전환을 반대하는 갈등요인으로 작용하기도 한다. 농촌학생 정원외 특별전형제도가 단순히 농촌학생의 대학진학 기회 확충뿐만 아니라 농촌지역 초·중등학교의 존속에도 중요한 역할을 하고 있음을 짐작할 수 있는 대목이다.

사실 농촌학생 대학입학 특별전형 비율은 강제사항이 아닌 임의규정 형태를 띠어 구속력이 없다. 그리고 일류 대학일수록 그동안 특별전형으로 합격한 농촌학생들의 대학 재학 중 성적이 일반 입학생에 비해 현저하게 떨어진다는 문제점이 빈번하게 제기되었다. 대학당국으로서는 농촌학생의 특별전형에 소극적이지 않을 수 없다. 일부 대학은 농촌의 범위가 확대되기를 희망하고 있기도 하다. 따라서 농촌학생을 위한 정원외 대학입학특별전형의 근본 취지를 달성하기 위해서는 대학당국의 정부의 농촌학교 육성정책에 관한 이해와 공감대 형성이 필요하다. 단순히 대학진학 기회의 보장에 그쳐서는 안 되며, 대학진학 이후 대학교육을 충분히 좇아갈 수 있는 보충교육 프로그램의 지원이 필요하다. 또한 농촌학생의 도시 유학에 따른 교통비, 하숙비 등이 농촌가계 부담을 가중시키고 있음을 감안하여 기숙사 입사 우선권 부여 등이 필요하다.

나아가 농촌학생의 대학진학기회와 취업기회가 연결될 수 있는 방안을 모색할 필요가 있다. 일시적, 일회적인 금전적 보상보다 농촌 출신 젊은이들이 농촌지역 공공부문에 안정적으로 입직할 수 있는 기회를 제공하여 농촌 발전을 위한 역군으로 활동하는 기반을 마련해 줄 필요가 있다.

2. 농촌학교 교육여건 개선

해방 이후 폭발적으로 분출된 국민의 교육열을 수용하기 위한 교육기회 확대 정책은 학교교육의 양적 성장에는 기여하였지만 질적 차원에서 많은 문제점을 파생시켰다. 선 학생수용, 후 여건개선 정책을 폈기 때문에 취학률의 향상과 함께 필연적으로 도시 농촌 할 것 없이 교육여건이 극도로 열악해졌다. 과밀학급을 상징하는 콩나물 교실, 과대학교 운영을 위한 2부제 수업이 불가피하였다.

1) 농촌학교 시설 환경 개선

초기의 농촌학교 진흥을 위한 주요 정책은 상대적으로 열악한 농촌학교의 여건을 개선하는 데 초점이 주어졌다. 시설 및 설비의 개선, 복식학급 자료를 포함한 각종 교육 자료의 개발·보급 등이 그것이다. 그런데 농촌학교에 대한 교육적 처방은 대부분 도시적 교육여건에 맞추기 위한 각종 보완 및 지원책 중심이었다. 농촌교육의 특색을 유지·발전시키기보다 도시와의 격차를 좁히기 위한 획일적인 정책추진으로 일관해 왔다.

1990년대 소규모학교 통폐합을 가속화하면서 이전의 교육여건 개선 노력과 차별적인 시도가 가시적으로 나타났다. 일부 통폐합 대상 학교에 한정하는 경향은 있지만 농촌학교 시설의 현대화를 위한 획기적 투자가 이루어졌다. 냉난방 시설, 체육관, 수영장, 첨단 정보화 시설이 농촌학교에 선보였다. 통학버스 운행(임연기 외, 2010)도 일반화하였다. 다른 한편으로는 농촌학교의 대안적 운영 모델이 개발·적용되기 시작하였다. 소규모학교의 열악한 교육 조건을 탈피하기 위한 방안의 일환으로 일종의 '학교군형 학교운영'으로 시설과 인적자원, 교육프로그램의 공동 활용을 모색하고자 하기도 하였다. 또한 농촌형 자율학교, 특성화 학교 등을 추진하였다.

농촌학교의 교육여건 개선과 관련하여 많은 과제들이 놓여 있다. 열악한 학교시설을 방치할 수도 없고, 학생 수 급감 현상을 지켜보면서 학교시설에 투자하기도 어려운 상황이다. 따라서 우선적으로 장기적인 지역별 농촌학교의 배치계획을 수립할 필요가 있다. 이 계획은 전국적으로 균일하게 확대 적용하기보다는 '지역 실정에 근거한 지역적 처방'의 성격을 띠어야 한다. 때문에 농촌학교의 문제를 교육계가 중심이 되어 교육적 접근을 통해 해결하려고 하기보다는, 지역사회의 발전이라는 차원에서 지역사회 주체가 내발적인 발전을 도모하도록 유도할 수 있는 지혜가 필요하다. 다만, 농촌학교 여건 개선은 앞에서도 지적하였지만 도시학교 좇아가기 정책으로부터 농촌학교의 가치를 찾고 이를 추구할 수 있는 정책으로의 전환이 필요하다.

2) 농촌학생 교육복지 확대

학생의 실질적인 취학기회를 보장하기 위하여 초등 의무교육의 무상화, 중학교 단계까지 의무교육 연장을 시도하였다. 이와 같은 의무교육 확장 정책을 추진하면서 재정 여건상 불가피한 면이 없지 않았지만 도서·벽지에서부터 단계적으로 실행하였다는 점은 특기할 만한 일이다. 교과서 무상공급, 학교급식 지원 등도 동일한 단계를 밟아 추진하였다. 농촌에서 사교육 기회가 취약한 점을 감안하여 농촌학생 특기적성교육활동비를 지원한 바 있다.

농촌학교에는 급식비 일부를 지원하고, 농어가 고등학생의 납입금을 지원하였다. 농촌 출신 대학생의 학자금 융자 혜택도 주어지고 있다. 농촌학생의 취학기회 확대를 위한 차등 보상정책을 추진해 왔음을 알 수 있다. 무상급식, 고등학교 단계적 무상교육화 등 보편적 교육복지로 가는 추세이지만 취약계층으로서 지리적으로 불이익을 받고 있는 농촌학생들의 교육복지를 우선적으로 배려해 왔다.

한편, 농촌학교 여건개선 정책에서 빼놓을 수 없는 부분은 도서·벽지 교육진흥 정책의 추진이다. 1960년대 이후 인구의 도시집중이 가속화되는 가운데, 교육기회 및 교육여건의 균등화를 전제로 하는 의무교육에 있어서 도·농간 교육격차의 문제가 제기되자 정부는 1967년「도서·벽지교육진흥법」을 제정하였다. 이 법의 제정으로 도서·벽지 학교 및 근무 교원에 대한 지원을 구체화하는 기반이 마련되었다.

3) 도서·벽지교육진흥법 제정

도서·벽지의 의무교육 진흥을 위해서 1967년「도서·벽지 교육진흥법」을 제정하였다. 이 법의 주요 내용은 ① 국가는 학교부지·교실 등의 구비, 교과서의 무상공급, 통학에 필요한 조치, 교원에 대한 주택 제공 등의 조치를 우선적으로 하도록 함, ② 지자체는 도서·벽지의 특수사정에 적합한 학습지도 자료의 정비 등을 하도록 함, ③ 교원에게 도서·벽지 수당을 지급함 등이다. 1968년에 전국 도서·벽지 등급을 전면 재조정한 바 있으며, 1981년 법 적용 대상 지역에 광산 지구를 추가하고, 도서·벽지 지구의 범위를 문교부령으로 정했다(교육부, 1998).

4) 도서·벽지 교육여건 개선

첫째, 교육내용 및 방법을 개선하였다. 1972년 당시 문교부는 낙후된 도서·벽지 학교의 교육내용과 방법을 개선하기 위해, ① 교육과정 운영의 지역화 조치, ② 복식학급 편제 및 지도방법 개선, ③ 교육대학생의 농촌학교 교육실습 실시, ④ 현직교사 연구 강화 등을 추진하였다(교육부, 1998).

둘째, 학교시설 및 운영을 개선하였다. 학교시설 및 운영 개선 사업은 1970년대에 도서·벽지 학교에 이뤄진 대표적인 사업으로 ① 외곽 시설(교실, 부속실, 교지 등)의 정비 및 확충, ② 내부시설(각종 교구) 확충, ③ 교당 경비와 급당 경비 인상(시읍 지역보다 높게 배분), ④ 양호실 운영비 증액, ⑤ 기동력 강화(장학선 운영, 자전거 배정, 생필품 운송), ⑥ 통신수단 확장(단파 방송국 설치 운영), ⑦ 복지 후생 시설 확충(목욕탕 설치, 텔레비전 수상기 보급, 급수 시설 등) 등을 추진하였다.

셋째, 교육혜택을 우선 적용하였다(교과서 무상공급). 1960년에 도서·벽지 아동들에게 국정교과서를 무상으로 배부한 적이 있으며, 1967년부터 1971년 사이에 무상의무교육을 추진하기 위해 제2차 의무교육 시설 확충 5개년 계획에 국민학교 아동들에게 교과서를 무상으로 지급할 것을 추가시켰다(교육부, 1998: 126).

넷째, 도서·벽지 고교생 대입 특례를 시행하였다. 1970년에 도서·벽지 고등학교 졸업생 중 교육대학, 사범대학 지망자는 정원의 10% 내에서 특례 입학 기회를 부여하는 대입 정책을 확정하였다.

다섯째, 학교운영비 전액 국고보조를 시행하였다. 초등교육이 당시 문교 재정 형편상 완전한 무상 의무교육 단계에 들어가지 못한 상태에서 1971년부터 도서·벽지 지역 국민학교의 경우 학교운영비 전액을 국고보조하기로 하였다.

여섯째, 도서·벽지 교원에 대한 인사, 처우 우대 조치를 시행하였다. 도서·벽지 교육진흥책에 따라 벽지 근무를 회피하는 교원에게 유인책을 마련하기 위한 방안의 하나로 1969년 교원승진규정을 개정하여 벽지 유공교원에게 승진 가산점을 주는 제도를 도입하였다. 이 밖에도 모범교원 포상제를 통한 승진가산점 부여 및 상급 자격 취득을 위한 강습 수강에도 우대하였으며,

교원인사관리규정을 개정하여 승진 및 전보 가산점을 부여하는 제도로 확대하였다. 처우 개선책의 일환으로 「공무원수당 등에 관한 규정」 및 「도서·벽지 교육진흥법」에 근거하여 도서·벽지 교원에 대해 특수지 근무 수당, 교재연구비 가산금 수당 지급 및 사택 제공 등 경제생활 여건을 개선하는 조치를 하였다.

3. 농촌지역의 각종 사회교육 활성화 추진

농촌지역과 밀접한 관련이 있는 교육활동으로는 ① 문맹퇴치사업, ② 농촌문고운동, ③ 향토학교운동을 들 수 있다. 이들 교육활동은 농촌교육이란 목적을 띠고 추진하지는 않았지만 당시 대다수 인구가 농촌에 거주하고 있는 상태에서 농촌지역에서 행해진 주요 사회교육활동이었다. 해방 직후 계몽운동의 연장에서 이루어진 이들 활동은 관이 지원하거나 주도하기도 했으나, 상당 정도 민간단체가 주도하는 활동이었다는 점 또한 특징적이라고 할 수 있다.

1) 문맹퇴치교육 사업

해방 직후 농촌지역에서 이루어진 대표적인 교육활동은 문맹퇴치사업이다. 정부수립 이후 1949년 「교육법」이 공포되기까지 문맹퇴지교육을 활발하게 전개하였는데, 국문강습은 주로 구·읍·면·리·동 그리고 국민학교에 설치된 강습소에서 실시하는 다양한 양상을 보였으나 국민학교 병설 강습소는 많지 않았으므로 당국에서는 국문강습소에서의 문해교육을 장려하였다(충청남도교육위원회, 1982: 921-922). 국문강습소는 한국전쟁기 동안 일시 기능이 정지되었다가, 그 뒤에 '국문보급반' 또는 공민학교 성인반에 그 기능이 흡수되었다. 문맹퇴치사업은 한글 보급뿐만 아니라 정신계몽, 국민재건교육도 병행하였다(이종각, 1993: 408).

해방 당시 전 국민의 78%가 문맹자였으나 국문 보급에 힘쓴 결과, 5차년 문맹퇴치교육이 완료된 1958년에는 전 국민(12세 이상)의 4.1%로 감소되어 상당한 성과를 거두었음을 확인할 수 있다(중앙대학교부설 한국교육문제연구소, 1974).

한편 문맹퇴치교육이 효과적으로 추진되어 그 성과가 나타나는 차제에 사회단체가 조직적으로 사회교육활동에 참여하였는데, 대표적인 사회단체였던 성인교육협회의 경우 ① 문맹퇴치 및 교화사업, ② 공민학교 및 고등공민학교 설치 운영, ③ 읍·면 성인교육 지도자 배치 등을 사업 목표로 하였다(충청남도교육위원회, 1982: 925).

2) 농촌문고설치운동

1950년대 중반부터 시작된 지역사회발전을 위한 계몽활동 중 문교부와 관련이 깊은 사업의 하나가 1956년부터 전개한 농촌문고설치 운동이다. 1962년에 「농촌진흥법」이 제정된 이후 농촌문고설치운동은 1963년부터 관 주도로 '마을문고 보내기 운동'이라는 새 이름으로 전개되었다. 마을문고의 운영은 문교부와 사단법인 마을문고진흥회의 공동 주관하에 이루어졌다. 마을문고 보급운동은 단순한 독서운동 이상으로 지방의 사회교육기관으로서 역할을 하였으며, 이후 국민정신 계몽운동과 연결되어 재건국민운동으로 흡수되었다(이종각, 1993: 411-412).

3) 향토학교운동

향토학교 운동은 1960년대 이전에는 지역사회학교로 불렸던 교육 사업이다. 4·19혁명을 계기로 하여 교과서 중심의 주지주의적 입시위주 교육을 개혁하려는 기운 속에 생활교육을 중시하는 교육의 향토화의 일환으로

1961년에 와서 문교부의 정책으로 구현되기에 이르렀다(충청남도교육위원회, 1982: 936). 이 운동은 1969년에 대학생 연합 봉사활동운동으로, 1970년대로 접어들면서는 '온마을 교육운동'을 거쳐 이른바 '새마을 교육운동'으로 전개되었다. 문교부는 새마을 교육운동을 도시형, 농촌형, 도서·벽지형으로 나누어 추진하였다(이종각, 1993: 412-413).

4) 대학생 농촌봉사활동

1972년 문교부는 대학생 농촌봉사활동을 추진하였다. 각 대학은 전국적으로 하계방학 중 대학생 농촌봉사활동을 전개하였다. 방학 중 농촌봉사활동과 별도로 일부 농촌지역에서는 1973년경부터 5년 정도 '재건중학교'라는 명칭의 농촌 야학이 실시되기도 했는데 예컨대 공주사범대학교 학생들이 당시 중학교에 진학하지 못한 주민을 대상으로 공주 인근 벽지 3~4곳에서 학기 중에 농촌학교를 운영하기도 했다.

교육당국에 의해 시작된 대학생 농촌봉사활동은 대학생 교육과 농촌교육을 동시에 고려한 정책으로 출발하였으나 1980년대 들어 대학생 주도로 이뤄지면서 사회비판적 활동이 가미되었다. 대학생 농촌봉사활동은 교통 통신 수단이 낙후된 농촌지역에서 농촌 주민의 일손을 덜어 주는 역할과 농촌 주민과 학생들에게 선진 문화 동향을 전수하는 기회로 작용했다.

4. 농촌 교원의 안정적 확보

한국에서 교사는 사회적으로 존경받는 지위를 가지고 있다. 교직은 보수가 높지는 않지만 직업의 안정성을 근간으로 매력적인 직업으로 손꼽힌다. 비교적 상위권의 고등학교 졸업생들이 교원양성기관에 진학하는 추세이다. 초등학교 교원은 단설 국립교육대학교를 중심으로 폐쇄형으로 양성하고, 중등 교원은 종합대학의 사범대학, 일반대학의 교직과정, 교육대학원 등에서 개방형으로 양성하고 있다. 교원양성과정을 이수하면 무시험검정으로 교원 자격증을 받는다.

국립 및 공립 초·중등학교의 교사가 되기 위해서는 소정의 선발 절차를 거쳐야 한다. 행정구역상 특별시와 광역시 그리고 도 수준의 교육청별로 교사를 선발한다. 도시학교에 근무할 교사와 농촌학교에 근무할 교사를 별도로 선발하지 않는다. 선발 방법은 필답고사와 수업실기 및 면접고사로 구분할 수 있는데, 필답고사는 전국적으로 동일한 국가임용고사 형태로, 수업실기 및 면접고사는 시·도 교육청별로 실시한다. 각 시·도 교육청은 신규교사를 선발하여 자체 기준에 의거 배치하고 순환 근무하도록 하고 있다.

정부는 농촌학교에 근무하는 교원의 수준이 도시 학교의 교원 수준에 뒤처지지 않도록 하기 위하여 두 가지 정책을 고수해 오고 있다(임연기, 2011: 43-44).

1) 교원순환근무제의 정착

순환근무제는 모든 교원이 일정한 기간이 지나면 도시에서 농촌으로 농촌에서 도시로 이동하도록 하는 인사관리 시스템이다. 도시와 농촌 간 교원의 질적 격차는 우려할 만한 수준이라고 볼 수 없다. 실제로 C도에서 운영하고 있는 순환근무제의 기본 원칙을 예시적으로 소개하면 다음과 같다.

- 모든 학교 소재지, 즉 인사구역을 I급지, II급지, III급지, IV급지, V급지로 분류한다(급지는 도시화 수준에 따라 다섯 단계로 구분되며, I급지가 교사들이 가장 선호하는 경합 지역이고, V급지가 가장 근무하기 취약한 지역이다).
- 교사의 전보(이동)는 동일 인사구역 및 동일교 근속기간과 근무실적을 참작하여 실시한다.
- I급지 근속기간은 기본적으로 8년으로 제한한다.

- II급지 근속기간은 10년으로 한다.
- 동일교 근속기간은 기본적으로 5년으로 한다.
- I급지, II급지 순환전보 대상자는 III급지 이하 구역으로 이동한다.
- I, II급지에서 IV, V급지로 이동한 경우 I, II급지로의 복귀는 2년간 제한하고, III급지로 이동한 경우 I, II급지로의 복귀는 3년간 제한한다.

이상에서 교원순환근무제는 도시학교와 농촌학교 간의 이동으로 제한하는 것은 아니라는 것을 알 수 있다. 동일 학교 장기 근무에 따른 침체를 방지하고 직무수행 효과를 증진시키기 위해서 예외가 있기는 하지만, 동일 도시 내 학교 간, 타 도시 학교 간, 도시와 농촌학교 간의 기계적인 이동을 강제하고 있는 것이다. 학교마다 교사들이 선호하는 정도가 다르기 때문에 정기적인 이동은 불가피한 측면도 없지 않지만 근무학교에 대한 애정과 책임감을 떨어뜨리는 중요한 요인이라는 비판도 받고 있다.

2) 농촌 교원승진 가산점제도

농촌지역 근무 교원에게 승진에 필요한 승진 가산점제를 부여해 오고 있다. 승진 가산점제는 승진경쟁이 치열한 한국의 교직상황에서 상당히 매력적인 혜택으로 작용해 왔다. 가산점제는 승진을 위해 우수한 교원들이 경쟁을 통하여 농촌학교를 지망하게 하는 힘을 발휘하였다. 물론 같은 농촌일지라도 도시와의 고립 정도에 따라 차등적인 점수가 주어졌다. 가산점제는 금전적 혜택으로서 제공하는 각종 수당보다 훨씬 강력한 위력을 가지고 있다고 판단된다. 문제를 일으킨 교사를 가벼운 징계 차원에서 농촌학교에 배치하는 경우도 있으나 승진 가산점이 있는 학교는 승진을 염두에 둔 교원들이 선호하는 근무처로 존속하고 있다.

농촌학교의 입장에서 순환근무제와 승진가산점제는 상호 보완적이다. 순환근무제는 강제적인 기제로서, 승진가산점제는 동기부여를 통해서 농촌학교의 교사를 충원한다. 아울러 순환근무제와 승진 가산점제는 양면성을 지니고 있다. 농촌교육의 발전을 위해 반드시 필요한 제도라는 입장도 있고, 그 반대로 농촌교육의 발전에 중대한 장애요인이라는 입장도 있다. 논란의 여지는 있지만 두 제도가 농촌학교 교원의 안정적 확보에 기여한 것은 분명하다고 본다.

농촌 교원 정책들은 순환근무제와 승진가산점제를 근간으로 농촌학교를 유지하기 위한 교원의 안정적 확보에 기여해 왔다는 긍정적 평가와 함께 농촌학교에 적합한 교사의 양성과 연수, 확보에는 소홀히 하여 농촌교육의 자생력을 저해하여 왔다는 엇갈린 평가가 내려지고 있다. 이제는 농촌지역에 근무하기를 희망하고 농촌지역과 소통하며 농촌학교에서 전문성을 발휘할 수 있는 교원을 확충할 수 있는 정책으로 전환해야 할 필요가 있다. 학교행정가든 교사든 순환근무제에 의해 농촌학교를 지나가는 학교로 인식하는 관행을 타파할 수 있는 대책이 마련되어야 할 필요가 있다.

농촌학교 교사는 농촌지역에서 학생과 교육적 관계를 형성하고 이들을 성공적으로 가르치기 위하여, 농촌의 사회·문화적 특성을 이해하고 농촌지역 학생들의 삶의 방식을 이해할 수 있어야 한다. 이러한 이해가 선행되어야 농촌지역 학생과 교육적 관계를 형성할 수 있을 뿐 아니라 농촌지역사회와 교육적 연계를 맺을 수도 있다. 아울러 농촌학교의 현실은 소규모학교, 복식학급, 초중 통합학교, 순회교사 등 다양한 교육적 대안이 시도되고 있기 때문에 농촌교육을 위한 전문적 능력을 구비할 필요가 있다(강만철 외, 2002: 99-100).

농촌에 근무하는 교사들에게 승진 가산점을 주고 수당을 높여 주는 등 인센티브제를 시행하여 교사들의 농촌학교 기피문제를 해결하고 있는데, 그것이 또 하나의 부수적인 역효과를 내고 있는 상태라는 지적도 제기되고 있다. 농촌학교를 승진이나 더 좋은 도시학교로 떠나기 위해 잠시 근무하는 정거장식 근무처로서 홀몸으로 하숙을 하거나 장거리 출퇴근을 하는 등 지역 애착도 없이 시간만 채우는 문제점이 나타나고 있다는 지적이다(정지웅 외,

2002: 5).

실제로 농촌학교 초·중학교 교원 3,214명을 대상으로 한 조사(임연기 외, 2011: 26-27)에 따르면, 농촌학교에 근무하는 이유에 대해서 순환근무제에 의한 배치라는 반응이 37.5%, 신규 배치라는 반응이 25.9%, 승진가산점 때문이라는 반응이 15.1%, 기타 6.0%이고 농촌학교가 좋아서라는 반응은 15.5%에 불과한 것으로 나타났다. 농촌학교에 계속 근무를 희망하는가에 대해서는 그렇다는 58.9%, 아니다는 반응은 41.1%를 나타냈다. 교원순환근무제의 기능과 역기능에 대한 심각한 검토가 필요하다고 볼 수 있다.

농촌학교 교원의 양적 확보 차원에서 한 걸음 더 나아가 질적 보장을 도모하기 위한 방안으로 농촌학교 전문교사 자격증 신설(정지웅 외, 2002: 61), 농촌지역 교사 특별 채용제 도입(임연기, 2005: 42) 등이 제안된 바 있다. 농촌학교 교원은 농촌학교의 발전을 위한 버팀목으로서의 역할을 수행해야 하기 때문에 농촌학교에 적합한 교직 자질과 태도를 갖춘 전문화, 특성화된 교원의 확충을 담보할 양성·임용제도를 정착해야 할 필요가 있다.

농촌 학생에게 교육장이나 교장 등 지역의 추천에 의해 교대, 사대 특례 입학기회를 제공하고, 교원양성기관에서 농촌교육 전문 교사로 양성하여 소정의 자격을 갖추면 다시 출신 지역 학교로 임용시켜 일정 기간(10년 정도) 동안 의무 복무시키는 농촌 교사 특별 양성 및 채용제의 적용을 본격화할 필요가 있다.

한편, 농촌학교는 규모가 영세하여 양호, 보건, 상담 등 비교과 담당 교사는 물론 교과 담당 교사도 충분히 배치되지 않고 지역에서 봉사할 인적 자원도 충분하지 않은 점을 감안하여 가칭 교육복지사 제도의 도입을 신중히 검토할 필요가 있다. 교육복지사는 농촌지역의 초·중등 거점학교에 배치하여 해당 학교는 물론 지역 내 학교들의 방과후학교생활, 기숙사 생활 등을 보다 교육적으로 의미 있게 지원하는 기능을 수행하도록 해야 한다. 교육복지사는 농촌 학생들에 대한 카운슬러, 사회학습자 역할을 수행해야 하므로 농촌학교 및 학생의 이해, 프로그램 설계 및 운영, 카운슬링 능력을 갖추도록 해야 한다. 현행 사회복지사나 평생교육사와는 달리 방과후 학습지도, 카운슬러의 역할을 병행하여 수행하다는 점에서 전문성 영역에 있어서 큰 차이가 있다.

농촌학교 교원의 복지 증진을 위하여 각종 수당 지급, 사택 확충 등을 추진해 오고 있으며, 소규모학교의 경우 초등학교에서는 교과전담 교원 서비스 제공, 중등학교에서는 비전공 상치교사 수업을 방지하기 위하여 순회교사제를 실시해 오고 있다. 농촌학교 책임운영제 정착을 위하여 초빙 교원제, 교장 공모제를 도입하고 있기도 하다. 이와 같은 정책들도 종합적인 검토를 통하여 재정비해야 할 과제를 안고 있다.

제6장

농촌학교의 인구통계학적 변화

인구적 요인에 의한 통계학적 변화는 농촌학교의 딜레마 상황에 가장 결정적인 영향을 미치고 있다. 농촌학교는 도시화와 산업화에 따른 농촌지역에서 도시지역으로의 인구이동과 교육적 요인에 의한 농촌학교에서 도시학교로의 학생이동(임연기 외, 1993; 임연기, 권동택, 2008) 그리고, 농촌지역의 저출산과 고령화로 인하여 급격한 학생 수 감소를 겪고 있다. 관련 통계치 자체가 농촌학교의 열악한 현실을 생생하게 보여 주고 있다.

1. 농촌지역 인구변화

농촌지역의 인구는 1970년대 이후 지속적으로 감소하고 있다. 1960년대 전체 인구의 72.0%까지 차지하였던 농촌 인구는 산업화와 도시화를 거치면서 1990년 25.6%, 2020년 18.7%까지 감소하였다. 특히 1960년 약 1,573만 명에 이르렀던 면 지역 인구는 2020년에 465만 명 수준으로 크게 감소하였다(〈표 6-1〉 참조).

〈표 6-1〉 지역별 인구변화 추이 (단위: 명, %)

구분		연도							
		1960년	1970년	1980년	1990년	2000년	2010년	2015년	2020년
전국(A)		24,989,241	30,882,386	37,436,315	43,410,899	46,136,101	48,580,293	51,069,375	51,838,016
도시		6,996,746	12,709,513	21,434,116	32,308,970	36,755,144	39,822,647	41,677,695	42,132,915
농촌	계(B)	17,992,495	18,172,873	16,002,199	11,101,929	9,380,957	8,757,646	9,391,680	9,705,101
	읍지역	2,258,713	2,800,456	4,539,666	3,603,647	3,755,782	4,200,082	4,616,802	5,052,534
	면지역	15,733,782	15,372,417	11,462,533	7,498,282	5,625,175	4,557,564	4,774,878	4,652,567
구성비(B/A)		72.0	58.8	42.7	25.6	20.3	18.0	18.4	18.7

출처: 국가통계포털(www.kosis.go.kr).

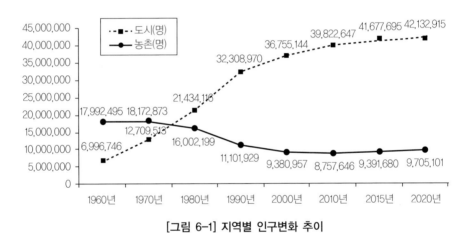

[그림 6-1] 지역별 인구변화 추이

　　지방자치단체에서 매년 발표하는 시군구 장래인구 추계에 의하면 전국 인구는 2030년 5,191만 명까지 증가하다가 이후 지속적인 감소추세를 보일 것으로 전망된다. 전국인구에서 농촌인구가 차지하는 비중은 2010년 18%까지 감소하다가 이후 2015년에 18.4%로 다소 상승하였다. 향후 전국인구에서 농촌인구가 차지하는 비중이 18%를 유지한다고 가정하는 경우, 농촌지역 인구는 2030년 934만 명까지 증가하다가 이후 지속적인 감소추세를 보일 것으로 예측되고 있다.

〈표 6-2〉 향후 지역별 인구 전망   (단위: 명, %)

구분	연도		
	2025년	2030년	2035년
전국 (A)	51,898,441	51,915,724	51,611,733
도시	42,556,722	42,570,894	42,321,621
농촌	9,341,719	9,344,830	9,290,112
구성비 (B/A)	18	18	18

주: 인구 추계방법으로는 전국인구를 통계청(2019) '성 및 연령별 장래인구추계'에 의해 근거하여 작
　　성하였으며, 전체인구에서 농촌 인구가 차지하는 비중을 18.0%로 가정하여 제시함(농촌지역
　　노인인구 비율을 고려함).
출처: 국가통계포털(www.kosis.go.kr).

　인구구조 변화에서 특징적인 부분은 65세 이상 노인인구의 지속적 증가이
다. 1960년부터 2015년까지의 통계청 인구조사 자료를 분석해 보면 65세 이
상 노인인구 비율이 가파르게 증가하고 있음을 확인할 수 있다. 농촌지역의
경우 이미 2000년에 14.7%로 고령사회가 되었고, 2010년에 21.0%로 초고령
사회에 진입하였다.

〈표 6-3〉 지역별 65세 이상 인구 비율   (단위: %)

구분	연도							
	1960년	1970년	1980년	1990년	2000년	2010년	2015년	2020년
전국	3.7	3.3	3.9	5.0	7.3	11.3	13.0	16.27
도시	2.5	2.1	2.6	3.6	5.5	9.2	11.2	14.48
농촌	4.2	4.2	5.6	9.0	14.7	21.0	20.6	24.01

출처: 국가통계포털(www.kosis.go.kr).

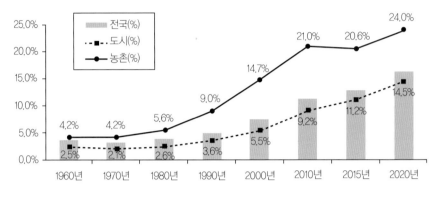

[그림 6-2] 지역별 인구 노령화 과정: 65세 이상 인구 비율 추이

　　농촌지역이 도시지역에 비해 노인인구 비율이 높은 현상은 도시와 농촌의
소득격차에 따른 생산가능인구의 유출과 함께 65세 이상 인구의 귀촌·귀농
현상 등이 복합적으로 작용한 것으로 분석되고 있다(한석호, 2015). 아울러 읍
지역에 비해 면 지역의 노인인구 비율이 높은 현상도 확인할 수 있다. 2020년
기준으로 농촌지역 노인인구 비율은 읍 지역 17.3%, 면 지역 31.3%이다.

〈표 6-4〉 농촌 지역별 65세 이상 인구 비율　　　　　　　　　　　　　(단위: 명, %)

구분	현황							
	1960년	1970년	1980년	1990년	2000년	2010년	2015년	2020년
읍지역	3.6	3.2	4.1	6.5	9.6	13.5	14.4	17.3
면지역	4.3	4.4	6.2	10.3	18.1	27.8	26.7	31.3

출처: 국가통계포털(www.kosis.go.kr).

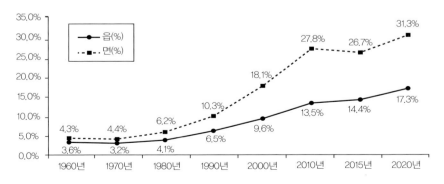

[그림 6-3] 농촌 지역별 65세 이상 인구 비율

65세 이상 노인인구 비율은 향후에도 지속적으로 높아질 전망이다. 통계청 자료에 의하면 65세 이상 노인인구 비율은 지속적으로 증가하여 2035년에는 전국적으로는 29.5%까지 증가할 전망이다.

2. 농촌 학령인구 변화추이와 전망

농촌인구의 절대규모가 줄어드는 것과 함께 학령인구도 감소하고 있다. 농촌지역의 초·중등학교 학령인구는 1970년 약 611만 명(전국의 60.7%)에서 2020년 약 93만 명(전국의 16.6%) 수준으로 크게 줄어들었다.

〈표 6-5〉 지역별 초·중등학교 학령(6~17세)인구 변화추이 (단위: 명, %)

구분		연도						
		1970년	1980년	1990년	2000년	2010년	2015년	2020년
전국	계(A)	10,083,098	10,624,388	9,807,424	7,869,872	7,204,608	6,093,955	5,597,695
도시	계	3,966,825	5,717,300	7,270,966	6,463,778	6,062,785	5,114,237	4,666,416
농촌	계(B)	6,116,246	4,907,088	2,536,458	1,406,094	1,141,823	979,718	931,279
	비율(B/A, %)	60.7	46.2	25.9	17.9	15.8	16.1	16.64

출처: 국가통계포털(www.kosis.go.kr).

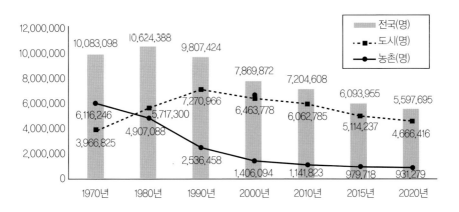

[그림 6-4] 지역별 초·중학교 학령인구 변화추이

 농촌지역의 학령인구 감소는 교육여건이 상대적으로 열악한 면지역에서
두드러지게 나타나고 있다. 1970년 518만 명 수준이던 면지역 학령인구는
2000년까지 가파르게 감소하여 77만 명으로 떨어졌으며, 2020년에는 33만
명 수준으로 줄어들었다.

〈표 6-6〉 농촌 지역별 초·중등학교 학령인구 변화추이   (단위: 명, %)

구분		연도						
		1970년	1980년	1990년	2000년	2010년	2015년	2020년
농촌	계(A)	6,116,246	4,907,088	2,536,458	1,406,094	1,141,823	979,718	931,279
읍	계(B)	934,131	1,337,659	837,746	638,246	661,830	601,227	599,823
	비율 (B/A,%)	15.3	27.3	33.0	45.4	58.0	61.4	64.4
면	계(C)	5,182,115	3,569,429	1,698,712	767,848	479,993	378,491	331,456
	비율 (C/A,%)	84.7	72.7	67.0	54.6	42.0	38.6	35.6

출처: 국가통계포털(www.kosis.go.kr).

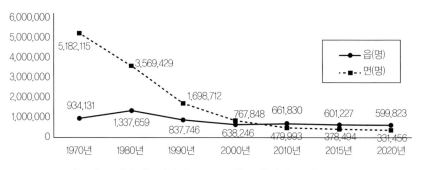

[그림 6-5] 농촌 지역별 초·중등학교 학령인구 변화추이

 전국적으로 볼 때 학령인구는 지속적으로 감소할 전망이다. 도시지역의
경우 2025년 501만 명에서 2035년 336만 명 수준으로 감소하고, 농촌지역의
경우 2025년 84만 명에서 2035년 56만 명 수준으로 감소할 것으로 예측되고
있다.

3. 농촌 학교 · 학생 · 학급 수 변화

1) 학교 수

전국 학교 수는 매년 증가하는 추세에 있다. 전국 학교 수는 1960년 6,229개에서 2020년 1만 1,700개까지 증가하였다. 초등학교 수는 1980년 까지 지속적으로 증가하다가 1990년대와 2000년대 초반에 감소 추세를 나타냈고, 그 이후 소폭으로 증가하고 있다. 중학교와 고등학교의 경우는 1960년 이후 지속적인 증가 추세에 있다.

〈표 6-7〉 전국 초 · 중등 학교 수 변화   (단위: 교)

구분	연도						
	1960년	1970년	1980년	1990년	2000년	2010년	2020년
전국	6,229(0)	8,458(0)	9,940(852)	10,492(1,341)	9,955(728)	11,232(386)	11,700(197)
초	4,496(0)	5,961(0)	6,487(831)	6,335(1,296)	5,267(664)	5,851(351)	6,112(180)
중	1,072(0)	1,608(0)	2,100(21)	2,474(45)	2,731(64)	3,128(35)	3,221(17)
고	661(0)	889(0)	1353(0)	1,683(0)	1,957(0)	2,253(0)	2,367(0)

주: 폐교 및 휴교는 현황에 포함하지 않음, ( )안의 수치는 분교 현황이며, 본교 현황에는 포함하지 않음.
출처: 1960년 국가통계포털(www.kosis.go.kr); 1970년~2020년 교육통계서비스(kess.kedi.re.kr).

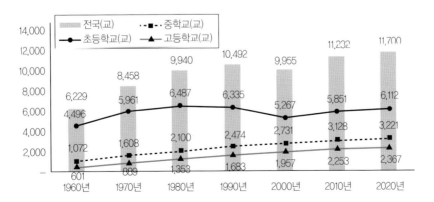

[그림 6-6] 전국 초 · 중등 학교 수 변화(본교 기준)

2000년 이후 전국적으로 볼 때 초·중등학교 수는 증가하고 있으나 농촌의 학교 수는 지속적으로 감소하고 있다. 전국 초·중등학교에서 농촌지역의 학교가 차지하는 비율은 2000년 46.1%였으나 면 지역과 도서·벽지의 학교 수가 감소가 크게 감소하면서 2020년에는 37.3% 수준까지 하락하였다.

〈표 6-8〉 농촌 지역별 초·중등 학교 수 변화 (단위: 교, %)

구분		연도				
		2000년	2005년	2010년	2015년	2020년
전국(A)		9,955(728)	10,672(582)	11,232(386)	11,516(274)	11,700(197)
농촌	계(B)	4,589(708)	4,608(568)	4,488(373)	4,425(264)	4,363(190)
	읍지역	1,136(33)	1,269(31)	1,290(22)	1,337(19)	1,433(10)
	면지역	2,729(196)	2,713(177)	2,601(95)	2,555(57)	2,465(49)
	도서·벽지	724(479)	626(360)	597(256)	533(188)	465(131)
구성비(B/A, %)		46.1(97.3)	43.2(97.6)	40.0(96.6)	38.4(96.4)	37.3(96.4)

주) 폐교 및 휴교는 현황에 포함하지 않음, ( ) 안의 수치는 분교 현황이며, 본교 현황에는 포함하지 않음.

출처: 교육통계서비스(kess.kedi.re.kr); 학교알리미(www.schoolinfo.go.kr) 공시자료.

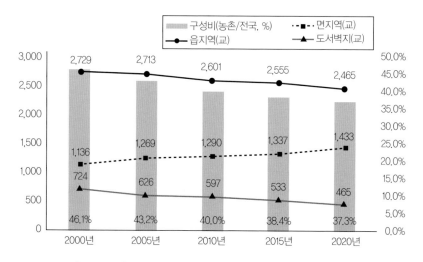

[그림 6-7] 농촌 지역별 초·중등 학교 수 변화(본교 기준)

2) 60명 미만 소규모학교 수

60명 미만 소규모학교가 농촌지역에서 빠르게 증가하고 있다. 농촌지역의 소규모학교 비율은 2000년 12.1%이었으나 2020년 42.4% 수준까지 증가하였다.

〈표 6-9〉 지역별 소규모(학생 수 60명 미만) 학교 수 변화　　　　　(단위: 교, %)

구분		연도				
		2000년	2005년	2010년	2015년	2020년
전국	전체	9,955(728)	1,0672(582)	11,232(386)	11,516(274)	11,700(197)
	60명 미만	573(698)	1,117(576)	1,527(379)	1,746(270)	1,933(192)
	비율	5.8(95.9)	10.5(99)	13.6(98.2)	15.2(98.5)	16.5(97.5)
도시	전체	5,366(20)	6,064(14)	6,744(13)	7,091(10)	7,337(7)
	60명 미만	17(13)	43(12)	67(9)	67(9)	82(5)
	비율	0.3(65)	0.7(85.7)	1(69.2)	0.9(90)	1.1(71.4)
농촌	전체	4,589(708)	4,608(568)	4,488(373)	4,425(264)	4,363(190)
	60명 미만	556(685)	1,074(564)	1,460(370)	1,679(261)	1,851(187)
	비율	12.1(96.8)	23.3(99.3)	32.5(99.2)	37.9(98.9)	42.4(98.4)

주) 폐교 및 휴교는 현황에 포함하지 않음, ( ) 안의 수치는 분교 현황이며, 본교 현황에는 포함하지
않음
출처: 교육통계서비스(kess.kedi.re.kr), 학교알리미(www.schoolinfo.go.kr) 공시자료

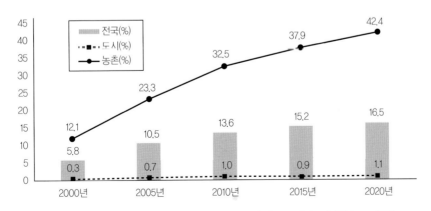

[그림 6-8] 지역별 소규모(학생 수 60명 미만) 학교 비율 변화(본교 기준)

　　농촌지역 내에서도 차이가 크게 발생하고 있는데 도서 · 벽지의 71.6%, 면지역의 54.6%가 소규모학교로 매우 큰 비중을 차지하고 있다. 학생 수 60명 미만의 학교는 현재 정부의 통폐합 검토 대상 학교에 해당하기 때문에 농촌지역의 교육여건이 매우 열악함을 알 수 있다.

〈표 6-10〉 농촌 지역별 소규모(학생 수 60명 미만) 학교 수 변화　　　　　　(단위: %)

구분	연도				
	2000년	2005년	2010년	2015년	2020년
읍지역	3.2(100.0)	6.2(96.8)	8.6(100.0)	8.9(94.7)	12.0(80.0)
면지역	10.7(91.3)	25.4(98.3)	39.6(97.9)	47.4(96.5)	54.6(98.0)
도서 · 벽지	31.6(98.7)	48.7(100.0)	53.6(99.6)	65.7(100.0)	71.6(100.0)

주: 폐교 및 휴교는 현황에 포함하지 않음, (　) 안의 수치는 분교 비율이며, 본교 현황에는 포함하지
　　않음.
출처: 교육통계서비스(kess.kedi.re.kr); 학교알리미(www.schoolinfo.go.kr) 공시자료.

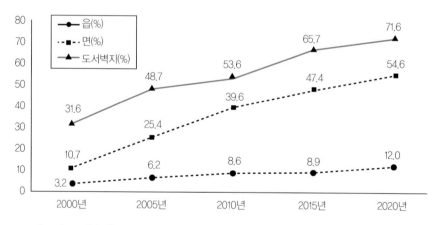

[그림 6-9] 농촌 지역별 소규모(학생 수 60명 미만)학교 비율변화(본교 기준)

〈표 6-11〉 농촌 학교급별 소규모(학생 수 60명 미만) 학교 수 변화   (단위: 교)

구분		연도				
		2000년	2005년	2010년	2015년	2020년
농촌	계	556(685)	1,074(564)	1,460(370)	1,679(261)	1,851(187)
	초	429(630)	712(515)	1,006(335)	1,122(230)	1,223(170)
	중	107(55)	307(49)	406(35)	501(31)	539(17)
	고	20(0)	55(0)	48(0)	56(0)	89(0)

주: 폐교 및 휴교는 현황에 포함하지 않음, ( ) 안의 수치는 분교 현황이며, 본교 현황에는 포함하지
   않음.
출처: 국가통계포털(www.kosis.go.kr).

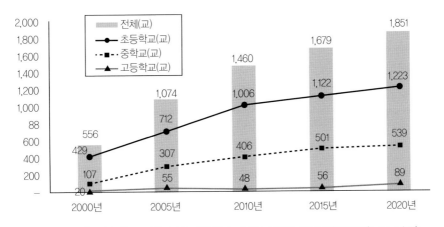

[그림 6-10] 농촌 학교급별 소규모(학생 수 60명 미만) 학교 비율변화(본교 기준)

3) 학생 수

전국 학생 수는 1960년부터 1980년까지 급속하게 증가하여 983만 명을 기록한 이후 지속적으로 감소하는 추세에 있다. 2020년 학생 수는 535만 명 수준으로 1960년대 중반과 비슷하다.

학교급별로 볼 때 학생 수의 큰 변화는 10년을 주기로 나타났다. 초등학생 수는 1960년 362만 명이었으나 베이비 붐 세대의 아동들이 학교에 입학하

기 시작하면서 1970년 까지 575만 명으로 폭발적으로 증가했고, 이후 지속적으로 감소하였다. 2009년에 347만 명을 기록하면서 1960년 이전 수준으로 떨어졌고, 2020년에는 교육통계가 작성된 이후 가장 낮은 270만 명을 기록했다. 중학교는 1960년대 급격한 초등학교 학생 수 증가의 영향으로 1980년에 247만 명까지 증가하였으나 이후 지속적으로 감소하고 있다. 고등학교는 1990년 228만 명을 기록한 이후 지속적으로 감소하고 있다.

〈표 6-12〉 전국 학교급별 학생 수 변화(분교 포함)   (단위: 명)

구분	연도							
	1960년	1970년	1980년	1990년	2000년	2010년	2015년	2020년
전국	4,440,939	7,658,491	9,826,791	9,428,077	7,951,998	7,236,248	6,088,827	5,346,874
초	3,621,267	5,749,301	5,658,002	4,868,520	4,019,991	3,299,094	2,714,610	2,693,716
중	543,564	1,318,808	2,471,997	2,275,751	1,860,539	1,974,798	1,585,951	1,315,846
고	276,108	590,382	1,696,792	2,283,806	2,071,468	1,962,356	1,788,266	1,337,312

출처: 국가통계포털(www.kosis.go.kr).

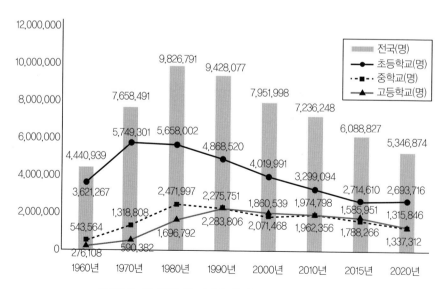

[그림 6-11] 전국 학교급별 학생 수 변화(분교 포함)

학생 수 감소는 농촌지역에서도 지속적으로 발생하고 있다. 읍지역의 경우 2005년 67만 명을 기록한 이후 지속적으로 감소하여 2020년 55만 명 수준으로 낮아졌다. 면지역의 경우 2000년 57만 명을 기록한 이후 학생 수가 지속적으로 감소하여 2020년 31만 명까지 낮아졌다. 다만, 전국 학생 수에서 농촌지역 학생 수가 차지하는 비중은 2010년 이후 조금씩 높아졌다.

〈표 6-13〉 농촌 지역별 초·중등 학생 수 변화 (단위: 명, %)

행정구역별		연도				
		2000년	2005년	2010년	2015년	2020년
전국(A)		7,931,600(18,632)	7,782,671(10,066)	7,227,693(5,535)	6,085,508(3,319)	5,344,421(2,453)
농촌	계(B)	1,306,079(17,662)	1,210,669(9,546)	1,081,852(4,958)	961,768(3,013)	886,931(2,228)
	읍지역	646,442(1,173)	671,399(729)	611,096(359)	565,683(310)	548,998(269)
	면지역	565,507(7,118)	452,575(4,113)	386,346(1,959)	351,951(1,082)	305,310(851)
	도서·벽지	94,130(9,371)	86,695(4,704)	84,410(2,640)	44,134(1,621)	32,623(1,108)
구성비(B/A)		16.5(94.8)	15.6(94.8)	15.0(89.6)	15.8(90.8)	16.6(90.8)

주: 폐교 및 휴교는 현황에 포함하지 않음, (   ) 안의 수치는 분교 현황이며, 본교 현황에는 포함하지 않음.
출처: 교육통계서비스(kess.kedi.re.kr); 학교알리미(www.schoolinfo.go.kr) 공시자료.

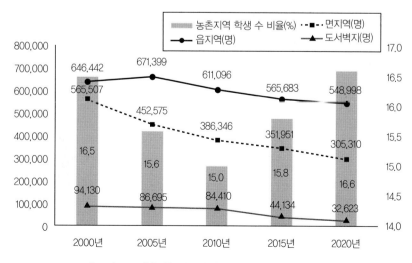

[그림 6-12] 농촌 지역별 학생 수 변화(본교 기준)

〈표 6-14〉 농촌 학교급별 학생 수 변화 (단위: 명)

행정 구역별		연도				
		2000년	2005년	2010년	2015년	2020년
농 촌	계	1,306,079(17662)	1,210,669(9546)	1,081,852(4958)	961,768(3013)	886,931(2,228)
	초	691,703(15002)	687,907(8449)	541,505(4336)	461,516(2631)	470,044(2,028)
	중	298,926(2660)	282,368(1097)	278,576(622)	237,939(382)	212,564(200)
	고	31,5450(0)	240,394(0)	261,771(0)	262,313(0)	204,323(0)

주: 폐교 및 휴교는 현황에 포함하지 않음, ( ) 안의 수치는 분교 현황이며, 본교 현황에는 포함하지
않음.
출처: 교육통계서비스(kess.kedi.re.kr); 학교알리미(www.schoolinfo.go.kr) 공시자료.

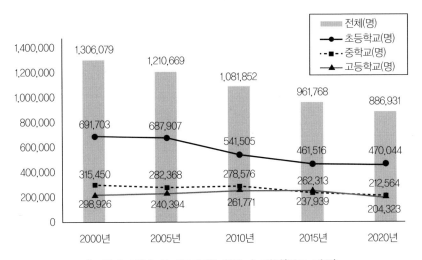

[그림 6-13] 농촌 학교급별 학생 수 변화(본교 기준)

4) 학급 수

2018년 기준으로 전국에 있는 학교들은 20개 내외의 학급을 편성하여 운
영하고 있으며, 2005년 이후 도시지역에서의 학급 수 감소현상이 지속적으
로 나타나고 있다.

〈표 6-15〉 지역별 학교당 학급 수 (단위: 실)

구분		연도				
		2000년	2005년	2010년	2015년	2020년
전국		20.9(2.9)	22.1(2.8)	21.3(2.8)	20.3(2.7)	19.9(3.0)
도시		30.5(4.3)	31.1(3.9)	28.6(4.2)	26.4(3.7)	23.9(4.2)
농촌	계	9.6(2.9)	10.2(2.8)	10.3(2.7)	10.5(2.7)	10.9(2.9)
	읍	16.2(3.3)	17.3(3.2)	16.9(3)	17.0(2.9)	17.2(3.6)
	면	7.8(3.3)	7.7(3.2)	7.7(3.3)	7.9(3.5)	8.1(3.6)
	도서 · 벽지	6(2.6)	6.8(2.6)	7.3(2.5)	6.2(2.4)	6.2(2.6)

주: 폐교 및 휴교는 현황에 포함하지 않음, ( ) 안의 수치는 분교 현황이며, 본교 현황에는 포함하지 않음.

출처: 교육통계서비스(kess.kedi.re.kr); 학교알리미(www.schoolinfo.go.kr) 공시자료.

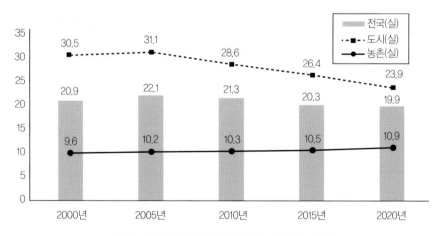

[그림 6-14] 지역별 학교당 학급 수(본교 기준)

　도시지역에서 학급 수가 감소하는 것과는 다르게 농촌지역에서의 학교당 학급 수는 10개 내외에 머무르고 있다. 다만 농촌지역 내에서도 읍, 면, 도서 · 벽지 간에 차이가 있다. 농촌 전체로 보면 2020년 기준으로 10.9개이지만 초등학교 읍 지역 18.6개, 면 지역 8.5개, 도서 · 벽지 6.4개로 차이가 크다. 면 지역 초등학교의 경우 평균 8.5개로 교육과정 운영을 위한 최소한의

학급인 6학급을 겨우 넘기는 수준이며, 중학교의 경우도 5.8학급에 머무르
고 있는 실정이다.

〈표 6-16〉 농촌 학교급별 학교당 학급 수 (단위: 실)

구분		연도				
		2000년	2005년	2010년	2015년	2020년
농촌	계	9.6(2.9)	10.2(2.8)	10.3(2.7)	10.5(2.7)	10.9(2.9)
	초	9.7(2.8)	10.6(2.8)	10.4(2.7)	10.6(2.7)	11.1(2.9)
	중	7.4(3)	8(2.8)	8.2(2.7)	8.1(2.5)	8.4(2.8)
	고	13.2(0)	13(0)	13.6(0)	14.3(0)	14.4(0)

주: 폐교 및 휴교는 현황에 포함하지 않음, ( ) 안의 수치는 분교 현황이며, 본교 현황에는 포함하지
않음.

출처: 교육통계서비스(kess.kedi.re.kr); 학교알리미(www.schoolinfo.go.kr) 공시자료.

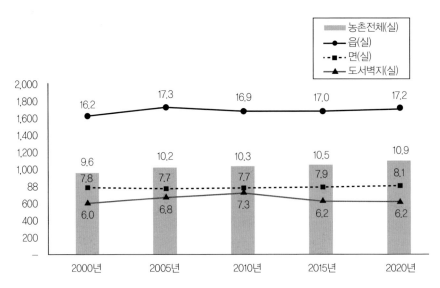

[그림 6-15] 농촌 지역별 학교당 학급 수(본교 기준)

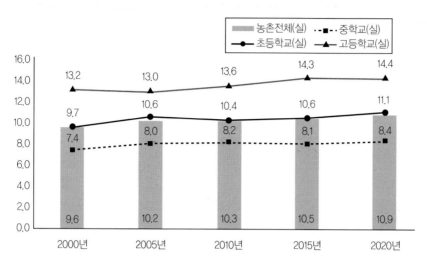

[그림 6-16] 농촌 학교급별 학교당 학급 수(본교 기준)

4. 농촌학교 교육지표의 변화

1) 학급당 학생 수

학급당 학생 수는 2000년 이후 지속적으로 감소하고 있다. 전국 평균으로 보면 학급당 학생 수는 2000년 32.6명으로 매우 높았으나 지속적으로 감소하여 2020년에 19.8명 수준으로 낮아졌다. 농촌지역 가운데 읍 지역은 전국 평균과 유사하며, 면 지역 11.7명과 도서·벽지 지역 8.8명은 전국 평균보다 매우 낮은 수준이다.

〈표 6-17〉 지역별 학급당 학생 수 변화 추이   (단위: 명, %)

행정구역별		연도				
		2000년	2005년	2010년	2015년	2020년
전국(A)		32.6(8.1)	28.1(5.5)	25.8(4.5)	22.4(3.8)	19.8(3.5)
농촌	계(B)	24.8(8)	20.5(5.5)	18.2(4.4)	16.0(3.7)	14.0(3.5)
	읍지역	31.8(10.4)	27.1(6.9)	25.0(5.1)	22.4(4.8)	19.6(6.0)
	면지역	23.6(10.6)	18.5(7.0)	15.9(5.9)	13.7(5.0)	11.7(4.4)
	도서・벽지	18.6(6.8)	15.5(4.6)	13.8(3.8)	10.7(3.2)	8.8(2.9)

주: 폐교 및 휴교는 현황에 포함하지 않음, (   ) 안의 수치는 분교 현황이며, 본교 현황에는 포함하지
않음.
출처: 교육통계서비스(kess.kedi.re.kr); 학교알리미(www.schoolinfo.go.kr) 공시자료.

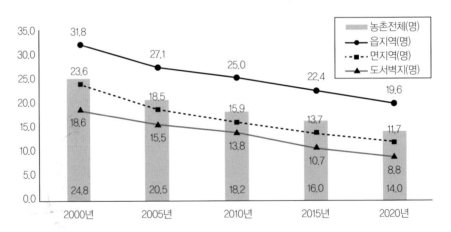

[그림 6-17] 농촌 지역별 학급당 학생 수 변화 추이(본교 기준)

〈표 6-18〉 농촌 학교급별 학급당 학생 수 변화 추이   (단위: 명)

행정구역별		연도				
		2000년	2005년	2010년	2015년	2020년
농촌	계	24.8(8)	20.5(5.5)	18.2(4.4)	16(3.7)	14.0(3.5)
	초	20.4(7.4)	17.8(5.3)	14.5(4.2)	12.4(3.6)	11.7(3.4)
	중	29.5(13.5)	23.7(7.5)	21.9(6.3)	18.5(4.7)	15.9(4.1)
	고	33.9(0)	25(0)	25.7(0)	24.4(0)	18.7(0)

주: 폐교 및 휴교는 현황에 포함하지 않음, ( ) 안의 수치는 분교 현황이며, 본교 현황에는 포함하지
   않음.
출처: 교육통계서비스(kess.kedi.re.kr); 학교알리미(www.schoolinfo.go.kr) 공시자료.

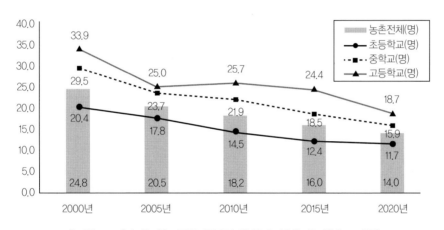

[그림 6-18] 농촌 학교급별 학급당 학생 수 변화 추이(본교 기준)

2) 교원 1인당 학생 수

교원 1인당 학생 수는 2000년 이후 지속적으로 낮아지고 있다. 전국적으
로 볼 때 교원 1인당 학생 수는 2000년 20.3명 수준이었으나 지속적으로 낮
아져 2020년에는 10.7명 수준으로 양호해졌다. 2020년 현재 농촌지역은 7.0명
으로 도시지역 12.8명에 비해 크게 낮은 수준이다.

〈표 6-19〉 지역별 교원 1인당 학생 수 (단위: 명)

구분		연도				
		2000년	2005년	2010년	2015년	2020년
전국		20.3(7.1)	17.7(5.1)	15(3.8)	12.2(2.9)	10.7(2.8)
도시		25.7(10.3)	22.2(8.3)	18.5(4.3)	14.7(3)	12.8(4.4)
농촌	계	14(7)	11.8(5)	9.8(3.8)	8.1(2.9)	7.0(2.7)
	읍	18.8(10.2)	16.8(6.9)	14.3(4.9)	12(4)	10.3(4.8)
	면	12.9(8.6)	10.1(6)	8.1(4.8)	6.7(3.3)	5.7(3.2)
	도서·벽지	10.2(6.1)	8.7(4.3)	7.3(3.3)	5.2(2.6)	4.3(2.4)

주: 폐교 및 휴교는 현황에 포함하지 않음, ( ) 안의 수치는 분교 현황이며, 본교 현황에는 포함하지 않음.

출처: 교육통계서비스(kess.kedi.re.kr); 학교알리미(www.schoolinfo.go.kr) 공시자료.

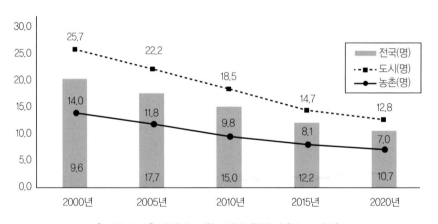

[그림 6-19] 지역별 교원 1인당 학생 수(본교 기준)

농촌지역의 교원 1인당 학생 수는 지속적으로 낮아지고 있으며 2020년을 기준으로 7.0명 수준이다. 지역별로는 읍 지역이 10.3명으로 가장 높고, 면 지역이 5.7명, 도서·벽지가 4.3명이다. 학교급별로는 고등학교 7.6명, 초등학교 7.2명, 중학교 6.4명 순으로 나타나고 있으나 교원 수급에 따라 매년 차이를 보이고 있다.

〈표 6-20〉 농촌 학교급별 교원 1인당 학생 수 　　　　　　　　　　　　　　　(단위: 명)

구분		연도				
		2000년	2005년	2010년	2015년	2020년
농촌	계	14(7)	11.8(5)	9.8(3.8)	8.1(2.9)	7.0(2.7)
	초	14.6(7.3)	12.7(5.2)	9.4(3.9)	7.7(3)	7.2(2.9)
	중	12.6(4.3)	10.4(2.4)	9.8(2.1)	7.8(1.6)	6.4(1.5)
	고	14.2(0)	10.5(0)	11(0)	10.2(0)	7.6(0)

주: 폐교 및 휴교는 현황에 포함하지 않음, ( ) 안의 수치는 분교 현황이며, 본교 현황에는 포함하지
　　않음.
출처: 교육통계서비스(kess.kedi.re.kr); 학교알리미(www.schoolinfo.go.kr) 공시자료.

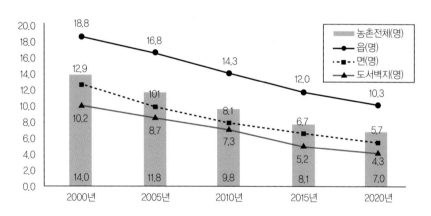

[그림 6-20] 농촌 지역별 교원 1인당 학생 수(본교 기준)

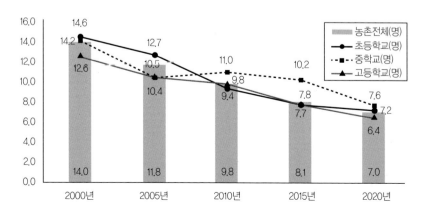

[그림 6-21] 농촌 학교급별 교원 1인당 학생 수(본교 기준)

3) 상급학교 진학률

2020년을 기준으로 고등학교 진학률의 전국 평균은 99.3%이다. 2015년 이전에는 농촌지역 고등학교 진학률이 도시지역에 비해 높게 나타났지만 2020년에는 역전되었다. 2020년 농촌지역 고등학교 진학률은 98.8%이며 도시지역은 99.5%이다.

〈표 6-21〉 지역별 고등학교(중학교→고등학교) 진학률   (단위: %)

구분		연도				
		2000년	2005년	2010년	2015년	2020년
전국		97.6(96.2)	96.9(91.1)	97.5(94.0)	99.2(93.5)	99.3(100.0)
도시		97.2	95.6	96.7	99.2	99.5
농촌	계	98.2(96.2)	98.7(91.1)	98.6(94.0)	99.2(93.5)	98.8(100.0)
	읍	96.9	97.0	97.1	99.6	98.3
	면	98.5(99.3)	99.3(99.4)	99.3(99.5)	99.0(93.3)	98.9(100.0)
	도서·벽지	98.8(93.0)	99.6(83.4)	99.0(88.9)	99.5(93.8)	99.9(100.0)

주: 신설교, 폐교, 휴교, 진학률 미공시 학교는 현황에 포함하지 않음, (　) 안의 수치는 분교 현황이
며, 본교 현황에는 포함하지 않음.
출처: 교육통계서비스(kess.kedi.re.kr); 학교알리미(www.schoolinfo.go.kr) 공시자료.

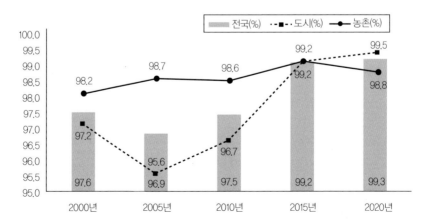

[그림 6-22] 지역별 고등학교 진학률

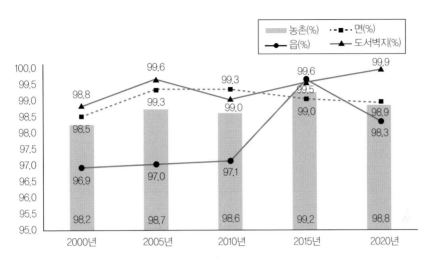

[그림 6-23] 농촌 지역별 고등학교 진학률

2019년 기준으로 대학진학률은 도시(68.9%)와 농촌(69.8%)이 비슷하다. 2010년 이후 도시지역 대학진학률이 농촌지역에 비해 다소 낮게 나타나고, 농촌지역 진학률은 도서·벽지, 읍, 면 순으로 높게 나타나고 있다.

〈표 6-22〉 지역별 대학(고등학교→대학교) 진학률 (단위: %)

구분		연도				
		2000년	2005년	2010년	2015년	2019년
전국		65.9	76.8	77.3	68.6	69.2
도시		67.9	77.5	75.8	68.2	68.9
농촌	계	61.8	75.2	80.7	69.4	69.8
	읍	65.5	76.6	80.5	69.7	71.8
	면	58.7	73.1	80.4	67.2	66.2
	도서·벽지	60.0	77.8	82.4	78.5	77.1

주: 신설교, 폐교, 휴교, 진학률 미공시 학교는 현황에 포함하지 않음, ( ) 안의 수치는 분교 현황이며, 본교 현황에는 포함하지 않음.

출처: 교육통계서비스(kess.kedi.re.kr); 학교알리미(www.schoolinfo.go.kr) 공시자료.

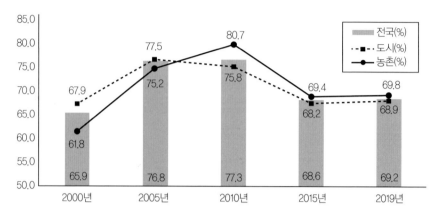

[그림 6-24] 지역별 대학 진학률

　　농촌의 지역별 대학 진학률 변화추이를 보면 읍지역, 면지역, 도서・벽지별
로 비슷한 양상을 보이고 있다. 그러나 상세하게 보면 대학진학률이 2000년 이
후 지역별로 차이가 벌어지고 있고, 도서・벽지 지역의 대학진학률이 2005년
이후 가장 높은 수준을 보인 이후 꾸준히 상위 수준을 유지하고 있음을 알 수
있다. 면지역의 경우 다른 여러 통계치와 지표에서 드러난 바와 같이 가장 낮
은 수준을 나타내고 있음을 주목할 필요가 있다.

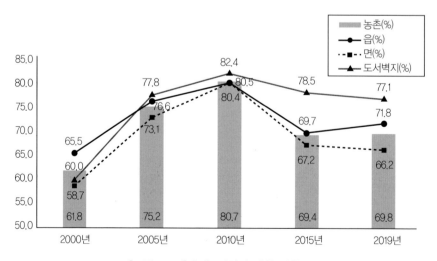

[그림 6-25] 농촌 지역별 대학 진학률

제7장

도시와 농촌 간의 교육격차

농촌으로부터 도시로의 인구이동 요인은 복합적이다. 조사에 따르면 일차적, 결정적 요인이 취업이고 큰 차이가 있기는 하지만 이차적 요인이 교육인 것으로 나타나고 있다. '말이 태어나면 제주도로 보내고, 사람이 태어나면 서울(도시)로 보내야 한다'는 속담은 농촌에서 도시로의 학생이동의 모든 것을 함축하고 있다. 도·농 간 교육격차는 어느 정도이고, 그 요인은 무엇일까.

1. 도·농 교육격차 분석 모형

도·농 간 교육격차 분석모형은 [그림 7-1]과 같이 가정 변인, 학교 변인, 학생 변인, 그리고 학생의 학업성취 변인으로 구성하였다. 학생의 학업성취 수준, 그리고 학생의 학업성취에 영향을 미치는 가정 변인, 학교 변인, 학생 변인을 중심으로 도시와 농촌 간의 핵심적인 차이가 무엇인지 규명하였다. 4개 변인 전체와 각각의 격차 수준을 확인하였다.

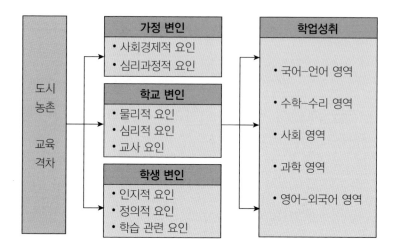

[그림 7-1] 도·농 간 교육격차 분석 모형

4개 핵심 변인의 하위 구성 요인들을 제시하면 다음과 같다.

- 가정-사회 경제적 요인: 부모 직업, 소득수준, 학력, 가정의 물리적 환경
- 가정-심리 과정적 요인: 부모 열성, 부모와 자녀의 상호작용, 가정생활 만족
- 가정-교육 환경적 요인: 부모의 자녀 교육지원, 교육기대, 월사교육비, 가정의 학습 분위기
- 학교-물리적 요인: 학교의 교육 및 일반 시설, 교원당 학생 수, 학급당 학생 수
- 학교-심리적 요인: 학교문화, 풍토, 학교 분위기
- 학교-교사 요인: 교사 기대수준, 교사 전문성, 교사조직 특징
- 학교-수업 요인: 교수-학습과정, 교사와 학생의 상호작용, 학급 학습 환경
- 학생-인지적 요인: 학생의 지능, 수업이해능력
- 학생-정의적 요인: 학생의 학습동기, 자아개념, 정서
- 학생-학습관련 요인: 학생의 학습 습관, 학습 태도, 학습 행동

- 학생-학업성취도: 학생의 학업성취도 국어-언어, 수학-수리, 사회, 과학, 영어-외국어

  이상과 같은 분석모형에 기초하여 메타분석을 통하여 도 · 농 간 교육격차는 어떤 요인이 어느 정도의 크기를 갖는지 알아보았다(임연기, 권동택, 2007). 메타분석은 다양한 연구결과들을 통합할 목적으로 많은 연구 결과들을 대상으로 통계적 방법을 사용하여 분석하는 방법이다. 이러한 메타분석은 관련 자료의 확보에 많은 시간과 경비가 소요되는 1차적 원자료에 의한 분석이라기보다는 기존의 자료에 대한 2차적 분석으로 결과 해석에 있어서 제한이 있을 수 있지만, 다양한 결론이나 논쟁에 대한 일련의 연구결과를 체계적으로 요약 정리하는 데 유용한 방법이다. 메타분석을 통한 교육격차의 크기는 도시지역과 농촌지역 사이의 두 평균차를 농촌지역의 표준편차로 나눈 값을 의미하며, 이러한 교육격차의 크기를 통하여 전체 또는 하위요인별로 두 집단 간에 어느 정도 차이가 있는가를 알 수 있다.

  도 · 농 간 교육격차 메타분석을 위해 국립중앙도서관과 대학 중앙도서관 등을 통한 학위논문과 학회지 정보검색, 한국교육개발원과 한국교육과정평가원 등의 기관 연구보고서 등 광범위한 자료 검색을 통해 연구 결과물들을 수집하였다. 수집된 총 268개의 사례 중 통계적 분석이 적절치 않은 자료들을 제외한 216개의 기본 통계적 자료를 대상으로 최종적으로 분석하였다. 수집된 연구논문들을 메타분석하기 위해, 별도의 코딩양식을 만들어 코딩을 한 후, 효과크기와 평균 상관은 MicroSoft EXCEL Effect Size Determination Program으로 계산하였고, 백분위 지수는 표준정규분포표(평균과 Z사이의 면적)를 통해 확인하였으며, SPSSWIN 12.0 통계프로그램을 통해 F검증(One-way ANOVA)하였다.

2. 도 · 농 간 교육격차 수준과 내용

1) 교육격차 전체 평균 효과크기

도 · 농 간 교육격차의 전체 평균 효과크기(ES)는 .48740이다. 이러한 평균 효과크기는 Cohen(1977)이 제안한 효과크기(ES)의 해석 기준으로 보면 중간 정도의 효과크기라 할 수 있으며, 정상분포곡선에서 농촌 집단의 평균점수를 50퍼센타일(%ile)로 하였을 경우, 도시 집단의 평균점수는 68.79퍼센타일로, 교육격차에 있어서 18.79퍼센타일의 차이를 보인다고 해석할 수 있다([그림 7-2], 〈표 7-1〉 참조).

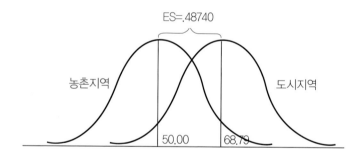

[그림 7-2] 교육격차 관련 요인들의 전체 평균 효과크기

〈표 7-1〉 도 · 농 간 교육격차 전체 평균 효과크기

교육격차 효과크기	사례 수(N)	평균 효과크기 값 (ES)	표준편차 (SD)	평균상관 (r)	백분위 (%ile)
전체	216	.48740	.5416	.2094	68.79

2) 교육격차 변인별 평균 효과크기

우선 도시와 농촌 간 학생의 학업성취에 영향을 미친다고 상정한 가정 변인, 학교 변인, 학생 변인 간 교육격차 평균 효과크기를 분석한 결과는 〈표 7-2〉와 같다. 표에서 알 수 있는 바와 같이 가정 변인의 효과크기가 .63267로 가장 크고, 학교 변인이 .46159, 그리고 학생 변인 .29849 순으로 나타났다.

〈표 7-2〉 가정 · 학교 · 학생 변인 간 교육격차 평균 효과크기

교육격차 관련 변인 효과크기		사례 수 (N)	평균 효과크기 (ES)	표준편차 (SD)	평균상관 (r)	백분위 (%ile)
전체	가정	54	.63267	.6866	.2611	73.57
	학교	34	.46159	.4733	.1899	67.72
	학생	42	.29849	.3819	.1365	61.41

다음으로 가정 변인의 하위요인 간 교육격차의 평균 효과크기 차이를 변량분석을 통하여 분석한 결과 〈표 7-3〉과 같다. 가정 변인의 하위요인 간 교육격차 평균 효과크기 차이는 전체적으로 F(2, 51)= 1.865로 통계적으로 유의한 차이가 없는 것으로 나타났다.

〈표 7-3〉 가정 변인 하위요인 간 교육격차 평균 효과크기

구분		N	ES	SD	%ile	r	df	F
도 · 농 간 가정 변인 교육격차	사회경제 요인	24	.75194	.6905	77.34	.3094	(2,51)	1.865
	심리과정 요인	10	.26788	.2678	60.26	.1307		
	교육환경 요인	20	.67194	.7941	74.86	.2684		
	전체	54	.63267	.6866	73.57	.2611		

〈표 7-3〉과 같이 가정의 사회 경제 요인이 .75194로 가장 격차가 크고, 가정의 교육 환경 요인이 .67194, 그리고 가정의 심리과정 요인 .26788 순으로 나타났다.

또한, 학교 변인의 하위요인 간 교육격차의 평균 효과크기 차이를 변량분석을 통하여 분석한 결과 〈표 7-4〉와 같이 F(3, 30)=2.647로 p<.05 수준에서 통계적으로 유의한 차이가 있는 것으로 나타났다.

〈표 7-4〉 학교 변인의 하위요인 간 교육격차 평균 효과크기

구분		N	ES	SD	%ile	r	df	F
도·농 간 학교 변인 교육격차	물리적 요인	5	.62594	.1966	73.24	.2957	(3,30)	2.647*
	심리적요인	4	.98026	.9902	83.65	.2298		
	교사요인	14	.34114	.1913	63.31	.1661		
	수업요인	11	.35156	.4767	63.68	.1578		
	전체	34	.46159	.4733	67.72	.1899		

* p< .05

〈표 7-4〉에서 알 수 있는 바와 같이, 학교 변인의 하위요인별 교육격차 평균 효과크기는 학교의 심리적 요인이 .98026로 가장 크고, 학교의 물리적 요인이 .62597, 학교의 수업 요인이 .35156 그리고 학교의 교사 요인 .34114의 순으로 나타났다. 학교 변인의 하위 요인 간에는 학교의 물리적 및 심리적 요인의 교육격차가 학교의 수업 및 교사 요인의 교육격차보다 상대적으로 큰 것으로 나타났다.

한편 학생 변인의 하위요인 간 교육격차의 평균 효과크기 차이를 변량분석을 통하여 분석한 결과 〈표 7-5〉와 같이, F(2, 39)= 1.025으로 통계적으로 유의한 차이가 없는 것으로 나타났다.

〈표 7-5〉 학생 변인 하위요인 간 교육격차 평균 효과크기

구분		N	ES	SD	%ile	r	df	F
도·농 간 학생 변인 교육격차	인지적요인	4	.48272	.2339	68.44	.2316	(2,39)	1.025
	정의적요인	26	.32158	.4632	62.55	.1422		
	학습관련요인	12	.18706	.1182	57.14	.0926		
	전체	42	.29849	.3819	61.41	.1365		

〈표 7-5〉와 같이, 학생 변인의 하위요인 간 교육격차 평균 효과크기는 학생의 인지적 요인이 .48272로 가장 크고, 학생의 정의적 요인이 .32158 그리고 학생의 학습관련 요인 .18706 순으로 나타났다. 학생 변인의 하위요인 간 교육격차는 학생의 인지적 요인이 가장 큰 것으로 나타났으며, 학생의 학습관련 요인은 상대적으로 작은 것으로 나타났다.

가정 변인, 학교 변인, 학생 변인의 하위요인별 교육격차의 평균 효과크기를 분석한 결과를 종합하면, 학교-심리적 요인이 .98026, 가정의 사회경제적 요인이 .75194, 가정의 교육환경 요인이 .67194, 학교의 물리적 요인이 .62594로 상대적으로 크게 나타났다. 그리고 학생의 인지적 요인이 .48272, 학교의 수업 요인이 .35156, 학교의 교사 요인이 .34114, 학생의 정의적 요인이 .32158, 가정의 심리적 요인이 .26788, 학생의 학습관련 요인 .18706 순으로 나타났다.

요컨대, 도시지역과 농촌지역 간 교육격차는 주로 학교의 심리적 요인, 가정의 사회 경제적 요인, 가정의 교육환경적 요인 그리고 학교의 물리적 요인에서 교육격차가 크게 나타나고, 상대적으로 가정의 심리적 요인, 학교의 교사 요인 그리고 학생의 학습 관련 요인의 경우는 도·농 간 교육격차가 작은 것으로 나타났다.

3) 학생의 학업성취도 교육격차 평균 효과크기

도·농 간 학생의 학업성취도 차원에서 교육격차 평균 효과크기를 분석한 결과, 〈표 7-6〉과 같이 .49864로 나타났다. 정상분포곡선에서 농촌 집단의 평균점수를 50퍼센타일로 하였을 경우, 도시 집단의 평균점수는 69.15퍼센타일로, 교육격차에 있어서 19.15퍼센타일의 차이를 보인다고 해석할 수 있다.

교과별 학업성취도 교육격차의 평균 효과크기 차이를 변량분석을 통하여 분석한 결과 $F_{(4, 81)}=1.856$으로 통계적으로 유의한 차이가 없는 것으로 나타났다.

〈표 7-6〉 교과별 학업성취도 교육격차 평균 효과크기

구분		N	ES	SD	%ile	r	df	F
도·농 간 교과별 학업성취 교육격차	국어-언어	20	.54075	.4306	70.54	.2448	(4,81)	1.856
	수학-수리	22	.61588	.7370	72.91	.2518		
	사회	13	.29021	.1608	61.41	.1422		
	과학	15	.29656	.2181	61.79	.1442		
	영어-외국어	16	.64359	.5351	73.89	.2808		
	전체	86	.49864	.5093	69.15	.2202		

〈표 7-6〉과 같이, 도시지역과 농촌지역 간의 교과별 학업성취도 교육격차 평균 효과크기는 영어-외국어 영역이 .64359로 가장 크고, 수학-수리 영역이 .61588, 국어-언어 영역이 .54075, 과학 영역이 .29656 그리고 사회 영역이 .29021 순으로 나타났다. 교과별 학업성취의 도·농 간 교육격차는 영어, 수학, 국어 과목에서 과학이나 사회 과목보다 상대적으로 크게 나타났다.

4) 학교급별 교육격차 평균 효과크기

도·농 간 학교급별 교육격차 평균 효과크기 차이를 변량분석을 통하여 분석한 결과는 〈표 7-7〉과 같다.

〈표 7-7〉 도·농 간 학교급별 교육격차 평균 효과크기

구분		N	ES	SD	%ile	r	df	F
도·농 간 학교급별 교육격차 효과크기	초등학교	72	.32616	.5008	62.55	.1579	(2, 213)	8.154*
	중학교	67	.42680	.3973	66.28	.1871		
	고등학교	77	.68102	.6321	73.57	.2788		
	전체	216	.48740	.5416	68.44	.2094		

* $p<.001$

〈표 7-7〉에서와 같이 학교급별 교육격차 평균 효과크기 차이는 $F(2, 213)=$ 8.154로 $p<.001$ 수준에서 통계적으로 유의한 차이가 있는 것으로 나타났다. 구체적으로 도·농 간 학교급별 교육격차 평균 효과크기를 살펴보면, 초등학교가 .32616, 중학교가 .42680 그리고 고등학교가 .68102로 나타났다. 고등학교에서의 도·농 간 교육격차가 가장 큰 것으로 나타났으며, 상대적으로 중학교와 초등학교의 경우는 도·농 간 교육격차가 작은 것으로 나타났다. 도·농 간 학교급별 교육격차 평균 효과크기는 상급학교로 올라갈수록 커지는 것으로 나타났다.

3. 시사점

도·농 간의 교육격차 분석 결과를 종합해 보면(임연기, 2007b), 학생의 학업성취에 영향을 미치는 변인 중에서 가정 변인이 가장 격차가 크고, 이어서 학교 변인, 학생 변인의 순으로 격차가 큰 것으로 나타났다. 가정 변인 중에서는 가정의 사회경제적 요인, 교육환경 요인, 심리과정 요인 순으로, 학교 변인 중에서는 심리적 요인, 물리적 요인, 수업요인, 교사요인 순으로, 학생 변인 중에서는 학생의 인지적 요인, 정의적 요인, 학습 관련 요인 수준으로 격차가 큰 것으로 나타났다. 하위요인 중에서는 학교의 심리적 요인, 가정의 사회경제적 요인과 교육환경 요인, 학교의 물리적 요인 순으로 격차가 큰 것으로 확인되었다. 교과별로는 영어와 수학, 학교급별로는 상급학교로 갈수록 격차가 심한 것으로 나타났다.

이상의 결과로부터 다음과 같은 정책적 시사점을 도출할 수 있다(임연기, 2007c).

첫째, 도·농 간의 교육격차가 가정 변인을 포함하여 여러 변인에서 총체적으로 지대하다는 점을 감안하여 농촌교육의 육성을 위해서 단편적 교육적 접근에서 탈피하여 포괄적 복지적 접근으로의 전환이 필요하다. 즉, 학교시설을 개선하고 열심히 가르치는 것만으로 농촌교육이 회생되기는 어려운 현실이기 때문에 가정과 학교에서의 다면적 결손을 보충할 수 있는 농촌형 교육복지모델이 개발, 정착되어야 한다. 농촌학생의 기초생활 및 신체적·정서적 건강 유지, 사회적 관계 형성, 교육적 환경의 조성, 학력 향상 등을 위한 복합적 서비스가 생애단계별로 제공될 필요가 있다.

둘째, 농촌학교 학생들이 안정적인 교육환경에서 자부심과 포부를 가지고 학업에 전념할 수 있는 학교의 조직풍토나 학교문화를 쇄신시키는 방안을 강구해야 한다. 도·농 간 교육격차에서 가장 중요한 하위요인으로 확인된 학교의 심리적 요인은 단순히 개개인의 노력으로 높아질 수 없다. 학교의 풍토나 문화는 학교 구성원들 모두의 참여와 헌신을 통해, 체계적이고 지속적인 노력에 의해 개선될 수 있다. 따라서 농촌지역의 학교풍토나 문화를 고취시킬 수 있는 농촌학교 문화개혁 방안을 모색해야 한다.

셋째, 학교급별로 교육격차가 심화되고 있는데, 이는 학습결손의 누적에 따른 결과로 볼 수도 있겠으나, 우수 학생의 이동에 따른 결과로 파악할 수도 있다. 따라서 학부모들이 질 높은 교육을 도시학교와 동등하게 받는다는 인식을 가지고 자녀를 농촌학교에 안심하고 취학시킬 수 있는 정책적 노력이 필요하다. 모든 학교를 일시에 우수 학교로 육성하는 데 한계가 있으므로 농촌지역에 거점형 우수 학교를 학교 급별로 지역별로 육성할 필요가 있다. 한편, 인구이동의 중요한 원인이 부모의 취업 또는 전직보다도 자녀교육에 있을 수도 있다는 점을 주목해야 한다. 농촌을 떠났다가 다시 농촌에 돌아오려는 역이동도 농촌에 좋은 학교가 있으면 탄력을 받을 수 있다. 정부가 농촌을 살리기 위해 농촌교육을 살리는 데 주목해야 하는 이유이다. 농촌지역에 좋은 학교를 육성함으로써 농촌교육의 발전뿐만 아니라 농촌의 발전을 도모할 수 있다. 농촌교육을 육성하기 위해 더욱 많은 공공 자원의 투자가 필요한 대목이다.

넷째, 농촌학교의 육성정책의 추진에 있어서 지역사회의 역할이 강조되어야 한다. 정부는 지역이 지역의 역량을 결집하여 자발적으로 그리고 주도적으로 농촌교육을 육성하기 위한 노력이 전개될 수 있는 여건을 조성해야 한다. 그리하여 지역사회와 학교의 연계가 강화되고, 농촌지역에 있는 학교가 지역사회학교로서의 역할을 충실히 수행할 수 있는 방안이 마련되어야 한다. 학교뿐만 아니라 지역사회의 열악한 교육적 환경으로 인해서 우수한 학생들이 도시로 떠나는 경향이 있기 때문에 농촌학교를 중심으로 지역사회의 교육적 환경을 조성하는 노력이 필요하다. 농촌학교가 지역사회의 교육·문화적 센터로서의 역할을 담보하는 학교운영 모델이 개발, 정착될 필요가 있다.

다섯째, 도·농 간의 엄연한 교육격차를 직시하고, 농촌교육의 육성을 위한 종합 대책을 마련해야 한다. 이제 농촌교육 육성정책은 도시학교 따라 가기보다 농촌학교의 장점과 특성을 살리는 방향으로 가닥을 잡아야 한다. 이를 위해서 농촌학교 교육 프로그램의 특성화 지원, 농촌학교 교원들이 애정과 열정을 가지고 농촌교육에 헌신할 수 있는 인사정책 채택, 농촌 소규모학교의 교육방법 및 교육환경 개선을 위한 획기적 조치가 마련되어야 할 필요가 있다.

제8장

소규모학교의 비용과 편익

소규모학교란 어느 정도 작은 학교를 말하는가. '작은' 것이 아름답다, '작은' 고추가 맵다라는 말처럼 작은 학교가 좋고, 강한 학교인가. 교육적, 사회적, 경제적 차원에서 작은 학교에 대한 상반된 입장을 검토해 볼 필요가 있다. 작은 학교의 장점을 편익으로, 단점을 비용으로 보고 비용-편익 분석의 관점에서 비교해 보고자 한다(임연기, 2013d: 1-20).

1. 소규모학교의 의미

소규모학교란 규모가 작은 학교를 말한다. 이때 규모의 단위를 무엇으로 할 것인가에 대한 판단이 필요하다. 대체로 학교의 유형에 따른 단위학교를 기준으로 구분한다. 「초·중등교육법」에 따르면 학교의 유형은 유치원, 초등학교, 중학교, 그리고 고등학교로 한정된다. 교육통계 조사에서 학생 수별 학교 수, 학급 수별 학교 수 등은 이런 기준을 따르고 있다. 이 책에서도 이

기준을 따르고자 한다.

때로는 학교운영의 단위를 기준으로 학교규모를 확인할 수 있다. 유치원은 단설 유치원도 있으나 초등학교 병설유치원도 있다. 또한 학교급별로, 즉 초등학교와 중학교, 중학교와 고등학교, 초등학교와 중학교 그리고 고등학교가 함께 통합운영하는 학교형태도 있다. 이와 같은 병설 또는 통합운영학교의 경우 학교급별로 학교의 규모를 파악할 수도 있고, 전체 운영 수준에서 규모를 합산하여 파악할 수도 있다. 반면에 과대규모 학교의 경우 학교 내 학교(school within school)처럼 한 학교를 몇 개의 단위로 구분하여 운영하는 경우가 있다. 이때는 한 학교의 규모를 분할하여 파악할 수 있을 것이다.

그리고 학구, 행정구역, 교육지원청, 시·도 교육청 등 행정단위를 기준으로 학교규모를 파악할 수 있다. 행정단위 수준에서는 단위학교 수준별 학교규모도 중요하지만 전체적으로 학교가 몇 개인지, 학생 수와 학급 수는 얼마나 되는지 등의 총합적 학교 규모에 대한 정보가 중요하다. 행정단위 수준에서의 학교규모는 학교 수, 학생 수, 학급 수 등으로 구성할 수 있다.

소규모학교는 어느 정도 작은 학교를 말하는가? 작은 학교를 절대적 기준이나 모종의 분류 유형으로 규정하기보다는 '상대적'인 개념으로 규정하려는 시도도 있으나, 여러 학자들은 작은 학교의 기준을 제시하고자 시도하였다. 선행 연구들을 분석하여 보면 학교의 크기에 따라 대규모 학교, 적정규모 학교 그리고 소규모학교로 학교 유형을 구분한다. 그리고 이러한 세 가지 유형의 학교를 적정규모의 학교 기준에 의해서 구분한다. 즉, 적정규모 이상의 학교들은 대규모 학교로, 그 이하의 학교는 소규모학교로 구분하고 있다.

그런데 적정규모의 학교가 어느 정도 규모의 학교인지에 대해서는 다양한 의견이 제시되고 있다. 예를 들어, Leithwood와 Jantzi(2009)의 연구에서는 중등학교(High school)의 경우 500명 정도의 학교를 적정규모 학교로, 초등학교의 경우에는 300명 정도의 학교를 적정규모의 학교로 설정하고, 그 이하의 학교를 소규모학교로 분류하고 있다. 또한 Eric Development Team의 보고서(2000)에 의하면, 적정 규모 학교의 최대치를 초등학교의 경우 350명,

중등학교의 경우 900명 정도로 설정하고 이러한 규모의 학교들이 효과적인 교육력을 보이고 있다고 주장하고 있다. 중등학교에서의 학교크기와 수학교과 학업성취도의 관련성을 연구한 Werblow와 Duesbery의 연구(2009)에서는 작은 학교를 학생 수 674명 이하의 학교로 규정하고 있으며, Lee와 Smith의 연구(1997)에서는 학생 수 600~900명 정도의 고등학교를 가장 효과적인 학교로 규정하고 그 이하의 학교를 소규모학교로 구분하고 있다. 여기서 주목할 점은 학교급에 따라 소규모학교의 규모와 크기에서 상당히 차이가 있다는 것이다. 즉, 중등학교의 경우 초등학교에 비해 보다 다양한 목표, 수준과 범위의 교육과정을 제공해야 하기 때문에 초등학교에 비해 훨씬 큰 학교라도 소규모학교로 분류할 수 있을 것이다(Lee & Smith, 1997).

일부 학자들은 '적정' 소규모학교의 수준을 제시하고 있다. 예컨대, Klonsky & Ford(1994)는 200명에서 400명, Meier(1996)는 300명에서 400명, Clinchy(1998)는 75명에서 350명, Nathan & Myatt(1998)는 250명에서 350명, Wasley et al.(2000)은 100명에서 350명, Wasley & Lear(2001)는 200명에서 400명을 권장하고 있다. '최소' 소규모학교의 수준을 대략 작게는 75명, 많게는 250명 수준으로 제시하고 있다.

한국에서는 소규모학교에 대한 명료한 기준이 없다. 학교 통폐합 기준은 '최소' 소규모학교의 기준이라고 판단할 수 있는데, 1981년 9월에는 180명, 1993년 9월에는 100명, 2000년부터는 60명 이하로 하향 조정하여 왔다. 현재 일부 교육청은 50명 수준을 적용하고 있다.

최근 '최소' 소규모학교의 기준을 법령에 명시하려는 시도가 있었다. 교육부에서 발표한 「초·중등교육법 시행령」 일부개정령안(입법예고, 2012. 5. 17.)에는 학교에서 교육과정을 정상적으로 운영할 수 있다고 판단하는 최소 규모 학교와 학급규모를 "초등학교는 학년별 1학급을 원칙으로 6학급, 중·고등학교는 교원의 평균 수업시수 및 교육과정의 단위별 수업시간을 고려하여 중학교는 6학급, 고등학교는 9학급으로 하고, 초·중·고등학교의 학급당 학생 수를 정할 때에는 최소 20명 이상의 기준"을 제시하고 있다. 이 기준을 적용하면 최소의 학교 크기는 초등학교와 중학교는 120명, 고등학교는 180명이다.

한편 일본은 법령으로 적정 학교규모를 명시하고 있다. 현재 규정은 초·중학교 다 같이 12학급 이상 18학급 이하를 표준으로 하되, 지역의 실태 기타 특별한 사정이 있는 경우는 예외로 하고 있다. 즉, 학급규모는 국가 기준(각 학년별로 초등학교 2학급 이상 3학급 이하, 중학교 4학급 이상 6학급 이하)을 원칙으로 하되, 지역의 실정에 따라 초·중학교 다 같이 각 학년 1학급 이상으로 할 수 있다.

「학교교육법시행규칙」(1947년 5월 23일 제정, 2012년 3월 30일 개정)에 따르면, 제41조 초등학교 학급 수는 12학급 이상 18학급 이하를 표준으로 한다. 단, 지역의 실태 기타 특별한 사정이 있는 경우는 예외이다. 제42조 초등학교 분교의 학급 수는 특별한 사정이 있는 경우를 제외하여 5학급 이하로 하되, 41조의 학급 수에 산입하지 않는다. 제79조 제41조, 42조 규정은 중학교에 준용한다. 42조의 '5학급'은 '2학급'으로 보고 있다.

이어서 「의무교육 제 학교 등의 시설비의 국고부담 등에 관한 법률 시행령」(1958년 6월 27일 제정, 2007년 12월 12일 개정)에 따르면, 제4조 적정 학교규모의 조건으로서, 첫째, 학급 수가 대략 12학급에서 18학급까지로서 통학거리가 초등학교에서는 대략 4km 이내, 중학교에서는 대략 6km 이내이고, 둘째, 5학급 이하의 학교와 전항에 규정하는 학급 수의 학교를 통합하는 경우에는 '18학급'은 '24학급'으로 본다.

적정규모의 판단 근거는 초등학교에서는 매년 학급을 재편성할 수 있는 규모, 체육대회 등의 행사를 어느 정도 활성화시킬 수 있는 규모 등, 중학교에서는 각 학년별로 교과 담임교사를 배치할 수 있는 규모, 서클활동이나 클럽활동의 종목 수를 일정 수준 유지할 수 있는 규모 등이며, 도·도·부·현(都道府縣) 및 시·정·촌(市町村)에서는 적정배치의 검토에 있어서 지역의 실정에 맞게 국가가 정하는 표준(기준)과 다른 표준(기준)을 설정하는 경우도 있다.

그리고 학교의 기본적인 조건을 충족하기 위한 지표로서 학교규모를 학급 수별로 분류하고 있다. 1984년 문부성 조성과 자료 'これからの学校施設づくり(앞으로의 학교시설 만들기)'에서 국가 수준에서 1~5학급을 과소규모학교, 6~11학급을 소규모학교, 12~18학급을 적정규모학교(통합의 경우 24학급), 25~30학급을 대규모학교, 31학급 이상을 과대규모학교로 분류하고 있다.

〈표 8-1〉 일본의 학급 수에 따른 학교규모의 분류

학교규모	과소규모	소규모	적정규모		대규모	과대규모
			일반학교	통합학교		
학급 수	1~5	6~11	12~18	19~24	25~30	31 이상

이상의 선행연구 결과들을 종합하여 학생 수 기준으로 300명 이하를 소규모학교, 60명 이하를 과소규모학교로 구분하고, 학급 수 기준으로 11학급 이하를 소규모학교, 5학급 이하를 과소규모학교로 구분할 수 있다. 미국의 통계센터(NCES)에서는 등록학생 수 300명 미만을 소규모, 300명 이상 1000명 미만을 중규모, 그 이상을 대규모로 분류하고 있기도 하다.

2. 소규모학교의 비용과 편익 논란

소규모학교를 둘러싼 가장 치열한 쟁점은 소규모학교의 비용과 편익에 대한 입장의 차이에서 찾을 수 있다. 우리는 흔히 소규모학교의 비용과 편익에 대해 가볍게 이야기한다. '소규모학교에서 학생들은 공부를 잘한다. 규모가 큰 학교에서의 학생 생활지도는 문제가 있다. 소규모학교에 다니는 아이들의 사회성이 낮다. 지역사회마다 사회발전을 위한 센터로서 학교가 필요하다. 작은 학교는 규모가 큰 학교보다 비용이 더 들어간다.' 등이다.

소규모학교의 비용과 편익을 종합하여 단일의 수치로 정확하게 비교하는

데 많은 한계가 있기 때문에 소규모학교를 보는 입장이 엇갈릴 수밖에 없다. 무엇보다 소규모학교의 비용과 편익은 양화하기 곤란하다. 예컨대 지역사회에서 학교의 역할은 매우 질적인 문제이다. 상이한 관찰자에 의해 상이한 결과가 나타날 수 있다. 비교적 양화가 용이한 학업성취 수준조차도 학업성취에 미치는 여러 내생변수를 통제하기 곤란하기 때문에 학교규모가 학업성취도에 미치는 영향을 파악하기 어렵다. 또한 교육비용도 행정당국이 부담하는 경비는 쉽게 파악할 수 있지만 가정과 학생 개개인이 부담하는 비용은 산출하기 곤란하다. 학교를 통폐합하면 행정당국의 예산은 절감이 되겠지만 학생들의 통학에 소요되는 시간과 피로감, 교통사고 유발 가능성 등을 금전적 가치로 산정하는 데 어려움이 있다.

이와 같이 소규모학교의 비용과 편익을 산출하는 데 많은 한계가 있음을 전제하면서, 교육적 요인, 경제적 요인, 사회적 요인으로 구분하여 소규모학교의 비용과 편익에 대한 논란을 짚어 보고자 한다.

1) 교육적 요인

소규모학교의 비용과 편익을 교육적 요인 차원에서 접근할 수 있다. 소규모학교의 교육과정 운영, 심리적 환경, 교사, 학업성취 수준으로 구분하여 쟁점을 살펴볼 수 있다. 첫째, 교육과정 운영 측면에서 소규모학교는 다방면의 재능을 가진 교원의 확보와 다양한 교과 개설의 제한, 특별 교실 확충의 한계, 축구 등 단체 스포츠 활동의 제약 등의 어려움을 갖고 있다. 그러나 이러한 문제는 학교 클러스터를 형성하여 소규모학교들이 인적·물적 자원을 공유하고, 비디오컨퍼런싱 등 첨단 기술공학을 활용한 원격 교육을 통해서 해결할 수 있다.

둘째, 소규모학교는 심리적 학습환경이 취약한 경향이 있다. 제7장에서 밝힌 바와 같이 임연기 외(2007)의 216개 연구논문을 대상으로 한 도·농 교육격차에 관한 메타분석 결과에 따르면 도시와 농촌 학생 간의 학업성취 수준 격차에 영향을 미치는 여러 요인 중에서 학교-심리적 요인이 가장 효과 크기가 큰 것으로 나타났다. 학생들은 경쟁의식이 약하고 상대적으로 소수의 또래 친구들과 상호작용을 하며, 재학 중에 여러 교사와 접할 수 있는 기회가 적다. 그러나 소규모학교는 규모가 큰 학교에 비해서 치열한 경쟁보다는 상호 협동적 환경 조성에 강점을 가지고 있으며, 교사와 학생 간의 상호작용이 활발한 가운데 교사는 학생들을 잘 이해할 수 있는 강점을 가지고 있다.

셋째, 소규모학교 교사들은 가정 결손 학생의 과다, 학습집단의 이질화, 심리적 학습 환경의 침체로 근무의욕이 낮고, 학교규모가 작을수록 교사들의 행정업무부담은 늘어난다. 제5장에서 지적한 바와 같이 농촌학교에 계속 근무하겠다는 교원은 58.9%에 불과하다. 학교장의 재임기간은 평균 2년 미만으로 잦은 이동으로 경영의 지속성을 담보하기 어렵다. 그러나 교원의 질은 순환근무제의 적용으로 학교 규모별로 격차가 발생하지 않고 있으며, 규모가 큰 학교에 비해 인간적이고 관료화하지 않은 교직환경 속에서 헌신도, 행복도 등이 높은(임연기 외, 2013) 것으로 나타났다.

넷째, 소규모학교에 재학 중인 학생들의 학업성취도가 낮다는 지적이다. 농촌 소규모학교 학생의 학업성취 수준이 도시의 규모가 큰 학교 학생의 학업성취 수준에 비해서 낮은 학업성취수준을 보이고 있다. 김영철과 한유경(2004)의 학급규모가 학업성취도에 영향을 미치는 연구에서도 학급규모가 클수록 학업성취도가 높다는 결과가 부분적으로 나오고 있다. Bett와 Schkolnik(1999)는 학급당 학생 수가 작은 학교 교사들이 소인수 학급에 적합한 다양한 수업방법의 적용을 시도하기보다는 주로 반복학습에 치중하고 있음을 확인한 바 있다. 그러나 학급 규모 이외의 내생적 변수를 통제하기 위하여 학생들을 규모가 다른 학급에 무작위적으로 배치하여 실시한 실험연구(Student-Teacher Achievement Ratio Project: STAR Project)에서 학급규모 효과가 학년별, 학생의 가정 배경변인별로 유의미하게 나타났다.[1] 특히 저학

---

[1] 상세한 내용은 Nye, Hedges & Konstantopulos(1999), Finn, Gerber & Boyd-Zaharias(2005), Mosteller(1995), Hanushek(1999) 등의 논문 참조.

년과 가정의 사회경제적 지위가 낮은 학생들에게서 학급규모 효과가 더 큰 것으로 나타났다.

이상과 같이 소규모학교는 특히 중등교육 수준에서 교육적 취약성을 가지고 있지만, 교육적으로 강점도 많으며 행정 당국이 적절한 지원을 제공한다면 약점을 얼마든지 극복할 수 있는 가능성이 있을 것이다. 이제 소규모학교의 강점을 약점과 함께 살펴보자. 약점은 비용으로 강점은 편익으로 간주할 수 있다. 학교규모 문제는 단순히 숫자만의 문제가 아니다. 학습방법, 생활지도문제, 교원과 학생, 학생끼리의 관계, 학부모·지역과 학교의 관계 등 여러 가지 문제가 나타난다(溝口謙三, 1987: 95).

소규모학교의 강점은, 첫째, 교육효과와 학습 환경 차원에서 교사가 학생 한 사람 한 사람의 특성을 파악하여 긴밀한 학습지도, 생활지도 등을 할 수 있고, 학교생활에 대해 참여의식이 높아지고 서로 가르치는 기회가 증가한다. 학생 수 대비 좋은 시설·설비 환경을 구비하고 있다. 둘째, 인간관계와 생활환경 차원에서 교직원과 학생들의 긴밀한 관계가 구축되고, 학생들도 개개인의 특성을 이해하기 쉽고 인간관계가 깊어진다. 셋째, 학교경영과 운영 차원에서 교직원이 공동으로 학생들의 개성이나 과제에 대한 이해를 도모하면서 학교운영을 할 수 있고, 학교가 지역의 중심적인 시설이기 때문에 학교·지역 연계 활동을 쉽게 실시할 수 있다.

반면에 소규모학교의 약점은, 첫째, 교육효과와 학습환경 차원에서 학생들끼리 서로 향상시키거나 서로 배우려고 하는 마음이 약해지고, 집단 활동의 기회가 적어 사회성의 양성을 도모하는 데 어려움이 있으며, 체육대회 등의 행사에 있어서 한 사람 한 사람의 부담이 크고, 학생들끼리 평가가 고정화되기 쉽고 학습의욕이나 경쟁심에 문제가 발생한다. 둘째, 인간관계와 생활환경 차원에서 학급재편성이 없으며 인간관계가 고정화되고, 소인원수를 위해 리더를 고정화하기 쉬운 경향이 있으며, 교사에 의존하는 경향이 강하게 되어 자립심이나 사회성을 키우기 어렵게 된다. 셋째, 학교경영과 운영 차원에서 교직원 수에 한계가 있으며, 효과적·탄력적인 학교경영이 어렵

고, 교외학습의 인솔지도나 기기관리가 불충분하다. 복식학급의 경우 담임
교사는 2학년분의 교재연구가 필요하게 되는 등 부담이 크고, 교직원 한 사
람 당 교무분장의 부담이 커지며, 운영비, 인건비 등 경비가 비효율적이다.

일본 문부과학성에서는 학교 적정배치에 관해서 도·도·부·현 및 시·
정·촌이 작성한 계획 등을 참고로 학교규모별 강점 및 약점에 대해서 정리
하고 있다. 그 내용은 다음 〈표 8-2〉와 같다.

〈표 8-2〉 학교규모별 강점·약점

구분	소규모		대규모	
	강점	약점	강점	약점
학습 면	• 학생에게 눈길이 미치고 치밀한 지도를 할 수 있다.	• 집단 속에서 다양한 생각에 접촉하는 기회와 절차탁마하는 기회가 적다. • 1학년 1학급의 경우, 학급 간 상호 협력과 선의의 경쟁을 통한 발전 기회가 부족하다.	• 집단 속에서 다양한 생각을 접하여 인정하고 서로 협력하면서 절차탁마하여 한 사람 한 사람의 자질이나 능력을 더욱 신장시키기 쉽다.	• 모든 교직원이 학생 한 사람 한 사람을 파악하기 어렵다.
	• 학교행사나 클럽활동에 있어서 학생 한 사람 한 사람을 위한 개별 활동기회를 제공하기 쉽다.	• 집단 교육활동에 제약이 생기기 쉽다. • 중학교 각 교과의 자격을 소지하고 있는 교사를 배치하기 어렵다. • 그룹학습, 수준별 학습 등 다양한 학습·지도 형태를 채택하기 어렵다. • 클럽활동 부서의 개설이 한정되어 선택의 폭이 좁다.	• 집단 교육활동에 활기가 생기기 쉽다. • 중학교 각 교과의 자격을 소지하는 교사를 확보 배치하기 쉽다. • 그룹학습, 수준별 학습 등 다양한 학습·지도 형태를 채택하기 쉽다. • 클럽활동 등에 있어서 선택의 폭이 넓다.	• 학교행사나 클럽활동에 있어서 학생 한 사람 한 사람의 개별 활동기회가 적다.

생활 면	• 학생 상호 간의 인간관계가 깊어 진다. • 다른 학년 간의 상하 교류가 쉽다.	• 학급재편성의 어려움이 있어서 인간관계나 상호평가 등이 고정화되기 쉽다. • 절차탁마하는 기회 등이 적다.	• 학급편성이 용이하여 풍요로운 인간관계의 구축과 다양한 집단형성을 도모하기 쉽다. • 사회성이나 협력정신을 기르기 쉽다.	• 학년 내, 다른 학년 간의 교류가 불충분하다.
학교 운영· 재정면	• 학생에게 눈길이 미치고 치밀한 지도를 할 수 있다.	• 조직적인 체제를 구축하기 어렵고 지도방법에 제약이 생기기 쉽다.	• 학교 전체적으로 조직적인 지도체제를 구축하기 쉽다.	• 모든 교직원이 학생 한 사람 한 사람을 파악하기 어렵다.
	• 모든 교직원 간의 의사 소통을 도모하기 쉽고 상호 간의 연계가 깊어지기 쉽다. • 학교가 일체화 되면서 활동하기 쉽다.	• 교직원 수가 적어서 경험, 교과, 특성 등의 면에서 균형 있는 배치가 어렵다. • 학년별, 교과별 교직원끼리 학습지도와 학생지도 등에 대한 상담·연구·협력·절차탁마 등의 실시가 어렵다. • 한 사람에게 복수의 교무분장이 집중된다. • 교원의 출장, 연수 등의 조정이 어렵다.	• 교직원 수가 많기 때문에 경험, 교과, 특성 등의 면에서 균형 있는 배치가 쉽다. • 학년별, 교과별 교직원끼리 학습지도와 학생지도 등에 대한 상담·연구·협력· 등이 쉽다. • 교무분장을 적정화할 수 있다. • 출장, 연수 등에 참여하기 쉽다.	• 교직원 간의 원활한 의사소통이 어렵다.
	• 시설·설비의 이용시간 등을 조정하기 쉽다.	• 학생 한 사람당 경비가 크다.	• 학생당 교육비 소요가 적다.	• 특별교실이나 체육시설·설비 이용에 있어서 일부 제약이 생기는 경우가 있다.
학부모· 지역 측면	• 학부모와 지역사회와의 연계를 도모하기 쉽다.	• PTA활동 등 학부모 한 사람당 부담이 커진다.	• PTA활동 등 역할분담에 따라 학부모의 부담을 분산시킬 수 있다.	• 학부모와 지역사회와의 연계가 어렵다.

출처: 中央教育審議会初等中等教育分科会 小·中学校の設置·運営のあり方に関する作業部会 第8回資料(2008년 12월 2일), http://www.mext.go.jp/b_menu/shingi/chukyo/chukyo3/038/siryo/08120806/001.htm; 葉養正明 他(2010), 教育条件整備に関する総合的研究(学校規模研究分野)報告書, 国立教育政策研究所, p. 4.

학교규모별로 대규모학교와 소규모학교 다 같이 강점과 약점을 지니고 있다. 소규모학교의 특성으로서는 학생들끼리 자극이 적으며 인간관계가 고정화되면서 경쟁심이 적고, 활기가 넘치지 않는다는 것이다. 그러나 소규모학교에서는 학생 수가 적기 때문에 인간관계나 신뢰관계가 확립된다. 한편 대규모학교에서는 학생끼리, 학생과 교원과의 인간관계가 긴밀하지 않고 신뢰관계를 형성하기도 쉽지 않다. 이렇게 학교규모는 단순히 양적인 문제가 아니라 교육의 질적인 문제와 관계가 있다.

2) 경제적 요인

소규모학교의 비용과 편익을 경제적 요인 차원에서 접근할 수 있다. 학생 1인당 공교육비를 학교규모별로 비교해 보면 소규모학교의 학생 1인당 공교육비가 규모가 큰 학교에 비해서 확실하게 높다. 단위교육비가 학교규모별로 차이가 있는 이유는 단위학교에서 학생 수가 늘어나도 일정 수준까지는 시설비와 인건비의 증가 없이 정상적인 운영이 가능하기 때문이다. 물론 학생 수 증가가 일정 수준을 넘어서면 단위교육비가 올라가고, 학생 수가 추가적으로 증가하면 다시 단위교육비는 내려가기를 반복하면서 전반적으로 학생 수가 많을수록 단위교육비가 내려간다. 또한 학교 통폐합에 따른 예산 절감 효과도 분명하다. 통폐합 지원금과 통폐합에 따른 추가 소요 경비를 고려해도 인건비 절감 등에 따른 예산 절감액을 초과하지 않는다. 시간이 갈수록 절감액은 커진다.

소규모학교의 통폐합은 행정당국의 예산절감을 가져오지만 가정과 학생 개개인의 경제적 부담을 가중시킨다. 결국 행정당국이 가정과 학생 개개인에게 경제적 부담을 전가시키는 셈이다. 학교 통폐합에 따라 가정과 학생 개개인이 부담하는 비용은 비금전적 비용 또는 기회 비용에 해당하기 때문에 정확하게 산출하기는 매우 곤란한 점이 있다. 그러나 소홀히 해서는 안 될 사안이다. 예컨대, 학교 통폐합은 여러 학생들의 원거리 통학을 유발한다.

학생들이 통학에 소요하는 시간과 피로감이 늘어나고, 학교 방과후 활동에의 참여 제한, 통학생활에의 적응 문제 등이 발생한다. 학부모도 학생 등교에 대한 부담이 늘어난다.

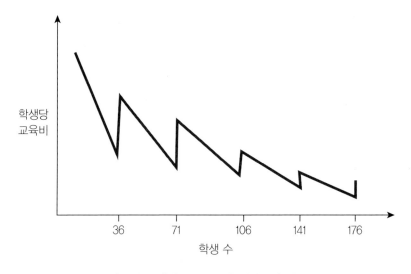

[그림 8-1] 학교규모와 학생당 교육비

출처: M. Bray (1987). *Are small schools the answer?* London: Common Wealth Secretariat. p. 25.

3) 사회적 요인

소규모학교의 비용과 편익을 사회적 요인 차원에서 접근할 수 있다. 학교는 사회발전의 센터 역할을 수행하기 때문에 소규모학교의 존속이 필요하다는 입장이다. 특히 농촌지역에서는 학령 아동이 없는 주민들도 학교에 대한 강한 관심을 기울이고, 교사의 경우도 도시보다 지역사회 리더로서의 역할을 기꺼이 수행하게 된다. 학교가 있는 촌락과 학교가 없는 촌락은 인구 변화에 있어서 큰 차이가 있으며, 학교가 없는 촌락은 지역사회의 주변부에 속하게 된다.

반면에 소규모학교 통폐합은 지역공동체의 활력화에 기여할 수도 있다는 입장도 있다. 학교가 어차피 모든 촌락마다 소재하기에는 한계가 있고, 학교 통폐합은 몇 개의 소규모학교가 소재한 촌락으로 분할되어 서로 단절된 마을공동체를 규모가 더 큰 지역공동체로 통합하여 학생과 학부모 그리고 지역 주민들에게 상호 교류의 지평을 넓힐 수 있는 기회를 제공할 수 있다는 것이다. 아울러 학교와 지역사회의 관계도 한층 긴밀하고 강력하게 발전할 수 있다는 주장이다.

[그림 8-2] 학교가 있는 지역사회와 없는 지역사회

출처: Bray, M. (1987). *Are small schools the answer?* London: Common Wealth Secretariat. p. 20.

4) 종합

소규모학교의 비용과 편익을 둘러싼 논란이 팽팽하지만, 편익의 입장에서 코넬 대학교 Lyson(2005: 23-26)의 '지역사회 활력에 대한 학교의 중요성'이라는 글의 요지를 소개하며 종합하고자 한다. 우선 학생들의 학업성취와 성과 차원에서 농촌 작은학교의 편익을 입증하는 많은 연구들이 있다. 연구결과에 따르면 50명의 학생을 가르치는 학교조차도 '너무 작은학교'라고 판단할 수 없다. 학교규모와 학생의 학업성취 간의 부적 관계를 지적하는 여러 연구들이 작은학교가 학생의 학업성취에 이점을 갖는다고 하는 근거들이다. 학교규모가 클 때, 교육의 질과 효율성이 개선된다고 하는 신념으로 학교 통폐합을 추진하지만 규모의 경제와 허풍에 근거하여 비즈니스적 절차 요구에 따라 교육의 목적을 희생시키는 처사이다.

학생에게 미치는 학교 통폐합의 영향은 즉각적이지만 각 지역사회에 미치는 사회적, 경제적 영향은 오랜 기간에 걸쳐 발생한다. 농촌지역사회에서 학교는 여러 역할을 한다. 자라나는 세대의 기초교육의 장이면서 지역주민의 사회적, 문화적 센터 역할을 한다. 학교는 스포츠, 영화관, 음악감상 공간, 기타 시민활동을 전개하는 장소이다. 학교가 농촌지역사회의 생존에 얼마나 긴요한지 설명하는 주장들이 있다. 학교는 지역사회 자율성의 상징이요, 지역사회 활력, 지역사회 통합, 개인적 통제, 개인적, 사회적 전통, 정체성을 제공한다. 활력 있는 마을은 학교를 품고 있다. 소멸해 가는 마을들은 학교를 오랫동안 유지하지 못한다. 학교를 유지할 수 있는 역량은 지역사회 복지 지표를 건강하게 지속시킨다. 농촌지역에서 학교는 마을의 허브일 뿐만 아니라 성인의 문화적 생존감을 제공하는 데 기여한다.

농촌의 지역사회에는 교회, 자율 소방서, 우체국 등의 여러 기관들이 있다. 그 가운데 학교는 가장 광범위한 고객에게 봉사한다. 교육적 욕구 충족뿐만 아니라 주민의 고용 기반일 수 있고, 사회적, 문화적 레크리에이션 기회를 제공한다. 여러 세대가 함께 하는 장소이고 지역사회의 정체성이 만들어지는 곳이다. 시골학교를 문닫는 것은 작은 농촌지역사회를 유지하고 있는 기관을 파괴하는 것이다. 지역 주민이 세운 기관을 쓸어 버리는 것은 실제로 지역사회를 파괴하는 일이다.

학교가 농촌의 지역사회에 어떤 의미를 갖는지를 규명하려는 실증적인 연구들이 있다. 학교의 유무와 지역사회 특성을 확인하는 데 관심을 기울이고 있다. 예컨대, 뉴욕의 농촌 마을에서 규모의 차이에도 불구하고 학교 유무에 따라 인구변동이 다르게 나타났다. 뉴욕에서 모든 농촌지역은 1980~1990년, 1990~2000년 기간에 인구 감소를 겪었다. 그러나 학교가 있는 마을은 없는 마을보다 사정이 대체로 양호했다. 이 외에도 학교 유무에 따라 주민 중에서 대학 졸업자 비중, 전문 직종 종사자, 상위 관리층 종사자 비중이 차이가 있

는 것으로 나타났다. 학교가 농촌지역사회의 활력에 중요한 영향을 미친다
는 점을 이해해야 한다. 학교 통폐합으로 절감한 예산은 세수, 자산가치, 일
자리 등의 감소로 상실된다는 것이다.

제3부

딜레마 관련 정책

제9장

소규모학교 통폐합 정책

한국은 공식적으로 1982년부터 학교 통폐합 정책을 추진하기 시작하였다. 학생 수의 지속적인 감소 추세 속에서 학교 통폐합 정책은 현재는 물론 앞으로도 꾸준하게 존속할 전망이다. 어느덧 학교 통폐합 정책은 농촌학교 정책의 근간으로 자리잡아 왔다.

1. 학교 통폐합 추진

정부의 소규모학교 통폐합 계획은 교육부 또는 시·도 교육청이 주도하여 통폐합 기준(분교장 격하 기준 포함)을 설정하고, 통폐합 후속 대책, 통폐합 촉진을 위한 대책을 병행 수립하여 추진하였다(임연기, 2006: 34-35).

1) 1단계: 정초기(1982~1998)

1단계 통폐합 정책은 1982년부터 1998년까지 시·도 교육청이 자체적으로 추진하였다. 중앙정부 차원의 지원은 통학비 지원 정도로 미미하였고, 통폐합 기준은 1981년 9월에는 180명, 1993년 9월에는 100명 수준을 권장하였다. 학교급간 통합운영학교를 제도화[1]하고, 영세 사학의 해산 특례 조항을 신설하여 사학의 통폐합을 유도하기도 하였다.

통폐합 기준을 구체적으로 살펴보면, 소규모 초등학교의 통폐합 기준은 동일 면 내에 있는 학교로서 학생 수가 180명 미만이고, 6학급 이하의 학급편성이며, 통학거리 4km 이내에 인근학교가 있는 경우이다. 통합 이후 학교를 증축해야 하는 경우는 제외시키고, 4km 이상의 거리라고 할지라도 학생에게 버스비를 보조하거나 학생 통학버스를 운영할 수 있는 경우에는 통폐합 기준 거리를 확장할 수 있도록 하였다.

초등학교 본교의 분교장 격하 기준은 학생 수 100명 미만이고, 인근의 학교와 통합이 불가능한 경우이다. 분교장의 통폐합 기준은 학생 수 10명 이하인 경우이다. 학급규모가 작아서 통합, 복식 학급을 운영하도록 하는 기준은 학급당 학생 수 10명 이하로서 2개 학년을 합한 학생 수가 20명 이하인 경우는 2복식 학급으로 편성하여 운영하고, 3개 학년의 학생 수가 15명 이하인 경우는 3복식으로 운영하도록 하였다.

지방교육자치제를 도입한 직후 1993년에는 통폐합 기준을 수정, 보완하였다. 50명 이하의 학교는 단계적으로 모든 학교를 통폐합한다. 다만, 섬지역은 분교장으로 개편한다. 50명 이상 100명 이하의 학교는 단계적으로 통폐합 또는 분교장 개편을 원칙으로 한다. 다만, 과원 교장, 교감의 문제를 고려하여 1차적으로 시도별 정년퇴직, 명예퇴직 등 자연 감소분의 80% 이상은 분교장 개편 또는 통폐합으로 흡수한다. 섬 지역, 접경지 등 특수지역을 제

---

1) 상세한 내용은 임연기 외(2020b). 세계의 통합학교. 서울: 성안당. 참조.

외한 모든 분교장은 단계적으로 빠른 시일 안에 통폐합한다. 통폐합을 추진할 때, 학생 수 규모를 제1의 기준으로 삼지만 통학시간, 건물노후도, 학생 수 전망 등을 종합적으로 고려하고, 180명 이상의 학교도 지역 실정에 따라 추진할 수 있도록 하였다.

이 기간, 즉 17년 동안 초등학교의 경우 본교 폐지 475교, 분교장 폐지 1,548교, 분교장 개편 1,370교, 중학교의 경우 본교 폐지 47교, 분교장 폐지 11교, 분교장 개편 10교, 고등학교 폐지 20교 등으로 분교장 개편을 제외하고 본교와 분교장 폐지는 총 2,101교에 이르렀다. 전국적으로 연간 평균 123.6교가 문을 닫은 것이다. 학교 통폐합에 반대하는 작은학교 살리기 운동이 거세게 일어났다.

2) 2단계: 도약기(1999)

2단계 통폐합 정책은 1999년 IMF 구제금융하에서 정부가 2,577억 원의 재정을 지원하면서 1998년 8월 통폐합 기준 100명 수준에서 강도 높게 추진하였다. 본교 폐지·통합 운영 5억 원, 분교장 폐지 2억 원, 분교장 개편 2,000만 원을 지원하면서 한 해 동안 강력하게 통폐합을 추진하였다.

통폐합 기준은 초등학교의 경우 본교는 학생 수 100명 이하, 분교장은 학생 수 20명 이하를 대상으로 하고, 중·고등학교는 학생 수 100명 이하로 하였다. 다만 초등학교의 경우 전체 학생 수가 100명 이하이지만 1면에 최소 1교 유지 원칙을 표방하고, 도시 벽지 등 통학이 어려운 지역도 제외시키도록 하였다. 통폐합 유형으로는 본교와 분교장 폐지, 본교의 분교장 개편 이외에 학교급별 통합운영 유형 4가지를 제시하였다.

사회 전반의 구조조정 여파 속에서 중앙정부 주도로 한해 동안 초등학교 본교 폐지 269교, 분교장 폐지 319교, 분교장 개편 161교, 중학교 본교 폐지 18교, 분교장 폐지 1교, 분교장 개편 2교, 고등학교 폐지 4교 등 본교와 분교장 폐지가 611교에 이르렀다. 1단계 시기보다 5배 수준의 폐교 실적을 나타낸 전성기였다. 외환위기 한파가 소규모학교를 덮친 것이다.

3) 3단계: 자율기(2000~2005)

3단계에는 다시 시·도 교육청의 자율적 추진으로 전환하였다. 당연히 2단계보다 느슨한 양상을 보였다. 소규모학교로서는 한숨 돌린 국면이었다. 참여 정부 초기에는 농촌학교 육성 정책주장이 봇물처럼 분출하였다. 「농어촌 정주 여건 개선 및 농어민 삶의 질 향상을 위한 특별법」을 제정하기도 하였다. 6년 동안 초등학교의 경우 본교 폐지 112교, 분교장 폐지 221교, 분교장 개편 62교, 중학교의 경우 본교 폐지 42교, 분교장 폐지 15교, 분교장 개편 7교, 고등학교 폐지 15교를 나타냈다. 본교와 분교장 폐지는 405교로 연간 평균 67.5교가 문을 닫았다. 1단계, 2단계에 비해 현저하게 낮은 수준이었으나 그렇다고 아주 소소한 수준은 아니었다.

4) 4단계: 재도약기(2006년 이후)

4단계는 2000년 이후 시·도 교육청의 자율적 추진에 따른 실적이 부진했다는 평가와 함께 중앙정부가 다시 전면에 나서 주도하는 재도약기에 해당한다. 2005년 총리 주재 국정현안조정회의(2005. 4.)에서의 결정에 따라 중앙정부 차원에서 통폐합을 재추진하였다. 2005년 11월 통폐합 추진 및 지원계획을 시달하였다. 통폐합 학교에 대한 인센티브가 미약하고, 1회성 시설투자에 그치고 있다는 점을 지적하고 본교폐지와 통합운영 교당 10억 원, 분교장 폐지 3억 원, 분교장 개편 2,000만 원을 시설개선, 학습기자재 확충, 통학비로 지원한다는 통폐합 인센티브 개선 내용이 담겨 있다. 2006년 국가재원배분회의(4. 22.)에서는 범부처 차원의 추진 필요성이 제기되기도 하였다.

교육부 차관을 단장으로 하는 중앙차원 통폐합추진기획단을 구성하여 운영하고, 교육감(지역교육장)과 자치단체장의 양해각서 체결을 바탕으로 교육감(장)과 자치단체장이 협력하여 지역발전계획과 연계된 학교 통폐합계획을 수립하고, 학교를 지역 거점으로 재구조화하고, 지역사회의 교육, 문화, 복지 등의 중심센터로 육성하고자 하였다. 1도 1군 시범사업[2]을 구상하기도 하였으나 추진은 부진하였다.

통폐합 기준은 한동안 본교 100명 이하, 분교장 20명 이하를 유지하여 왔으나, 2006년에 본교 60명 이하로 하향 조정하였다. 학생 수 60명 이하인 학교수가 전체 학교의 33%에 해당하는 1,695교에 이르러 한발 물러서 대폭 완화시킨 결과이다. 물론 일부 시·도 교육청은 그 기준보다 낮은 50명 수준을 적용하기도 하였다. 실제로 주민동의를 거쳐 통폐합을 추진하는데 이 기준 역시 교육청별로 차이가 있다. 2012년 기준 인천은 학부모와 지역주민 50% 이상, 충남은 학부모 60% 이상, 경북은 학부모 50% 이상, 경남은 학부모 75% 이상 등을 적용하였다.

2016년부터는 면·도서·벽지 지역은 60명 기준을 유지하였고, 읍지역은 이와 분리하여 초등은 120명 이하, 중등은 180명 이하로 상향 조정하였다. 아울러 도시지역은 종전 200명 이하에서 초등은 240명 이하, 중등은 300명 이하로 역시 권고 기준을 강화하였다. 아울러 복식학급 운영학교, 최근 3년간 신입생이 없는 학교, 교직원 수가 학생 수보다 많은 학교 등을 분교장 개편 권고기준으로 신설하였다.

---

2) 교육과학기술부(2009. 10.). 적정규모학교 육성 선도군 지원 시범사업 신청서에 따르면 초등학교, 중학교, 병설유치원 폐지 중심 1유형: 전남 해남; 중학교, 고등학교 폐지 중심 2유형: 충북 괴산; 병설유치원 폐지 중심 3유형: 인천 강화, 경기 연천, 강원 평창, 정선, 철원, 인제, 충북 청원, 음성 등이 신청하였다.

〈표 9-1〉 적정규모 학교육성 권고기준   (2016년 6월 기준)

구분	종전	개 선('16년 이후)	
면·도서·벽지지역	60명 이하	60명 이하	
읍지역		초등	120명 이하
		중등	180명 이하
도시지역	200명 이하	초등	240명 이하
		중등	300명 이하

출처: 교육부 내부자료.

또한 인센티브 강화 일환으로 지역 중심에서 학교규모(학생 수) 기준으로 전환하고, 지원액을 상향 조정하였다. 구체적인 내용은 〈표 9-2〉와 같다.

〈표 9-2〉 통폐합 학교 인센티브 지원 강화내용(2016. 6)   (단위: 억 원)

구분		본교폐지	분교장		학교신설 대체이전	통합 운영학교
			개편	폐지		
종전	초	시지역: 60 기타지역: 30	1	10	30	• 시설폐쇄: 20 • 미폐쇄: 10 (공동이용)
	중고	100			50	
개선	초	60명 이하: 40 61~120명: 50 120명 초과: 60	5	20명 이하: 20 21~40명: 30 40명 초과: 40	60명 이하: 30 61~120명: 40 120명 초과: 50	• 시설폐쇄: 30 • 미폐쇄: 10 (공동이용)
	중고	60명 이하: 90 61~120명: 100 120명 초과: 110			60명 이하: 60 61~120명: 70 120명 초과: 80	

출처: 교육부 내부자료.

주민직선제에 의한 교육감 선출제도가 정착해 가면서 대부분의 교육청이 지역주민, 학교 동문 및 지방의회의 반발을 지켜보며, 작은 학교 살리기 운동을 전개하여 소규모학교 통합에 소극적인 점을 감안하여 인센티브를 강화하는 한편, 보완적인 정책을 입안, 추진하였다. 인센티브의 경우 통폐합 건당 지원액을 인상하면서 시·도 교육청에 '과' 단위의 한시적 전담조직을 설치, 운영할 수 있도록 배려하고, 통폐합 소요 경비를 지원하기도 하였다.

또한 통폐합을 압박하는 정책을 병행하여 추진하였다. 대표적으로 2014년부터 학교총량제를 도입하였다. 학생 수 감소 및 소규모학교 증가추세를 감안하여 중앙투자심사를 강화하고 학교 신설을 적극 억제하고 있다. 중투심사 통과율이 2013년 141교 72.0%에서 2014년에는 117교 54.9%, 2015년 102교 37.1%로 줄어들었다. 더불어 시·도 교육청별 교부금 배분과 연동되는 교원정원 배정 기준을 지역군별 보정지수에서 학생 수 구간별 교원 수 기준으로 전환하여 학생 수의 영향력을 확대시켰다.

2006년부터 2015년까지 10년 동안 초등학교 본교 폐지 181교, 분교장 폐지 302교, 분교장 개편 33교, 중학교 본교 폐지 64교, 분교장 폐지 24교, 분교장 개편 5교, 고등학교 폐지 34교에 이르렀다. 본교와 분교 폐지를 합하면 605교이다.

1982년 학교 통폐합을 착수한 이래 2020년 8월까지 초등학교 본교 폐지 1,085교, 분교장 폐지 2,460교, 분교장 개편 1,643교, 중학교 본교 폐지 252교, 분교장 폐지 73교, 분교장 개편 46교, 고등학교 폐지 73교의 실적을 올렸다. 본교 폐지는 1,429교, 분교장 폐지는 2,533교 총 3,962교이다. 여기에 분교장 개편 1,689교를 합하면 총 5,651교를 통폐합 또는 분교장으로 격하시켰다.

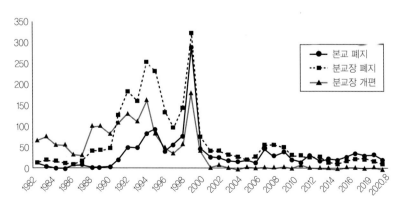

[그림 9-1] 소규모학교 통폐합 추진실적(1982~2020년)

〈표 9-3〉 소규모학교 통폐합 추진 실적(1982~2020)

연도	초등학교(A)			중학교(B)			고등학교 폐지 (C)	계(D=A+B+C)			
	폐지		분교장 개편	폐지		분교장 개편		폐지		분교장 개편	계
	본교	분교장		본교	분교장			본교	분교장		
합계	1,085	2,460	1,643	252	73	46	2.36	1,429	2,533	1,689	5,651

출처: 교육부 내부자료 발췌 재구성.

2. 사립학교 통폐합 추진

1) 농촌 사학의 특수성

(1) 사학의 설립 배경

한국의 학교교육사를 해방 이후 1950년대까지는 문맹퇴치와 초등교육의 기회 확대 시기, 1960년대와 1970년대는 중등교육의 기회 확대시기로 구분할 수 있다. 정부는 1970년대에 이르기까지 30여 년 동안 폭발적으로 분출한 국민의 교육열을 수용하기 위하여 전국 방방곡곡에 학교를 세우고 초·중등교육의 기반을 구축하였다. 이러한 교육기회의 확충 과정에서 국가 재정은 턱없이 모자랐으며, 이를 사학이 보충하게 된다. 한국 사학은 구한말 개화기에 신교육사상의 실천, 교육구국과 교육자강운동의 전개, 민족의 독립정신 고취 등 조국과 민족을 지키는 역할을 맡아 왔으며, 해방 이후에는 육영을 위한 투자와 노력으로 교육수요의 상당 부분을 충족시켜 민주교육의 기초 확립에 기여하였다(윤정일, 송기창, 1990: 7).

1963년 「사립학교법」이 제정, 공포된 이후 중등학교 단계에서 사립학교의 설립이 전국의 각처에서 이루어졌다. 농촌지역에서 특히 리 지역의 상당수의 공립학교 경우에도 자치단체 예산만으로 학교설립이 이루어진 것이 아니다. 주민들이 학교 부지를 자치단체에 기부 체납하는 형식으로 마련하기도 하였다. 이와 같은 맥락에서 많은 독지가는 전 재산을 투자하여 사립학교를 설립하고 교육사업에 참여하였다. 육영활동에 대한 순수한 열정뿐만 아니라 학교설립자에게 학교경영에 관한 광범위한 권한을 부여한 것도 중요한 유인가로 작용하였다. 설립자들은 직접, 간접으로 학교법인 이사회 운영은 물론 학교경영에도 관여하였으며 이를 특혜로 보는 시각도 없지 않지만 다른 한편으로 농촌의 사립학교는 재산 출연과 함께 땀과 애정을 모두 바친 설립자들의 삶의 터전이라고 평가할 수 있다.

농촌의 사립학교들은 그동안 지역 인재 육성에 지대한 역할을 수행하여 왔음에도 불구하고 작금에는 학생 수가 급감하여 대다수의 학교들이 소위 '구조조정' 대상에 분류되는 냉혹한 현실에 직면해 있다. 사학재단의 재정상태는 극히 영세하여 적정한 법인 전입금을 기대하기 어렵고, 이에 학교운영경비를 대부분 학생 납입금에 의존해 왔지만 학교의 존립 근거인 학생 수가 대폭 줄어들어 정부의 재정결함 보조금은 갈수록 커지고 있다. 더욱 큰 문제는 향후 전망도 매우 어두운 실정이라는 점이다.

농촌지역의 교육발전을 위해서 소규모학교의 문제를 다루지 않을 수 없고, 소규모학교 대책은 교육적 차원에서나 경제적 차원에서 시급하다고 볼 수 있다. 물론 소규모학교의 존속과 육성을 위한 대책이 우선되어야 하지만 학생 수가 지속적으로 감소하고 교육여건이 열악해져 가는 소규모 사립학교를 방치할 수는 없다는 데 이론이 있을 수 없다. 교육수요의 충족을 위해 설립되었던 만큼 교육수요의 감소 추세 속에서 사립학교의 통폐합을 준비하는 것은 당연한 소치인 것이다.

(2) 사학의 공공성

정부가 농촌지역의 소규모학교 통폐합을 위한 제도를 마련하고 시행하는 일은 학교법인이나 이해당사자들의 권리를 침해하는 것은 아닌가? 이 질문에 대한 신중한 검토가 필요하다. 우선 사학의 특수성을 검토해 보자. 「사립학교법」 제1조에는 사학의 목적이 담겨져 있다. 사립학교의 특수성은 자주성을 확보하고 공공성을 앙양하는 데 있다고 명시하고 있다. 자주성이란 사학이 자체의 교육이념과 교육목적을 실현하기 위해 교육내용의 선정이나 학생선발 등 학사운영을 사학자체가 자율적으로 해 나간다는 학사운영의 특성과 사학 공납금의 결정이나 사학 행정조직 또는 인사관리를 사학 나름대로 자율적으로 해나간다는 행·재정운영의 자주성을 의미한다(정진환 외, 2000: 8).

한편 사학의 공공성이란 사학이 비록 개인이나 법인체에 의하여 설립·운영된다고 하지만 국가사회의 공동 목적과 공공 이익을 추구하는 공공기관으로서의 책무성을 가지고 있음을 말한다. 곧 사학도 국민교육의 한 축으로서 국가의 교육정책에 부합해야 함과 동시에 다른 한편으로는 국가의 보호와 지원을 받아야 하는 공공성에 기초하여야 한다는 것이다(윤정일, 송기창, 1990: 13).

「사립학교법」은 사학의 자주성을 법률로써 인정하고 있음에도 불구하고 사학에게 공공성의 확립을 요구하고 있다. 특히 학교 통폐합과 관련하여 이점을 강조하고 있다. 학교법인은 사립학교만을 설치·경영함을 목적으로 「사립학교법」에 따라 설립되는 법인이며(제2조 2항), 정관으로 정한 목적 범위 내에서 권리와 의무의 주체가 된다. 학교법인은 제34조에 규정하고 있듯이 정관에 의한 해산사유가 발생한 때, 목적의 달성이 불가능한 때, 다른 학교법인과 합병할 때, 파산한 때, 교육부의 해산 명령이 있을 때 해산한다. 이 가운데 목적의 달성이 불가능한 사유에 의한 해산은 이사정수의 3분의 2 이상의 동의를 얻어 교육부장관의 인가를 받도록 하고 있다. 교육부장관은 설립허가 조건에 위반한 때, 목적의 달성이 불가능한 때 해산 명령을 내릴 수 있다.

아울러 학교법인이 그 기본재산을 매도·증여·교환 또는 용도변경하거나 담보에 제공하고자 할 때 또는 의무의 부담이나 권리의 포기를 하고자 할 때에는 관할청의 허가를 받도록 하고 있다(제28조 1항). 더욱이 학교교육에 직접 사용하는 학교법인의 재산 중 대통령령이 정하는 것, 이를테면 교지, 교사 등은 매도하거나 담보에 제공할 수 없도록 못 박고 있다.

사학의 공공성이 더욱 부각되는 점은 학교법인 해산 후의 잔여재산 처분과 관련된 내용이다. 학교법인은 그 정관에서 잔여재산 귀속자에 관한 규정을 두고자 할 때는 그 귀속자를 반드시 학교법인이나 기타 교육사업을 경영하는 자 중에서 선정하도록 하고 있다(제10조 4항). 해산한 학교법인의 잔여재산은 합병 및 파산의 경우를 제외하고, 교육부장관에 대한 청산종결의 신고가 있는 때에 정관으로 지정한 자에게 귀속된다(제35조 1항)고 규정하고 있다.

이상과 같이 사립학교법에는 사학의 자주성뿐만 아니라 국가의 개입을 정당화하는 공공성의 확보를 강제하고 있음을 알 수 있다. 이제 정부가 사립학교의 통폐합을 주도하는 과정에서 학교법인이나 사립학교 이해관계자의 헌법상의 권리를 제한할 수 있는지 검토해 보자.

사학의 이해관계자인 학교법인, 학생과 교원 등은 사학 설립 및 운영의 자유, 교원지위의 보장 등의 자유와 권리를 헌법상 보장 받고 있다. 그러나 이러한 자유와 권리는 무제한 보장된 자유와 권리가 아니다.「헌법」제37조 2항에 따라 국가안전보장, 질서유지 또는 공공복리를 위하여 제한될 수 있는 자유와 권리이다. 특히 학교 통폐합과 관련해서는 공공복리가 주된 사유가 된다.

사립학교의 존립 근거는 학생에 있다. 그런데 학생 수 감소로 학교가 소규모화되고 이러한 추세는 더욱 심화될 것으로 전망되고 있다. 정부가 이를 방치할 경우 수년 내에 많은 사립학교가 파산할 수도 있고, 이에 따라 소속 학생과 교직원, 학교시설관리문제 등이 발생하게 된다. 결국 사립학교 이해당사자들의「헌법」상 보장된 권리를 누릴 수 없게 만드는 결과를 초래할 것이다. 교육과 관련한 국민의 자유와 권리보호라는 공공복리를 위하여 일부 이해당사자들의 자유와 권리를 제한할 필요가 인정될 수 있다(곽태철, 2004: 14).

교육받을 권리를 실질적으로 보장하기 위해서 학교법인에 대한 강제적인 통폐합뿐만 아니라 자율적인 통폐합 시도에 대해서도 국가에 의한 일정한 제한이 필요하다. 한계 학교법인에 의해 구조 개선이 이루어질 경우 그 구조

개선이 오히려 교육경쟁력을 약화시키고 국민의 교육받은 권리를 실질적으로 침해하는 결과를 초래할 수도 있기 때문이다(곽태철, 2004: 14). 학교법인의 자구 노력에 대한 정부의 적극적 개입도 정당화될 수 있다는 것이다.

요컨대 사립학교의 자주성이 인정되지만 사립학교가 누리는 자유와 권리가 국가의 감독과 통제를 벗어날 수는 없다고 볼 수 있다. 그렇다면 사립학교 통폐합에 어느 정도 개입해야 하는가에 대한 논의가 필요하다. 이에 대한 답은 농촌 소규모학교에 대한 문제 인식에 달려 있다고 보인다. 문제가 시급하지 않다고 판단되면 정부는 시간이 걸리더라도 자발적인 통폐합이 실현될 수 있는 기반을 조성하는 데 주력하여 기존 제도의 틀을 크게 벗어나지 않는 범위 내에서 법령을 보완하는 등 소극적인 역할을 수행할 수 있을 것이다. 반면에 문제가 시급하다고 판단되면 전면적인 개입을 시도해야 할 것이다.

2) 소규모 사학의 통폐합 유도 정책

(1) 법적 기반

사립학교 통폐합 시 잔여재산 귀속 특례조항 설치 과정 및 내용(정진환 외, 2000: 84-102 참조)을 검토할 필요가 있다. 농촌 소규모학교의 통폐합의 시발점은 교육개혁위원회가 1996년 8월 20일 제안한 '사학의 자율과 책임 제고' 개혁과제에서 찾을 수 있다. 교육개혁위원회는 1995년 5월 31일 발표한 개혁과제의 구체적 개혁방안 속에 영세 사학의 공익 법인 전환 방안을 제안하였다.

영세 사학의 공익법인 전환 방안은 다음과 같다. 초·중등 영세 사학의 교육발전에 대한 기여를 감안하여 공익법인으로의 전환을 인정한다는 점을 골자로 하고 있다.

「영세 사학 공익법인 전환 방안」(1996. 8. 20.)
- 초·중등 사학 유형 구분
  - 자립형 사학: 국고 보조 없이 독자적 유지 및 경영 가능 사학
  - 보조형 사학: 인건비 및 운영비 등 보조금이 지원되는 사학
  - 관리형 사학: 운영이 지극히 힘든 부실한 취약 사학
- 관리형 사학에 대한 전환 방식
  - 국공립으로의 전환: 학교재산 국가 헌납 이후 국공립으로 통폐합하되 보상책 마련
  - 공익법인으로의 전환

이를 바탕으로 1997년 4월 22일 교육부는 소규모 사학 운영 개선방안을 확정하였다. 개선방안은 다음과 같다.

- 기본 방침
  - 선택 가능한 방안(1~4)을 제시하여 사학법인이 실정에 맞게 선택하도록 함
  - 설립, 경영자에 대한 그간의 공적을 인정하여 재산의 전체 또는 일부 환원
  - 사학의 경쟁력 강화를 위한 자구 노력 유도
- 방안 1: 공익법인으로 전환 유도
  - 학술, 연구, 장학재단, 도서관 등 학교교육 이외에 다른 교육·학예 사업을 할 수 있는 공익법인으로 전환 유도
  - 학교법인의 기본 재산 전체 또는 일부를 목적사업이 변경되는 법인에 귀속
  - 교원 및 사무직원은 교육공무원 및 지방공무원으로 특별 채용하거나 전환법인의 직원으로 채용
- 방안 2: 재산환원 후 인근 학교와 통폐합

- 공립 전환을 희망하는 학교는 적절한 보상 후 통폐합
- 법인의 수익용, 교육용 기본재산의 전체 또는 일부를 사학 설립자 측에 환원할 수 있도록 하고, 정비 기간은 3년간 한시적으로 함
- 시·도 교육청별로 '사학정비위원회'를 설치하여 학교법인의 해산 여부, 환원재산의 범위 등에 관한 사항을 심사하도록 함
- 교원 및 사무직원은 교육공무원 및 지방공무원으로 특별채용
- 학교 설립·경영자에게 정부포상 추진
  * 수익용 기본재산 등의 환원을 위한 입법 추진과정에서 관계 부처의 반대 예상. 법제처에서 공유화된 재산을 사유화하는 것은 타당성이 없다는 지적과 함께 타 공익법인과의 형평성 문제 제기 가능성 예상
- 방안 3: 학구 광역화로 학생과 학부모의 학교선택권 부여
  - 중학교 학구(군)을 광역화하여 학생과 학부모들이 학교를 선택하도록 선지원 후추첨 방식을 확대 실시함으로써 공·사립을 막론하고 개별 학교가 스스로 노력하는 분위기 조성
- 방안 4: 특별 프로그램 운영 사학으로 전환 유도
  - 육영에 뜻을 두고자 하는 사학에 대하여 학교중도탈락자, 지진아 등 소외계층을 위한 공익 우선 특별 프로그램 운영 사학으로 전환 유도
  - 사학 운영의 자율성 최대 보장, 재정 우선 지원

이상과 같은 사전 노력을 바탕으로 1997년 8월 22일 통폐합 관련 「사립학교법」을 개정하였다. 한시적용 특례법으로 「사립학교법」 제35조의 2가 신설되었다. 이로써 농촌 소규모 사립학교의 통폐합을 촉진시킬 수 있는 법적 기반이 마련되었다. 특례규정에 따라 고등학교 이하의 각급 학교의 학교법인은 해산 이후 그 잔여 재산을 타 학교법인이나 기타 교육사업을 경영하는 자가 아닌 특정인, 이를테면 당해 사학의 설립자 등에게 귀속시킬 수 있는 길이 열리게 된 것이다. 자발적 해산의 동인이 법적으로 보장된 것이다.

「사립학교법」 제35조의 2(1997. 8. 22.)

- 제2항: 고등학교 이하의 각급학교를 설치·운영하는 학교법인이 학생 수의 격감으로 목적달성이 곤란한 경우에는 시·도교육감의 인가를 받아 해산할 수 있도록 함
- 제5항: 해산한 학교법인은 그 잔여재산의 전부 또는 일부를 인가신청 당시에 첨부한 잔여재산처분계획서에 정한 자에게 귀속시키거나, 공익 법인의 설립을 위한 재산을 출연할 수 있도록 함
- 제3항: 해산 및 잔여재산 처분에 관한 사항을 심사하기 위해서 시·도 교육감 소속하에 사학정비심사위원회를 두도록 함
- 부칙 제2항: 이 법은 1998. 1. 1.~2000. 12. 31.까지 한시적으로 적용함

「사립학교법 시행령」 제15조의 3 내지 4에 의한 사학정비심사위원회의 구성 사항을 보면, 사학정비심사위원회의 위원장은 부교육감, 위원수 및 구성 방식은 위원장을 포함한 15인 이내로 교육감이 지명 또는 위촉, 위원자격은 교육감소속 4급 또는 4급 상당 공무원 중 5인 이내, 변호사·공인회계사·세무사·감정평가사의 자격이 있는 자 또는 법률학·회계학·감정평가 관련 학과목을 담당하는 부교수 이상의 직에 있거나 있었던 자 중 5인 이내, 당해 특별시·광역시·도 관할구역 안에 소재한 사립의 초·중·고등학교를 설립·경영하는 학교법인을 대표하는 자로 구성된 단체에서 추천한 인사 5인 이내이다. 위원의 임기는 위촉된 날부터 「사립학교법」 부칙 제2항의 적용 기간까지이다. 사학정비심사위원회의 업무 및 운영 내용은 학교법인 해산의 타당성 여부, 잔여재산 처분계획의 적정성 여부, 기타 학교법인의 해산 및 잔여재산의 처분에 관한 사항을 심사하기 위하여 필요한 사항이다.

「사립학교법」이 개정되고 후속적으로 동법 시행령이 개정되자 교육부에서는 소규모 사립학교 통폐합 추진요령을 교육부 지침으로 통보하였다. 주요 내용은 다음과 같다.

「교육부 소규모 사립학교 통폐합 추진요령」(1998. 2. 5.)

- 시·도 교육청에서 소규모 사립학교의 대상범위, 기준, 재산환원 범위, 교직원 처리방안 등 세부계획 수립
- 범위 및 기준 설정 시 고려사항: 대상 사립학교의 학생 규모, 재정운영실태, 법인운영 실태, 당해 지역의 학생 수용계획 및 교통 사정 등 지역여건
- 재산환원 범위 설정시 고려 사항: 수익용 기본 재산 및 교육기본 재산 모두를 환원대상으로 하되 기본 재산중 국고(지방비) 지원에 의하여 조성된 재산은 원칙적으로 제외
- 교직원 처리 대책 시 고려사항: 장기 근속자에 대한 명예퇴직 등 노력 후 최소인원을 공립학교 교직원으로 특별채용하는 방향으로 교직원 처리 대책 수립, 제출하도록 지도한 뒤 공립 특채 신청인원에 대하여 시·도 교육청에서 특별채용방안 적극 강구. 대부분 사학재정결함보조금 대상교인 만큼 별도 정원 특채 시에도 추가 재정 소요 없을 것으로 예상

    교육부의 「소규모 사립학교 통폐합 추진요령」을 보면 학교법인의 자발적 해산을 가로막았던 재산환원, 교직원 처리 문제를 해결하기 위한 세부방안이 명확하게 제시되었다. 그럼에도 불구하고 재산환원 대상 중에서 국고(지방비) 지원에 의해 조성된 재산이 제외되고, 재산환원 시 증여세 이중과세 문제가 여전히 미결의 과제로 남아 있었다. 교직원 특별 채용에 대한 확신도 부족하였다. 그리고 2000년 12월까지 한시 적용에 대한 문제도 제기되었다. 그리하여 국고(지방비) 지원에 의해 조성된 재산의 환원대상 제외 철회, 환원재산에 대한 증여세 면제, 한시규정의 폐지 또는 연장 등이 쟁점화되었다.

    1998년 9월 29일 통보된 교육부의 「소규모 사립학교 통폐합 현황 및 추진방향」에서 국고 지원에 의해 조성된 기본재산도 그간의 국가교육에 대한 사학재단의 공헌도를 인정, 보상하는 차원에서 법인재산으로 환원해 주도록 하였다. 2000년 12월 29일 개정된 「사립학교법」에 따라 증여세가 전액 감면되었고, 2004년 1월 29일 개정된 「사립학교법」에 따라 국가 또는 지방자치단

체는 해당 학교법인에 대하여 해산인가 신청 당시 학교법인이 보유하고 있는 기본 재산 감정 평가액의 30/100 이내의 범위에서 해산장려금을 지급할 수 있게 되었다. 적용 시한은 단계적으로 연장되었으나 2006년 12월 31일까지 학교법인의 해산인가를 신청하는 자에 대하여 적용하는 것을 끝으로 만료되어 현재에 이르고 있다.

해당 사립학교와 교육청에서는 적용 시한의 연장을 지속적으로 요청하고 있다. 이에 힘입어 적용 시한 2006년 12월 31일을 2012년 12월 31일로 조정하는 「사립학교법」 일부 개정안이 2009년 7월 20일 교육과학기술부공고 제2009-221호로 입법 예고되기도 하였으나 최종 확정되지 못하였다. 19대 국회에서도 류성걸 의원(새)이 적용시한을 2015년 12월 31일로 연장하는 「사립학교법」 개정안을 대표발의하였으나 폐기되었다. 전국 시·도교육감협의회에서는 학생 수 감소에 따라 영세 사학법인의 원활한 해산을 유도하기 위하여 사립학교법 개정을 건의한 바 있다(2012. 7.). 고등교육기관을 제외하고 고등학교 이하 영세 사학에 제한적으로 적용하는 데 따른 부담이 작용하고 있다고 판단된다.

2016년 기준으로 전국에서 소규모 영세사학(학생 수 300명 이하)은 354개교(초 11, 중 251, 고 92)로 전체 사립학교 1,660개교의 약 21.3%를 차지하고 있다. 영세사학의 자발적인 해산 유도를 위해 「사립학교법」 개정안 재발의 및 국회 통과를 기다리고 있다. 해산 특례기간을 5년간까지 연장 또는 삭제하는 개정법률안 의원입법 발의 및 통과를 기대하고 있다.

〈표 9-4〉 영세 사학 현황(2016년 4월 기준)

구분	60명 이하	121~180명	181~300명	301명 이상	계
초		4	7	64	75
중	70	98	83	386	637
고	3	45	44	856	948
계	73	147	134	1,306	1,660

출처: 교육부 내부자료.

(2) 통폐합 실적과 사례

「학교법인의 해산 및 잔여재산귀속에 관한 특례 규정」의 한시 적용 기간 동안 31개 법인이 해산되었다(임연기, 2013c: 186-188). 1999년 8월 전북 학교법인 J학원(J여자중학교)과 역시 전북 학교법인 D학원(D중학교)의 해산을 시작으로, 2008년 8월 경남 W학원(S여자중학교, S여자고등학교)을 끝으로 특례조항 한시적용이 일단락되었다. 전남 C학원(C중학교), 경북 J학원(J중학교), 경북 C학원(C중학교, C고등학교)은 2007년 이후에 해산되었으나 한시적용 기간 이내에 해산인가를 신청하여 혜택을 받았다.

2001년 이전에 해산한 학교법인은 증여세 감면 혜택을 받지 못하였고, 2001년부터 2004년까지 해산한 학교법인은 증여세를 감면받았으며, 2005년 이후에 해산한 학교법인은 증여세 감면과 함께 해산 장려금을 받았다. 2005년 이후에 해산하였으나 충남 C교육재단(A중학교)은 미청구, 경남 D학원(J유치원)은 사학정비심사위원회의 해산장려금 지원여부 타당성 검토 결과에 따라, 서울 W학원(고등기술학교)은 재정결함보조금 미지원 학교로서 해산장려금을 받지 못하였다.

이상의 해산 내역을 보면 시차를 두고 혜택이 늘어 갔으며, 해산 장려금액의 결정에 있어서는 사학정비심사위원회가 중요한 영향을 미쳐 차등으로 지원되었음을 알 수 있다. 총 31개 법인, 36개 학교(유치원 1, 중학교 24, 고등학교 8, 고등기술학교 3)가 해산되었다.

인근 공립초등학교와 사립중학교가 통합한 사례들이 있다. 충청북도교육청에서 전국 최초로 추진하였다. 충청북도 J시 D면에 위치한 공립 D초등학교와 같은 면지역에 있는 사립 S중학교를 2001년 3월 1일부터 통합하여 초·중통합학교로 운영하였다. 전국에서 최초로 공립초등학교와 사립중학교가 통합 운영되는 D초등학교에 11억 8,780만 원의 예산을 투입하여 기존 교실보수 및 신축을 추진한 바 있다.[3]

---

3) 한국교육신문, 2000. 8. 28, 7면.

다음으로 폐교, 법인해산 사례를 들 수 있다. 충남의 S여자중학교와 전북의 J여자중학교는 1999학년도에 폐교하였다. J여자중학교의 경우 교원 49명은 공립으로 특별채용되었고, 학교법인을 해산하였다. S여자중학교의 경우에는 1999년 3월 폐교인가신청 절차를 밟기 시작하여 2000년 3월 1일 학생들은 600~700m 인근의 공립 H중학교로 편입하고, 희망하는 교직원들은 전원 공립으로 특채하였다. 학교법인은 2000년 10월 31일 해산하였다. 법인해산을 전제로 한 폐교 유형에 해당하는 대표적인 사례이다.

공·사립 중·고교의 통합은 성공적인 통폐합 사례로 소개되고 있다. 경북 C군의 사립 J여자중학교 101명, 공립 J종합고등학교 112명, 사립 J고등학교 144명이 1995년 3월 통폐합하여 공립 J 중·고등학교를 설립하였다. 사립학교 2곳은 C군이 매입하고 신축은 BTL로 하고 교직원은 공립학교로 특채되었다. 군수의 적극적인 리더십을 바탕으로 학교 통폐합이 성사된 사례이다.

3. 통폐합의 산물로서 폐교의 활용

폐교재산을 교육용 시설 또는 주민복지시설 등 건전한 용도로 활용하도록 촉진하기 위해 2001년 「폐교재산의 활용촉진을 위한 특별법」을 제정하였다. 그럼에도 학생 수 감소 및 학교 통폐합 등으로 인한 구도심 및 농산어촌 지역의 폐교가 지속적으로 증가하고 있다. 폐교가 2010년 3,386교 → 2012년 3,509교 → 2015년 3,627교 → 2016년 3,678교로 늘어나고 있는데 비해 현재 교육청에서 보유중인 폐교 1,350교 중 417교(31%)가 미활용 상태이다(교육부, 2016. 7.).

폐교재산의 활용이 활발하지 않은 가장 중요한 이유는 교육·사회복지·문화·공공체육·소득증대 용도 등으로 폐교재산의 임대·매각 용도를 한정하여 다양한 활용에 한계가 있기 때문인 것으로 진단하고 있다. 폐교재산 및 활용 현황은 다음 〈표 9-5〉와 같다.

〈표 9-5〉 폐교재산 및 활용 현황 ('16. 5. 18. 기준)

전체 폐교 재산	매각 폐교 재산	보유 폐교 재산 (A+B)	활용 폐교재산(A)										미활용 폐교 재산 (B)
			대부							자체활용	계계		
			교육	사회복지	문화	공공체육	소득증대	기타	소계				
3,678	2,328	1,350	243	41	76	11	234	109	714	219	933		417

출처: 교육부 내부자료

이러한 상황에서 교육부(2016)는 폐교재산의 활용을 활성화시키기 위하여 해당 법률을 개정하여 폐교부지를 공익적 목적을 추구하는 귀농·귀촌의 초기거점, 캠핑장 등 농어촌 관광거점으로 활용하는 방안을 강구하였다. 또한 수의계약 대상에 지역주민으로 구성된 법인을 추가하고, 교육청과 지자체의 사전 협의를 통해 귀농·귀촌센터 등 공익적 목적으로 활용하는 경우 지자체에 폐교재산 무상임대를 허용하고자 하였다.

통합하는 지역과 통합되는 지역이 Win-Win할 수 있도록 폐교활용 인센티브 연계를 통해 지자체 등과의 긴밀한 협조체계 구축이 필요하다고 보고, 이를 위해 교육부, 농식품부, 행자부, 지자체(2), 교육청(2) 등 관계부처 및 지자체의 담당과장으로 TF(단장: 지방교육지원국장)를 구성하여 상호 연계협력 방안을 마련하고자 하였다. 특히, 농식품부의 '농어업인 삶의 질 향상 및 농어촌 지역개발 기본계획' 등 관계 부처와 지자체의 농산어촌 지원 및 개발계획 추진 시, 학교 통폐합 지역에 대한 주민복지 및 소득증대시설 확충 사업을 반영할 수 있도록 하였다.

제10장

농촌학교 보전과 육성 정책

정부의 농촌학교 보전과 육성 정책으로는 1990년대부터 2000년대 초반까지 추진한 소규모학교 내실화 대책, 2000년대 초반의 주요 농촌교육 진흥방안, 2004년의 농산어촌 교육여건 개선 관련 특별법 제정, 특별법을 기반으로 농촌학생의 삶의 질 향상을 위한 기본계획 시행, 2004년 이후 농촌학교 육성을 위한 재정지원 사업을 들 수 있다.

1. 소규모학교 내실화 대책

1982년 소규모학교 통폐합 정책 추진과 함께 2000년대 초반까지 농촌학교 교육 내실화를 위한 대책들을 마련하여 추진하였다(임연기 외, 2005: 26-30). 한편에서는 학교 통폐합을, 다른 한편에서는 농촌학교 육성 정책을 추진한 것이다. 일견하여 모순적인 정책이지만 통폐합 학교의 육성을 위한 후속 대책 또는 통폐합을 면한 학교의 보존을 위한 대책으로 평가할 수 있다.

1) 소규모학교 내실화 지원

초등 지역중심학교 육성: 통폐합 조치 후 대책 방안으로 제시된 학교 운영형태이다. 1999년 교육부는 소규모학교 통폐합을 '국민의 정부 100대 국정과제'로 선정해 추진하는 과정에서 통폐합 대상 학교에 대하여 행재정적인 지원을 집중하여 현대화된 지역중심학교로 중점 육성하기로 했다. 지역중심학교 육성 모델로는, ① 인근 2~4개의 작은 초등학교를 하나의 학교군으로 구성하여 교육프로그램과 시설을 중심학교가 주도하여 공동운영하는 '학교군형 지역중심학교', ② 비교적 규모가 큰 초등학교가 단일 학교로 다양한 교육프로그램을 운영하는 '독립형 지역중심학교', ③ 작지만 독자적인 운영이 가능하거나 특성화 프로그램의 운영을 희망하는 '특성화형 지역중심학교' 등이 있다.

중등 거점학교 육성: 농촌지역의 급격한 학생 수 감소로 인해 1982년 이래 주로 초등학교의 통폐합이 이뤄졌으나 2000년대 들어 중학교의 통폐합 위기가 다가오면서 제시한 방안이다. 초등의 지역중심학교와 거의 같은 개념으로 일부 도는 협동 교육체제라고 부른다. 중학교의 경우, ① 인접 2~3개 소규모학교가 하나의 학교군을 구성하여 프로그램과 시설을 중심학교가 주도하는 '학교군형 중학교', ② 작지만 독자적인 운영이 바람직하거나 교육공동체가 독자적인 특성화 프로그램 운영을 희망하는 경우의 '특성화형 중학교' 모델을 설정하고 있다.

농촌 고등학교 자율학교 지정: 교육인적자원부는 1999년부터 3년 동안 전국 15개교 시범 운영을 거쳐 2002년부터 농촌 소재 고등학교에 대한 자율학교 지정을 확대하였다. 자율학교는 「초중등교육법」에 근거하여 전국단위 학생 선발, 교육과정 편성 운영의 자율, 교과서 사용의 자율 등이 가능한 학교이다. 비평준화지역 농촌(읍면) 소재 고등학교 교육의 다양화, 특성화를 지원하기 위해 농촌 소재 고등학교 중 학생 수용 계획 등을 고려하여 시·도 교육감이 자율학교로 지정할 수 있도록 하였다.

지역고등학교 출신 교육감 추천 교육대학교입학제 실시: 당시 농촌지역 초등교사 부족 문제를 해결하기 위해 강원, 전남 등 일부 도 지역에서 2002년부터 실시하였다. 2005년 1월 「교육공무원법」을 개정하여 교육감 추천 교육대입학제의 법적 근거를 마련하였다. 교육감이 당해지역 농촌지역에 근무를 희망하는 고등학교 졸업생을 선발, 교육대학교에 추천 입학시켜 재학 중 장학금을 지급하고 졸업 후 4년간은 해당지역에만 응시해야 하며, 장학금을 지급받은 기간의 2배 이내에서 교육감이 정하는 지역에서 근무하는 것을 의무화하였다.

소규모학교 교육과정 정상 운영 지원: 복식수업 교재 개발, 복식교육과정 편성 운영자료 개발, 순회교사제 운영으로 상치교과 해소, 소규모학교군 공동 교육과정 편성 운영(지역 공동 특기적성 교육) 등을 실시하였다.

2) 주요 시책 우선 실시

중학교 의무교육 면지역 우선 실시: 중학교 의무교육은 1985년 도서·벽지 중학교에 이어 1992년 읍·면 지역 중학교로 확대하였다. 중학교 의무교육은 2002년에 모든 지역으로 확대하였다.

학교급식 등 **농촌**지역 우선 실시: 1997년부터는 전국 읍·면 소재 중·고교 학교급식을 실시하였다. 그 이외에 학교시설(다목적 교실, 도서관, 특별실 등) 우선 지원, 영어 원어민 교사 우선 배치, 특기·적성교육비 우선 지원 등을 시행하였다.

2. 주요 농촌교육 진흥 정책방안

국민의 정부, 참여 정부에서는 지방균형 발전, 지역혁신 또는 교육복지 차원에서 농촌학교 육성에 관심을 기울였다. 2002~2003년에, 즉 국민의 정부 말기와 참여 정부 초반에 교육인적자원부, 농림부, 도교육청 수준에서 봇물처럼 제안한 농촌학교 육성 및 우수교원 확보 정책 주장들을 간략히 살펴본다. 농촌학교 육성을 위한 정책주장이 이처럼 활발하게 제기된 것은 이례적인 일이었다(임연기, 2005: 29-33).

1) 교육부 정책방안

농발위 방안: 국민의 정부 당시 교육인적자원부 장관 자문기구인 농어촌교육발전위원회가 2002년 3월 발족되어 2002년 10월 연구보고서를 교육부에 제출하였다. 주요 내용을 제시하면 다음과 같다.

① 각급 농어촌학교 학생들의 기초교육을 강화하기 위하여 농어촌 복식수업은 어떤 방법으로든지 해소되어야 한다. ② 도시지역에서의 다양한 학습기회에 버금가는 특기적성 교육을 농어촌 각급 학교에서 받을 수 있는 기회를 최대한 제공한다. ③ 각 시·군 교육청 단위로 관내 모든 농어촌학교들이 학구 내 학생(학교 부설유치원생 포함)들이 통학을 할 수 있는 통학버스를 마련하고 그 운영에 필요한 인력과 경비를 지원한다. ④ 현행 농어촌학생에 대한 학비지원은 유아·유치원생·고등학생까지 포함하여 확대한다. ⑤ 현재 농어촌지역의 두 개 이상의 초·중등학교에서 가르치는 순회교사제도를 확대·운영한다. ⑥ 소규모학교 간 상호협동교육과정 및 소규모학교와 농촌 및 도시 큰 학교와의 교류·협력을 활성화하여 운영하고 학생들의 다양한 체험학습 기회를 확대한다. ⑦ 각 지방교육청은 폐교를 가급적 지양하고, 시·도 및 시·군 교육청 관리 아래 있는 폐교시설 및 유휴시설은 그 시설이

있는 지역사회 주민을 위한 평생교육만이 아니라 주민의 고용력 창출 및 소득증대를 위하여 적극 활용되어야 한다. ⑧ 농어촌학교의 학급 및 학생 수에 관계없이 최소한 2명의 행정 및 보조직원을 배치한다. ⑨ 읍·면 소재지의 농어촌학교 1개교를 지정하여 지역중심종합센터로 지원·육성한다. ⑩ 농어촌학교에 근무하는 교사와 직원이 가능한 한 학교가 위치하는 지역사회에 거주하도록 권장하고 그 가족이 거주할 수 있는 사택의 제공, 특별수당의 지급, 승진상의 우대, 연수기회 혜택의 확대 등과 같은 인센티브를 각 시·도 실정에 따라 적극 제공한다.

교육혁신위 방안: 2003년 7월 구성된 대통령 자문기구 교육혁신위원회 내의 농어촌교육연구분과에서 2004년 3월 농어촌살리기 종합방안을 발표했다. 주요 내용을 살펴보면 다음과 같다.

① 소규모학교 대상 공문서의 획기적 감축(공문에서 해방된 학교). ② 학교 평가 및 장학제도 개선. ③ 학부모 합의에 의한 자율학교 지정 운영. ④ 강사 풀제 등을 통한 질 높은 예체능 교육 보장. ⑤ 농어촌학교 근무 교사에 대한 지원제도 개선(가산점 폐지).

교원양성체제 개편 추진단 방안: 2003년 9월 교육인적자원부는 관련 기관·단체 추천 인사를 중심으로 교원자격·양성체제개편추진위원회를 구성하고 교원양성체제 개편방안을 수립하였다. 2004년 11월 교원양성체제개편 종합방안 시안을 발표하고 의견수렴 과정을 거쳐 2005년 3월 최종안을 확정하였다. 교원양성체제 개편 방안에는 농산어촌 교사의 안정적 확보 방안을 포함시키고 있다. ① 교육감 추천제 확대: 교육대학 입학전형에서 교육감 추천 농어촌 지망 교사 특별전형을 확대하고, 장학금을 지급하고, 해당 지역에 일정기간 의무복무 부여. ② 초등교원 양성자원 확대: 수요대비 1.2배 양성기조를 유지, 양성 자원 부족 시 편입정원 확대 등 신속한 충원 방법 마련. ③ 농산어촌 근무교사에게 유인제공: 농산어촌 근무수당 지급, 관사 개선 등

추진. ④ 교원확보가 어려운 지역의 경우 특별채용 도입: 교원양성기관의 장 추천대상자 선발, 일정 기간 복무 의무 부여.

교육청 수준 방안: 예시적으로 전라남도 교육청은 2002년 2월부터 8월까지 전남교육연구소에 연구용역을 의뢰하여 농어촌교육 진흥방안연구를 수행하고, 이 연구결과를 근간으로 농어촌교육 진흥을 위한 중점대책을 2002년 9월 발표하였다.

첫째, 도·농 간 사회·문화적 교육환경 격차 해소를 위하여 국가와 지방 자치단체의 역할 증대, 평생교육체제 구축, 보상교육체제의 마련. 둘째, 농어촌학교의 교육환경 개선을 위하여 교직원 인력 보강, 교육과정 운영의 합리화, 특기·적성교육의 정상화, 원격교육체제 구축, 고등학교의 구조조정, 농어촌학교의 교육재정 확보, 유아교육에 대한 지원 확대. 셋째, 농어촌 학생에 대한 지원 확대를 위하여 교육비 부담 경감, 농어촌 학생 대입특별전형의 확대. 넷째, 우수교원 확보를 위하여 교원양성 및 임용방법의 개선(초등), 교원 후생복지제도의 확대, 농어촌 교원 직무능력 개발. 다섯째 「농어촌교육발전을위한특별법」 제정.

2) 농림부 정책방안

농어업농어촌특별대책위원회 방안: 국민의 정부 당시인 2002년 2월 대통령 자문기구로 발족한 농어업농어촌특별대책위원회가 2002년 7월 한국농촌경제연구원과 공동으로 주최한 정책토론회에서 '농어업농어촌교육제도 개선 방안'을 발표하였다. 다음은 '농어촌교육 개선을 위한 정책추진 방안'을 요약한 것이다.

첫째, 농어촌학교운영 모델 개선을 위하여, ① 농어촌학교의 지역 교육·문화·복지 종합센터화를 통한 지역사회 활성화. ② 농어촌 종합 교육·문화·복지 센터 활용 체계 확립. 둘째, 교육의 질 향상을 위하여 ① 농어촌학교의 학업성취도 향상 대책. ② 농어촌학교의 우수 교사와 열의를 가진 교육 인력 확보. ③ 농어촌교육 시설 확충. 셋째, 교육제도 개선과 관련하여 ① 교육제도 및 교육과정 개선(농어촌 출신 대입특례 확대, 복식수업 대책 등). ② 교육체제의 재정비(유아 공교육 강화, 평생교육 확대, 대안학교 지원 등). 넷째, 교육재정과 교육비 부담 경감 차원에서 ① 농어촌교육 지원 체계 수립, ② 농어촌 주민의 교육비 부담 경감.

　농림부 농업농촌종합대책: 2003년 11월 농업인의 날 기념 대통령 연설에서 대통령이 향후 10년 계획의 대강을 발표하면서 농업농촌종합대책을 수립할 것을 공표한 이후 농림부장관은 2004년 2월 23일 농업농촌종합대책을 확정 발표하였다. 아래는 종합대책 중 교육관련 내용의 일부이다.

　농촌에서도 안심하고 자녀교육을 시킬 수 있도록 소규모학교 교육의 질 향상 등 교육여건을 획기적으로 개선하기 위하여 ① 소규모학교를 통학거리 내에 있는 인근학교와 하나의 학교군(school complex)으로 구성하여 교육과정 및 시설 공동 운영. ② 농촌 출신 대학생 학자금 지원 단가를 현실화하고 대상인원 확대. ③ 농업인 자녀 중 실업계 인문계 고교생에 대한 교육비 전액 지원. ④ 농업인의 0~5세 영유아 양육비를 저소득층 자녀에게 지급하는 보육료 수준으로 지원하고 지원대상도 단계적 확대.

3) 시사점

　2000년대 초반 농어촌학교 육성을 위하여 제안한 다양한 정책방안에 관한 검토를 통해서 다음과 같은 시사점을 얻을 수 있다. 첫째, 범정부 차원에서 농어촌교육육성을 위한 다양한 노력을 전개하였다. 그만큼 농어촌 살리기 정책 추진의 필요성이 절실했음을 알 수 있다. 둘째, 농어촌학교 육성 정책이 농어촌 살리기 정책의 핵심으로 자리 잡고 있었다는 점을 알 수 있다. 셋째, 농어촌 육성을 위하여 우수 교원의 확보가 필요하다는 데 공감하고 있었

다. 넷째, 농어촌 우수교원 확보는 여전히 초등을 중심으로 양적 충원 정책
에 치중하였다. 다섯째, 농어촌교육의 특수성을 인정하고 특별 배려와 조치
가 필요하다는 데 공감하였다는 점이다.

3. 농촌교육 진흥을 위한 법률 제정

1967년 「도서·벽지 교육진흥법」을 제정하여 도서·벽지 학교 및 근무 교원
에 대한 지원을 구체화, 안정화시키는 계기를 만들었다. 이는 일본이 1954년
제정한 「벽지교육진흥법」을 기반으로 한 것이며, 그 적용범위가 농촌학교 교
육의 진흥을 도모하기에는 지극히 제한적이었다. 그럼에도 2004년 「농림어
업인 삶의 질 향상 및 농산어촌지역 개발촉진에 관한 특별법」(이하 「특별법」)
이 제정되기까지 40여 년 동안 「도서·벽지 교육진흥법」 이외에 농촌학교 교
육을 종합적으로 진흥시키기 위한 법률은 존재하지 않았다. 농촌학교 교육
의 진흥을 위한 제도적 장치의 마련이 소홀했음을 알 수 있다.

「특별법」은 유일한 농촌교육 관련법이었던 「도서·벽지 교육진흥법」과
「학교급식법」의 내용을 모두 포괄하고 있다. 그러나 「도서·벽지 교육진흥
법」이 국가 및 자치단체의 임무와 관련한 조항을 모두 강제조항으로 하고 있
는 데 반해, 이 「특별법」은 다양한 지원 사항을 포괄하고 있지만 대부분 임의
조항이다. 따라서 상당히 구체적인 내용을 포괄적으로 규정하고 있지만 후
속 대책이 없으면 유명무실한 법률이 될 가능성도 있다.

농어촌지역 관련 법령을 개관하고, 이른바 삶의 질 향상 촉진 관련법을 검
토하면 다음과 같다.

「농촌진흥법」: 농업의 발전과 농업인의 복지향상을 도모하기 위해 농업과
학기술의 진흥을 위한 시험연구사업, 농촌지도사업 및 농업 관련인에 대한
교육훈련사업을 시행하기 위해 1962년 제정한 법이다. 과학적인 영농을 시

행하기 위해 연구하고 교육하여 농촌발전을 꾀하고자 한 법이기 때문에 학교교육에 관한 조항은 전업농업인 및 전문농업인력 육성을 위한 교육훈련 정도이다.

「도서개발촉진법」: 1986년에 도서 지역의 생산 소득 및 생활기반 시설의 정비 확충으로 생활환경을 개선함으로써 도서주민의 소득증대와 복지향상을 도모하기 위해 제정한 법이다. 도서발전에 필요한 제반사항(주거환경, 기반시설, 교통통신, 교육후생, 의료문화, 환경보전 등)을 계획하여 개선하도록 하고 있다.

「오지개발촉진법」: 1988년 제정한 법으로, 도서지역과 같이 산업 및 생활기반시설 등이 다른 지역에 비해 현저히 낙후된 오지지역을 종합적으로 개발함으로써 지역 주민의 소득 증대와 복지향상을 기하고, 지역간 격차를 해소하기 위한 목적으로 제정하였다.

「농어촌발전특별조치법」: 1990년에 제정한 법으로 농업인, 임업인, 어업인의 이익을 보호하기 위해 농림어업의 구조를 개선하여 생산성을 향상시키고 농어촌 공업을 육성하는 등 농어촌의 소득 향상을 기하기 위해 제정한 법이다. 전업어업인, 어업인후계자 육성, 농림어업의 기계화 및 시설 현대화, 농림어업의 자영인 양성을 위한 농림어업계열 고등학교에 대한 지원책, 농어촌 구조개선사업에 관한 사항을 규정하고 있다.

「농림어업인 삶의 질 향상 및 농산어촌지역 개발촉진에 관한 특별법」: 「농업·농촌기본법」, 「산림기본법」 및 「해양수산발전기본법」에 따라 농림어업인 등의 복지증진, 농산어촌의 교육여건 개선 및 농산어촌의 종합적·체계적인 개발의 촉진에 필요한 사항을 규정함으로써 농림어업인 등의 삶의 질을 향상시키고 지역 간 균형발전을 도모함을 목적으로 2004년에 제정하였다. 농어민의 교육, 복지 및 지역개발에 관한 사항을 폭넓게 규정하고 있는 종합적인 성격의 법률이다.

농어촌교육진흥과 관련하여 제4장(농산어촌 교육여건 개선)에서 농산어촌 교육여건 개선의 책무, 농산어촌 학생의 학습권 보장, 농산어촌 유치원유아의 교육·보호, 농산어촌 학생의 교육지원, 농업 임업 수산업 기초인력 양성, 농산어촌 교직원 확보배치, 농산어촌 교직원의 우대, 농산어촌교육발전지역협의회, 농산어촌학교의 시설·설비 지원의 9개 조항으로 구성하고 있다.

농림어업인 삶의 질 향상 및 농산어촌지역 개발 촉진에 관한 특별법

제정 2004. 3. 5. 법률 제7179호

제4장 농산어촌 교육여건의 개선

제20조 (농산어촌 교육여건 개선의 책무) ① 국가 및 지방자치단체는 농산어촌 주민의 교육기회를 보장하기 위하여 교육여건의 개선 및 발전을 위한 시책을 강구하여야 한다.

② 국가 및 지방자치단체는 제1항의 규정에 따라 농산어촌 교육여건의 개선 및 발전을 위한 시책을 강구함에 있어서 농산어촌 주민 및 학부모의 의견을 존중하여야 한다.

제21조 (농산어촌 학생의 학습권 보장) 국가 및 지방자치단체는 농산어촌학교 학생의 학습권을 보장하기 위하여 다음 각호의 사항에 관한 시책을 강구하여야 한다.

1. 초중등교육법 제23조의 규정에 의한 교육과정(이하 "교육과정"이라 한다)의 원활한 운영을 위한 농산어촌학교의 적정규모 육성

2. 농산어촌의 특성에 적합한 교육과정 및 수업운영방법의 개발·보급

3. 농산어촌학교 학생의 적성을 살리기 위한 다양한 교육기회의 제공

4. 그밖에 농산어촌학교 학생의 학습권을 보장하기 위하여 필요한 사항

제22조 (농산어촌 유치원 유아의 교육·보호) ① 국가 및 지방자치단체는 농산어촌 유치원 유아의 교육 및 보호에 필요한 조치를 강구하여야 한다.

② 국가 및 지방자치단체는 농산어촌 유치원 유아의 교육 및 보호에 소요되는 비용을 지원할 수 있다.

제23조 (농산어촌학교 학생의 교육 지원) 국가 및 지방자치단체는 농산어촌학교 학생의 교육기회를 보장하기 위하여 입학금 및 수업료, 급식비, 통학을 위하여 필요한 교통수단 및 그 운행에 소요되는 경비를 지원할 수 있다.

제24조 (농업·임업 및 수산업 기초인력 양성) ① 국가 및 지방자치단체는 농업·임업 및 수산업에 종사할 기초인력의 양성을 위하여 필요한 시책을 강구하여야 한다.

　② 농림부장관 및 해양수산부장관은 예산의 범위 안에서 농림수산계 고등학교의 설치·운영에 필요한 경비의 일부를 지원할 수 있다.

제25조 (농산어촌학교 교직원의 확보·배치) 교원의 임용권자는 농산어촌학교 교육과정의 원활한 운영을 위하여 적정수의 교원과 행정직원이 배치되도록 하여야 한다.

제26조 (농산어촌학교 교직원의 우대) ① 국가 및 지방자치단체는 농산어촌학교 교직원이 높은 긍지와 사명감을 가지고 교육활동에 전념할 수 있도록 인사상의 우대, 연수기회의 우선적 부여, 근무부담 경감 등 근무여건 개선책을 마련하여야 한다.

　② 국가 및 지방자치단체는 농산어촌학교 교직원이 농산어촌에 거주하면서 학생의 교육 및 생활지도에 전념할 수 있도록 주거편의를 우선적으로 제공하여야 한다.

　③ 국가 및 지방자치단체는 농산어촌학교에 근무하는 교원에게 대통령령이 정하는 바에 따라 수당을 지급할 수 있다.

제27조 (농산어촌교육발전지역협의회) ① 농산어촌학교의 교육여건 개선, 농산어촌주민의 평생교육 진흥 등과 관련된 시책을 효율적으로 추진하기 위하여 광역시 및 도의 교육감 소속하에 농산어촌교육발전지역협의회를 둔다.

　② 농산어촌교육발전지역협의회의 구성·기능 및 운영 등에 관한 사항은 시·도의 교육규칙으로 정한다.

제28조 (농산어촌학교의 시설·설비 등 지원) ① 국가 및 지방자치단체는 농산어촌학교의 시설·설비 및 교구(敎具)를 우선적으로 확보하여 지원하여야 한다.

　② 국가 및 지방지치단체는 농신어촌학교의 성보농신매체를 이용한 수업에 필요한 시설 및 설비를 우선적으로 확보하여 지원하여야 한다.

　농어촌교육 진흥과 관련한 법령은 1967년 제정한 「도서·벽지교육진흥법」이 거의 유일한 법률이었다고 할 수 있다. 80년대 이래로 농어촌교육의 황폐화가 급속히 전개되면서 농어촌교육 진흥을 위한 특별법 제정 움직임이 민간 사회단체를 중심으로 지속적으로 이뤄져 왔다(이미영, 2004). 2004년 제정한「농림어업인 삶의 질 향상 및 농산어촌지역 개발촉진에 관한 특별법」은 그간의 다양한 요구를 반영하는 형태를 띠고 있다. 당초 사회단체들의 요구는 농어촌교육 분야에 해당하는 특별법의 제정을 요구한 것이었다. 이 특별법은 농어촌 개발 및 교육, 복지에 관한 종합적인 내용을 담고 있다. 앞서 지적한 바와 같이 임의 조항 중심인 이 특별법이 실효를 거두려면 국가 및 자치단체의 지원을 구체적으로 명시하고 이를 가능케 할 하위 근거들을 명확하게 만들어야 할 과제를 안고 있다(임연기, 2009).

4. 삶의 질 향상 기본계획 시행

정부는 농산어촌 인구 감소 및 고령화, 개방 확대에 따른 농림어가 경제의 악화 등에 따라 농산어촌의 정주여건이 크게 악화되고 있음을 직시하고, 도·농 균형 발전을 통한 지속가능한 국가발전을 도모하기 위해서 도시에 비해 낙후되어 있는 농산어촌의 지속적인 발전을 위한 「농림어업인삶의질향상및농산어촌지역개발촉진에관한특별법」을 제정, 시행하고 있다(2004년 3월 5일 공포, 6월 6일 시행). 이 특별법에 따라 그동안 부처별로 분산 지원되고 있는 다양한 농산어촌 지원 사업들을 농산어촌의 특수성을 고려하여 하나의 계획에 종합하여 체계화한 5개년 기본계획을 수립, 시행하였다.

그동안 농산어촌의 복지, 교육, 지역개발을 위한 과제들을 부처별로 분산된 체계 속에서 추진함으로써 범정부 차원의 통합 조정이 어려워 그 성과가 미약했던 점을 감안하여 기본계획에 따라 각 부처는 매년 시행계획을 수립, 추진하고, 시도, 시군 수준에서도 자체 5개년 계획을 수립하여 추진하며, 매년 시행계획의 추진실적을 평가, 점검하여 그 결과를 차년도 시행계획에 반영함으로써 개발사업의 효율성을 높이고 기본계획에 대한 대국민 신뢰도를 높이고자 하였다.

농산어촌을 국민의 20% 이상이 거주하는 삶과 휴양, 산업이 조화된 복합 정주 공간으로 구상한다는 비전하에 복지기반 확충, 교육여건 개선, 지역개발 촉진, 복합산업 활성화 등 4대 부문 중점 추진과제를 설정하였다. 1차 기본계획(2005~2009)에서 교육여건 개선 부문은 교육기회 보장, 교육비 부담경감, 교원 근무 여건 및 교육환경 개선 등의 세부 과제를 담고 있다.

1) 농촌 학생의 교육기회 확대

우수 고등학교 집중 육성 및 대학특별전형 확대: 학사운영의 자율성 부여 및 교육여건 개선 등을 통한 농산어촌 우수 고등학교 육성으로 고등학교 단계에서 이촌향도 예방 및 학부모의 교육비 부담을 완화시키고자 하였다. 2004년 7개교에서 2009년 88개교로 확대 추진 목표를 설정하였다.

농산어촌지역의 정원 외 대학입학특별전형 비율을 확대하여 농산어촌 학생의 대학진학기회 확대 및 교육문제로 인한 이농을 최소화하고자 하였다. 농산어촌지역 고등학생 특별전형비율을 관련 법률 개정을 통하여 2004년 3%에서 2006년 4%로 확대하였다.

소규모학교 운영 활성화: 통학거리 내에 있는 인근 2~3개의 작은 학교를 하나의 학교군으로 구성, 교육과정 및 시설 공동 운영으로 소규모학교 교육 정상화를 도모하기 위하여 2004년 6개 학교군을 2009년 86개 학교군으로 확대하고자 하였다. 초·중·고 통합학교 운영 확대를 통하여 교육과정 상호 지원 운영 및 상치교사 문제를 해소하고자 하였디. 2004년 100개교에서 2009년 132개교로 확대하는 목표를 설정하였다. 농산어촌의 지역적 특성과 소규모학교의 장점을 살려 독자적 운영이 바람직한 학교는 작고 아름다운 학교로 발전할 수 있도록 지원하며, 복식학급 편성기준을 단계적으로 강화하여 교육과정 운영의 정상화를 도모하고자 하였다.

농산어촌 교육프로그램 개발·보급: 농산어촌지역의 여건을 고려하여 복식수업교재 및 프로그램 개발·보급, 다양한 학습자료와 정보를 활용한 원격교육 콘텐츠 개발·보급을 통하여 학습방법 및 교육의 질 향상을 도모하고자 하였다. 아울러 원어민 영어 보조교사 배치, 방과후 교육활동 활성화를 도모하며, 면 지역 이하 초등학생의 도시문화 체험학습을 위한 방학캠프 운영을 지원하고자 하였다.

농산어촌 유치원 유아교육 강화: 농산어촌 공립 초등학교 병설유치원 신·증설로 질 높은 유아교육 기회를 제공하고, 학부모의 경제적 부담을 완화시키고자 하였다. 2004년 3,369학급을 2009년에는 3,919학급(550개 증원)으로 확대시키고자 하였다. 그리고 저소득층 만 3·4세아 및 만 5세아 유치원 유아교육비 지원을 확대하고, 유치원 환경개선비를 지원하고자 하였다.

2) 농촌학교 학생의 교육비 부담 경감

농림어업인 고등학생 자녀 학자금 지원대상 확대: 농림어업인 고등학생 자녀 학자금 지원대상을 1.5ha 미만으로 한정하던 제한을 폐지하여 2005년 전 농어가로 확대하였다.

농산어촌 출신 대학생 학자금 지원 확대: 농산어촌 출신 대학생에 대하여 학자금을 전액 무이자 융자 지원하고(1994년 이후), 농림어업인 자녀인 농과계 대학생 학자금을 보조 지원하였다(2004년부터).

농산어촌학교 학생 급식비 지원 확대: 초등학생에 대한 급식비 지원 차원에서 도서·벽지 식품비 전액, 농촌형 학교 식품비 1/3을 지원하고 있는데 이를 확대하고, 전국의 자영농·수산계과 고등학생에 대한 급식비 지원 단가를 단계적으로 인상하는 방안을 검토하였다.

농산어촌 장애아 교육지원: 농산어촌지역의 특수학급 설치학교에 장애인 편의시설을 확충하고, 농산어촌 특수교육지원센터 순회교육비 등을 지원하고자 하였다.

3) 농촌학교 교원 근무여건 및 교육환경 개선

농촌 교원 확보: 교육감 추천 교대 신·편입학제를 확대하며, 유능한 교장을 농산어촌 학교에 초빙하고 희망 교원에 대하여 농산어촌에 장기 근무할 수 있도록 하였다.

농산어촌 교원 우대: 당시 도서·벽지 교원에 한해 지원중인 도서·벽지 근무수당과는 별도로 순회교사·복식수업 수당을 신설하고, 도서·벽지 등 오지학교의 교직원 사택 확충 및 노후시설을 현대화하여 우수 교원을 유인하고, 방과후 학생 지도를 강화하였다.

농촌학교 시설·설비·교구 및 교육정보화 지원: 수준별 교과운영과 재량학습 및 특별활동을 지원하기 위한 다목적실을 신축하여 특기·적성교육 및 주민들의 여가활동, 교양, 관련 기술 교육 등 평생교육센터로 활용하고, 소규모 학교의 학교도서관을 집중 지원하고자 하였다. 아울러 PC 보급을 확대하고 인터넷 통신회선 고도화 등 교육정보화 인프라를 확충하고자 하였다.

농산어촌교육발전협의회 설치: 시·도 교육감 소속 하에 농산어촌교육발전협의회를 설치·운영하여 농산어촌 교육여건 개선 및 주민 평생교육 진흥을 추진하고자 하였다.

5. 농어촌학교 육성 재정지원 사업 추진

1) 주요 농촌학교 재정지원사업 개관

1군 1우수고 육성: 농촌 학생의 도시로의 유출을 감축시키기 위한 조치로 농촌지역에서의 우수 고교 육성을 시도하였다(임연기, 2015 참조). 1군에서 1고교를 선정하고, 중앙 정부 차원에서 재정지원을 통하여 교육프로그램 및 교육여건 개선과 함께 학사운영의 자율성 확대 등을 추진하였다. 2004년 7개교에서 2007년 86개교로 확대 추진하였다. 2008년에는 농촌 고교 육성정책의 연장선상에서 기숙형 공립고 사업을 착수하였다. 역시 중앙 정부 차원에서 농촌 1군 1개교의 공립 일반계 고등학교를 선정하고, 재정지원을 통해 현대식 기숙사 시설을 확충시켜 도시 학교와의 교육격차를 완화시키고자 하였다.

기숙형 고교 지정 · 육성: 교육과학기술부는 농촌과 도 · 농복합시 지역에 소재하는 일반계 고등학교 중에서 2008년 82교, 2009년 68교 총 150교를 선정하여 지방교육재정교부금으로 기숙사 시설비 소요액의 50%를 지원하였다. 나머지 50%는 시 · 도 교육청 및 학교설립 · 경영자 등의 대응투자금액으로 충당하였다.

기숙형 고교로서 적정규모의 학교, 지역 내 학생들의 통학편의 제고 필요성, 기숙형 고교로서 발전 가능성 등을 고려하여 선정하였다. 연구학교 운영, 교직원 연수 실시, 저소득층 기숙사비 경감대책 마련 등의 다양한 지원을 통하여 기숙형 고교의 안정적 정착을 지원하였다(농림수산식품부, 2010: 133-135).

전원학교 육성: 전원학교 육성사업은 교육과학기술부가 2009년 6월 최초로 기본계획을 수립하고 특별교부금으로 재원을 확보하여 추진한 국가 재정지

원 사업이다(임연기, 2012b 참조). 전원학교로 선정된 단위학교가 학교의 특성에 맞는 자율적인 프로그램을 운영하도록 하되, 교육과학기술부가 사업을 총괄 관리하면서 사업 컨설팅, 평가 및 관리를 전담하는 사업관리전담센터를 두고, 도교육청과 지역교육청이 역할분담을 통하여 사업학교를 행정적으로 지원하면서 지자체와의 연계 협력을 통하여 지역개발사업과 연계된 지원 체제를 구축하고자 하였다.

전원학교는 '학력이 우수한 학교', '학생이 돌아오는 학교'를 표방하며 시설과 프로그램을 모두 지원하는 종합형, 시설만 지원하는 시설형, 프로그램만 지원하는 프로그램형의 세 가지 유형 110교로 출발하였다. 110교에 3년간 (2009~2011) 총 1,392억 원을 지원하였다. 그러나 2011년 정부의 유사사업 통합 방침에 따라 연중돌봄학교 육성사업을 통합시키고, 전원학교 확대 운영 계획에 따라 신규 통폐합본교 및 통합운영학교를 전원학교로 지정하여 운영하였다. 또한 초등학교 수에 비해 중학교 수가 부족한 상황을 고려하여 중학교 30교를 신규로 추가 지정하였다. 1단계 전원학교 사업이 종결된 2012년에는 1단계 사업이 종료된 전원학교와 연중돌봄학교 중에서 성과평가 우수학교를 중심으로 1년 지원 전원학교를 공모하여 지원하였다. 1단계 전원학교 사업은 3+1 시스템의 성격을 띠게 된 것이다. 전원학교는 점차 지정형과 공모형으로 분화하여 추진하였다.

연중돌봄학교 육성: 연중돌봄학교 육성사업은 교육과학기술부가 기본계획을 수립하고 재원을 확보하여 추진한 국가 재정지원 사업이다(임연기, 2012a 참조). 교육과학기술부가 86개 군의 면 단위 농산어촌학교에 1개 군당 3억 원, 연간 총 258억 원을 기준으로 3년간(2009. 3.~2012. 2.) 재정을 지원하여 추진하였다. 연간 학생 1인당 지원액 1백만 원 수준을 유지하고, 사업 학교의 학생 총수를 기준으로 학교별로 차등 지원하였다. 지방교육재정교부금을 재원으로 하되 2차 년도부터 시·도 교육청의 대응투자 30%를 의무화하였다.

연중돌봄학교는 학교 교육력 강화, 학생에 대한 '365일 교육복지' 지원을 표방하였다. 사업대상 학교는 선택과 집중에 의한 공모제를 중심으로 선정하였다. 군 단위 교육지원청이 지역과 학교의 교육발전계획을 고려하여 사업 추진 및 협력의지가 있는 관내 면 소재 학교를 공모 또는 추천을 통해 선정하고, 시·도 교육청이 광역 차원의 지역교육 발전계획을 고려하여 군 단위 교육지원청이 선정한 학교에 대해 심사 후, 교육과학기술부에 지원 신청하였다. 교육과학기술부가 시·도 교육청의 지정 사유 및 신청서 등을 검토한 후 사업 학교를 최종 확정하고, 사업비를 조정·지원하였다. 2009년도에 378개교, 2010년에 383개교, 2011년 382개교를 선정·운영하였다.

통합운영학교 육성: 초·중·고 통합운영학교의 학교 급간 통합수준 확대와 내실화를 지원하기 위해 2010년 7~8월 사업공모를 통하여 3년간(2010~2012) 연차적 재정지원을 추진하였다(임연기 외, 2020b 참조). 특별교부금을 재원으로 하여 매년 1,000만 원을 지원하는 기본 프로그램 89교, 매년 2,500만 원을 지원하는 특별프로그램 21교를 선정·육성하였다. 2010년 4월 1일 기준 전체 통합운영학교 102교 중에서 기본프로그램 90개, 특별프로그램 29개가 신청 접수되었고, 심사를 거쳐 총 119개 프로그램 중에서 110개 프로그램이 선정되었다. 기본프로그램과 특별프로그램을 중복 지원하여 학교 수로는 89교가 참여하였다.

ICT를 활용한 농산어촌 학생 학습여건 개선: 교육부는 2013년부터 농산어촌의 사회경제적 불리함을 극복하고 다양한 분야의 체험학습, 토론학습의 기회 제공을 위하여 ICT 기반 학습환경 개선 사업을 추진하였다. 전국의 읍, 면, 도서·벽지 소재 초등학교와 중학교에서 ICT 인프라 미보유 학교를 대상으로 교당 스마트패드 300만 원, 무선인터넷망 180만 원을 지원하였다. 2016년부터 전국의 읍, 면, 도서·벽지 소재 ICT 인프라 미보유 고등학교 60교, 2017년에는 120교를 대상으로 고교 ICT 인프라 구축 사업을 추진하였다. 중앙 정부 차원에서 「농어업인 삶의 질 향상 및 농어촌 지역개발에 관한 특별법」 제21조 농어촌학교 학생의 학습권 보장 조항에 근거하여 농산어촌학교의 ICT 기반 학습환경 제공을 통한 학습여건 개선 목표로 추진하였다. 도시와 농어촌간의 학력격차와 스마트 교육격차 해소, 사교육 대체 효과를 기대하였다. 정규 수업과 방과후학교에서 스마트기기와 무선인터넷망을 다양하게 활용하도록 권장하였으며 특히 학생들의 문예체험 기회 확대를 강조하였다.

농어촌 거점별 우수중학교 운영: 교육부는 농어촌 지역의 지속 가능한 교육지원 체계 구축을 위하여 2013년부터 1시·군에서 1면 지역 우수중학교 집중 육성사업을 추진하고 2017년 종료하였다. 전국에서 3년간 단계적으로 80교를 선정하여 교당 약 13억 원의 재정을 지원하는 사업으로서 소규모학교를 대상으로 하는 대형 재정지원 사업이었다. 지원 대상 학교의 선정은 교육지원청과 시·도 교육청에서 추천하고, 최종적으로 교육부가 선정하였다. 중앙 정부 차원에서 사업 내용으로 자유학기제, 진로교육프로그램, 학교스포츠클럽 및 예술동아리(오케스트라, 뮤지컬, 연극 등) 프로그램, ICT 활용 프로그램, 특성화 프로그램 운영을 지원하고, 기숙사 설치 또는 통학차량을 운행하여 주변 학생 및 도시 유학생의 생활여건을 마련하여 거점 중학교로의 진학을 유도하고자 하였다.

학교 특색프로그램 운영 지원사업: 농어촌학교의 강점을 극대화하고, 취약점을 극복하기 위한 학교 특색프로그램 운영을 지원하는 사업을 추진하고 있다(임연기 외, 2020a 참조). 핵심 추진내용은, 첫째, 농어업과 농어촌의 가치 등 농어촌학교의 강점을 극대화하기 위한 특색 있는 프로그램의 개발과 운영을 지원하고, 둘째, 농어촌학교의 소규모화에 따른 약점(weakness)을 극복하기 위한 학교와 학교, 학교와 지역 간의 연계 협력 활동을 지원하는 데 있다.

아울러 그간의 단위학교 중심 농어촌학교 특색사업은 학교별로 성과 차원에서 편차가 크고, 학교 간 공동교육과정 운영이나 지역사회 연계, 마을 교육공동체 운영 등 사업의 확산성 차원에서 한계가 나타났다는 점에 주목하고, 단위학교 수준에서 독자적으로 특색사업을 추진할 수 있는 역량이 부족한 농어촌 여러 소규모학교의 육성을 위하여 교육지원청 차원에서 통합적 지원체제를 구축·운영하는 교육지원청형 사업을 2019년도부터 시행하였다.

농어촌학교 특색프로그램 운영지원 사업은 2018년 단위학교 사업으로 출발하였으며, 2019년에는 단위학교형과 교육지원청형 2가지 유형으로 구분하여 추진하였다. 2018년도에는 읍·면·도서·벽지 소재 초·중·고등학교 281교를 지원하였으며, 2019년부터는 단위학교형을 83개로 축소하고 교육지원청 사업을 추가하여 11개 교육지원청을 지원하였다. 2020년에는 교육지원청형 9개, 단위학교형 65교로 축소 지원하였다.

도서·벽지 화상교실 구축·운영 지원사업: 학생 수 급감으로 복식학급, 상치교사 운영 등 교육여건이 열악한 도서·벽지 소재 학교를 대상으로 화상교실 구축과 운영을 지원하는 사업이다. 도서·벽지 극소규모학교의 새로운 공동 교육과정운영 모델을 창출하고자 하였다(임연기 외, 2020a 참조).

2019년도에 도서·벽지 학교가 많은 인천, 전남, 경북의 3개 시·도 교육청 관내 16개 도서·벽지학교에 화상교실의 구축을 지원하였다(16+1학교[1]). 2020년에는 화상교실 운영학교 16교(인천 4교, 전남 6교, 경북 6교)를 지원하였다. 화상교실을 활용한 공동교육과정운영모델 개발과 적용을 시도하였다.

2) 농촌학교 재정지원 사업의 성과와 한계

농촌학교 지원 정책의 성과를 종합해 보면, 무엇보다 국가 수준 재정지원

---

1) 총 17교 가운데 16교는 화상교실 구축 지원 대상 학교이며, 1교는 기존에 구축된 화상교실을 활용하여 사업에 참여한 학교임.

사업의 중요성과 영향력을 확인할 수 있었다는 점을 지적할 수 있다. 학생들의 기초 학력 증진, 수요자 만족도 향상, 학생 수 증가 등의 차원에서 농촌학교의 발전 가능성이 더욱 명확해졌다고 평가할 수 있다. 특히 성공적인 학교들은 열정적인 교장의 지도력과 이에 호응하는 교직원의 팔로워십, 지역과의 소통과 연계가 강한 특성을 보였다. 통학버스는 촉진요인으로 경직적 학구제는 제약요인으로 작용하였다.

각종 농촌학교 재정지원 사업은 선별적 재정지원의 형평성, 유사 재정지원 사업의 중복적 추진, 재정지원의 한시성, 인력 확충의 제약 등의 차원에서 논란이 있었다. 향후 ① 농촌 학생복지는 단계적으로 보편적 복지를 지향하고, ② 정부의 재정지원 사업은 교육프로그램의 심화・발전과 소규모학교 운영모형의 정착에 집중해야 하며, ③ 재정 지원과 함께 적절한 제도 개선이 병행되어야 하고, ④ 학교별 성과에 있어서 편차가 심했는데 우수사례뿐만 아니라 실패사례에 대한 관심도 필요하다는 점 등의 교훈을 남겼다.

제11장

외국의 농촌학교 정책: 일본 사례를 중심으로

일본의 농촌학교 정책을 벽지학교의 특성, 벽지학교 육성 정책과 제도, 벽지학교 교원정책, 벽지학교 학생복지, 벽지학교 통폐합 추진, 벽지학교 네트워크 등을 중심으로 고찰하였다(임연기, 히고, 2012 참조).

1. 벽지와 벽지학교의 특성

1) 벽지의 특성

일본에서 '벽지'란 일반적으로 농·산·어촌, 산간지나 낙도로서 교통편이 불편한 토지를 말한다. 벽지는 원래 한자로 '僻地'라고 쓰지만, 이 '僻'이라는 글자는 중앙에 대하여 '한구석' 또는 '외딴 시골'이라는 의미를 포함하고 있다. 그리고 내면적 위치를 가리키는 의미뿐만 아니라, '비뚤어지다' 또한 '치우치다'라는 의미를 포함하고 있으며, 내용적으로 보통에 미치지 못하는 마이너스의 의미를 포함하고 있다. 이러한 의미가 부여된 배경은 전후의 경제 발전에 따른 지역격차의 확대에 있다. 도시를 중심으로 근대적인 중화학공업화가 진행된 것에 비하여 농촌에서의 산업구조는 변화가 없었다. 그 결과 도시와 농촌지역 간의 경제격차가 확대되었다. 즉, 벽지지역은 중앙에서 멀다고 하는 입지적 특징뿐만 아니라, 지역 산업구조의 변화 속에서 경제발전으로부터 뒤떨어진 지역이라는 의미를 포함하고 있다(玉井康之, 2008: 23).

그러나 벽지라 해도 주민이 계속 생활하고 있는 하나의 공동체이며 그곳에는 아이들도 있다. 아이들이 있는 한 학교는 존재하고 지역의 교육력은 기능하고 있는 것이다(溝口謙三, 1987: 85). 벽지는 일반적으로 자연적·경제적·문화적 여러 조건에 있어서 피하기 어려운 문제들을 안고 있다. 그러나 오늘날의 산업구조의 변화, 정보화, 생활수준의 향상 등에 따라 벽지를 둘러싼 생활환경은 변화하고 있다.

2) 벽지학교의 특성

전쟁 이전 일본의 교육학사전에는 '벽지교육'이라는 항목이 존재하지 않았다. 관련 용어로서 '마을학교', '복식학급 편제', '농촌교육', '농촌초등학교' 등이 있었다. 그것들 가운데 '마을학교'를 '벽지(소규모)학교'적으로 기술하였으며, 내용으로서는 "마을 지방에 있는 극히 소규모 초등학교이며, 교육의 조직, 내용, 방법 등 모든 점에서 근대적인 도시학교와 대조적 지위에 있다."고 기술하였다(敎育学事典, 1993).

벽지교육이라는 용어가 교육학사전에 등장하기 시작한 것은 「벽지교육진흥법」(1954)을 제정한 이후이다. 벽지교육이 등장한 사전에서의 정의는 '벽지 특유의 어려운 사정 속에서 실시되는 교육, 또한 교육의 실천·행정대책을 개선하여 그 어려운 점을 해소하려고 하는 교육'이다. 교통이 불편하고 문화 수준이 낮은 벽지 바로 그것 자체가 문제 해소의 근원이다. 벽지의 학교는 소규모 단급학교·복식학급이기 때문에 장애가 많다. 좋은 교사를 배치하기 어렵고, 벽지교육진흥법을 공포하여 교재·교구의 정비, 교원의 연수나 주택 등의 국가보조를 법률로 규정하였지만, 벽지 바로 거기에 서 있는 교육의 진흥책은 벽지문제를 해소하는 데에서 출발해야 바람직하다(岩波小辞典「敎育」, 1956)고 본다. 벽지교육의 진흥보다는 벽지 자체의 진흥이나 해소에 중점을 두어야 한다는 주장이다.

이후 벽지교육의 개념에 대한 설명은 벽지교육진흥법의 규정이 일반적이다. 즉, '교통조건 및 자연적, 경제적, 문화적 조건이 풍부하지 않은 산간지, 도서·벽지 기타 지역에 소재하는 공립의 초등학교 및 중학교'를 '벽지학교'로 하고(「벽지교육진흥법」 제2조) '이에 준하는 학교'(동법 제5조의 2)를 포함해서 '벽지학교 등'이라고 하며, 문부성령에서 정하는 기준에 따라 도·도·부·현 조례로 지정을 받은 '벽지 등의 지정학교'를 일반적으로 '벽지학교'라고 한다. 따라서 벽지교육은 이들의 지정을 받은 벽지학교에서 이루어지는 교육이라고 파악할 수 있다. 「벽지교육진흥법」에서의 정의는 교통사정, 자연지리적 요인뿐만 아니라 경제적, 문화적 조건 등 복합적인 요소로 벽지의 개념을 규정하고 있는 데 특징이 있다.

전후(戰後) 교육개혁에 있어서 교육의 기회균등 또는 권리로서 교육의 원칙을 확립하고, 그 원칙에 입각하여 「벽지교육진흥법」을 제정하였다. 동법은 벽지에서 학교교육의 충실, 교육진흥을 위한 지방공공단체의 임무나 국가 보조금 지출 등을 규정하고 있다. 이에 따라 벽지교육을 "주로 산간지, 도서·벽지 등 지리적으로 학교를 설치하고, 경영하기 어려운 지역의 교육을 교육의 기회균등의 관섬에서 조성, 진흥하는 것"(現代敎育史事典, 2001: 32)이라고 정의하고 있기도 하다.

최근에는 벽지의 교육환경을 거꾸로 유리한 면에서 파악하기 위해 벽지의 마이너스 특성으로 지적해 왔던 내용에 대한 생각을 전환해야 한다는 주장들이 있다. 벽지·소규모학교의 마이너스적인 면을 극복하기 위해 의식적으로 벽지·소규모학교의 좋은 점을 주목하여 학교 경영을 실시할 필요가 있다고 본다.

즉, 벽지교육은 도시의 속악성(俗惡性)적인 영향을 받지 않고 풍부한 자연
이나 농촌의 전통적인 문화를 살리면서, 공교육의 본래 기능인 살아가는 힘
과 마음의 교육을 중요시하는 교육이며, 학교교육뿐만 아니라 지역의 교육
력 및 가정의 교육과 연계하면서 교육활동을 전개할 수 있는 교육환경 또는
교육활동의 총체라고 정의할 수 있다(玉井康之, 2008: 25).

이렇게 벽지교육의 특성을 새롭게 재조명하는 배경에는 아이들의 생활환
경이 도시화하는 가운데 아이들의 발달과 인간관계가 비뚤어져 도시의 플러
스 면보다 마이너스 면이 큰 문제로 부각하고 있기 때문이다. 지금까지 상대
적으로 마이너스 면으로 생각했던 벽지의 환경은 도시화하지 않고 있다는
점에서 플러스 면으로 재인식되고 있다(玉井康之, 2008: 25).

〈표 11-1〉 도시와 벽지 아이들의 생활환경 비교

일반적인 도시 아이들의 생활환경의 특성	도시에 비교해 본 벽지 생활환경의 가능성
아이들끼리 서로 접촉하는 기회의 감소	아이들끼리 서로 접촉하는 존재
아이들 생활의 가상화	자연체험 등 오감을 사용한 놀이 가능
같은 연령집단에 의한 또래관계	지역 내 다른 연령집단의 잔존
사회체험 · 자원봉사체험의 상실	일상적인 공동작업 · 봉사활동 존재
가업 거듦의 희소	가업 거듦의 잔존
고령자와의 교류 결여	생활을 통한 고령자와의 일상적인 교류
부모끼리 인간관계의 고립화	부모끼리 인간관계의 잔존
저출산 · 핵가족화	복수 형제자매 · 다세대가족
과보호 · 과간섭	과소 보호와 간섭
학원 등 과도한 수험경쟁	여유(유토리) 있는 교육
언어만으로 하는 교육	체험을 수반하는 교육
계통학습 · 일제수업의 전개	통합형 커리큘럼의 잔존
학교행사의 감축	풍요로운 학교행사

출처: 玉井康之(2008). 現代におけるへき地・小規模教育の特性と"へき地"のパラダイム転換の可能
性, 子どもと地域の未来をひらくへき地・小規模校教育の可能性, p. 25.

도시 아이들의 생활환경의 일반적인 특성과 벽지의 생활환경의 특성을 비교해 보면 다음 〈표 11-1〉과 같다.

도시 아이들은 생활환경에 있어서 체험적인 활동과 다양한 인간관계의 희소, 과도한 수험경쟁, 학교행사의 감축 등의 문제를 안고 있는 반면, 벽지 아이들은 다양한 인간관계의 상존, 일상적인 공동 작업과 봉사활동의 존재, 풍요로운 학교행사와 체험적인 학습·교육, 그리고 여유 있는 교육이 전개될 가능성을 가지고 있는 것이다.

2. 벽지학교 육성 정책과 제도

1) 정책 추진 방향과 과제

1990년대 후반부터 교육정책 답신(答申)의 방향성을 구체적으로 전환하기 시작하였으며, 여기에 특히 벽지교육의 가능성을 향상시키는 내용들을 포함하고 있다(玉井康之, 2008: 26).

중앙교육심의회 답신 '21세기를 전망한 일본 교육의 본연의 자세에 대해서'(1996)에서는 그때까지의 추상적인 목표나 제도를 파악하려고 하는 내용과 달리 구체적으로 학교 커리큘럼(교육과정) 내용을 제안하였다. 구체적인 내용으로서는 커리큘럼의 엄선, 지방의 소재를 활용한 교과의 응용, 발견학습, 자연체험학습, 농어업체험, 환경학습 등 종합적 학습, 지역봉사활동, 자원봉사, 왕따 문제에 대한 지역연계 대응, 고령화 사회에의 대응, 여러 연령으로 구성하는 교육집단 등의 필요성을 제기하였다. 이들의 항목은 벽지 환경 및 벽지교육의 특성을 반영하는 것이었다.

일본 정부의 '교육개혁 프로그램'(1997)에서는 정부 전체의 답신으로서 교육개혁의 방향성을 제시하였다. 특히 학교 외 체험활동의 추진을 강조하여 농림어업 체험, 환경보전체험, 복지체험 등을 각각의 관할기관과 협력해서 추진할 필요성을 제기하였다.

중앙교육심의회 답신 '새로운 시대를 개척하는 마음을 키우기 위해서'(1998)에서는 정의감, 윤리관, 배려하는 마음을 키우는 교육의 중요성을 지적하였다. 특히 가정의 역할을 강조하고, 연령이 다른 집단에서의 활동과 자연체험활동을 중시하여 그 사례로서 산촌유학이나 장기 자연체험활동의 중요성을 제시하였다.

중앙교육심의회 답신 '향후 지방교육행정의 본연의 모습에 대해서'(1998)에서는 지역 커뮤니티와 열린 학교 만들기를 제안하였다. 즉, 특색 있는 지역 만들기와 학교 만들기를 추진하는 것을 목적으로 하였다. 지역성에 맞는 커리큘럼을 편성하기 위해서 지방교육행정의 권한을 중시하여 지역에 맞는 독자적인 교육시책을 권고하였다.

생애학습심의회 '생활체험·자연체험이 일본의 아이들의 마음을 키우다-청소년의 살아가는 힘을 키우는 지역사회의 충실 방침에 대해서'(1999)에서는 자연체험이나 타인에 대한 봉사적인 정신과 인내력 등을 강조하였다. 살아가는 힘을 육성하기 위해서 자연체험이나 생활체험의 필요성을 제기하고 있는 것이다.

이러한 일련의 답신들을 기초로 하여 2000년 교육과정심의회에서 종합적인 학습이나 체험적인 활동을 포함한 신교육과정을 제안하였다. 그 이후 학교교육에서는 지역사회, 체험활동, 자연환경 등을 중시하였다. 이러한 지역사회, 체험활동, 자연환경 등을 중시하는 교육정책을 구현하기 위하여 구체적인 시책을 제시하였다. 주요 정책과제는 다음과 같다(玉井康之, 2008: 27-28).

첫째, 지역에 뿌리내리는 학교 만들기와 학교개방의 추진이다. 다양한 학교 교육과정과 학교행사를 통해서 지역과의 연계를 강화하고자 하였다. 학교와 지역의 연계도 도시 학교보다 벽지학교에서 가능성이 크고, 실제로 벽지학교에서 다방면에 걸쳐서 연계가 이루어졌다.

둘째, 지역소재·지역자원을 살린 커리큘럼의 운영 추진이다. 벽지지역에서는 축제나 지역산업과 관련 있는 지역행사와 체험학습행사가 많다. 지역을 살린 교육내용을 학교 커리큘럼으로 편성할 수 있다. 또한 벽지지역에서는 지역의 소재를 체험학습이나 지역조사학습으로서 활용한 전통이 있으며, 이러한 활동에 종합적인 학습 방법을 포함시켜 새로운 교육과정을 만들 수 있다.

셋째, 지역 환경교육의 추진이다. 지역에서 환경보전에 관한 활동은 중요한 과제이다. 생태계 유지와 생명의 육성에 관한 활동을 환경교육의 일환으로 실시할 필요가 있다. 환경교육은 자연환경과 관련 있는 활동이 많아서 벽지학교에서 실행 가능성이 높다.

넷째, 생활체험학습·자연체험학습의 추진이다. 생활체험이나 자연체험은 자율정신, 인내력, 행동력, 사회성 등을 육성하기 위해서 중요한 활동이며, 연령이 다른 집단에서의 활동을 권고하고 있다. 이러한 체험활동도 벽지학교에서 중심적으로 실시해 왔다.

다섯째, 농작업 등 근로체험학습의 추진이다. 근로체험학습은 일의 중요성을 실제적으로 인식하고, 지역사회 산업에서 체험을 바탕으로 안목을 넓히는 과정이다. 농작업체험, 어업체험, 근로체험 등의 실시를 권장하고 있는데, 농촌 등에서 지역산업과 연계하여 실시하는 학교가 많다.

여섯째, 고령자와의 교류와 자원봉사활동의 추진이다. 지역의 공공 봉사활동 등도 사회성을 육성하기 위해서 중요한 활동이다. 벽지에서는 일상적으로 고령자와 교류하거나 지역의 공동작업 등의 차원에서 협력하고 있으며, 이미 실시하고 있는 이들의 활동을 교육활동으로 자리매김할 수 있다.

일곱째, 밀접한 인간관계의 육성과 마음의 교육 추진이다. 밀접한 인간관계는 아이들끼리는 물론 부모와 자식과의 관계, 지역주민과 아이들과의 관계, 교사와 아이들과의 관계를 종합적으로 포함한다. 벽지학교는 개별 학생에 맞는 지도의 전개, 지역의 행사·체험활동 등을 통해서 사람과 사람의 관계가 깊고, 인간관계를 더욱더 강하게 하는 강점이 있다.

이상과 같은 일곱 가지 항목이 교육정책의 구체적인 중점시책이다. 새로운 정책과제이기도 하지만, 일찍이 어느 지역에서든 존재하고 있었던 내용이기도 하다. 경제성장 이후 도시적인 생활양식이 확산하는 과정 속에서 아이들의 생활환경이 열악해졌기 때문에 또 다시 좋은 환경 만들기가 필요하다. 교육정책의 기본방침은 현시점에서도 벽지지역에 잔존하고 있으며, 벽지지역은 현대 교육개혁 정책의 선진적인 실천사례로서의 가능성을 가지고 있다(玉井康之, 2008: 28).

최근에서는 농림수산성, 문부과학성, 총무성이 연계하여 '아동 농어촌 교류 프로젝트[1]'를 2008년도부터 추진하고 있다. 이 프로젝트는 배우는 의욕, 자립심, 배려하는 마음, 규범의식 등을 육성하여 튼튼한 아이들의 성장을 지원하는 교육활동으로서 초등학교에서의 농어촌 장기 숙박체험 활동을 추진한다.

전국 2만 2천 개 초등학교(목표 한 학년 120만 명)에서 숙박체험 활동을 전개하는 것을 목표로 하여 5년 계획으로, ① 초등학교에서의 숙박체험 활동의 추진, ② 농어촌 숙박체험을 적용할 체제의 정비(목표 500지역), ③ 지역 활력을 지원하기 위한 전국추진협의회의 정비 등을 진행한다. 적용 지역은 2008년 도는 53개 지역이었지만, 2011년도에는 22개 지역이 추가되어 누계 137개 지역에서 수용하고 있다. 2010년 4월 시점으로 시범운영 지역을 포함하여 전국 228개 지역에서 숙박체험활동을 추진하고 있다. 앞으로 도입을 희망하거나 가능성이 있는 지역을 포함하면 전국 약 600개 지역에 달한다.

이 프로젝트의 효과로는 지역의 경제효과나 지역 커뮤니티의 활성화 등을 들 수 있다. 또한 초등학교에서는 숙박 기간과 숙박 인원에 의한 교육효과가 다르게 나타나고 있다. 숙박 기간에 의한 교육효과의 차이는 숙박 일수가 많을수록 교육효과가 높은 것으로 나타났다. 특히 3박 이상의 경우에는 '인사를 할 수 있다.', '생명의 소중함에 대한 관심이 높아졌다.', '환경보전의식이 향상되었다.' 등의 질문에서 의미있는 변화가 나타났다. 한편 숙박 인원수별 교육효과는 '생명의 소중함에 대한 관심이 높아졌다.', '임의활동에 적극적으

---

1) 農林水産省農村振興局都市農村交流課, 子ども農産漁村交流プロジェクトについて,
   http://www.maff.go.jp/j/nousin/kouryu/kodomo/pdf/kopuro.pdf 참조.

로 참여할 수 있다.' 등의 질문에서 숙박 인원수 4~6명 정도가 가장 높다는 결과를 나타냈다.

2) 벽지교육 육성 법령

(1) 「벽지교육진흥법」

1954년 제정한 일본의 「벽지교육진흥법」(1954. 6. 1. 제정)은 벽지교육의 추진에 있어서 획기적인 조처이다. 국가 주도로 법률을 구상하고 추진한 것이 아니라 오히려 벽지학교에 근무하는 현장 교사들의 열성적인 운동이나 활동에 의한 것이었기 때문에 더욱 주목할 만한 일이다.

이 법은 교육격차 해소를 목표로 제정하였으며, 법의 기본이념을 형성한 기초는 「교육기본법」(1947년 제정)의 규정이었다. 즉, 「교육기본법」 제2조에서 '교육의 목적은 모든 장소에서 실현되어야 한다.', 제3조에서는 '모든 국민은 평등하게 그 능력에 따라 교육을 받는 기회를 주어야 한다.'라고 규정하고 있다.

「교육기본법」에서 제시하는 '교육의 기회균등의 원칙' 이념을 근거로 제정된 「벽지교육진흥법」 제1조에서 '교육의 기회균등의 취지를 기초로 하여 벽지에서의 교육의 특수사정에 비추어 국가 및 지방공공단체가 벽지에서의 교육을 진흥하기 위해서 실시해야 할 여러 시책들을 명시하면서 벽지에서의 교육수준 향상을 도모하는 것을 목적'으로 하고 있다.

벽지학교의 교육 수준 향상을 도모하기 위해 국가 및 지방공공단체의 책임과 역할을 규정하고 있으며 벽지학교에 근무하는 교원과 직원을 위한 급여혜택을 부여하여 벽지교육의 진흥을 도모하고 있다.

이 법에서 정의하는 벽지학교란 교통조건 및 자연적·경제적·문화적 제반 조건에서 도시보다 소외받고 있는 산간지, 도서(島嶼) 및 그 이외 지역에 소재하는 공립의 초등학교 및 중학교 또는 중등학교의 전기(前期)과정 또는 「학교급식법」(1954, 법률 제160호) 제6조에 규정하는 시설(공동조리장)을 말하고 있다.

「벽지교육진흥법」 제3조에서 제5조까지 벽지교육의 진흥을 도모하기 위해서 시·정·촌, 도·도·부·현, 국가(문부과학대신)가 수행해야 하는 임무에 대해 규정하고 있다. 각각 주요 임무를 열거하면 다음 〈표 11-2〉와 같다.

〈표 11-2〉 벽지교육진흥을 위한 국가 및 지방공공단체의 임무

구분	임무 내용
시·정·촌	1. 벽지학교의 교재, 교구의 정비, 벽지학교 교원연수, 벽지교육의 내용을 충실하게 하기 위해 필요한 조치 2. 벽지학교 교원 및 직원을 위한 주택의 건립, 임대 알선, 복리후생에 필요한 조치 3. 체육, 음악 등 학교교육 및 사회교육(평생교육)을 위한 시설 설치 4. 벽지학교 교원 및 직원 또는 학생의 건강관리를 위한 여건 조치 5. 벽지학교 학생들의 통학을 용이하게 하기 위해 필요한 조치
도·도·부·현	1. 벽지교육의 특수사정에 맞는 학습지도, 교재, 교구 등 필요한 조사, 연구를 실시하거나 자료를 정비 2. 벽지학교에 근무하는 교원에 대한 연수 시설(재교육 시설) 설치 3. 시·정·촌에 대한 적절한 지도, 조언 및 지원 제공 4. 벽지학교에 근무하는 교원 및 직원의 정원 결정에 대한 특별한 배려 5. 벽지학교에 근무하는 교원의 연수기회의 제공 조치와 필요한 경비 확보를 위한 노력
국가	1. 벽지교육에 필요한 조사, 연구의 실시, 자료의 정비 2. 지방공공단체의 임무 수행에 대해 적절한 지도 및 조언 또는 필요한 안내

또한 제5조에서는 벽지학교에 근무하는 교직원을 대상으로 하는 벽지수당 지급에 대해서 규정하고 있다. 도·도·부·현에서는 문부과학성령이 정하는 기준에 따라 벽지학교에 근무하는 교원과 직원에 대해 별도의 벽지수당을 지급하고 있다. 벽지수당은 기본 급료와 각종 수당을 모두 합한 총액의 25%를 초과하지 않는 범위 내에서 문부과학성령이 정하는 기준에 따라 조례로 정하고 있다. 그리고 교통조건 및 자연적·경제적·문화적 제반 조건에서 도시보다 소외받고 있는 산간지, 도서 등의 지역에 소재하는 공립 초등

학교와 중학교에 근무하는 교원과 직원의 정신적·경제적인 부담이나 생활의 불편에 대처하여 벽지학교에 우수한 교원과 직원 배치를 용이하게 하고 인사이동을 원활하게 하기 위해 마련한 것이다.

제6조에서는 국가 보조금의 교부에 대해서 규정하고 있다. 국가는 벽지학교의 설립자가 행하는 사무(상기 〈표 11-2〉, 시·정·촌의 임무 1, 2, 4, 5)에 필요하는 경비(벽지학교의 교재, 교구 등의 정비에 관련되는 부분, 벽지학교에 근무하는 교원 및 직원을 위한 주택 건축에 관련된 부분 및 다른 법률에 근거하여 국가가 부담 또는 보조하는 부분을 제외함)에 대해서 그 2분의 1을 보조하도록 하고 있다. 또한 국가는 도·도·부·현 임무 중의 하나인 벽지학교에 근무하는 교원양성시설 설치 사무에 필요로 하는 경비(타 법률에 근거하여 국가가 부담 또는 보조하는 부분을 제외함)에 대해서 그 2분의 1을 보조한다.

이 보조금은 이하 제시하는 항목에 해당하는 경우에는 해당 연도의 이후 지급하는 보조금의 전부 또는 일부를 반환시킬 수 있다. 즉, ① 보조금의 보조목적 이외의 목적으로 사용했을 경우, ② 정당한 이유 없이 보조금 교부를 받은 연도 내에 보조 대상 시설을 설치하지 않을 경우, ③ 보조 대상 시설을 정당한 이유 없이 보조 목적 이외의 목적으로 사용할 경우 또는 문부과학대신의 허가를 받지 않고 처분했을 경우, ④ 보조금 교부 조건에 위반한 경우, 그리고 ⑤ 허위의 방법으로 보조금 교부를 받은 것이 밝혀진 경우에 반환시킬 수 있다.

보조금에 대해서는 국가가 전면적으로 책임을 다하고 있는 것이 아니라 지방공공단체의 재량에 맡기고 있다.

(2) 「과소지역자립촉진특별조치법」

1960년대 이후 고도 경제성장에 따라 젊은 사람들을 중심으로 농어촌 지역에서 도시지역으로 대규모 인구이동이 일어났으며, 도시지역에서는 인구 집중에 의한 과밀문제가 발생하는 반면, 농어촌지역에서는 주민의 감소로 지역사회의 기초적 생활조건 확보에도 지장을 초래하는 이른바 과소문제가 발생하였다. 고도 경제성장기에 생긴 도시와 농어촌지역의 지역진흥정책의 격차로 도시 중심 정책에 대한 지방공공단체의 불만이 높아졌다.

이러한 지방행정의 압박으로 1970년 의원입법에 의해 10년간의 한시입법으로서 「과소지역대책긴급조치법」을 제정하였다. 이 법률에서는 연 2%를 넘는 지속적이고 급격한 인구 감소에 의해 지역사회의 기반이 흔들리고, 생활수준 및 생산기능의 유지가 어려운 지역(과소지역)에 대해서 긴급하게 생활환경, 산업기반 등의 정비에 관한 종합적 또는 체계적인 대책을 실천하는 데 필요한 특별조치를 마련하였다. 이 특별조치를 통해서 인구의 과도한 감소를 방지하는 동시에 지역사회의 기반을 강화하고, 주민복지의 향상과 지역격차의 시정에 기여하는 것을 목적으로 하였다.

「과소지역대책긴급조치법」에서는 국가 보조의 특례로서 국가는 시·정·촌계획을 기초로 하는 사업 중에서 공립 초등학교 또는 중학교를 적정규모화하기 위해 통합하는 동시에 공립 초등학교 또는 중학교에 근무하는 교직원을 위한 주택 건축에 필요한 경비에 대해 해당 사업을 실시하는 과소지역의 시·정·촌에 필요한 경비의 3분의 2를 보조할 수 있도록 규정하였다.

1975년 이후 인구감소는 진정되었다. 그러나 현저한 인구감소로 지역사회의 기능 저하, 생활수준 및 생산기능 낙후 문제가 과소지역의 과제로 자리 잡았다. 과소지역의 진흥을 도모하여 주민복지의 향상, 고용 증대 및 지역격차 시정에 기여하는 것을 목적으로, 「과소지역대책긴급조치법」을 1980년 「과소지역진흥특별조치법」으로 재편하였다. 이 법에서는 새롭게 '소규모학교에서의 교육의 충실'이라는 항목을 신설하였다. 이 항목에서 '국가 및 지방공공단체는 과소지역에 소재하는 소규모 초등학교와 중학교에서의 교육 특수성에 비추어 교육을 충실하게 하기 위해 적절히 배려한다."라고 명시하였다.

1980년 제정한 「과소지역진흥특별조치법」을 1990년 「과소지역활성화특별조치법」으로 재편하였다. 이 법에서는 「과소지역대책긴급조치법」에서 규정한 국가 보조의 특례, 즉 공립 초등학교 또는 중학교를 적정규모화하기 위한 통합에 따른 공립 초등학교 또는 중학교에 근무하는 교직원을 위한 주택 건축에 필요로 하는 경비의 10분의 5.5를 보조한다고 개정하였다.

「과소지역활성화특별조치법」을 2000년에 「과소지역자립촉진특별조치법」 으로 재편하였다. 당초 2010년까지 10년간 한시입법으로 시행하였지만, 과소대책 등 일정한 성과 등을 근거로 실효 기한을 6년으로 연장하였다. 「과소지역진흥특별조치법」에서 추가시킨 '소규모학교에서의 교육의 충실'이라는 항목은 '교육의 충실'이라는 항목으로 변경하여 '과소지역에서의 교육의 특수사정에 따라 학교교육 및 사회교육의 내실화를 위해 노력하는 동시에 지역사회의 특성에 맞는 평생학습의 진흥을 도모하기 위한 시책의 실효성 제고에 대해서 적절히 배려한다.'라고 수정하였다.

3) 벽지학교 육성 제도

(1) 산촌유학제도

산촌유학제도란 도시지역의 초·중등학생들이 1년 단위로 부모 곁을 떠나거나 혹은 부모와 함께 자연환경이 풍부한 농어촌에 이사하여 자연체험이나 인간체험을 할 수 있도록 현지의 학교에 전학하는 제도이다. 산촌유학의 교육이념은 도시의 아이들에게 자연체험이나 농촌생활체험을 통해서 자연·생물과 공생하는 가치관, 자립심 및 사회성 있는 생활태도를 육성하려는 데 있다(山本光則, 2005: 36).

농어촌학교에 전학하여 다양한 자연체험이나 농어촌 생활을 체험하는 산촌유학은 1976년 나가노현 야사카무라(長野県八坂村)에서 시작하였다. 원래 산촌유학의 발단은 1968년 공립학교 교원 한 사람이 도시에서 생활하는 아이들에게 자연체험이나 산촌생활체험이 가장 필요하다는 점을 통감하여 교직을 그만두고 사회교육단체(현재는 재단법인 키우는 모임)를 설립한 것으로부터 출발했다. 방학 및 주말을 활용한 자연체험이나 농가생활체험은 큰 반향을 불러일으키고 참여자 수도 해마다 증가해 왔다. 산촌유학제도는 학교소규모화, 복식학급화, 더 나아가서는 학교 존속이라는 문제에 직면한 지방공공단체 및 그 지역에서 생활하고 있는 주민들에 의해 주목을 받으면서 과소지역 활성화 대책으로서 정착하였다(山本光則, 2005: 26).

산촌유학은 산촌의 어른들이 도시 아이들의 부모이자 교사 역할을 하면서 또 하나의 가족과 시골 공동체 문화, 자연체험을 도와준다. 초등학교 1학년부터 중학교 3학년을 대상으로 하며, 체험내용은 지역의 특성을 살리면서 다양하게 실시하고 있다. 원칙적으로 산촌유학 기간은 4월부터 3월까지의 1년간이며, 비용은 단체 혹은 생활 형태에 따라 차이는 있지만 월 3만 5,000엔 ~8만 엔 정도이다.

산촌유학의 운영주체는 지방공공단체, 시ㆍ정ㆍ촌 교육위원회, 학교와 지역사회 주민으로 구성한 운영위원회(산촌유학추진협의회 등) 등 다양하다. 프로그램 운영의 주체 등을 기준으로 산촌유학의 유형은 4가지로 구분할 수 있다. 첫째, 현지 수양부모 방식이다. 연간 현지 수양부모 가정(농가, 어부집)에서 홈스테이하면서 지역의 학교에 통학하는 방식을 말한다. 둘째, 기숙사 방식이다. 연간 기숙사(산촌유학센터)에서 집단 생활하면서 지역 학교에 통학하는 방식을 말한다. 셋째, 학원 방식이다. 한 달의 3분의 1 혹은 2분의 1을 복수의 전문지도원이 상주하는 기숙사(산촌유학센터)에서 집단생활하고, 나머지는 현지 수양부모 가정에서 홈스테이하면서 지역의 학교에 통학하는 방식을 말한다. 넷째, 가족유학 방식이다. 가족의 일부 혹은 전 가족이 이사하여 이전과 같이 가족과 생활하면서 지역의 학교에 통학하는 방식을 말한다.

벽지ㆍ소규모학교의 통폐합 문제에 직면해서 전입 학생 수를 증가시켜 학교를 유지하려는 제도가 산촌유학제도로서, 학교를 유지시키고 싶은 농촌지역의 의향과 자연 속에서 교육환경의 개성이나 인간성 회복을 원하는 도시 학부모의 의향이 연결된 제도이다. 산촌유학제도는 벽지 통폐합의 가능성이 있는 학교를 활성화시켜 지역의 활성화로 연결하고, 자연 등 교육환경을 요구하는 도시 학생과 학부모에게 교육적으로 도움을 준다는 점에서 다양한 특성을 가진 학생들에게 대응하는 학교제도 중의 하나이다(玉井康之, 2008: 55-56).

(2) 소규모특별인가학교제도

소규모특별인가학교는 소규모학교 존속의 특별한 의의를 찾아내고 소규모학교에 한정해서 학구를 탄력적으로 운영하여 시·정·촌 내의 타 학구에서 통학할 수 있게 하는 제도이다. 소규모학교에 한정된 제도이며 일반적인 학교선택제도와는 다르다. 소규모학교에 한정한 이유는 소규모학교를 존속시키는 데 일차적인 목적이 있고, 소규모학교 특성의 교육적 의의를 인정하기 때문이다. 제도의 도입 목적으로서는, 첫째, 학교 통폐합과 함께 대규모 학교의 매머드화를 회피하는 것이다. 둘째, 복식교육을 도입하고 있는 학교의 학생 수를 증가시켜 단식교육으로 전환하는 것이다. 셋째, 시지역의 학생들을 자연체험·농업체험을 실시하고 있는 벽지·소규모학교로 통학시키고 보다 많은 학생에게 체험활동 경험을 제공하는 것이다(玉井康之, 2008: 56).

지방공공단체 내부에서 특정 지역의 학교가 과도하게 소규모화하였지만 학교의 입지조건 차원에서 통합이 곤란한 경우 가장 빈번하게 활용하는 방법의 하나가 통학구역의 탄력화이다. 학교선택제도는 일반적으로 지방공공단체 내 모든 학교를 대상으로 하지만, 특별인가학교제도는 특정 지정학교만을 대상으로 하고 있다. 지정 학교는 소규모학교인 경우가 많기 때문에 소규모특별인가학교라고 부르고 있다(葉養正明, 2011: 336).

실제 사례로서 오오이타현 벳푸시(大分縣 別府市)립 히가시야마(東山) 유치원·초·중학교[2]는 시가지에서 15㎞ 정도 떨어진 산간지역에 위치하여 자연환경이 수려한 학교이다. 1998년 히가시야마 초등학교, 분교 2개교, 히가시야마 중학교, 공립 유치원이 통합해서 개교했으며, 공립학교에서는 최초로 유치원·초등학교·중학교 병설의 12년간 일관교육을 실시하고 있는 학교이다. 2011년도 원아·학생 수는 유치원 10명, 초등학교 33명, 중학교 16명 등 총 59명이 재학하고 있고, 교직원은 20명이 재직하고 있다.

이 학교는 초목이 풍부한 자연환경 속에 위치하고 있으며, 소규모학교에

---

2) 벳푸시립 히가시야마 유치원·초·중학교 사이트(http://tyu.oita-ed.jp/beppu/higasiyama/) 참조.

서 심신의 건강한 성장을 도모하여 체력 만들기와 풍요로운 인간성을 기르고 명랑하고 구김살 없는 교육을 희망하는 학부모·원아·학생에게 일정 조건 아래 특별히 입학·전학을 인정하는 소규모특별인가학교이다. 이 제도의 통학 조건은, ① 자택에서 학교까지의 편도 통학시간이 1시간 이내를 기준으로 하여, ② 원칙적으로 자력으로 통학할 수 있는 학생으로 한정한다. 2010년도 재적 학생 중 49%에 해당하는 학생들은 교구 외 시가지에서 자동차, 공공버스를 이용해서 통학하고 있다.

요컨대, 소규모특별인가학교제도는 학부모가 제도의 취지와 목적에 따라서 소규모학교가 갖추고 있는 특색 있는 환경 속에서 아이들이 교육받기를 희망하는 경우 특별히 통학 학교의 변경을 신청할 수 있는 제도인 것이다. 따라서 신청 후 심사를 거쳐 교육위원회가 지정하는 소규모특별인가학교로 입학 또는 전학을 인정한다.

3. 벽지학교 교원 정책

1) 벽지학교 교원의 역할

벽지·소규모학교 운영의 적극적인 면을 살릴 수 있다면 벽지교육의 특성은 선진적인 학교 만들기의 조건으로 작용한다. 벽지·소규모학교 경영에 있어서 소극적인 면으로서 지적하는 조건도 존재하기 때문에 그러한 마이너스 조건을 극복하기 위해 의식적으로 벽지·소규모학교의 좋은 점을 중시하는 학교경영이 필요하다. 교원 차원에서 벽지·소규모학교의 운영을 저해하는 조건으로 다음과 같은 점을 지적할 수 있다(玉井康之, 2008: 33-34).

첫째, 벽지·소규모학교에 근무하는 것을 원하지 않은 교원이 상대적으로 많다는 점이다. 벽지지역에 정착하지 않고 시가지·도시로 전근(이동)을 원하는 교사가 적지 않다.

둘째, 벽지·소규모학교에서 전출(이동)한 교직원의 결원을 보충할 때, 비교적 젊은 교사를 부임하는 경우가 많기 때문에 교직원의 평균연령이 극히 젊은 학교가 적지 않다. 그 결과 교무분장에 지장이 있기도 하고, 교육 지도력이 전체적으로 취약한 경우도 많다. 물론 젊은 교사들은 융통성이 있고 새로운 개혁과제를 받아들이는 역량도 있어서 연령층이 젊다는 것을 긍정적인 면으로 생각할 수도 있다.

셋째, 벽지·소규모학교는 지역성이나 지역공동체의식이 강하고 또한 지역의 교육력도 잔존하고 있지만, 지역과 연계하거나 융화하지 못하는 교사가 증가하고 있어서 지역의 교육력을 충분히 살리지 못하고 있다. 특히 젊은 교사는 시가지에 거주하면서 벽지·소규모학교로 통근하는 경우가 증가하고 있다.

넷째, 벽지·소규모학교는 좋은 자연환경을 갖추고 있지만 자연환경을 체험학습 등의 교육과정에 활용하는 역량을 갖추고 있지 않은 교원이 많다. 예를 들어 도시의 학교에서는 박물관, 도서관, 과학관, 시청 등의 사회교육시설이나 공공시설을 지역교육활동의 일환으로 활용하는 경우가 많지만, 벽지·소규모학교에 근무하는 교사는 도시의 발상만으로 벽지교육을 실시하려고 하는 경향이 있다.

다섯째, 벽지·소규모학교 교직원의 의식을 전환하기 위해서는 관리직(교장, 교감)이 스스로 벽지·소규모학교의 적극적인 면을 이해하고, 동시에 교직원이 벽지환경을 어떻게 살릴 수 있는지를 의논하는 등 교직원의 의식을 전환시키는 리더십이 필요하다. 교직원이 숙의를 통해서 다양한 관점이나 아이디어를 서로 제시, 교환하면 벽지·소규모학교 환경의 마이너스면도 플러스면으로 변화시킬 수 있을 것이다.

여섯째, 벽지·소규모학교에 부임한 관리직은 도시의 대규모학교와 같은 교무분장조직을 염두에 두고, 개인별로 명확하게 업무를 분담하려는 경향이 있다. 대규모학교에서는 업무를 명확하게 분담하여 학교를 운영할 수 있지만 벽지·소규모학교에서는 교직원 수가 적어서 상호 협력적 업무수행이 필요하다.

학부모들은 벽지·소규모학교의 적극적인 면과 소극적인 면을 파악하면서 나름대로 갈등을 겪고 있고, 교원 역시 벽지·소규모학교에서의 교육효과 차원에서 과제나 가능성을 확인하면서 갈등을 겪고 있다. 학부모와 교원들의 불안·갈등을 어느 정도 해소하여 학교의 교육역량을 향상시키는 데 있어서 학교관리직의 역할이 중요하다. 학교관리직, 즉 교장이나 교감은 벽지·소규모학교의 특성을 살리면서 새로운 교육활동을 개발하고, 교직원의 교내외 연수 체제를 구축하여 교직원이 안심하고 교육활동을 전개할 수 있도록 노력해야 한다.

벽지·소규모학교의 적극적인 면을 살리고 교육력을 향상시킬 수 있는 분위기를 만들어 가야 한다. 교장·교감 등이 벽지·소규모학교의 좋은 점이나 가능성을 교직원과 이야기해 나가는 것만으로도 학교전체에 긍정적인 분위기와 태도가 나타날 수 있다. 벽지·소규모학교는 교직원 수가 적기 때문에 교직원간의 협동성을 높이면서 아이디어를 서로 제시하고, 서로 보완해 나가면서(玉井康之, 2010: 17-18) 적극적으로 벽지·소규모학교를 운영해 나가야 할 것이다.

2) 벽지학교 교원 인사관리

(1) 교원 연수와 전보

대학에서 벽지 교육실습: 교사 양성교육에서 벽지교육의 비중은 낮은 편이며, 벽지지역에 위치하는 대학에서 벽지학교에 대한 체험실습 등을 실시하고 있다. 홋카이도교육대학 쿠시로교(釧路校)[3]에서는 '벽지학교 체험실습'을 실시하고 있으며 보다 많은 학생이 벽지학교나 지역에 대해서 배울 수 있는 기회를 제공하고 있다. 벽지학교 체험실습에서는 벽지·소규모학교 교육의

---

3) 北海道教育大学釧路校, へき地校体験実習, http://hekiken.kus.hokkyodai.ac.jp/conte/hekititaiken/leaflet.pdf 참조.

특색인 소인수 학급지도, 학생과 교원간의 긴밀한 신뢰관계, 지역과 연계한 학교경영 등을 현장에서 체험시키면서, 오늘날 발생하고 있는 교육의 여러 과제에 대응할 수 있는 교육실천력과 과제해결능력을 갖춘 교원 양성을 도모하고 있다.

벽지학교 체험실습은 학부 2학년생을 대상으로 하는 1주간 실습과 3·4학년생을 대상으로 하는 2주간 실습으로 구성한다. 전자는 벽지·소규모학교와 아동, 교육과정, 지도방법 등의 특색을 현장에서 관찰하는 동시에 지역에 대해서 배우도록 한다. 한편 후자는 복식학급 또는 소인수 학급에서의 지도방법에 대해 수업 실습과 체험을 통해서 이해를 깊게 하도록 한다.

벽지교육에 관한 강좌를 설강하여 벽지에 관한 이론적·일반적인 지식을 1학년생부터 단계적으로 가르치고 있다. 1학년 때 일반교양에서 모든 학생이 배우는 '벽지교육론'을 기초과목으로 개설하여 3학년 때 벽지학교 체험실습을 이수하는 학생들을 대상으로 사전지도의 일환으로 운영하고 있다. 강좌에서 벽지를 설명할 때 벽지에 대한 학생의 이미지가 일반적으로 마이너스인 점을 감안하여 단순히 플러스면을 설명하는 것이 아니라 학생 스스로 마이너스면을 플러스면으로 전환할 수 있도록 가치관이나 평가기준을 전환해 나가는 워크숍 방식을 활용하고 있다(川前あゆみ, 2010: 25-26).

벽지교육 실습을 통해서 직접적으로는 벽지교육 실천에 필요한 ① 복식수업·소인수 학급 지도 등의 수업 기술, ② 벽지·소규모학교의 학교·학급경영 방법, ③ 지역교재 개발, ④ 아동이해 방법, ⑤ 학교와 지역의 협력관계 등을 배우도록 한다. 벽지교육 실습을 통해서 얻을 수 있는 중요한 성과는 졸업 이후 벽지·소규모학교에서 교육활동을 종사하고자 하는 의욕의 현저한 향상이다. 그리고 지역사회와 학교의 긴밀한 관계 형성, 학생 한 사람 한 사람을 중시하는 교육, 연령이 다른 집단에서 수행할 수 있는 교육적 협력, 체험적 활동을 통해서 살아가는 힘을 육성하는 등 교육의 현대적 과제와 어려움을 타개하는 길을 찾아낼 수 있도록 한다(広田健, 2008: 118-119).

와카야마대학교 교육학부가 실시하는 '벽지·복식 교육실습'은 희망학생을 대상으로 2주간 홈스테이 형식의 특색 있는 형태로 진행하고 있다. 실습에서는 도시에서는 경험하기 어려운 지역 연계성이 강한 학교운영, 지역과 연계한 특색 있는 행사나 학습내용, 학생 한 사람 한 사람과의 깊은 관계 형성, 복식학급 지도법 등을 배우는 것을 목적으로 한다. 이러한 목적을 달성하기 위해서 학교 주변에 홈스테이하면서 지역의 한 주민으로서 지역에 있는 학교의 역할이나 지방이 안고 있는 과제에 대해서 실제 체험을 통해서 이해할 수 있도록 한다. 실습을 통해서 얻을 수 있는 성과는 학급집단의 한 사람으로서 학생을 파악하기보다는 학생 한 사람 한 사람의 특성을 이해하고, 지역 안에 있는 학교의 역할, 지역에 뿌리내리는 학교, 지역과 연계한 학교운영을 배울 수 있다는데 있다(豊田充崇, 2011: 23-24).

도·도·부·현비부담 교직원 인사이동 기준: 대부분의 도·도·부·현에서는 동일 학교, 동일 시·정·촌에 재직할 수 있는 연수(年數) 제한 또는 동일 학교에 재직할 수 있는 연수를 제한하는 기준을 마련하고 있다. 동일 학교에 재직할 수 있는 연수 제한은 일반적으로 6~10년으로 설정하고 있다. 또한 동일 시·정·촌에 재직할 수 있는 연수 제한은 일반적으로 10~15년으로 설정하고 있다. 도·도·부·현에서는 여러 지구(地區) 중에서 세 개 이상의 지구를 경험하게 하거나, 두 번 이상 벽지학교 근무를 의무화하거나, 본토와 도서의 이동을 의무화하기도 한다.

(2) 교원복지 정책

학교 교직원을 위한 주택 건축 지원: 「과소지역 자립촉진 특별조치법」(2000. 3. 31. 제정) 제11조에서 국가는 과소지역의 자립촉진을 도모하기 위해 법령에서 정하는 바에 따라 시·정·촌 계획 또는 도·도·부·현 계획을 근거로 사업에 필요한 경비의 일부를 보조할 수 있도록 규정하고 있다. 국가는 「의무교육 제반 학교 등의 시설비의 국고부담 등에 관한 법률」(1958. 4. 25. 제정) 제12조 제1항 규정에 따라 해당 지방공공단체가 작성한 시설설비계획에 포함시킨 개축사업으로서 시 · 정 · 촌 계획을 근거로 실시하는 공립 초등학교 또는 중학교의 적정규모화를 위한 통합조치에 따라서 공립 초등학교 또는 중학교에 근무하는 교직원용 주택 건축에 관한 사업이 있는 경우, 그 사업이 필요로 하는 경비의 10분의 5.5를 상회하는 교부금을 산정하도록 규정하고 있다.

벽지수당의 지급: 벽지수당 지급 대상 학교는 교통의 불편도, 지리적 · 문화적 환경 등의 불편도 수준에 따라 5단계 급별로 구분하고 있으며, 구체적인 학교의 지정, 지급액 등은 각 도 · 도 · 부 · 현 교육위원회에서 정하는 「학교직원의 벽지수당 등에 관한 조례(규칙)」로 정하고 있다. 벽지학교 또는 벽지 공동조리장에 근무하는 학교직원에게 지급하는 벽지수당의 월액은 급료 및 부양수당 등 각종 수당의 월액 합계액에 벽지 급에 따른 지급 비율을 곱하는 금액으로 한다. 예를 들어, 벽지학교가 많은 편인 가고시마현(鹿児島縣)[4]에서 학교직원의 벽지수당 직급비율을 제시하면 다음과 같다.

준벽지 4%, 1급 8%, 2급 12%, 3급 16%, 4급 20%, 5급 25%(「가고시마현 학교직원의 벽지수당 등에 관한 규칙」 제3조, 1971. 3. 17. 공포)로 규정하여 벽지 5급의 경우(급료+부양수당 등 각종 수당)×25%로 계산한 금액을 지급한다.

벽지수당을 보완하는 의미로 벽지학교로 이동(직원이 근무하는 학교가 이전된 경우도 포함)한 직원 중에서 이동에 따라 주거를 이전하지 않을 수 없는 사람에게 일정기간 수당(벽지수당에 준한 수당)을 지급하고 있다. 벽지학교에 준한 수당의 지급 요건으로는 ① 조례로 규정하는 학교로 이농하는 경우, ② 이동에 따라 주거를 이전하는 경우, ③ 학교가 이전하여 벽지학교에 해당

---

[4] 공립학교의 약 50%는 벽지지역에 있으며, 초등학교에서는 전체 597개교 중 288개교(48.2%), 중학교에서는 전체 261개교 중 119개교(45.6%)를 벽지학교로 지정하고 있다. 또한 초등학교의 약 76%는 11학급 이하의 소규모학교이며 초등학교 258개교, 중학교 34개교가 복식학급을 운영하여 학생 약 5명 중 1명은 벽지학교에서 배우고 교직원 3명 중 1명은 벽지학교에서 근무하고 있는 실정이다. 벽지학교의 비율이 높은 이유로서는 도서지역(초등학교 159개교, 중학교 87개교이며 벽지학교의 약 60%)이 많기 때문이다.

하는 경우, ④ 학교의 이전에 따라 주거를 이전하는 경우이다.

벽지수당에 준한 수당의 지급은 학교직원의 이동 또는 학교직원이 근무하는 학교의 이전에 따라 주거를 이전한 날부터 개시하여 해당 이동 등의 날부터 산정해서 3년(또는 6년)에 도달하는 날까지로 한다. 다만, 학교직원이 벽지학교 또는 벽지학교에 준하는 학교 이외 학교로 이동하는 경우, 근무학교가 이전함에 따라 벽지학교에 해당하지 않은 경우에 이동 또는 이전의 전날까지로 한다. 또한 학교직원이 타 벽지학교로 이동하여 주거를 이전하는 경우 또는 근무학교가 이전하여 주거를 이전하는 경우(해당 학교가 여전히 벽지학교에 해당하는 경우)는 주거 이전의 전날까지로 한다. 벽지수당에 준한 수당의 월액은 급료 및 부양수당의 월 합계액에 이동 날부터 산정하여 5년에 도달하기 전까지는 4%, 5년에 도달한 이후는 2%를 곱하는 금액으로 한다.

(3) 벽지교육연구회

일본의 경우, 벽지교육에 대한 연구와 안내를 일찍부터 추진하여 왔다. 앞에서 기술한 홋카이도(北海道)는 전국벽지교육연구연맹을 조직하는 데 견인차 역할을 해 왔으며, 일본 벽지교육의 이론과 실천을 적극적으로 연구하고 이끌어 온 지역이라고 해도 과언이 아니다. 이 밖에 오키나와(沖縄), 미에(三重)현, 니가타(新潟)현 등과 같이 현 내에 이도(離島), 산촌 등 벽지지역이 많은 경우에 벽지교육은 기본이라고 하는 인식하에 현(県)차원에서 대응한다. 특히 홋카이도 경우에는 '넓은 지역에 작은 학교 만들기 운동'이라는 관점에서 벽지교육에 대한 활발한 연구와 실천이 행해지고 있다. 홋카이도교육대학교에 "벽지교육센터"를 두고 도 단위의 벽지교육에 몰두하고 있는 점도 주목할 만하다. 무엇보다도 일본의 벽지교육에서 특징적인 점은 민간 차원에서 전국단위의 전국벽지교육연구회를 결성하고 이를 중심으로 매년 연구회를 개최하여 각각의 실천사례 등 정보를 공유하는 장으로 활용하고 있다는 점이다.

4. 벽지학교 학생복지

1) 스쿨버스

(1) 스쿨버스 도입 배경

일본에서 스쿨버스의 도입 배경을 주로 다음과 같은 세 가지 계기에서 찾을 수 있다.

첫째, 학교의 통폐합에 따른 도입이다. 1954년에 시행된 「벽지교육진흥법」에서는 벽지학교 학생의 통학을 지원하기 위한 조치를 강구하는 것이 시·정·촌(市町村)의 임무라고 규정하고 있다. 벽지학교 통학 지원을 위한 스쿨버스 구입비 국고보조제도를 마련하고 있다.

둘째, 지방공공단체의 합병에 따른 도입이다. 지방공공단체 합병, 과소 규모화 등에 따라 학교의 통폐합(학교구의 재검토와 적절한 학교배치를 검토한 결과)을 진행하여 원거리 통학이 필요한 학생을 대상으로 운영하는 스쿨버스의 국고보조를 실행하고 있다. 각 지방공공단체에서는 자택에서 학교까지의 원거리를 운행하는 스쿨버스의 구입비는 국고보조제도를 활용하고 있다.

셋째, 안전한 통학로의 확보 수단으로서 도입이다. 통학로에서 아동 학생에 대한 범죄의 발생으로 인해 통학로의 안전성 확보가 큰 과제이다. 등하교 안전 확보의 관점에서 벽지 지원 스쿨버스에 통학 거리가 짧은 학생을 동승시키는 경우도 있다. 또한 문부과학성, 경찰청, 총무성, 국토교통성이 연계하여 '등하교시에 있어서의 학생의 안전 확보를 위한 노선버스 등의 활용에 대해서'(2006년 2월)를 각 도·도·부·현(都道府縣) 및 지정도시 교육위원회에 통지하여 통학로의 안전성 확보를 위해 노선버스 등을 스쿨버스로 활용할 수 있는지 검토하도록 요구하고 있다.

(2) 스쿨버스 운행 규칙

스쿨버스 도입과 관련된 지원으로 벽지지역에 대한 국고보조 적용이나 운영비의 지방교부세 조치가 있다. 벽지 학생의 원거리 통학을 지원하기 위한 스쿨버스 도입과 관련하여 「벽지교육진흥법」과 「동시행령」에 입각하여 일정 기준을 충족한 경우에는 스쿨버스 구입 시 국고보조(1/2)를 적용한다. 그 기준은 ① 벽지학교, ② 인구의 과소 현상에 기인하는 학생의 감소에 대처하기 위한 학교 통폐합, ③ 과소지역 등에서의 버스 노선 운행 폐지 그리고 ④ 지방공공단체 합병에 기인하는 학교 통폐합이다.

벽지학생 원조비 등 보조금(스쿨버스 구입비, 원거리 통학비 및 보건관리비)의 교부는 「보조금 등 관련 예산 집행의 적정화에 관한 법률」(1955)과 「동시행령」(1950)의 규정과 '벽지학생원조비 등 보조금 교부 요망'의 규정에 따른다. 이 보조금은 도·도·부·현이 부담하는 스쿨버스 구입비, 원거리 통학비, 보건관리비, 또한 시·정·촌이 부담하는 스쿨버스 구입비, 원거리 통학비, 보건관리비 중의 일부를 국가가 보조함으로써 벽지에서의 의무교육의 원활한 시행에 도움이 되는 것을 목적으로 한다.

운영비의 지방교부세 조치로서는 초·중학교 학생의 원거리 통학에 도움을 주기 위해 지방공공단체가 운행하는 스쿨버스의 유지운영비에 대해 보정계수에 의한 조치를 적용한다. 동 조치는 통학거리별 제한이 없이 통학에 도움을 주면 원칙적으로 지원 대상으로 한다.

학생들은 행정 직영의 노선버스, 행정 위탁으로 운영하는 노선버스, 그리고 민간 사업자가 운행하는 노선버스 등을 활용하고 있지만, 학생의 통학 비용의 일부 또는 전액을 행정적으로 부담하는 경우가 많다. 행정 직영의 노선버스를 활용하는 경우는 학생의 통학비 상당 예산을 교육위원회가 확보하여, 그 예산을 노선버스 소관 부서의 세입으로 하는 등 대부분 행정 내부에서 경비를 부담한다. 민간 사업자가 운영하는 노선버스를 활용하는 경우는 업무 위탁으로서 행정적으로 사업자에 위탁비를 지불하는 경우와 행정적으로 이용자에게 비용을 지급하는 경우가 있다.

또한 스쿨버스 운전원은 각 지방공공단체 교육위원회에서 정하는 스쿨버스 이용 및 운행에 관한 규정 등에 따라 그 지역에 거주하고 대형자동차운전면허를 소지한 주민을 대상으로 공모하여 촉탁 또는 비상근 직원으로 채용한다. 운전원의 직무, 계약기관, 보상 등은 각 지방공공단체에서 정하는 '스쿨버스 운전사 취업규정실시요망'이나 '스쿨버스 운전사 복무규정' 등에 따르고 정년은 65세이다.

(3) 스쿨버스 운영 현황

스쿨버스는 문부과학성 조사(2008년 3월 기준)에 따르면 전국의 약 63% 지방공공단체에서 운영하고 있다. 공립 초등학교와 중학교 학생의 통학을 원활하게 하기 위한 스쿨버스를 운영하고 있다. 특히 산촌이나 강설이 많은 지역에 있는 광역지방공공단체에서는 스쿨버스의 도입률이 높고 대도시에서는 도입률이 낮은 경향이 있다. 스쿨버스를 이용하고 있는 학생 수는 약 18만 명으로 초·중학생 총수(1,034만 명)의 약 1.7%정도이고 벽지 지정학교의 총학생 수가 약 16만 명이므로 이들이 이용자의 대부분을 차지하고 있다. 연간 운영비는 일부 학부모 부담 등을 포함에서 약 353억 엔(약 4,600억 원)이다. 스쿨버스의 운영형태는 전용스쿨버스의 운행과 노선버스 등 공공교통기관 활용의 두 가지 형태로 운영하고 있다.

전용스쿨버스의 경우 운행시간이나 노선 등을 자유롭게 설정할 수 있고, 또한 활용 극대화 관점에서 복수 학교를 대상으로 공동으로 운행하고 있다. 운행 버스는 대부분 지방공공단체가 소유하고 있고, 지방공공단체에서 구입한 버스를 민간위탁으로 운행하고 있다. 운행경비는 대부분 행정적으로 부담하지만 수익자부담으로 운행하는 그룹도 소수 있다.

한편, 노선버스 등 공공교통기관 활용의 경우 대부분 하나의 학교 단독운행이지만 공동으로 운행하는 학교도 소수 있다. 그러나 이미 운행하고 있는 공공교통수단을 이용하는 경우에는 전용스쿨버스처럼 운행 시간이나 노선 등을 학생이나 학부모의 요구에 맞추어 공동으로 운행하기 곤란하다. 활용

하는 차량은 노선버스가 많고 소규모 운행의 경우 택시나 기업의 직원공영
버스 등도 활용한다.

전용스쿨버스와 공공교통수단의 운행은 행정적인 비용 부담 유무에 따라
다음 〈표 11-3〉과 같이 다섯 가지 운영형태로 구별할 수 있다.

〈표 11-3〉 스쿨버스의 운영형태 분류

버스 종류	행정적인 비용 부담 유무	운영형태
전용 스쿨버스	있음	직영형
	있음	위탁형
	있음	운영지원형
	없음	독립채산형
공공교통의 수단활용	있음	노선버스 등 활용형

자료: 文部科学省(2008). 国内におけるスクールバス活用状況等調査報告, p. 18 재구성.

운영주체는 지방공공단체, PTA·지역협의회·지역단체, 공공교통기관으
로 분류할 수 있고 각 주체별 운영형태는 다음과 같다.

지방공공단체(직영형태): 지방공공단체가 직영으로 운영하는 전용스쿨버스
는 등하교 시간대는 학생만 승차하지만, 지방공공단체에 따라 빈 시간을 노
선버스나 복지버스 등으로서 활용하는 경우도 있다. 운영비용은 행정적으로
부담하고 이용자의 비용 부담은 발생하지 않는 경우가 많다.

지방공공단체(위탁형태): 지방공공단체가 민간 사업자에게 위탁하여 운영하
는 전용 스쿨버스도 있다. 지방공공단체가 소유하는 차량을 운행 업무만을
위탁하는 경우와 차량도 포함한 모든 업무를 위탁하는 경우가 있다. 어느 경
우도 등하교 시간대는 전세버스로써 학생만 승차한다. 운영비용은 행정적으
로 부담하고 이용자의 비용 부담은 발생하지 않는 경우가 많다.

PTA, 지역협의회, 지역단체(운영지원형태): 민간 사업자 등으로의 위탁에 따라 PTA, 지역협의회, 그리고 지역단체 등이 주체로서 운영하며 행정적으로 운영비용의 일부를 보조한다. 부모와 지역의 주도로 도입의 검토를 시작하고 있으며 이용자의 수익자 부담이 발생한다.

PTA, 지역협의회, 지역단체(독립채산형태): 민간 사업자 등으로의 위탁에 따라 지역단체가 주체로서 운영하지만, 행정적인 보조 없이 전액을 이용자나 지역이 부담하고 운영하는 독립채산 형태이다. 부모와 지역의 주도로 도입을 검토하고 있으며 이용자의 자기 부담이 발생한다. 독립채산운영의 경우 스쿨버스운영협의회 등을 조직하여 노선, 이용요금, 운행스케줄 등을 민간 버스사업자와 협의함으로써 결정·운영한다.

공공교통기관: 노선버스, 커뮤니티버스, 복지버스 등 여러 교통기관이 운영하는 버스를 학생의 등하교에 활용하고 전용스쿨버스와 달리 일반 승객과 함께 버스에 승차하며 등하교를 한다.

(4) 안전 보장 대책

각 지방공공단체 스쿨버스 이용 및 운행에 관한 규정 등에 따라 스쿨버스 운행에서는 특히 안전 대책에 대해서 만전을 기하지만, 만일의 경우에 대비하여 사전에 보험에 가입한다. 보험 및 보장, 사고 처리 등의 절차는 교육위원회가 담당한다. 또한 각 지방공공단체가 소유·관리하는 차량에 손해가 발생하는 경우, 우연히 발생하는 사고에 기인하여 사람의 생명, 신체 또는 재물에 끼치는 손해, 법률상의 손해배상 의무에 따라 배상해야 하는 손해에 대해서 공제금을 지불하는 제도로서 '시·정·촌소유자동차손해공제보험'이나 '공유자동차손해공제'를 마련하고 있다.

학생들의 안전한 등하교를 위해 노선버스 등의 활용에 관한 협의회를 구성하고 있다. 협의회는 필요에 따라서 각 지방공공단체가 자주적인 판단으

224
제11장 외국의 농촌학교 정책: 일본 사례를 중심으로

로 설치한다. 단독 또는 복수의 지방공공단체가 공동으로 주재하며, 서무는 관계 지방공공단체 교육위원회가 담당·처리한다. 협의회의 설치 목적은 통학시의 안전을 확보하기 위해 노선버스 등을 스쿨버스로 활용하는 방침 등에 대해서 검토하는 것이다. 협의회의 의장은 관계 지방공공단체 교육장이며, 학교장, 학부모 대표, 지역주민 대표, 관계 지방운수국장, 버스사업자(택시사업자), 도·도·부·현 경찰, 관계 지방공공단체 교통대책담당자, 도로관리자 등으로 구성한다.

또한 PTA 임원을 중심으로 하는 통학버스운행위원회를 구성하여 지역의 요구나 지역의 특성을 운행 내용에 반영하고, 승강 시의 안전 확보의 관점이나 학생들의 자택 분포 상황에 따라 매 연도 승강 장소를 검토하며, 안전 자원봉사자와 연계함으로써 학생들의 안전한 통학을 위해 노력하고 있다.

2) 경제적 지원

오늘날 경제적 고용 실태의 악화 등으로 인해 사회 안전망으로서 교육의 중요성이 더욱더 커지고 있다. 누구라도 충실한 교육을 받아야 하며, 이에 필요한 경제적 부담은 가정뿐만 아니라 사회전체가 맡아 나가야 한다. 국가에서는 각 학교급에서 가정의 교육비 부담을 경감하는 시책을 추진하고 있다.

의무교육 단계에서는 공립학교의 수업료와 교과서는 무상이지만, 그 이외 학교생활을 위해서 상당한 비용이 필요하다. '2008년도 아이들의 학습비 조사'에 따르면 학용품, 소풍비용, 수학여행비용 등 학교교육비 및 급식비는 공립 초등학생의 경우 연간 약 10만 엔, 공립 중학생의 경우 연간 17만 엔이라는 조사결과가 나왔다(文部科学省, 2011: 187). 이러한 비용을 부담하기 어려운 학생들의 가정을 경제적으로 지원하기 위해 지방공공단체가 '취학지원제도'를 운영하고 있다. 취학지원제도는 「학교교육법」 제19조의 규정을 기초로 하여 각 지방공공단체가 경제적 이유로 초·중학교 취학이 어렵다고 인정하는 학생들의 학부모(보호자)에 대해서 경제적으로 지원하는 제도이다. 취학

지원제도의 대상자는 「생활보호법」 제6조 제2항에서 규정하고 있는 요보호자(기초생활수급자)와 그에 준하는 정도로 빈곤하다고 인정하는 준요보호자(차상위 기초생활수급자)이다.

구체적인 보조대상 비용은 학용품비, 체육실기용구입비, 신입생 학용품비, 통학용비, 통학비, 수학여행비, 교외활동비, 클럽활동비, 학생회비, PTA비, 의료비, 그리고 학교급식비 등이다.

5. 벽지학교 통폐합 추진

1) 학교 통폐합 기준

지역의 장래 인구규모를 감안해서 전체 학급 수가 11학급 이하로 줄어들 것으로 예상할 경우 학교 통폐합의 검토를 착수하고, 19학급 이상으로 늘어날 것으로 예상할 때 학교의 분리신설을 계획하기도 한다.

초등학교 및 중학교의 배치와 재편성을 검토할 시점에서 ① 통학거리·시간, 지형적인 조건 등(취학 조건의 정비·보장), ② 학교규모의 적정 범위(교육지도 조건의 정비·보장), ③ 마을의 골격, 마을 만들기 단위로서의 학교 등을 학교통합의 조건으로서 고려하되 세 가지 요인의 관계를 총괄적으로 정리하고 방향을 정하는 것이 필요하다(葉養正明, 2011: 237).

「학교교육법시행규칙」 제41조 및 「의무교육제학교능의시설비의국고부담등에관한법률 시행령」 제4조에서는 초등학교 및 중학교의 학교 적정규모로 12학급 이상 18학급 이하를 표준으로 규정하고 있다. 국가 기준에서는 1~5학급을 과소규모학교, 6~11학급을 소규모학교, 12~18학급을 적정규모학교, 19~30학급을 대규모학교, 31학급 이상을 과대규모학교로 정하고 있다.

학교규모적정화의 기본방침은 초등학교, 중학교별로 검토한다. 기존의 학교시설, 설비를 최대한 활용하여 신설, 신축은 하지 않는다. 학급규모는 국가 기준(각 학년별로 초등학교 2학급 이상 3학급 이하, 중학교 4학급 이상 6학급 이하)을 원칙으로 하되, 지역의 실정에 따라 초등학교 및 중학교 각 학년 1학급 이상으로 할 수 있다.

전국 각지에서 소규모학교의 통폐합을 급속하게 추진하여 왔다. 그 근거로서 소규모학교보다 대규모학교의 교육효과가 더 높다는 등의 사유를 설명하지만, 실제로는 전국 약 3만 교의 초등학교 및 중학교의 절반 정도는 1학년 1학급 이하이며, 이들을 소규모학교로서 이른바 '규모의 적정화'를 실행하려고 하고 있다.

학급 학생 수에 대해서는 학급편성의 탄력화(2001~)에 따라 도·도·부·현의 판단에 의해 한 학급의 학생 수를 40명 이하로 편제할 수 있다. 초등학교 설치기준 제4조 및 중학교 설치기준 제4조에서 한 학급의 학생 수를 '40명'(학급의 상한 인원수)으로 하는 것을 원칙으로 하되, 각 도·도·부·현의 학생 실태를 고려하여 특히 필요가 있다고 인정하는 경우에는 표준 이하의 학급편제가 가능하다.

기준의 탄력화에 따라 다양하게 각 도·도·부·현 단위로 '30명 학급' 등의 기준을 설정하고 있다. 교원 추가 배치 정수의 탄력적 운용(2004~)에 따라 소인수 학급을 편성할 수 있다. 국제적으로 비교하면 일본의 학급 규모는 큰 수준이다. OECD 평균 초등학교 21.4명, 중학교 23.4명과 비교하면, 일본의 경우 초등학교 28.1명, 중학교 33.0명이며, 초등학교의 50% 이상, 중학교의 80% 이상이 31명 이상의 대규모 학급으로 편성하고 있다.

교원 1인당 학생 수도 OECD 평균 초등학교 16.0명, 중학교 13.2명인데, 일본의 경우 초등학교 19.0명, 중학교 14.8명이며, 국제적으로 비교해 보면 많은 편이다. 최근에는 '40명 학급'을 재검토하여 '35·30명 학급'의 실현 등 새로운 '교직원 정수 개선 계획'(2011~2018년의 8년 계획)을 책정하였다. 이에 따르면 초등학교 모든 학년에서 35명 학급을 실현(2011~2015), 중학교 모든 학년에서 35명 학급을 실현(2014~2016), 초등학교 1·2학년에서 30명 학급을 실현(2017~2018)하려는 계획을 계속 추진하였다. 또한 초등학교의 복식

학급 편제기준도 16명에서 14명으로 완화, 중학교의 복식학급을 8명에서 해소하려는 방안을 검토하였다.

학교구의 경우 초등학교는 현행 중학교 구역 내를 기본으로 하고, 중학교는 인접하는 현행 중학교 구역을 기본으로 한다. 통학조건은 국가 기준에 따라 도보로 편도 초등학교 4km, 중학교 6km 이내를 기본으로 하되 이 기준을 초과하는 학생에게는 스쿨버스 등의 교통수단 제공을 고려하고 있다.

폐교는 학생 수가 적은 학교를 선정, 통학보장을 우선하여 도로 상황이나 통학거리·시간을 고려하거나, 커뮤니티시설의 종합적인 배치계획을 기초로 하여 선정하는 경우가 많다(葉養正明 他, 2011: 3).

2) 학교 통폐합 절차

초등학교 및 중학교의 설치와 취학에 관련된 사무는 시구정촌의 책임으로, 국가 및 도·도·부·현은 직접 관여할 수 없다. 통폐합의 절차는 ① 교육위원회에 의한 통폐합계획안 검토, ② 심의조직의 설치, ③ 주민과 학부모에게 설명·의견 청취를 거쳐서 구체적인 계획을 확정하며(①~③의 진행은 지역에 따라 다름), ④ 학교설치조례 개정 시 의회에서의 심의과정을 거쳐야 한다.

심의조직을 설치할 때는 학교장, 교감, PTA관계자, 학식경험자, 정내회(町內會)·자치회관계자로 구성하고 학부모와 교직원은 포함하지 않는 경우가 많다. 학교 통폐합 혹은 존속의 판단은 지방의 재정삭감문제, 극소규모교화에 따른 교육과제, 수규모에 적응한 교사의 지도과제, 부모와 지역의 요구 등 여러 가지 조건을 고려하여 최종적으로는 행정적으로 판단한다.

학교 통폐합에 따른 재정지원과 관련하여 국가 및 도·도·부·현은 시·정·촌이 진행하는 적정배치 방안에 대하여 지도·조언 및 지원할 수 있다. '현비부담교직원제도'에 따라 교직원 급여 부담, 스쿨버스 구입 등의 보조, 시설정비비의 보조, 학교운영비의 완화조치 등을 충실히 이행한다.

특히 국가는 학교 통폐합에 따른 원거리 통학에 대하여 ① 스쿨버스·보트 등 구입비 2분의 1, ② 원거리 통학비로 시·정·촌이 부담한 교통비의 2분의 1(통합을 진행한 연도 혹은 다음 연도부터 5년간), ③ 지방공공단체가 징수를 면제한 기숙사 거주비의 2분의 1을 보조할 수 있다.

공립학교 시설정비에 있어서는 국가에서 공립학교 시설정비비 부담금, 안전·안심학교만들기교부금 등에 의한 보조를 지원한다. 특히 학교통합의 경우 국고부담률의 2분의 1을 지원한다. 또한 시·정·촌이 부담하는 비용을 충당하기 위해 지방채의 발행을 인정하고 있다.

3) 학교적정배치 지원시스템

앞에서 제시한 바와 같이 학교규모의 표준을 12~18학급으로 규정하고, 통학거리의 상한을 초등학교 4km, 중학교 6km로 정하고 있다. 학교통합이나 학교재편 계획을 수립할 때, 학교규모와 통학거리의 변수를 최적화하는 학교배치의 모습에 어떻게 접근해야 하는가의 문제가 발생한다. 전국 각지의 학교 통합이나 학교재편 계획에 있어서 지방공공단체에서 공통적으로 채택하고 있는 방법의 하나는 통학거리의 상한(초등학교 4㎞, 중학교 6㎞ 내로 지방공공단체에서 설정한 상한 수치)을 기초로 하여 학교를 중심으로 한 적정통학권을 지도상에 제시하고 학교배치 평가를 진행하여 폐교할 수 있는 학교를 결정하는 방법이다. 이때 지방공공단체가 설정한 상한선을 변경하면서 학교규모의 평균치와 어떤 차이가 나타나는지, 또한 폐교는 얼마나 나타나는지를 확인한다(葉養正明, 2011: 229-230).

최근에는 이러한 접근법을 GIS(지리정보시스템) 기술을 활용해서 과학적 모델로서 확립하려는 연구도 수행하였으며, 이를 '공립 초·중학교 재배치 계획입안지원시스템'이라고 한다. 이 시스템에 대해서 살펴보면 다음과 같다.[5]

---

[5] NUOPT 시스템수탁개발사례 '공립 초·중학교 재배치 계획입안지원시스템'.
   http://www.msi.co.jp/nuopt/interview/interview2.html; 貞広幸雄 他(2010), 施設再配置政策立

'공립 초·중학교 재배치 계획입안지원시스템'은 학교 통폐합 등 지방공공단체에서의 학교재배치계획을 지원하는 시스템이다. 특징은 현장의 요청에 의거하여 최적화의 관점을 이용함으로써 복수의 적정 배치 방안을 도출하는 것이다. 도출된 복수의 배치 방안은 지도상에서 비교할 수 있다.

저출산으로 인한 전국적인 공립 초·중학교의 잉여 문제, 2035년 학생 수 60% 감소 예측 결과에 따라 학교를 어떻게 통폐합하여 적정 배치하는가를 각 지역에서 숙의하고 있으며, 이 시스템은 학교 재배치 계획을 입안하는 데 필요한 기초자료를 제공하는 정책지원 틀이다. 지방공공단체에서는 심의회를 설치하여 학교 적정배치를 검토하는데, 정량적으로 표현할 수 있는 부분은 객관적인 증거로서 정량적인 데이터가 있으면 좋겠다는 생각에서 숫자를 근거로 하는 학교 배치 방안을 작성·제시하는 시스템을 개발한 것이다.

학교배치는 '아이들이 반감했으니까 학교 수도 반감한다거나, 지리적으로 가까운 2개교를 1개교로 통합한다.'라는 단순한 문제가 아니다. 아이들의 통학 거리가 멀지 않고, 학교규모는 너무 크지도 않고 작지도 않아야 하는 등 여러 가지 제약조건이 있는 것이다. 이 시스템에서는 최대 통학거리, 학교 수용인원의 상한과 하한, 특정 학교의 존속·폐지 지정 등의 조건을 설정하여 이들을 충족시키면서 학교 수를 최소화하는 배치 방안을 시뮬레이션하여 구하는 방법이다. 계산결과는 배치 방안의 기본통계량을 제시하는 동시에 배치 방안을 분포도로 제시하거나 지도정보시스템을 활용해서 지도상에 직접 표기할 수 있다.

이 시스템에서 복수의 학교 배치 방안을 작성할 수 있으며, 최종적으로 학교배치를 결정하는 것은 시스템이 아니라 지방공공단체와 주민이다. 따라서 지방공공단체와 주민이 협의할 때, 하나만의 대안 제시로는 불충분하고 '이 방안도 좋지만 이러한 방안도 가능하겠다.'라는 비교자료가 필요하다. 여러 가지 제약 조건을 고려함으로써 현장이 납득하는 가장 좋은 밸런스를 찾아

案支援手法の開発と適用-メタヒューリスティクスによる複数適正解導出と分析-, 日本オペレーションズ・リサーチ学会2010年春季研究発表会アブストラクト集, pp. 220-221 등 참조.

내야 하기 때문이다. 배치계획을 입안할 때, 납득할 수 있는 근거로서 데이터를 활용하는 것이다. 예를 들어, 이 시스템에서 나오는 계산 결과를 보면 '이 지역은 학교가 드문드문하여 통합을 할 수 없다.', '여기는 지방공공단체 경계 구역이며 한쪽은 학생 수가 적고 또 한쪽은 정원(학생 수) 초과'라는 문제점을 발견할 수 있다. 계산 결과를 보면 '스쿨버스를 운영하면 교외(郊外)에서도 학교통합이 가능하지 않을까?', '지방공공단체 경계 구역은 예외적으로 월경(越境) 통학을 하도록 하면 어떨까?'라는 아이디어도 나올 수 있다.

재배치 시스템의 논리 구조를 제시하면 다음과 같다.

조건설정: 통학거리(직선거리, 도로거리), 최대 통학거리, 학교 수용인원 (상한, 하한), 특정학교의 존속 · 폐지 지정, 각 학교의 비용 설정

⇓

최적화 계산: 최소 학교 수 산출, 존치 필수 학교 도출, 복수의 학교 배치 방안 작성

⇓

결과: 각 배치방안마다 기본 통계량(전체 및 개별학교별), 각 학교의 존속률, 학교 배치방안의 분포도, 지도정보시스템을 활용한 지도 표기

이 시스템의 운영은 수식을 구사하여 실행한다. 시뮬레이션을 실시하는 데 있어서 다음과 같은 기본적인 방침을 채택하고 있다. ① 이론적으로 소요 조건을 충족시키는 최소 학교 수와 배치를 검토한다. ② 학교배치는 시구정촌 단위로 실시하고, 각 시 · 정 · 촌에 초등학교와 중학교를 배치하되 복수 시구정촌으로 학교배치를 중첩하는 검토는 하지 않는다. ③ 시 · 정 · 촌립 학교만을 대상으로 하고 기타 공립학교 및 사립학교는 검토 대상에서 제외시킨다. ④ 학교 설치 가능 위치에 대해서는 현재 배치하고 있는 지점만을 고려하여 새로운 토지 취득 등에 의한 학교 신설은 검토하지 않는다. ⑤ 통

학거리에 대해서는 아동·학생의 거주지와 학교 간의 직선거리 및 통학경로에 따른 도로거리를 고려한다. ⑥ 최대 통학거리를 넘어서 통학하는 아동·학생은 가능한 한 없도록 한다. ⑦ 계산에는 국세(國勢)조사 등의 메쉬(mesh) 형식 데이터를 사용한다(葉養正明, 2011: 331-332).

이상과 같은 조건을 기초로 하여 학교 수 최소화 또는 학구 최적화를 도출한다. 방대한 수식 연산(演算) 과정으로 진행하며, 실행한 연산 결과는 적정배치도에 제시한다. 적정배치도를 도출하기 위한 조건은 ① 학교 종류는 초등학교를 대상으로 하여, ② 통학거리는 표준 통학거리 4㎞, 한계 통학거리 10㎞로 하고, ③ 학교규모(학교 학생 수)는 최대 720명으로 한다.

그러나 이 시스템 모델 구축의 범용(汎用)성을 높이기 위해서는 ① 통학불편지역에서의 통학수단 검토, ② 학교선택제도에의 대응, ③ 통학거리·학교규모 이외 결정요인의 고려, ④ 학구 구역의 한정, ⑤ 통학로를 고려한 학구 구역의 설정 등의 요인을 고려해야 할 필요성이 제기되고 있다(葉養正明, 2011: 334).

6. 벽지학교 네트워크

일본 각지에서 소규모학교 간의 네트워크를 구축하는 다양한 시도가 이루어지고 있다. 초·중 병설학교 방식, 유·초·중 일관학교 방식, 초·중 일관학교 방식, 중·고 일관학교 방식이라는 세로의 네트워크 구축, 소규모학교 네트워크 방식인 가로의 네트워크 구축, 그리고 세로와 가로의 네트워크 구축을 전개하고 있다.

학교의 소규모화가 장기적으로 진행해 왔으며, 복식학급도 여기저기 발생하고 있다. 이러한 사태에 직면하고 있는 지방공공단체는 드물지 않다. 이러한 상황에 대한 대응의 하나로 학교 간의 네트워크 구축을 추진하고 있다. 벽지의 경우 소규모학교의 과제에 대처하는 방법으로서 집합학습을 널리 추진하고 있다. 집합학습은 인접하는 몇 개 학교가 교과학습을 중심으로 특별 활동도 포함하여 공동으로 실시하는 합동교육을 말하며, 집합학습의 목표는 다음과 같다. 즉, ① 친목과 교우의 확대를 도모하고, ② 집단 활동을 통해서 자기를 돌아보고, 학력이나 체력을 신장하여 경험이나 시야 확대를 도모하고, ③ 지도체제의 보충·강화를 도모하고, ④ 지역이해와 생활·학습의 의욕향상을 도모한다. 이러한 집합지도의 유형은 자매학교 방문, 합동수학여행, 합동숙박학습 등 행사교환적인 형태, 대규모학교 체험입학 등 위탁학습적인 형태, 그리고 인접한 소규모·복식학급만으로 실시하는 형태로 분류할 수 있다. 가로의 네트워크 구축은 초·중 일관학교와 같은 세로의 네트워크와 대조적이다(葉養正明, 2011: 160-161).

여기서 소규모학교 학교 간 가로의 네트워크를 구축하고 있는 미야자키현 고카세정(宮崎県五ヶ瀬町)의 사례를 살펴본다. 고카세정은 미야자키현의 북서부에 위치하여 인구가 4,332명(2012년 1월 1일 현재)인 작은 지역이다. 정내(町内)에는 초등학교 4개교, 중학교 2개교가 있으며 아동·학생 수는 약 360명, 교직원 수는 약 90명이다. 고카세정은 산간지에서의 고령화, 과소화 등의 조건을 일반적인 악조건으로 보는 경향이 강하였다. 그러나 학교의 시설·설비를 도시와 같이 정비하고 있다.

2007년에는 '고카세교육비전'을 설정하였다. 저출산·고령화, 과소화, 산간지 등의 일반적인 악조건을 거꾸로 생각하여 고카세만이 우위로 전개할 수 있는 교육시스템의 창조를 테마로 하고 있다. 학교나 교육의 조건을 재검토하여 소규모 특성을 살린 교육과 매력적인 교육환경 구축을 목표로 하고 있다.

소규모학교 환경을 살리면서 고카세정의 교육전체를 재구축하기 위해 세 가지 위원회를 조직하여 "고카세교육비전"을 실현하고자 한다. 그 세 가지 위원회의 목적과 사업은 다음과 같다(葉養正明 他, 2010a: 74).

1) 매력 있는 학교 만들기 위원회

소규모학교의 특성을 살리면서 수업형태나 학습형태를 연구하면서 새로운 일관 의무교육시스템을 구축한다. 사업내용은 9년간을 전망한 일관 의무교육의 커리큘럼 만들기, 각 학교 간의 울타리를 넘은 G수업의 추진과 교직원의 교류수업 실시, 각 교과의 학습계획이나 지도내용에 맞는 최적인원 수에 의한 G수업의 실천·검증, G수업을 통한 지도력 향상 등을 도모한다.

2) 매력 있는 마을 만들기 위원회

지역의 행사나 시설 등을 살리면서 주민의 문화적 교류를 통해서 건강하고 풍부한 교육환경의 구축을 추진한다. 사업내용은 문화적 교류의 장을 창출하고, 전통문화를 계승하며, 지역을 대상으로 하는 급식 서비스를 제공하는 일 등이다.

3) 학교 시스템 구축 위원회

매력 있는 학교 만들기, 매력 있는 마을 만들기를 지탱하는 자주성·자율성 있는 학교 시스템을 창조한다. 사업내용은 신학교재무시스템의 확립, 고카세교육비전 홈페이지 관리와 스쿨버스 운행관리, 행정창구를 학교로 일부 이관 등이다.

매력 있는 학교 만들기 위원회는 분명히 학교 만들기의 중심을 담당하고 있다. 9년간 일관교육이라는 세로의 네트워크와 G수업이나 교직원의 교류수업의 실시라는 가로의 네트워크 이념을 명확하게 하고 있다. 고카세교육비전의 가장 큰 특색인 G수업은 최적 인원수를 대상으로 하는 집합학습의 실천이다. 각 교과, 각 학년의 학습내용마다 최적의 인원수를 대상으로 수업을 실시하기 위해 학교 간의 울타리를 넘어 수업을 진행하는 것이다. 예를 들어, 초등학교의 경우 지역전체를 하나의 학교로 보면 학년마다 4명의 교사가 있다. 2학년 합동으로 하면 8명이 있는 것이다. 4학년 40명을 한 학급으로 하여 1명의 교사가 지도하면 3학년을 7명의 교사가 지도할 수 있어 소인수 수업을 원활하게 진행할 수 있다. 학교 간의 이동은 스쿨버스 이용으로 실현할 수 있다(葉養正明 他, 2010a: 74).

G수업의 기본적인 사고방식을 다음과 같이 설명하고 있다(葉養正明 他, 2010a: 75; 葉養正明, 2011: 343).

① G수업은 아동집단의 최적 인원수를 편성하여 교직원의 지도력을 최대한 끌어내는 것을 목적으로 한다.
② 지도시간에서의 최적 인원수는 수업의 목표와 아동·학생의 실태를 고려해서 결정한다.
③ 수업 담당자는 각 학년부 및 초등학교와 중학교 교사와 연계를 도모하여 필요에 맞게 상호 교류 수업을 실시한다.
④ G수업은 지도내용에 따라서 A형(학년부), B형(단학년), C형(초중연계)의 수업형태로 실시한다.

G수업은 모든 학년 모든 교과를 대상으로 연 10회 개최하고 있다. 소규모학교 간의 집합학습은 대부분 연 1회 또는 2회 정도이다. 학습내용이나 아동·학생의 학습진도에 맞게 최적 인원수를 L(30명 이상), M(10~29명), S(9명 이하)로 구성하여 목적과 지도내용에 따라 탄력적인 수업형태를 도입한다. 또한 아동·학생의 실태를 고려하여 지도 효과를 높이기 위해서 Team Teaching도 실시한다.

고카세교육비전의 성과를 실현한 요인으로서는 다음과 같은 것이 있다(葉養正明 他, 2010a: 77).

첫째, 지역 내 초등학교 4개교 및 중학교 2개교를 하나의 학교로서 파악하는 것이다. 일찍부터 소인수 수업은 지역적 특성으로부터 일상적으로 실시하고 있지만, G수업을 통해서 소인수 수업과 대인원수 수업을 병행하여 진행할 수 있다.

둘째, 비전을 실현해 나가는 우수한 리더의 존재가 있었기 때문이다. 교육장(교육감)이 발휘하는 리더십 아래 교장, 교감, 교직원이 함께 지역 내 초등학교와 중학교를 하나의 학교로서 파악하는 동시에 통일된 의식으로 고카세의 교육을 추진하고 있다.

셋째, 외부의 협력과 평가를 활용하고 있다. 교육위원회에서는 다른 행정조직이나 대학원 등 적극적으로 외부와의 연계 · 협력관계를 구축하고, 그 평가를 지역으로 환원하고 있다.

7. 종합 및 시사점

1) 요약

학교규모가 소규모인 벽지 · 소규모학교 교육의 실태와 과제를 분석하여 도시와 다른 벽지 · 소규모학교 교육의 특성과 그 가능성을 탐색하였다. 주요 내용을 요약해 보면 다음과 같다(임연기, 히고, 2012).

첫째, 벽지 · 소규모학교의 특성은 도시가 아니라 지방에 있다는 점, 학교규모가 소규모인 점이 기본적인 특성이다. 이것이 가지고 있는 가능성은 지역성을 살린 교육이나 학생들의 개성을 살린 교육이 요구되는 오늘날의 교육에 있어서 도시와 다른 새로운 가능성을 가지고 있다고 파악할 수 있다. 도시가 선진, 벽지가 후진이라는 패러다임을 전환하는 것이 필요하다. 벽지 · 소규모학교는 소인수 및 자연 속에 있는 학교로서 가능한 교육과정이나 교육방법이 있는 것이다. 벽지의 마이너스면으로서 인식하고 있는 벽지의 환경이나 조건을 긍정적인 면으로 인식하고 살려야 한다. 벽지 · 소규모학교의 적극적인 특성을 살려 선진적인 학교 만들기의 조건으로 활용하며, 마이너스면으로 지적해 왔던 조건을 극복하기 위해 의식적으로 벽지·소규모학교의 장점을 파악해 나가는 학교 경영을 실천해야 한다.

둘째, 교사로서 부임하기 전에 벽지·소규모학교에서의 경험이 벽지·소규모학교에 대한 의식을 전환하는 중요한 계기가 된다. 벽지·소규모학교에 특화된 교육실습이나 이론적인 강의수강 경험이 벽지에 대한 마이너스 이미지(선입관)를 전환하여 어려운 장면에 직면해도 쉽게 해결할 수 있는 조건으로 작용하여 벽지·소규모학교에 근무하는 저항감이나 마이너스 의식이 적어지게 된다. 또한 벽지의 특성을 적극적으로 교육활동에 살리기 위해서 교원이 벽지에 대한 장점을 재인식하는 계기가 필요하다.

셋째, 벽지 교육정책 과제는 벽지지역의 환경 및 벽지·소규모학교 교육의 특성을 살리는 데 있다. 벽지교육의 특성을 적극적으로 살려 교육개혁을 선진적으로 전개할 수 있는 가능성이 있다. 또한 지역의 특색을 살린 커리큘럼을 적극적으로 개발해 나갈 필요가 있다. 학교가 지역과 협력관계를 맺을 수 있는 가능성이 큰 곳이 벽지이며, 이와 같은 벽지의 특성을 통해 벽지의 소재를 살린 학습을 촉진할 수 있다.

넷째, 소규모학교를 살리기 위한 제도로서 '소규모특별인가학교제도'가 있다. 소규모학교에 한정하여 학구를 탄력적으로 운영하는 제도이다. 이 제도를 도입하는 목적은 학교 통폐합 위기 극복, 복식교육을 단식교육으로 편성하여 자연체험·농업체험을 실시하는 벽지·소규모학교로서 도시의 아이들을 통학시켜 보다 많은 학생들이 체험활동을 경험하도록 하는 데 있다.

다섯째, 유·초, 초·중, 중·고의 연계 일관교육의 움직임이 주목을 받고 있으며, 특히 중·고 연계 일관교육은 초·중 연계 일관교육보다 한발 앞서 진행해 왔다. 중·고 연계 일관교육은 중등교육을 다양화하기 위해 중학교와 고등학교의 6년간을 접속하여 6년간의 학교생활 속에서 계획적·계속적인 교육과정을 전개함에 따라 학생의 개성과 창의성을 신장시키는 것을 목표로 도입한 제도이다. 교육과정도 특색이 있는 커리큘럼 편성과 학습지도요령의 범위를 넘어서 지도할 수 있다. 한편 초·중 연계 일관교육은 '초

1 문제'와 '중1 갭'이라고 하는 유·초 및 초·중 접속관계의 과제, 아동·학생의 발달·지도상의 과제, 학력격차와 학교 규모에 대한 대응, 그리고 공립학교의 다양화 등의 차원에서 전국의 선진지역을 중심으로 도입하여 초·중교육의 접속과 일관화를 모색하고 있다.

여섯째, 학교규모의 적정화와 교육효과라는 이유로 소규모학교의 통폐합을 급속하게 진행하고 있다. 통폐합의 이유로서 복식학급의 해소를 들은 경우가 적지 않다. 복식학급이나 1학급당 학생 수는 도·도·부·현에서 작성하는 학급편성기준을 근거로 한다. 전국 대부분의 도·도·부·현에서는 1학급 40명(초등학교 1학년은 35명, 2학년은 2012년도부터 35명)으로 정하고 있다. 대규모학교와 소규모학교 어느 쪽 하나를 선택해야 하는 것인가, 양쪽의 장점을 받아들 수 있는 방법은 없는지, 미야자키현 고카세정의 경우 양쪽의 강점을 채택한 방법으로 네트워크 및 집합학습 방식을 활용한 소규모학교 운영을 추진하고 있다. 소극적인 면만을 생각하던 소규모학교를 적극적으로 살리는 이른바 교육조건에 관한 역전의 발상이 필요하다.

일곱째, 벽지·소규모학교는 다른 학년(異學年)과의 교류, 지역과의 연계, 야외활동, 교원과 학생 간의 신뢰관계 형성 등이 도시에 비해 강하다. 이는 실제 벽지·소규모학교 교육의 일반적인 특성이며, 이들의 강점을 살려서 지역학습이나 체험학습으로 연동시키면 교육적으로 더 큰 효과를 얻을 수 있다. 벽지교육의 특성을 살린 교육은 벽지·소규모학교 학생들의 자신감을 높이는 동시에 다양한 학습·활동에 대한 관심과 의욕을 신장시키는 데 기여할 수 있을 것이다.

2) 특징과 시사점

일본의 벽지교육은 우선 농촌의 구분이 아니라 조건상의 구분을 하고 있다는 점이 두드러진다. 즉, 교통조건 및 자연적, 경제적, 문화적 제 조건에서 제한된 지역을 벽지로 구분하고 이에 대한 교육을 벽지교육으로 보고 있다는 점이다. 특히 일본은 도서지역과 산간지역이 많은 나라로 이들 지역에 대한 특별한 배려 의식을 일찍부터 갖고 있었으며, 이들 지역이 교육적으로 갖는 제약 조건을 극복하는 한편, 긍정적인 측면에 대한 인식을 분명히 함으로써 이를 극대화하는 방향으로 접근하고 있다. 일본의 벽지교육이 갖는 특징과 시사점을 종합적으로 정리해 보면 다음과 같다(임연기 외, 2005).

첫째, 벽지교육을 교육의 원형으로 인식한다. 벽지교육은 교통조건이나 자연적, 경제적, 문화적 등 제 조건에서 취약지역의 교육이라는 점에서 부정적 이미지를 갖기 쉽다. 그러나 벽지교육의 특징인 과소성, 소규모 학급, 복식수업 등은 관점을 달리하면 개개인의 교육을 실현할 수 있는 좋은 조건이 될 수도 있다. 학생 수가 적은 만큼 교사가 학생 개개인에게 깊은 관심을 갖고 가르칠 수 있다.

물론 일본에서 벽지교육을 교육의 원형으로 보는 인식은 과소성에서 오는 유리한 조건에 주목한 데 그치는 것은 아니다. 보다 적극적인 의미를 포함하고 있다. 우선 벽지의 교원은 모두 협력하여 벽지교육의 단점을 장점으로 생각하고 노력하고 있다는 점이고, 다음으로는 아동의 수가 적기 때문에 한 사람 한 사람의 발언이나 의견을 존중할 수 있다는 점을 들 수 있다. 학급에서 토의를 하는 경우, 대규모 학교에서는 내용을 알지 못하여 모른다고 해도 무시하고 넘어가기 쉽지만 벽지학교에서는 그렇지 않다는 점이다. 모르는 아이가 있으면 그 아이가 이해할 수 있도록 전원이 노력한다는 것이다. 여러 교육적 상황이 유사한 일본이지만 작은 학교가 갖는 장점을 충분히 인식하고 있다는 점에서는 한국과는 커다란 차이점을 보이고 있다고 할 수 있다. 이 밖에도 벽지교육은 학교뿐만 아니라 지역사회가 협력적으로 교육력 향상을 도모한다는 점을 들 수 있다. 벽지교육의 난점을 장점으로 전환하려는 사고와 실천적 노력은 벽지교육의 특성을 먼저 충분히 이해하는 것으로부터 출발한다. 벽지교육을 교육의 원형으로 보려는 일본사회의 시각과 노력은 농촌의 피폐화와 더불어 교사들의 농촌학교에 대한 기피현상이 심각한 우리 현실에 서 주목해야 할 사항이 아닐 수 없다.

둘째, 벽지교육 진흥을 위한 각종 제도를 정비하고 있다. 일본은 일찍부터 벽지교육의 제한적 조건을 인식하고 이를 보완하기 위한 제도적 기반을 마련하는 등 적극적인 대응을 해 왔다는 점이다. 벽지교육에 대한 인식과 대응은 도서와 산간 지역이 많은 일본의 지역적 특성과도 무관하지 않지만, 벽지교육의 이해는 1960년대 급속한 경제 발전, 최근 자녀수의 감소에 따른 지역의 과소화 현상, 그에 따라 증가하고 있는 소규모학교 등 벽지학교에 대해 기민하게 대응하는 노력으로 이어지고 있다. 1960년대부터 10년 단위로 사회적 요구에 대응하기 위한 체계적이고 구체적인 행·재정적 노력을 주목할 필요가 있다.

셋째, 벽지교육 관련 교원 양성, 현직연수를 충실히 하고 있다. 일본은 벽지교육의 중요성을 일찍부터 인식해 온 나라라고 할 수 있다. 이와 관련하여 교원양성 과정에 벽지교육에 대한 지도 강좌를 포함하고 있는가 하면, 벽지학교가 많은 지역에서는 특히 초임자연수에서 벽지교육의 특성을 필수적인 과정으로 다루고 있다. 이를 위해 지역특성을 포함한 벽지교육 가이드북 등을 개발하여 연수자료로 활용하고 있다. 또한 일본에서는 교사 개개인이 자신의 교단 실천기록을 자료로서 남기는 경우가 많다. 이러한 실천기록에는 실제로 교육현장에서 겪는 문제점, 다양한 사례 등을 포함하고 있어서 새로 부임하는 벽지교육 교사들이 생생한 참고 자료로 활용하고 있다.

넷째, 제도 밖의 자발적인 노력을 활성화하고 있다. 일본의 벽지교육은 제도적 기반 위에서만 활력을 찾고 있지 않다. 이를테면 벽지교육연구회를 각 지역마다 결성하고, 이들을 중심으로 각 지역적 특성에 맞는 벽지교육을 연구하여 그 결과를 공유하고 있다. 이 점이 벽지교육의 난점을 극복할 수 있게 하는 실질적인 힘으로 작동하고 있다. 자생적 벽지교육연구회 활동은 홋카이도 지역을 중심으로 활발하게 이루어지고 있으며, 그 밖의 지역에서도 각 지역의 특징에 대한 인식과, 교육적 난점을 극복하기 위한 공동의 실천적 노력을 기울이고 있다. 자발적인 연구회 조직과 활동, 정보 교환의 노력이 두드러지고 있음을 볼 수 있다. 매년 전국벽지교육연구회 연차 대회를 통해 각 지역의 현상과 특징적 과제에 대한 인식과 논의, 벽지교육정보, 다양한 실천 사례 등을 공유하는 좋은 기회로서 활용하고 있음을 참고할 필요가 있다.

다섯째, 교육현장, '아래로부터의 운동'을 전개하고 있다. 일본 벽지교육의 중요한 특징 중의 하나는 교육현장을 중심으로 문제점을 인식하고 대응 방안을 강구하고 있으며, 문제의식을 가진 교사들의 협력적인 노력들이 그 바탕을 이루고 있다는 점이다. 우리는 일본의 벽지교육의 정책적 근간이 되고 있는 벽지교육진흥법이 지역의 벽지교육연구회가 활동하는 가운데 그 필요성이 제기되고 법제정으로까지 이르게 한 사실에 주목할 필요가 있다. 홋카이도벽지연구센터를 중심으로 전국벽지교육연구회에서 발의하고 추진된 내용이 종국에는 벽지교육진흥법을 제정하도록 한 것이다. 이것은 벽지교육을 국가적 차원에서 지원해 주기를 기다리는 수동적인 자세가 아니라 교육현장에서 인식된 문제를 직접 해결해 가는 아래로부터 적극적이고 능동적으로 접근하고 있음을 보여 준 단적인 예라고 할 수 있다. 민간부문, 지역에서 조직과 실천이 미약한 우리에게 커다란 시사점을 준다.

여섯째, 지역과 학교가 협력적으로 대응한다. 농촌의 인구 이동과 아동 수의 감소가 폐교로 이어지면서 학교가 마을의 중심적 역할을 한다는 인식이 강해지고 있다. 최근에는 교육적 차원은 물론, 경제적 측면도 함께 고려하고 있다. 예를 들면, 지역사회 차원에서 접근하고 있는 산촌유학이나 농어촌체험교육도 그중의 하나라고 할 수 있다. 이들은 아이들은 물론 지역도 효과가 있다는 관점에서 접근하고 있다. 실제로 산촌유학의 성과는 학교의 활성화가 지역의 활력을 가져온다고 하는 관점, 지역의 활력이 학교 활성화로 이어진다고 하는 관점이 실천을 통해 가시적으로 나타나고 있다. 전교생 1명인 학교가 지역 주민의 협력적인 노력을 통해 폐교 위기를 넘기고, 지역사회 활력의 핵심적인 역할을 담당하고 있는 홋카이도의 사례는 단지 이 지역에만 국한된 것이 아니다. 지역 주민들이 학교와 협력하여 벽지학교의 난점을 극복함으로써 폐교 위기로부터 벗어나게 한 사례, 지역사회와 학교와의 협력을 통해 피폐한 지역들이 다시 활력을 찾는 유사 사례들은 일본 곳곳에서 확인할 수 있다.

일곱째, 지역적 상황과 여건을 고려하여 연구하고 사전에 대응책을 강구한다. 일본 벽지교육의 또 다른 특징의 하나는 획일적인 형식으로 접근하지 않는다는 점이다. 다시 말하면, 해당 지역별로 조건과 상황이 다르다는 점을 중시하고 있음을 의미한다. 적정학교 규모 또한 그 지역의 여건을 고려하여 추진하고 있으며, 그에 대한 대응도 각 지역의 교육위원회를 중심으로 심의회를 설치하여 연구 과정을 거친다. 도쿄도의 나카노(中野)구의 사례 역시 일반적인 대응 방법의 한 형태라고 할 수 있다. 실제적인 방안 마련은 심의회 답신을 참고하면서 지역 여건을 고려하여 구체화한다. 특히 문제에 직면하여 대응책을 마련하는 것이 아니라 대개는 10년 이상 미래상황을 전망하고 그에 대해 장기적으로 접근한다는 점이다. 항상 문제 발생 이후 긴급한 대응에 바빠 장기적 전망을 소홀히 하기 쉬운 우리가 참고할 부분이라고 할 수 있다.

제4부

딜레마 양상

제12장

딜레마 대응행동

학교 폐교는 자연적 폐교와 인위적 폐교로 구분할 수 있다. 학교 통폐합 정책은 인위적 폐교 조치를 말한다. 학교 통폐합을 결행해야 할지, 유보 또는 포기할지 쉽게 선택하기 어려운 딜레마 상황에서 딜레마적 정책 추진의 편린들을 찾아본다.

1. 학교 통폐합 상황의 특성

학교 통폐합은 학생 수가 전무하여 폐교에 이르기 전에 인근 다른 학교와의 통합을 추진하여 학교 수를 감축하는 조치를 말한다. 학교 통폐합은 자연적인 폐교와는 달리 학교를 현행대로 유지할 수 있지만 인위적으로 학교를 폐교시키는 조치이다. 학교 통폐합은 시설을 폐쇄하거나 공동이용하도록 하는 경우도 있으며, 본교 폐지, 분교장 폐지, 분교장 개편, 신설대체 이전, 통합운영학교 지정 등으로 구분할 수 있다.

학교 유지는 기존의 상태이다. 학교 통폐합 조치는 그 대안의 의미를 갖는다. 학교 유지 대 통폐합 방안은 서로 단절되어 타협이나 절충이 불가능하다. 두 방안을 동시에 선택할 수 없으며 둘 중에 하나를 꼭 선택할 수밖에 없다. 논리적으로 학교를 남겨두든 없애든 둘 중의 하나를 선택해야 하는 상황이다. 어떠한 방안이든 선택에 따른 기회 손실이 크다. 선택에 따른 기회 손실이 균등한가에 대해서는 입장에 따라 논란의 여지는 있으나, 대안으로서 폐교는 학교가 가지고 있는 가치를 아예 뿌리채 도려내는 조치이기 때문에 선택상 난점이 있다. 선택하는 경우든 선택하지 않는 경우든 부분적 실패가 필연적이다. 이른바 딜레마 상황이다.

정부는 학교 유지냐 통폐합이냐의 딜레마 상황에서 어느 대안을 선택하든지 그 결과가 좋지 않기 때문에 특히 학생 수의 지속적인 감소 추세 속에서 무작정 결정을 지연시키기보다는 단순한 선택인 학교 통폐합 정책을 통해 딜레마 상황을 타개해 나가려고 한다. 학교 통폐합을 정당화하는 논리를 개발하고, 학교 통폐합에 따른 손실이 큰 집단의 반발을 무마하여 그들의 저항을 최소화하고자 한다. 물론 학교 통폐합을 반대하는 집단이 존재하고 방법은 유사하더라도 상반된 활동을 한다.

최흥석과 윤견수(2000: 40-41)는 딜레마 상황을 선택할 것인가, 연기할 것인가, 포기할 것인가로 대응행동을 설명하고 있다. 일반적으로 결정을 내린다는 것은 상충하는 두 대안 중에서 한 개를 선택하는 경우로 이해할 수 있다. 결정을 내리지 않는 경우에는 선택을 지연시키거나 자기 스스로 결정권을 포기하는 두 가지의 선택이 있을 수 있다. 여기서 결정권을 포기한다는 것은 제3자에게 결정권을 떠넘기거나 결정에 대한 책임부담을 완전히 벗어버리고 사퇴하는 경우를 의미한다.

그들에 따르면 결국 딜레마 상황에서 의사결정자는 크게 세 가지 반응 중 하나를 보인다. 첫째는 두 개의 대안 중 하나를 선택하는(selection) 것이고, 둘째는 제한된 시간이 지날 때까지 선택을 최대한 보류하거나 지연하는(delay) 것이며, 마지막으로 선택상황이 주는 압력을 버티지 못하고 결정권을 포기하는, 즉 선택상황에서 탈출하는(escape) 것이다. 딜레마 상황은 선택과 비선택, 비선택은 지연과 포기로 갈라지는 길을 간다는 설명이다.

정부는 1982년 학교 통폐합 정책을 입안하여 40여 년간 집행하고 있다. 그때 당시 딜레마 상황에서 학교 유지, 보존이라는 기존의 상태에 대한 대안으로 학교 통폐합 정책을 결정한 것이다. 그 결정이 한 시점에서 끝나지 않고 지금까지, 아니 앞으로도 지속될 수 있다. 학교 통폐합 정책에 근거하여 수많은 학교들이 통폐합을 실행하였고, 현재도 통폐합에 직면해 있는 학교도 있으며, 앞으로도 여러 학교들이 똑같은 전철을 밟아 갈 것이다.

이와 같이 특수한 딜레마 상황은 기존의 상태가 학교를 유지, 보존하는 선택이고, 학교 통폐합 정책은 대안 선택으로 표현할 수 있다. 딜레마 상황이 반복적으로 진행 중에 있다는 점을 감안해 보면 비선택이란 대안 선택의 지연과 포기로 갈릴 수 있는 상황이다. 어떤 시점에서는 학교 통폐합을 유보하거나 포기할 수 있을 것이다. 학교 통폐합 정책 역시 요원하지만 언젠가는 지연시키기도 하고, 소멸시키는 시점이 있을 것으로 본다. 이를 그림으로 제시하면 다음과 같다.

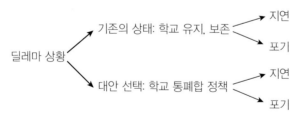

[그림 12-1] 행정 당국의 학교 통폐합 정책 딜레마 상황

한편 학교 통폐합은 국가 수준, 지방교육청 수준, 단위학교 수준 등의 중층 구조 속에서 전개해 왔다. 그리하여 국가 수준의 딜레마 상황과, 지방교육청 그리고 단위학교 수준에서의 딜레마 상황은 다를 수밖에 없다. 특히 최종적인 폐교 여부는 국가 수준이나 지방교육청 수준이 아니라 단위학교 수준에서 결정한다는 점에서 더욱 그러하다. 단위학교는 정부 정책에 따라 통폐합 권고 대상학교의 기준에 부합하면 바로 딜레마 상황에 빠진 것이 아니라 잠재적 딜레마 상황에 처한다. 물론 이때부터 통폐합의 압력을 받기 시작한다. 학교 내적, 외적 변인의 작용에 따라 특정의 조건이 만들어지면 본격 통폐합 논의에 착수하고 딜레마 상황에 빠진다.

이때 비선택은 학교를 유지하는 기존의 상태를 존속하는 결정이다. 결정을 지연시킬 수도 있고 포기할 수도 있다. 폐교 결정을 미루고 폐교 위기에서 벗어나 많은 학교들이 훌륭한 학교로 존속하고 있는 사례들을 접할 수 있다. 선택은 통폐합을 결정하여 통폐합의 절차를 밟아 나간다. 폐교와 함께 통합학교 선택도 동시에 결정한다. 윤견수(2009: 131)는 선택할 것인가 말 것인가와 관련된 질문은 존재론적 딜레마, 어떤 것을 선택할 것인가와 관련된 질문은 인식론적 딜레마로 구분하였다. 의사결정자는 존재론적 딜레마에 더욱 큰 부담을 갖는다. 변화된 상태와 현재 상태를 비교하는 것보다 변화된 상태들을 비교하는 것이 더 쉽기 때문이다. 단위학교 수준의 딜레마 상황을 그림으로 표현하면 다음과 같다.

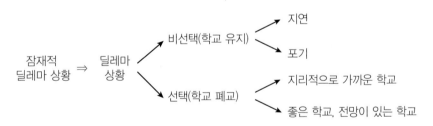

[그림 12-2] 단위학교 통폐합 딜레마 상황

40여 년 전의 정책결정 상황을 회고적으로 분석하기에는 한계가 있다. 그리고 정책결정 과정에 대한 분석보다는 정책변화와 집행 과정을 바탕으로 딜레마적 특징을 천착하고자 한다.

2. 딜레마적 정책 추진

정부의 학교 통폐합 정책 자체는 물론 정책의 집행에 있어서 딜레마적 대응행동의 특성을 나타냈다. 상징적 행동, 비일관성, 책임전가, 형식주의, 무마용 지원, 보조적 제도 변화 등으로 압축해서 설명할 수 있다.

1) 상징적 행동

우선 상징적 행동의 의미를 살펴볼 필요가 있다. 이종범(1994: 221)은 상징적 행동은 '상징'을 둘러싸고 있는 행위자들 간의 상호작용이라고 주장한다. 그 상호작용의 내용은 행위자, 타인, 객체인 대상 등에 대해서 의미를 부여하는 것으로 파악할 수 있고, 이 과정에서 사람들은 자신은 물론 사회를 이해하며 행동한다고 할 수 있다. 상징적 행동은 행위자들 간에 특정 행위를 정당화하거나 불평을 감소시키기 위해 특정 수단이나 도구, 활동 또는 기호를 매개체로 하여 이에 가치 또는 정서적 의미를 구성하는 활동이다.

이어서 이종범(1994: 221-224)은 개인이나 조직은 상징을 통해서 다른 개인, 조직이나 사회를 이해하고 심리적 만족을 얻으며, 다른 사람이나 집단에 일체감을 느끼도록 하며, 상징은 그들로 하여금 전체 속에 통합되도록 유도할 뿐만 아니라 개인 또는 집단적 행동을 유도한다고 보고, 상징의 기능을 다음과 같이 부연해서 설명하고 있다.

첫째, 상징은 현상의 이해에 도움을 준다. 조직의 목표나 이념을 신화나 은유, 슬로건, 이야기, 전문용어, 상징 매개체의 공유된 감정적 의미를 통해서 이해하도록 한다. 그러나 상징이 갖고 있는 애매성 때문에 사람들은 각자 나름대로 해석의 여지를 갖고 이해한다.

둘째, 상징은 집단, 조직이나 사회를 통합하는 기능을 수행한다. 상징은 개인들이 독자적으로 만든다기보다는 상호작용을 하면서 구성되고 의미를 갖게 된다. 상징을 공유함으로써 개인과 전체가 조화를 이루고 통합된다.

셋째, 상징은 정서적 의미 또는 가치함축적 의미를 가지고 있기 때문에 이에 동조하는 사람들에게는 물질적이거나 도구적 만족을 주는 것은 아니나 사회심리적 만족을 줄 수 있고, 이해관계자들의 불평이나 새로운 집단에 참여했을 때의 당혹감을 해소시키는 역할을 수행한다.

넷째, 상징은 행동을 유발하고 행동의 변화를 수반한다. 상징의 형식 여부를 떠나서 상징이 표현하고자 하는 내용의 변화는 조직의 기본적인 전제나 기본적인 방침을 바꾸는 것으로 표현된다.

학교 통폐합의 상징은 '적정규모 학교 육성'이다. 학교 통폐합 정책이지만 적정규모 학교 육성 계획이라 칭한다. 2006년 6월에 수립한 '농산어촌 소규모학교 통폐합과 적정규모 학교 육성 계획'에서는 학교 통폐합 추진 이래 처음 적정규모 학교 육성을 통폐합과 병행해서 내세웠지만 2016년 7월에 수립한 '적정규모 학교 육성 강화 및 폐교 활성화 방안'에서는 통폐합을 표제로 전면에 내세우지 않았다. 대신에 정책목표를 학교 통폐합을 통한 재정 절감 측면만 부각하거나 '농산어촌 황폐화' 주장과 결합하여 교육적인 목표가 희석되지 않도록 한다고 명시하고 있다.

학교 통폐합 정책의 상징인 '적정규모화'는 학교 통폐합의 정당성을 설명하는 의미를 가진다. 학생 수 감소로 통폐합 추진이 불가피하다는 점과 통폐합 추진결과와 기대효과를 시사한다. 학교 통폐합 정책의 추진 배경으로 저출산 추세에 따라 학생 수가 급격히 감소하고 있고, 이로 인하여 소규모학교가 지속적으로 늘어나고 있다는 점을 지적한다. 이러한 현상은 도시지역의 구도심에서도 나타나고 있으나 농촌지역의 경우 더욱 심각한 수준이다. 향후에도 학령인구 감소가 더욱 심각하게 진행될 것으로 전망하고 있다.

다음으로 소규모학교는 교육적 여건으로 적합하지 않다는 설명이다. 대부분 소규모학교는 복식학급 운영, 순회 교사 및 상치 교사 배치가 불가피하여 정상적인 교육과정 운영이 곤란한 상황이다. 아울러 학교규모가 영세하여 다양한 교육 프로그램의 운영이 곤란하고 학생들의 사회성 발달을 저해시키는 등 교육여건이 악화되고 있다고 진단한다. 농촌의 이와 같은 열악한 교육여건은 농촌학생의 학업성취도와 교육만족도 저하로 귀결되고 있다는 것이다.

또한 소규모학교는 고비용저효율 교육운영 체제의 본보기라는 설명이다. 소규모학교는 학생 1인당 교육비가 과도하게 소요되는 고비용구조로 교육재정 운영에도 비효율을 초래하고 있으며, 소규모학교의 교육환경 개선을 위한 재정투자가 한계에 봉착하고 있다고 한다. 자녀의 교육문제는 농촌 주민의 도시로의 주요 이주 요인 중의 하나로 작용하고, 도시 주민의 귀농·귀촌을 가로막기도 하는 장애요인이기도 하다고 설명한다.

상징으로서 '적정규모화'는 학교 통폐합 정책의 당위성을 함축하는 기능을 수행하고 있다. 그러나 적정규모화는 정부의 일방적 슬로건일 뿐, 행위자나 이해관계자가 상징을 함께 사용하여 구성하고, 그 의미를 공유하는 성격을 띠고 있지 않다. 학교 통폐합을 추진하는 모든 행위자들도 상징에 공감하지 않은 편이다. 물론 반대하는 입장에서는 상반된 상징으로 '학교 보존·육성'을 상정한다. 학교 통폐합을 지지하는 집단에서는 선택의 정당성을 부각하고, 반대하는 집단에서는 선택의 부당성을 제시하려고 경쟁한다. 정부는 학교 통폐합 정책을 지속적으로 추진하기 위한 동력을 확보하기 위해서, 반대자들은 지지기반을 넓혀 통폐합에 제동을 걸고자 상징을 활용하는 것이다. 상징 공급자가 존재하여 경쟁하면서 소비자 집단이 형성된다.

학교 통폐합의 상징으로서 적정 규모화를 여러 행위자들이 공유하지 못하는 이유는 상징으로서 '적정규모화'의 의미가 분명하지 않다는 점을 지적할 수 있다. 적정규모화가 구체적이지 않고 명확한 근거도 없다. 학교급별로 학교 적정규모 기준을 아직 법제화하지 않고 있다. 아울러 적정규모화라고 하면서 소규모학교의 문제에만 집착할 뿐 대규모학교에 대한 문제에는 대응하지 않고 있다. 더욱이 열악한 교육여건 속에서 학생들의 학업성취 수준이 낮다는 점을 부각시키면서 복식학급, 상치교사, 고립과 소외에 따른 문제 등을 적극 해결하여 교육력을 개선하기 위한 노력에도 소홀하다. 상징은 이중적

지시의 의미를 가지고 있고 진실과 허구 양자를 포함한다는 Urban(1970)의 지적과 같이 허구적인 면도 없지 않다.

요컨대, 상징으로서 '적정규모화'는 학교 통폐합의 특성을 준거적 차원에서 구체적으로 설명하기보다는 이해관계자의 정서를 달래는 함축적 차원[1]의 성격을 가지고 있다. 저항을 불러일으킬 수 있는 투박하고 직설적인 통폐합이라는 표현보다 부드럽고 수사적이며 전문적인 용어를 내세우려는 시도라고 볼 수 있다.

2) 정책의 비일관성

정책의 비일관성은 결정된 정책에 대해서 원래의 정책 목표에 상응하는 집행이 이루어지지 않고, 포기, 중단, 지연, 변질되어 나타나는 현상을 의미한다. 예를 들면 하나의 정책이 결정되어 공표된 후, 이에 상응하는 정책이 지연되어 이루지지 않거나, 이와 내용상 배치되는 새로운 정책이 결정되거나, 명목상의 정책내용과 실질적인 정책집행 내용이 상이하게 나타나거나, 정책내용이 변질되어 나타나는 것을 뜻한다(염재호, 박국흠, 1994: 161).

소영진(1994: 73)은 정책의 비일관성을 왔다갔다 하기로 보고, 전략적 대응과 구분하고 있다. 일방의 요구가 부각되는 경우 그 요구를 들어주고, 그로 인해 타방의 반발이 제기되면 다시 그쪽의 요구를 들어주는 식으로 정책균형이 왔다 갔다 하는 경우가 있다. 이러한 대응에는 양방의 요구제기의 시간 편차에 따라 정책이 비일관적으로 움직이는 경우를 말한다. 겉으로는 일방의 요구를 수용하면서도 다른 정책 수단을 통해 원래의 균형으로 돌아가는 경우를 전략적 대응이라고 규정하고 있다.

---

1) 상징에는 두 가지 의미가 있다. 하나는 준거적 상징이요, 다른 하나는 함축적 상징이다(이종범, 1994: 220). 준거적 상징이란 대상의 속성이나 차원을 설명하는 상징이고, 함축적 상징이란 그 대상 자체가 품고 있는 준거적 상징과는 달리 이해관계자들의 정서와 가치를 부여하는 의미를 말한다.

염재호와 박국흠(1994: 175-176)은 제6공화국의 비일관적인 정책들을 세 가지 유형으로 설명하고 있다. 첫째, 정책내용이나 지향성이 상충되는 경우가 있다. 상이한 정책이 공존하면서 정치환경적 변화에 순응하는 긍정적 변화를 기대하는 것이다. 상징적인 대체정책을 제시하여 정책포기, 수정 등에 대한 정당성을 제공한다. 둘째, 정책내용의 지향성과 정책집행 내용의 성격이 상이한 경우가 있다. 이는 다시 정책의 차별적 집행으로 정책집행 대상과의 충돌이 발생하는 경우와 결정된 정책을 소극적으로 집행하거나 정책계획의 구체화를 지연하는 경우를 들 수 있다. 셋째, 정책결정의 내용이 반복적으로 변화하는 순환적 정책이 있다. 정책환경의 변화 때문에 야기되는 경우, 시행착오를 거듭하면서 대응하는 경우 등이 있다.

적정규모 학교 육성정책은 일관적이지 않다. 정부의 일관성 없는 정책추진으로 학교 통폐합에 관한 정책신뢰를 저하시켰다. 물론 40여 년간 일관된 정책기조를 유지하기를 기대할 수 없지만 다음과 같은 대응행동은 전형적인 정책의 비일관성이라는 비판을 면하기 어렵다. 학교 통폐합을 정부가 직접 개입하기도 하고, 교육청 자율에 맡기기도 하였다. 강력 시행 정책기조를 가지기도 하고 작은 학교 살리기 정책기조를 채택하기도 하였다. 인센티브도 국가가 지원하기도 하고 시도 자체 지원으로 충당하기도 하였다. 통폐합 유형별 건수별로 소정의 인센티브를 지원하기도 하고 교육청별 통폐합 실적을 평가하여 지원하기도 하였다. 특히 학생 수 중심의 통폐합 권고기준을 지속적으로 하향조정 변경하여 왔고, 인센티브는 확대하여 왔다. 권고기준보다 학생 수가 많은 학교를 통폐합하는 경우 기존 인센티브 이외에 추가 인센티브 시원도 검토하였다. 적정학교 규모에 관한 일관된 기준을 정립하지 못하고 정책을 추진하고 있기 때문에 나타난 현상들이다.

3) 형식주의

형식주의는 정책의 적절한 실효성을 확보하지 못한 상태를 말한다. 형식주의(formalism)는 분석단위에 따라 두 가지로 정의할 수 있다(박통희, 김동환, 1994: 189). 첫째, 사회의 구성요소인 제도들이 처방하고 있는 질서와 실제의 관행과의 차이 정도를 사회 전체적인 관점에서 지칭하는 것이다(Riggs, 1964: 13-19). 둘째는 분석단위를 개별적인 제도로 하고 '한 제도가 규율하고자 하는 목적기준이나 그것이 요구하는 수단 또는 절차의 기준과 실제 관행과의 격차 정도'로 정의하는 것이다(이종범, 1986: 53).

박통희와 김동환(1994: 209-211)은 딜레마 상황에서 제도의 형식주의화에 영향을 미치는 요인들을 설명하고 있다. 고객집단의 특성 차원에서 제도 집행으로 인한 기회손실의 고객집단에 대한 중요성, 고객집단의 조직화 정도, 고객집단의 규모, 다음으로 기회손실의 특성 차원에서 기회손실의 분산성, 인지가능성, 잠복기간 그리고 집행기관의 특성 차원에서 제도 집행의 비용, 제도 집행으로 인한 기회손실을 부담할 고객집단과의 밀접성 등이다.

학교 통폐합 정책은 몇 가지 형식주의화의 특성을 나타내고 있다. 적정규모 학교육성 및 분교장 개편계획에서 통폐합 기준은 권고기준으로서 강제성이 없다. 지키지 않아도 제재 대상이 아니다. 법적 근거가 없는 기준이다. 실제로 권고 기준 대비 실행 비율은 극히 미미한 수준이다. 대상 집단의 규모도 매우 크고, 언제든지 연대, 조직화 가능성이 있다. 정책의 집행으로 인한 기회손실이 분명하고, 기회손실이 장기적으로 영향을 미친다.

정책을 집행하는 교육청은 고객집단과 밀접한 관계를 맺고 있고, 기회손실을 분담한다. 대부분의 교육청이 지역주민, 동문 및 지방의회의 반대와 교육감의 작은 학교 살리기 추진 공약 등의 사유로 그리고 교장, 교감, 행정실장 등 관리직 감소에 따른 승진 적체를 우려하여 소규모학교 통폐합에 소극적이다. 또한 교부금 및 정원 배정에서 학교 통폐합으로 인한 학급 및 학교 수가 감소하면 표준 정원 산출에서 불리하다는 인식이 팽배하다. 특히 통폐합 이후 학교육성을 위한 구체적인 계획을 제시하지 않고 있다.

4) 책임 전가

책임 전가란 딜레마 상황에서 정책결정자 자신이 선택하지 않고, 다른 사람에게 선택을 위임하거나, 다른 방법으로 관심을 표명함으로써 선택을 회피하거나 책임을 공유하도록 만드는 방법이다. 정책결정자가 독자적 선택을 회피하는 전략이다. 결정자 자신이 선택해야 할 것을 이해관계자의 모임을 만들어 그들 집단이 스스로 결정하도록 하는 것이 전형적인 예이다. 이러한 방법 중에서 제도적으로 뒷받침을 받고 있는 것이 선거 또는 투표 절차이다. 결정자가 자신에게 주어진 결정권한을 사용하지 않고 이해관계자 또는 전문가 집단 등을 동원하여 그들로 하여금 투표 등의 방법을 통해서 결정하도록 하는 방법이다. 딜레마 상황에서 선택의 결과가 좋지 않다 하더라도 절차 상의 하자가 없는 것으로 면죄부를 받을 수 있다(이종범 외, 1994: 230-231).

적정규모화를 위한 학교 통폐합의 의사결정에 있어 책임을 전가하는 방식을 채택하고 있다. 정부가 딜레마 상황에서 학교 통폐합 의사결정을 주도하지 않고 주민에게 결정하도록 하여 정책실패의 책임을 회피하고 있다. 주민 투표라는 합리적이고 민주적인 절차를 통해 주민들이 학교 통폐합 여부를 결정짓도록 함으로써 학교 통폐합의 권한을 주민들에게 부여하는 방식을 통해 학교 통폐합에 따른 불리한 결과들의 책임을 주민에게 돌리고 있는 것이다.

교육청별로 투표 대상, 결정 기준을 정하도록 해서 학교 통폐합에 대한 책임을 교육청에 분담시키고 있기도 하다. 사실 일부 교육청은 지역주민들에게 투표권을 부여하고 있으나 일부 교육청은 통폐합에 긍정적인 학부모로 제한하는 경우도 있으며, 수락기준도 일부 교육청은 2/3 찬성 수준으로 정하여 통과의례를 까다롭게 하기도 하지만 일부 교육청은 1/2 찬성 수준으로 느슨하게 전개하기도 한다.

5) 무마용 지원

1999년 최초 통폐합 지원금으로 본교 폐지나 통합운영 시 5억 원, 분교장 폐지 시 2억을 지급하였다. 2008년에는 지방교육재정교부금시행규칙이 신설되어 본교 폐지 또는 통합운영 시 10억 원, 분교장 폐지 시에는 3억 원으로 지원금을 증액하였다. 이후 2012년에는 본교를 폐교하면 초등의 경우, 시 지역은 60억 원, 신설 대체이전은 30억 원, 분교장 폐지는 10억 원으로 지원금을 대폭 인상하였다. 2016년에는 지원기준을 지역 중심에서 학교규모 중심으로 전환하고 지원금액을 파격적으로 상향 조정하였다. 학교규모에 따라 본교 폐지의 경우 초등학교 40~60억 원, 중ㆍ고 90~100억 원, 분교장 폐교는 20~40억 원, 학교신설대체이전은 초등 30~50억 원, 중고 60~80억 원, 통합운영학교는 시설폐쇄 30억 원, 공동이용은 10억 원으로 하였다.

적정규모 정책 추진을 위해 무마용 지원이라는 방법을 채택하고 있다. 인센티브라는 명목으로 통폐합을 촉진하기 위하여, 다른 한편으로 통폐합에 따른 불만을 누그러뜨리기 위하여 통폐합 학교를 대상으로 재정지원을 지속적으로 확대해 왔다. 2016년 계획에서는 지방교육청이 적정규모 학교육성 사업을 원활하게 추진하도록 '과' 단위의 한시적 조직을 설치 운영하도록 지원하고, 적정규모 육성 지원을 위한 소요경비 지원을 포함시키고 있기도 하다.

무마용 지원금은 「지방자치법」 제142조에 따라 지방 교육청별로 조례를 제정하여 운용하고 있다. 이를테면 충남교육청은 「충청남도교육청 적정규모학교 육성 지원기금을 설치 및 운영에 관한 조례」에 근거하여 운용하고 있다. 사용 용도는 교육환경개선, 교육활동지원, 교육경쟁력강화사업으로 구성하고 있다. 운용 기간은 시행한 날부터 10년까지로 하고, 존속 기한이 종료된 이후 기금 잔액이 발생할 경우 도의회 의결을 통해 연장할 수 있다.

'적정 규모 학교육성 지원기금' 지원 절차는 '통폐합 학교' 또는 '신설대체이전 학교'의 장이 해마다 사업 운용계획서를 '학교운영위원회'의 심의를 거처 해당 교육지원청에 제출한다. 해당 지원청은 타당성 검토 및 사업계획서를 취합하여 도 교육청에 제출하고, 도 교육청은 취합된 사업계획서를 바탕으로 총괄계획을 수립하고 '기금운용심의위원회'의 심의 및 '도의회' 의결을 받아 '교육감'이 결정하여 지원기금을 해당 학교에 연도별로 배부한다.

무마지원금 사용실태는 박혜진 등(2019: 31-35)이 충남교육청 2016년 7개교, 2017년 11개교, 2018~2019년 12개교의 적정규모학교 기금 예산편성 분석결과에 따르면 교육환경개선지원사업 12%, 교육활동지원사업 85%, 교육경쟁력강화지원사업 3%인 것으로 나타났다. 초등학교의 교육환경개선지원사업은 전체예산에서 12.1%를 차지하고 있으며, 중분류 사업별로 살펴보면, 학교교육여건개선사업(교실 환경개선, 교육 활동공간개선, 스마트교실 구축, 시설비, 음수가 설치)비는 전체 예산대비 11.5%, 급식 시설확충(급식기구, 급식시설 확충) 0.6%로 나타났다.

교육 활동 지원사업은 전체예산 중 84.7%를 차지하고 있으며, 중분류 사업별로 살펴보면, 수익자경비 학교장지원 비율(현장체험학습, 스키캠프 등)은 전체 예산대비 19.8%, 방과후학교 운영(방과 후 프로그램, 돌봄교실운영) 18.6%, 특기 적성교육프로그램(동아리, 스포츠교육, 예술문화, 유아교육 등) 16.0%, 통학 차량운영 10%, 교육프로그램운영(교과 외 활동, 교과 활동, 다문화 교육, 안전교육 등) 9.3%, 정보화기기 보급 및 관리(교육자료, 정보화기기) 4.1%, 도서관운영지원(도서관운영, 도서구매 등) 3.9%, 교재교구도서의 개발운영(교재교구) 3% 순으로 나타났다.

교육경쟁력지원사업은 전체예산 중 3.2%이며, 중분류 사업별로 살펴보면 학생교육복지 물품 지원은(교육복지 물품, 단체 활동복, 우유 급식비 등) 전체예산대비 3.1%, 학생통학지원비 0.1% 순으로 나타났다.

6) 보조적 제도 개선

정부는 적정규모 육성정책의 보조적 제도 개선이라는 대응행동을 나타내고 있다. 2014년부터 중앙투자심사를 강화하여 학교신설을 억제하였다. 이른바 학교 총량제를 도입하여 학생 감소에도 불구하고 학교 수가 지속적으로 늘어나는 문제에 대응하여 결과적으로 학교 통폐합을 교육청이 적극 나서도록 하는 제도적 환경을 조성하고자 하였다. 일부 지역은 최근의 학교 신설 억제에 따라 아파트 개발단지를 중심으로 주민들의 입주 시기와 학교 신설 시기와의 시차 발생으로 주민들의 집단 민원 발생을 유발하기도 하였다.

아울러 지방교육행정기관 및 공립의 학교에 두는 국가공무원의 정원에 관한 규정을 개정하여 교원의 정원배정 기준을 학급당 일정한 교원수에서 학생 수당 일정한 교원수로 전환하여 소규모학교가 많은 교육청에서 교원 정원 배정 및 이에 연동하여 예산 교부비율이 불리하도록 함으로써 학교 통폐합에 적극성을 보이도록 하였다.

또한 적정규모 학교 육성 계획에 부합하지 않은 대책을 포함시키는 상징적 행동을 나타내고 있다. 적정규모 학교 육성과 양립할 수 없는 방안을 제시하여 딜레마 문제를 딜레마가 아닌 문제로 변형하여 선택이나 결정하도록 하고 있다. 대표적으로 학교 통폐합 계획에는 농촌지역의 우수 학교 육성 방안을 끼워 넣고 있다. 다행스럽기는 하지만 농촌학교를 위한 건전한 해결책이라기보다 딜레마 상황을 합리적 상황으로 치환하여 학교 통폐합 정책을 미화시키고 이해관계자들의 신념체계 상의 혼동을 가져 오게 한다. 한편에서는 학교 통폐합을 추진하고 한편에서는 현상 유지적인 작은 학교 살리기 운동을 전개하는 모순적인 상황을 연출하고 있다.

딜레마 상황에서의 대응행동을 동아일보 동아쟁론(2016년 2월 19일자)에 필자가 기고한 글로서 종합하고자 한다. 기고문의 제목은 '작은 학교, 보존과 육성이 먼저다'이다. 여기에 등장한 보호된 가치는 다음 장에서 다룬다.

최근 교육 당국은 소규모학교의 통폐합 권고 기준을 변경하였다. 읍지역과 도시지역의 통폐합 학생 수 기준을 상향 조정하여 통폐합 검토 대상 학교의 범위를 확대시킨 것이다. 언론보도에 따르면 새로운 기준을 적용하면 소규모학교의 비중이 높은 교육청의 경우 통폐합 대상 학교 수가 전체 학교의 거의 절반 수준에 육박한다고 한다. 다수의 학교에게 문을 닫아야 할 대상이라는 통지서를 보낸 셈이다.

특히, 이번의 조치는 사전에 교육청 예산의 배분과 각급 학교에 두는 교원 정원의 배정 기준을 선제적으로 손질하여 소규모학교의 존립 및 유지 기반을 취약하게 한 직후에 공표했다는 점, 교육청별로 한시적 전담조직을 가동시켜 통폐합을 독려하는 한편 실적에 따른 인센티브를 올려 시·도 교육청을 압박함으로써 통폐합을 강력하게 추진하려는 신호탄이라는 점에 우려가 클 수밖에 없다.

농촌, 도서·벽지는 물론 일부 도시지역에서조차 학생 수가 현저하게 감소하는 추세를 나타내고 있고, 복지예산 수요의 폭발적인 증가로 인하여 교육재정의 효율화가 절실히 요구되고 있는 시점에서 소규모학교의 통폐합이 불가피한 측면도 없지 않다. 또한 말 그대로 권고하는 기준이기 때문에 이대로 시행하라는 강제사항은 아니라는 점을 모르는 바도 아니다. 다만, 적정규모 학교 육성이라는 이름으로 전개하고 있는 작금의 소규모학교 통폐합 정책은 그냥 지나칠 수 없는 문제들을 안고 있다.

학교의 적정규모에 대한 학술적인 논의나 행정적인 규정의 필요성은 인정할 수 있다. 그러나 1982년 공식적으로 통폐합을 추진한 이래 소규모학교에 대한 일관된 기준을 지키지 않고, 변경할 때마다 납득할 수 있는 논리와 근거를 제시하지 않고 있다. 더욱이 적정규모의 하한선에 미달하는 소규모학교에 재학하고 있는 학생들의 교육적 불이익을 보충하고 지원해 주기보다는 학교 수 줄이기에 집착하고, 상한선을 초과하는 과내규모의 학교를 분리, 운영하는 데 전혀 관심을 기울이지 않아서 이 정책이 적정 규모화를 통한 학교 교육의 질 개선보다는 지나치게 재정의 효율화만을 내세우고 있다는 의구심을 떨쳐 버릴 수 없다.

또한 비록 소규모학교일지언정 학교는 돈으로 환산할 수 없고, 다른 가치와 비교할 수 없는 '보호되어야 할 가치'를 지닌다는 인식이 결여되어 있다는 점을 지적하지 않을 수 없다. 통폐합 검토 대상학교임을 재확인시켜 주고 그 범위를 확대시키는 이번 조치는 더 많은 학교를 통합에 대한 염려와 압박 속에 가두어 두고, 폐교 위기에 몰린 학교를 비통한 심정으로 지켜보고 있는 해당 학부모와 지역주민, 동문 졸업생들의 희망과 동떨어진 엇갈린 신호이기도 하다. 통폐합에 직면한 학교 당사자들의 강한 반발과 이에 따른 소모적인 갈등이 재연될까 걱정이 앞선다.

권장 수준으로는 실효성이 없고, 강압적으로 집행하면 부작용이 심각할 수 있는 통폐합 정책보다는 진정성을 가지고 작은 학교를 보존하고 육성하는 정책을 우선적으로 추진할 필요가 있다. 전국적으로 폐교 위기를 극복하고 적정규모 학교로 진입한 성공적인 사례들을 주목해야 한다. 학교 통폐합에 쏟을 에너지와 무마용 지원금을 작은 학교가 활력을 찾고, 효과적인 배움터로 발돋움할 수 있는 계기를 마련하는 생산적인 활동에 투입하기를 희망한다.

제13장

딜레마와 가치

　학교 통폐합 정책에 대한 서로 다른 상반된 시각은 각기 추구하는 가치의 차이에 뿌리를 두고 있다. 학교를 폐교시켜 얻고자 하는 공리적 가치와 학교를 지키고자 하는 보호된 가치의 실체에 다가간다.

1. 학교 폐교의 공리적 가치

　딜레마의 정의로 돌아가 보사. 정책 딜레마를 두 개의 가치를 선택해야 하는 상황에 직면했을 때, 어느 한 가치의 선택이 가져 오는 기회 손실이 크기 때문에 선택이 곤란한 상황으로 규정하는 경우이다. 이는 두 대안 중의 어느 하나를 선택하여 나타난 기회손실의 결과가 비슷하여 어떤 대안도 선택하기가 곤란하다는 점을 함축하고 있다. 결과 차원에서 선택이 어렵다는 입장이다.

　도덕적 판단이나 윤리적 판단에 있어서도 결과주의는 오랜 전통을 가지고 있다. 결과주의 관점에서 보면 행위의 도덕성 여부는 오직 그 결과에 의해 판단할 수 있다. 옳은 행위란 선(the good)을 극대화하는 것이다. 그 자체로 가치 있는 것보다는 좋은 결과를 낳는 것을 중시한다. 결과주의 이론의 대표적인 철학사조는 공리주의라고 불리는 쾌락주의이다. 공리주의는 최대 다수의 최대 행복을 핵심적 원리로 삼고 있는 사회정의론이다. 개인의 행복은 기쁨을 늘리고 고통을 줄이는 데 있다는 가정에서 출발하여 사회구성원 각자의 행복수준을 합산하여 산출한 사회의 평균 행복이 특정한 행위 준칙의 정당성을 결정한다.

공리주의자들은 공리라는 개념을 만들어 인간 생명의 가치를 포함해 여러 종류의 관심사를 하나의 저울에 올려 정확히 측정하려 했다. 비용 편익 분석은 모든 비용과 편익을 돈으로 환산해서 비교함으로써 복잡한 사회문제에 맞닥뜨렸을 때 합리적이고 엄정한 선택을 가능하도록 한다고 주장한다(이창신 역, 2010: 65-66).

결과주의 주장은 여러 공격을 받아 왔다. 첫째, 어떤 행위의 결과에 대해서 획득하기 곤란하거나 불가능한 정보를 요구한다는 점이다. 도덕적으로 행동하기 위해서 모든 사람에게 어느 정도의 기쁨과 고통을 주는가를 양화하여 비교할 수 있는 전지전능한 능력이 필요하다. 둘째, 사회의 평균적 행복은 도덕적으로 용납할 수 없는 결과를 초래할 수 있다는 점이다. 다수의 즐거움을 위한 행위가 소수의 희생을 바탕으로 얻어지는 것을 정당화하기 때문이다.

학교 통폐합의 공리적 가치는 어느 정도일까? 비용과 효과의 양화가 쉽지 않고, 누구의 희생을 대가로 누가 즐거움을 갖는지도 불분명하다. 이혜영 등(2010)은 학교 통폐합으로부터 보호된 가치는 돈으로 환산할 수 없으므로 제외하고 경제적 효과만 분석하였다. 통폐합에 따라 발생한 비용은 통폐합 본교에서 증가된 교원 수와 직원 수에 의해 상승한 인건비 총액, 교수-학습활동에 투자된 시설과 설비, 교수-학습활동 준비에 소요되는 추가 비용, 학생들의 통학차량 운영에 지출되는 통학차량 운영 관련 비용, 통폐합 본교에 교부되는 통폐합 지원금으로 보았다. 한편 편익으로는 폐교에서 발생하였던 교직원과 행정직원 인건비, 폐교에서 지출되었던 학교운영비, 폐교시설을 매각 또는 임대함으로써 발생한 수입으로 보았다.

2006년부터 2010년까지 학교 통폐합에 따른 비용과 편익을 추정하여 분석한 결과 편익의 최솟값/비용의 최댓값을 기준으로 하면 0.95, 편익의 최댓값/비용의 최솟값을 기준으로 하면 1.25로 나타났다. 비용 대비 편익이 크지 않은 이유는 통폐합 인센티브로 제공하는 재정지원 비중이 비용의 80%나 차지하였기 때문이라고 지적하였다. 재정지원 인센티브를 제외하고 산출한 결과 편익의 최솟값/비용의 최댓값을 기준으로 하면 3.64, 편익의 최댓값/비용의 최솟값을 기준으로 하면 7.22로 나타났다.

재정지원 인센티브를 비용으로 지출하고 있기 때문에 사실상 학교 통폐합의 경제적 효과는 미미한 것으로 나타난 것이다. 그렇다면 소규모학교의 증가가 교육재정의 고비용 운영 구조를 심화시키는 데 작용하고 있기는 하지만, 과도한 인센티브를 제공하면서 학교 통폐합을 강력히 시행하는 조치는 경제적 효과 차원에서 납득이 가지 않는 미미한 수준이다. 역설적으로 학교 통폐합 정책이 교육논리가 아니라 순전히 경제 논리에 의한 조치라는 근거는 빈약하다 할 것이다. 다른 한편으로 비용과 효과가 엇비슷하다는 점은 딜레마 상황임을 입증하고 있다.

2. 학교 보존의 보호된 가치

딜레마는 앞서 설명한 대로 결과의 관점에서 정의할 수 있지만, 정책의 결과와 관련 없이 정책상황의 특성 차원에서 정의할 수 있다. 정책 딜레마를 두 개의 가치들이 상호 비교 불가능하기 때문에 선택이 곤란한 상황으로 정의하는 경우이다. 선택의 결과에 따른 기회손실이 균등하기보다는 아예 비교할 수 없다는 입장이다.

도덕적 판단이나 윤리적 판단에 있어서도 결과주의와 원칙주의를 구분할 수 있다. 원칙주의는 행위의 도덕성 여부를 행위의 동기, 순수한 의무의 이행, 보편적 행위의 준칙 차원에서 검토한다. 일반적인 도덕적 관념을 중시하여 '다른 사람이 자신에게 바라는 대로 다른 사람에게 행하라.'는 표현이 이를 적절하게 설명하고 있다.

원칙주의 이론은 칸트의 이른바 '정언 명령'이라 불리는 핵심적인 도덕률에서 찾을 수 있다. 칸트의 주장은 사람은 누구나 본래의 가치를 가지고 있기 때문에 존중해야 하고, 사람을 수단이 아니라 목적으로 대우해야 한다는 기본 가정에 바탕을 두고 있다. 결과주의와 구분할 수 있는 대목이다. 칸트는 어떤 예외도 인정하지 않고, 일관성이 있으며 모든 사람에게 동일하게 적용하는 보편적 도덕률을 강조하였다.

원칙주의 입장이 표방하는 보편적 도덕률도 어떤 행위가 도덕적인지 아닌지를 판단하는 행동규준으로서의 모호성 차원에서 난점에 직면한다. 첫째, 어떤 행위의 도덕적 평가를 위한 기준이 보편적 행위규칙인지 아닌지를 판단하는 데 어려움이 있다는 점이다. 칸트는 어떤 개인의 행위 준칙이 보편적 법칙인지 아닌지를 간편하게 검증하는 방식을 제안하였다. 다른 사람에게 적용하는 도덕적 원칙을 자신에게도 똑같이 적용하는가 여부가 핵심적인 판단 기준이라는 것이다. 사람들은 현실적으로 행위의 결과를 중요한 판단기준으로 삼는데, 결과를 도덕적 판단의 기준에서 배제한다면 어떤 도덕률이 보편적이고 보편적이지 않는지에 대한 분명한 설명이 필요하다. 둘째, 어떤 행위의 도덕률을 어느 수준까지 보편적인 것으로 받아들여야 하는가에 어려움이 있다. 도덕률을 지나치게 보편적으로 규정한다면 행위가 이루어지는 구체적인 상황을 철저하게 무시하여 행동규준으로서의 의미를 상실할 수 있다. 행위의 도덕성 여부를 보편성 정도만으로 평가하기에는 한계가 있다.

도덕적 판단에 관한 공리주의적 가치와 보호된 가치의 관점을 정책 딜레마에 적용하면 상호 모순적임을 알 수 있다. 공리주의적 관점은 정책 대안이 가져오는 결과에 초점을 두어 그 결과가 심각할수록 그 결과의 도덕적 속성이 강화된다고 본다. 반면에 원칙주의 관점은 정책 대안이 가져 오는 결과에 따른 손상된 가치의 심각성으로 인하여 정책 대안에 반발을 일으키며, 그 정책대안의 결과를 고려하는 것조차 혐오스럽다는 인식이다.

원칙주의 맥락에서 도덕적 판단에 관한 최근의 이론으로 '보호된 가치'라는 개념이 제기되고 있다(Baron, 1999). 규범화된 가치를 내포한 정책 또는 금기시되는 정책들이 어떠한 결과를 얼마만큼 가져오는가에 관계없이 도덕적으로 옹호되거나 배척된다는 주장이다.

보호된 가치는 다른 가치, 특히 경제적 가치와의 교환으로부터 '보호된' 가치이다(Baron & Spranca, 1997: 1). 보호된 가치의 가장 중요한 특성은 교환의 거부에 있다. 이를 보호된 가치의 절대성이라 한다. 사람들은 삶 속에서 교환의 필요성을 인정하지만, 모든 교환을 만족스러워 하는 것은 아니다. 어떤 사람들은 다른 가치와 교환할 수 없는 보호된 가치를 가지고 있다. 가령 인간의 생명이나 인권, 천연자원이 경제적 재화보다 훨씬 중요하다고 주장한다. 사람들은 어떤 이득을 얻기 위해서가 아니라 지키고자 하는 가치의 손실을 방지하기 위해 다른 가치를 희생하고자 한다.

보호된 가치는 많은 사람들의 가치를 만족시키려고 하는 정부와 같은 기관에 어려움을 초래한다. 모든 사람이 타협하고 절충할 수 있는 가치만 있다면 원칙적으로 가치를 측정하고 가치 만족도의 총합을 극대화하는 실용적인 의사결정에 도달할 수 있다. 최적의 상황에서 다른 사람의 효용을 최소한이나마 줄이지 않고 어떤 한 사람의 효용을 높일 수 없다. 일부 합리적인 의사결정이론은 도덕적 가치를 포함하여 가치 간의 교환을 필요로 한다.

보호된 가치의 개념은 가치들 간의 교환을 전제로 하는 합리적 의사결정이론과 정면으로 배치된다. 다른 가치와의 교환을 거부한다는 것은 결국 정책 가치를 측정할 수 없다는 것을 의미하며, 이는 정책의 우선순위에 관한 공리주의적 판단을 수행할 수 없다는 점을 의미한다. 어째서 교환을 거부하는가. Baron과 Spranca(1997: 1)는 보호된 가치가 행위의 의무적 규칙에서 비롯된다고 주장한다. 보호된 가치의 속성으로서 교환에의 거부감, 행위자

상대성, 양적 둔감성, 도덕적 의무, 분노 등을 들고 있다.[1]

교환에의 거부감은 다른 어떤 가치와 절충할 수 없는 절대적이라고 생각하는 가치가 존재한다는 점, 양적 둔감성은 행위에 관심이 있기 때문에 결과의 양에 민감하지 않다는 점. 도덕적 의무는 결과와 관계 없이 특정 행위에 적용하는 의무적 규칙이라는 점, 행위자 상대성은 의무적 규칙은 특정 사람의 참여와 관련이 있기 때문에 행위자 중립적이지 않고 의존적이라는 점, 분노는 다른 가치와의 논쟁에 끌려가지 않으려는 절대적 가치를 옹호하는 표현이라는 점이다.

이 가운데 보호된 가치의 본질은 도덕적 의무에 있다고 본다. 교환에 대한 거부감, 양적 둔감성, 행위자 상대성, 분노 등은 일종의 상황이나 자세이다. 이를 학교 통폐합 정책에 적용해 보면, 사람들은 학교 통폐합 정책에 대해 거부감을 보이고 나아가 분노를 표출하였다. 학교 통폐합 정책은 이해관계자의 행위를 떠나서 생각할 수 없는 일이며, 그들에게 학생 수와 지원금 등 숫자는 무의미하며, 학교를 지키고자 하는 도덕적 의무가 있다. 특히 학교 통폐합을 거부하면서 화를 내면서 지키고자 하는 도덕적 의무가 무엇인지 살펴볼 필요가 있다.

3. '보호된 가치'의 실제

소규모학교의 폐교가 교육을 받을 권리를 침해하는가?(대법원 1996. 9. 20. 선고 95누7994판결, 폐교처분취소). 교육부의 소규모학교 통폐합 시책에 따라 경기도 가평군 가평읍 소재 두밀분교가 1994년 1월 경기도의회에서 조례개정안이 의결됨으로써 폐지되고, 피고(경기도교육감)는 두밀분교 교사들과 기

---

1) 김동환(2009: 90-91)은 행위자 상대성(의존성)을 제외한 나머지 속성들은 정책 대안 또는 가치에 대한 의사결정자의 태도로 보고, 이를 제외하고 교환거부감, 양적 둔감성, 도덕적 의무, 분노 등 의사결정자의 태도를 실증적으로 측정하여 보호된 가치의 입증하고자 하였다.

능직 기사들을 다른 학교로 인사발령하자 재학생들은 예산 절감 등의 이유로 두밀분교를 폐지하는 것은 「헌법」 제31조 제1항(능력에 따른 균등한 교육을 받을 권리)과 제3항(의무교육)에 어긋난다고 하여 조례 개정 무효확인을 구하는 소송을 제기하였다.

먼저 판결요지를 보면, 원심은 원고들의 예비적 청구인 조례 개정 무효확인의 소에 대하여, 공립초등학교의 통폐합에 있어서는 교육행정의 성질상 상당히 광범위한 재량권이 있는 것이고, 그 통폐합이 학교의 통학조건, 적정규모, 교육설비 등 교육조건 및 이를 뒷받침하는 재정조건 등을 종합적으로 고려하여 볼 때, 특정의 아동 내지 보호자에 대하여 현저하게 과중한 부담을 지우고 통학을 사실상 불가능하게 하는 등 재량권의 범위를 일탈하여 특정인의 교육을 받을 권리나 의무교육을 받을 권리를 침해하였다고 볼 수 있는 경우에만 통폐합을 정한 조례가 위법하다고 전제한 다음, 증거들에 의하여 그 판시와 같이 두밀분교의 폐지로 인한 교육조건(교육내용, 교사의 수, 학교시설, 학업성취도, 1인당 학생교육비 등) 및 통학조건(거리, 시간, 교통사고의 위험성 및 겨울철의 눈으로 인한 통학불능의 가능성 등)의 변화, 학교의 적정규모(소규모학교 및 복식학급의 장단점), 폐교로 인하여 지역사회에 미치는 영향 등의 제반 사정을 자세히 검토한 후, 결론적으로 두밀분교의 아동들이 ○○초등학교에서 교육을 받음으로써 발생하는 긍정적인 교육효과를 고려한다면 두밀분교의 폐지로 인한 통학조건이 다소 악화되는 등의 부정적인 효과는 그다지 크다고 할 수 없으므로, 통폐합에 관한 이 사건 조례는 재량권의 범위를 일탈한 것이라거나 누밀분교의 학생들인 원고들의 교육을 받을 권리 또는 의무교육을 받을 권리를 침해한 것이라고 볼 수 없다고 판시하였다.

비록 폐교결정을 철회하는 데에는 실패했지만, 두밀분교 학부모들의 폐교 반대운동은 그동안 외면되었던 농촌학교의 현실에 대한 국민적 관심을 불러일으켰다. 또한 도시학교의 교육문제에만 치중하던 교사단체와 교육시민운동단체들이 농촌의 교육문제에도 관심을 갖도록 했다. 교육부 역시 농어촌학교의 통폐합 과정에서 학부모와 지역주민들의 의견을 수렴하도록 하여 민주적 절차를 보완했다.

두밀분교의 학교 살리기 운동을 한걸음 깊이 다가가 보자. 1994년 지역주민들과 학부모들이 폐교반대운동을 벌인 두밀분교는 전교생 25명 교사 2명의 경기도 가평군 두밀리의 작은 산골학교였다. 당시 주민들은 행정재판, 헌법소원, 그리고 다음과 같은 진정서를 김영삼 대통령에게 보냈다.

[김영삼 대통령에게 보낸 진성서 전문]

김영삼 대통령 귀하

정부는 1994년 2월 28일자로 경기도 가평군 두밀분교를 비롯한 292개의 농어촌 소규모학교를 일방적으로 폐교시켰습니다. 정부예산을 절감하는 데 농민들도 참여하여 개혁의 '고통분담'을 해야 한다는 것과 농민의 자녀도 도회지 학교에서처럼 경쟁 속에서 성장해야 교육의 질이 높아진다는 것이 교육부의 주장이었습니다.

두밀분교와 같은 농어촌학교를 주민과 학부모들의 애절한 반대에도 불구하고 강압적으로 폐교하는 것은 민주적 개혁을 바라는 국민들의 기대를 저버린 채 현정부가 과거의 비민주적, 편의주의적 통치방식을 여전히 적용하고 있음을 보여 줍니다.

이러한 구태의연한 정부의 정책수행은 '민주행정, 교육개혁, 복지농촌'을 이룩하겠다고 선언한 현정부의 대 국민 약속에 정면으로 위배되는 것입니다.

농어촌학교의 폐교를 통해 소규모학교에서의 경쟁부재로 인한 교육의 질 저하를 막으려 한다는 교육부의 주장은 교육을 인격의 향상이나 국가사회에 기여할 민주 시민의 양성이 아닌 개인의 입신출세의 도구로만 여기는 그릇된 우리의 교육풍토를 계속 유지, 조장해 나가겠다는 것입니다.

진정으로 교육의 질을 높이기 위해서는 어린이들에게 과도한 경쟁을 유발하는 것을 삼가하고 모든 어린이들이 관심과 사랑 속에서 성장하여 단 한 명의 어린이도 우리 사회에서 버림받거나 낙오되지 않도록 노력해야 할 것입니다.

이를 위해서는 농어민의 자녀들처럼 열악한 지리적, 경제적, 문화적 여건으로 인해 의무교육의 혜택을 제대로 받을 수 없는 어린이들에게 좀더 과감한 교육투자가 이루어져야 할 것입니다.

　전교생이 수천 명이 넘는 도시의 과밀학교와 달리 20여 명의 학생이 두 분의 선생님과 함께 자연 속에서 생활하는 두밀분교와 같은 교육환경은 학부모라면 누구나 바라는 순수하고 이상적 아동교육환경이며 교육전문가들도 어린이들의 정서함양이나 건전한 사고방식을 키우는 데 큰 도움이 된다고 입을 모으고 있습니다.

무엇보다도 농어촌학교의 일방적 폐교는 떠나는 농촌에서 '돌아오는 농촌'으로 만들겠다는 김영삼 대통령의 공약에 정면으로 위배되는 것입니다. 비록 두밀분교와 같은 농촌학교의 폐교가 단기적으로 정부예산절감을 가져오긴 하겠으나, 장기적으로는 농촌인구의 도시집중으로 인해 이미 해결불능의 상태까지 도달한 교통 · 환경 등의 사회적 문제를 한층 더 악화시킬 것이며 결국 이의 해결을 위해 훨씬 더 많은 국가예산이 소요될 것입니다.

　더욱이 농민은 우리나라의 식량안보를 맡고 있는 사람들입니다. 예산이 없다고 국토방위를 소홀히 할 수 없듯이 약간의 교육비 지출을 줄이겠다고 농촌의 젊은 학부모들에게 이농을 강요하는 것은 국가안보를 위태롭게 하는 것과 다름이 없습니다. 또 우리의 농촌은 식량안보의 차원뿐만 아니라 환경보전의 차원에서도 결코 황폐화되도록 방관하거나 이를 유도해서도 안 될 것입니다.

　위와 같은 취지에서 거의 6개월이 넘도록 경기도 가평군 두밀리 주민들은 두밀분교의 폐교를 철회해 달라고 정부 각계각처에 호소해 왔습니다.

　그러나 모두들 자기부처 소관이 아니라며 사태해결을 미뤄왔습니다. 더욱이 폐교정책을 입안, 추진한 교육부는 농촌문제는 자기 부처 소관이 아니라며 농어촌학교 폐교를 농촌문제와 연관짓지 말라고 요구하고 있습니다.

　농어촌학교의 일방적 폐교를 통해 드러난 현정부의 권위주의적, 편의주의적 교육행정은 시급히 개혁의 수술대에 올라야할 것입니다. 더욱이 교육부의 폐교정책은 지난 1982년 군사독재시절 법적근거도 없이 시작된 비민주적 행정으로 이제 민주화를 표방한 현정부에서는 더 이상 지역주민과 학부모의 의사에 반하여 무리하게 강행되어서는 안 될 것입니다.

　부디 김영삼 대통령께서 교육은 백년지대계라는 자명한 이치를 거울삼아 농어촌학교의 일방적 폐교를 재고하는 용단을 내려 주시기 바랍니다.

　부디 이번 기회를 통해 우루과이 라운드 이후 실의에 빠져 있는 젊은 농민들에게 용기와 희망을 주시고 더불어 행정의 민주화와 진정한 교육개혁이 이루어질 수 있는 발판을 만들어 주시기 바랍니다.

　감사합니다.

두밀리 주민 일동

1994년 경기도 가평군 두밀분교 학부모들이 가평군 교육청의 폐교결정에 반대하며 등교를 거부하고, 행정소송을 제기한 사례이다. 농민들의 별다른 저항 없이 순조롭게 추진하던 농촌학교의 통폐합 정책에 공식적으로 이의를 제기한 사건이다. 당시 김영삼 정부는 1,546개에 달하던 100명 미만의 소규모학교 가운데 1,194개 학교를 통폐합 대상학교로 선정하고 각 시·도 교육청에 통폐합을 지시하였다. 폐교대상 학교 가운데 유일하게 지역주민들과 학부모들이 폐교반대운동을 벌이고, 경기도 가평군 두밀리의 학교 살리기 운동을 전개하였던 것이다.

IMF 구제 금융체제에서 1999년 김대중 정부 당시 교육부가 폐교방침을 확정한 이후 '농어촌 작은학교 살리기 운동'이 전국적으로 전개되었다. 농촌단체와 시민단체들은 정부의 농촌학교 통폐합 정책을 적극 비판했다. 이들은 '작은학교를 지키는 사람들'이라는 연대 기구를 조직했다. 또 농민단체, 교사단체, 학부모단체 등과 '농어촌 소규모학교 통폐합 저지를 위한 비상대책위원회'를 구성하고, 농어촌교육특별법 제정 등 제도적인 대책을 촉구하기도 했다.

이들은 작은 학교 통폐합을 반대하는 이유로, "첫째, 작은 학교 통폐합은 순전히 경제논리에 의해 교육과 문화를 희생시키는 것이다. 농어촌학교는 교육기관일 뿐 아니라 지역사회의 정신적·문화적 공간이기도 하다. 둘째, 작은 학교의 통폐합은 교육에 대한 지역간 차별화 정책이다. 「헌법」(제33조 제1항)이 보장한 '균등하게 교육받을 권리'와 구 「교육법」(제9조)이 명시하고 있는 '학교의 지역별, 종별의 공정한 배치' 정신을 근본적으로 침해하고 있다. 셋째, 작은 학교의 통폐합은 이촌향도 현상을 더욱 부채질하여 농어촌의 공동화 현상을 심화시킨다."라고 주장하였다.[2]

1999년 교육부의 농어촌 소규모학교 통폐합 추진을 계기로 농어촌 교육 발전을 위한 활동이 지역 민간단체 차원에서 활발하게 전개되었다. 이 같은

---

2) http://smallschool.ktu.or.kr/pink/index.html. 2004. 5. 1. 추출.

활동은 충남, 전북, 경북 등 농어촌학교가 많은 지역을 중심으로 일어났는데, 이 중 전국농민회전북도연맹 등 전북지역 시민 사회단체로 구성된 전북농촌학교살리기운동본부의 활동이 두드러진 사례에 해당한다. 이들의 활동 내용 역시 위의 농어촌 작은학교 살리기 운동과 궤를 같이했다고 볼 수 있는데 주요 활동으로 통폐합 반대운동, 복식 상치 수업 해소 활동, 농어촌교육특별법 제정 운동 등을 들 수 있다(이미영, 2004). 이 단체는 2004년 그간의 활동을 발전적으로 계승하여 전북농촌교육발전연구회로 활동하고 있다.

이와 같이 학교 폐교가 지역사회의 황폐화를 촉진한다는 비판이 강하게 일었으며, 농촌 소규모학교의 교육적 장점에 관한 주장이 다양하게 제기되었다. 통폐합 추진 초기에 교육당국은 통폐합 논리로 학습권 보장을 내세웠으나 실질적으로는 교육투자 효율성 차원의 경제적 논리가 주된 것이었다. 농촌 소규모학교 통폐합과 함께 농촌학교 교육 내실화를 위한 여러 정책들이 추진되었으며, 농촌 학생을 위한 역차등 보상정책이 추진되기도 하였다.

2012년 교육부의 교원정원 배치기준 개정안에 대해 전국교직원노동조합 강원지부가 제공한 보도자료를 인용해 본다.

> 정부가 교원정원법정정원 확보 포기 의사를 밝혔다. "모든 국민은 능력에 따라 균등하게 교육을 받을 권리를 가진다."는 「헌법」 제31조는 유명무실한 선언임을 교육당국이 확인시켜 주고 있다. 학생 수가 적은 소규모 지역은 교육 불가능지역으로 끝날 것이다. 「초·중등교육법」 제19조에는 교직원의 정원에 필요한 사항은 대통령령으로 정하고 교원의 배치기준은 관할청(교육청)이 정하도록 하였다. 이에 따라 「초·중등교육법 시행령」 제33조, 제34조, 제35조, 제36조에는 학급 수에 따른 학교급별 교원의 배치기준이 상세하게 명시되어 있다.
>
> 이러한 교원배치 기준 대비 우리의 교원 법정 확보율은 78%에 그치고 있어 교육주체들은 교육정상화를 교육여건 개선과 공교육 내실화를 위한 시급한 과제로 여겨 공교육 정상화를 위한 법정 교원 수 확보를 정부에 지속적으로 요구하였다. 그러나 교과부는 지난 9월 26일 난데없이 교원의 배

치기준을 전면 삭제하는 초법적인 「초·중등교육법 시행령」 개정령 안을 입법예고하여 교육계를 경악케 하고 있다.

교과부의 개정령 안에 따라 교원의 배치기준을 삭제하면 지방교육행정기관 및 공립의 각급 학교에 두는 국가 공무원의 정원규정에 의해 교사 총정원 내에서 학급 수가 아닌 학생 수에 따라 교원을 배치하게 된다. 이러한 학생 수 기준 교원배치 계획은 교과부가 지난 1월 소규모학교 통폐합 정책을 강행하며 지방교육행정교부금을 현행 학급수 기준에서 향후 학생 수 기준으로 배부하겠다던 적정규모 학교 육성 계획과 맞물려 다분히 의도적임을 알 수 있다. …… (중략) …… 결국 학생 수가 적은 농산어촌의 소규모학교는 정상적인 교육활동이 불가능해져 학교 통폐합을 강요당할 것이 자명하다. …… (중략) …… 개정령안을 교과부가 즉각 철회할 것을 요구한다.

이어서 이무완(2016)의 학교가 클수록 교육을 더 잘 하는가라는 기사를 읽어 보자.[3]

…… (중략) …… 학교가 사라지면 아이가 사라지고, 마을이 사라진다. …… (중략) …… 작은 학교는 그저 아이들만을 위한 공간이 아니다. 골골이 있는 작은 학교들은 아이들에게는 배움터이지만 학교에 기대어 살아가는 지역주민에게는 일터이다. 동문들에게는 고향을 기억하고 공동체의식을 키워 주는 교육 문화 공간이다. 멀리 갈 것도 없다. 이제까지 작은학교 통폐합이 지역사회나 교육현장에 얼마나 활기를 불어 넣었는지 생각해 보시라. 사람들을 도시로 내쫓고 지역사회와 경제를 허무는 데 큰 기여를 해오지 않았는가. 이는 지금까지 통폐합이 주는 교훈이다. …… (중략) …… 교실과 교과서만 있다고 학교가 아니다. 땅과 사람이 모두 아이에게는 교육과정이고 수업이고 체험이다. …… (중략) …… .

---

3) http://blog.daum.net/gu4660/4102. 2016. 1. 19. 추출.

학교 통폐합 정책에 대한 일반인의 여론을 살펴보기 위하여 2016년부터 2018년 11월 30일까지 학교 통폐합, 소규모학교에 대한 신문기사를 검색하였다. 우선 학교 통폐합 단어의 연결망 분석 결과는 다음과 같다.

학교 통폐합 단어에 대한 신문기사를 검색하여 출현 빈도 3회 이상을 나타낸 단어의 연결망을 분석한 결과는 [그림 13-1]과 같다. 소규모, 교육 단어의 빈도가 상대적으로 너무 많아 타 단어를 살펴보기 어렵기 때문에 소규모, 교육 단어를 제외한 워드클라우드를 시각화하였다.

[그림 13-1] '학교 통폐합' 단어 워드클라우드(wordcloud) 시각화

출현단어는 소규모, 교육, 기준, 지원, 반대 순으로 높게 나타났다. 소규모 단어는 반대, 지원, 정책, 학부모 단어, 교육 단어는 기준, 반대, 소규모, 학부모 단어, 기준 단어는 교육, 규모, 권고 단어, 지원 단어는 교육, 반대, 수규모 단어, 반대 단어는 학부모, 지원 단어와 연결관계가 강하게 나타났다. 신문기사에는 학교 통폐합 반대 논조가 강함을 알 수 있다.

다음으로 소규모학교 단어를 검색한 결과 통폐합, 교육, 지원 단어의 빈도가 상대적으로 너무 많아 타 단어를 살펴보기 어렵기 때문에 이를 제외하고, 4회 이상 출현한 워드클라우드를 시각화하면 [그림 13-2]와 같다.

[그림 13-2] '소규모학교' 단어 워드클라우드(wordcloud) 시각화

출현단어는 통폐합, 교육, 지원, 학생, 체험, 반대, 스포츠, 문화 순으로 높게 나타났다. 세부적으로 살펴보면, 통폐합 단어는 반대, 지원, 철회, 추진, 반발 단어, 교육 단어는 지원, 통폐합, 지원, 운영, 반대, 공동, 기준 단어, 지원 단어는 사업, 확대, 반발, 체험 단어, 체험 단어는 문화, 농촌, 교실 단어, 반대 단어는 통폐합, 교육, 지원 단어, 스포츠 단어는 문화, 활동, 육성, 지원 단어, 문화 단어는 농어촌, 교육, 스포츠, 시설, 체험, 활동 단어와 강한 연결 관계를 보이고 있다.

4. '보호된 가치'를 지킨 학교 사례

소규모학교 통폐합 정책은 작은 학교 살리기 운동을 태동시켰다. 전국적으로 폐교 위기를 극복하고 학교를 살리기 위한 운동이 전개되었다. 대표적인 사례로서 산내들초등학교를 탐방하고자 한다.[4] 산내들초등학교는 졸업

---

4) 학교 관계자의 도움으로 원고를 작성하고, 영문으로 옮겨 발표하였다. Im, Youn-kee(2009). Rural element school: A model for more innovative education. *The Korea Foundation. Korean Art & Culture 23*(4). 참조.

식 때 아이들이 졸업 소감문을 읽고 눈물을 흘리는 학교이다. 이 학교는 아이들이 오고 싶어 하고, 학부모들이 보내고 싶어 하는 학교이다. 한때 없어질 위기를 극복하고 다시 살아났으며 많은 아이들에게 마음의 고향으로 남아 있는 것이 이 학교의 존재의 이유이다. 작은 학교, 아름다운 교육을 꿈꾸는 사람들이 이 사례를 접하고 영감을 갖기를 바라는 마음이다.

폐교위기까지 내몰렸던 산골의 작은 학교 산내들초등학교는 교직원, 주민들의 노력으로 학교를 되살리고 공교육의 새로운 가능성을 제시했다. 산내들초등학교는 경기도 역사유적지 산내들성 내에 자리 잡고 있다. 400년이 넘은 두 그루의 큰 느티나무 아래 교실 8개의 작은 이 학교는 1901년 개교한 100년 전통의 전형적인 산골학교이다.

2000년 어느 여름날 경기도 소나무지역 '동화를 읽는 어른 모임'이라는 단체에서 학교 운동장에서 여름 캠프를 열었다. 이 자리에 모인 참가자들은 학교의 폐교 소식을 듣고 "이렇게 아름다운 학교가 없어진다는 것은 말도 안 된다. 우리 아이 몇 명을 보내면 폐교를 막을 수 있지 않을까." 하는 이야기들이 오갔다.

그 당시 향나무시의 한 초등학교에서 근무하던 교감이 교장으로 첫 발령을 받았다. 정 교장의 '학교를 살려 보자.'는 생각과 지역 주민의 바람, 소나무시의 뜻있는 학부모들의 바람이 의기투합되었다. 작은 학교를 살려 보자는 조그마한 바람은 점점 구체화되었다.

학교를 살리는 유일한 방법은 학생 수를 늘리는 것인데 어떻게 할 것인가, 뜻있는 시민난체와 학부모들이 아이를 전학시키는 건 좋지만 왜 그곳으로 가야 하는가……. 이런 문제를 놓고 수십 차례 토론을 벌였다. 마침내 '아이들이 자연 속에서 생활하면서 인격적 교감을 나눌 수 있는 작고 친밀한 학교를 만들자.'는 결론에 이르렀다. 거대학교, 과밀학급, 인간성을 잃은 교육에 지친 학부모가 워낙 많다 보니 지금과 같은 학교 운영방식의 큰 줄기가 잡혔다.

교장과 작은 학교의 꿈을 안고 합류한 3명의 교사, 지역 사회 및 새로운 교육의 열망을 안고 있는 소나무지역의 학부모들은 마음을 모아 조용히 '작은 혁명'을 시작했다. 이와 함께 소나무지역의 시민단체 회원들을 중심으로 학교 살리기 운동이 펼쳐졌다. 대도시의 학교환경뿐 아니라 학교교육 전반에 문제의식이 강렬했던 이들은 산내들초등학교가 지닌 교육 환경에 주목하면서 단순히 작은 학교를 살리는 차원이 아닌 기존 학교와 차별화된 새로운 학교를 꿈꾸게 된다. 폐교 위기의 학교가 극적으로 살아나는 계기가 되었다.

아이들의 전입이 1차, 2차, 3차에 걸쳐 이루어졌다. 창고 같던 교실을 교사와 학부모가 먼지 구덩이 속에서 며칠에 걸쳐 청소하였다. 마침내 2001년 3월 2일 아침, 등교하는 아이들에게 장미꽃 한 송이씩을 교문에서 나누어 주며 전교생 103명의 6학급 학교로 다시 태어났다. 학교의 지향점에 대한 합의의 언어로 '참 삶을 가꾸는 작고 아름다운 산내들초등학교'라고 부르기로 하였으며, 1학년에서부터 꽃마을, 나무마을, 산마을, 들마을, 강마을, 하늘마을이라고 차례로 이름을 붙여 주었다.

소나무시에서 장거리 통학을 하는 학생들을 위해 마을 주민들이 조를 짜서 학생들을 실어 날랐다. 봉고차로 혹은 승용차로 매일 도시의 학생들을 실어 등교시키고, 하교 시간이 되면 교문 밖에서 기다리다가 집에까지 데려다 주는 일은 학부모들이 마련한 스쿨버스가 운행될 때까지 몇 달간 계속 되었다. 지역 주민들 대부분은 산내들초등학교 출신들이라서 학교를 살리기 위해 먼 길을 마다하지 않고 올라와 주는 학생들을 위해 기꺼이 시간을 냈던 것이다.

학교에 대한 소문은 참 빨리 퍼져 갔다. 각종 언론 매체에서 소개해 준 이유도 있지만 좋은 학교 좋은 교육을 열망하는 사람들에게 산내들초등학교 소식은 계속적인 전입으로 이어졌다. 아이들이 없어서 학교 살리기를 했던 시간을 뒤로 하고 점점 밀려드는 전입생 때문에 지역 사회도 변화하기 시작했다. 학교는 지역 사회의 문화와 소통의 중심으로 다시 서게 되었다. 아이들의 웃음소리가 다시 들려오고 산내들성 지역에 활력을 주었다. 시들었던 마을 축제는 아이들의 웃음 소리로 가득했다.

지역 주민이었지만 도시로 떠났던 자녀들이 학부모가 되어 다시 시골로 오는 경우도 생기게 되었다. 마을에는 학교를 중심으로 모여든 사람들이 공동체를 형성하고 도시생활과는 다른 시골 생활의 독특한 삶을 즐기게 되었다. 서울 강남 8학군 명문학교와 대치동 학원가에 아이를 보내야 부모 노릇 제대로 하는 것으로 여기는 게 요즘 세태이지만 왜 불편함을 감수하며 이 작은 학교에 자녀를 보내려 기를 쓰는 것일까? 한 학부모들의 이야기를 들어 보면 산내들로 오는 학부모들의 바람을 알 수 있다.

"처음 장만한 아파트 입주를 몇 개월 남겨 놓고 산내들로 이사하기 위해 1960년대 판자촌을 연상케 하는 빈 집을 얻었습니다. 아이들이 추억도 없이 죽어라 공부만 하는 초등학교 시절을 겪게 하고 싶진 않았습니다. 사교육에 의지하지 않고 공교육만으로 아이를 잘 키우고 싶었어요."

산내들초등학교는 지역의 자연적 환경을 기반으로 하는 체험 중심의 교육과정을 수립 운영하였다. 산내들초등학교가 산골학교이기에 가능한 것이었다. 한국에서 폐교 대상의 학교는 대개 산내들초등학교처럼 산골이거나 농·어촌의 학교인데 학교들의 기반인 자연 친화적인 환경은 학교의 생존에 아무런 도움이 되지 못한다. 하지만 산골 학교의 약점이 되는 지역적 기반은 산내들초등학교에서는 장점이 되었다.

산내들의 아침은 싱그러운 자연과의 교감부터 시작된다. 자연 채광이 잘 되는 도서관에서 책을 빌리기도 하고 자유롭게 놀기도 하지만 대부분의 아이들이 등교하면 선생님과 함께 뒷산으로 숲 산책을 나간다. 학교 뒷마당은 곧바로 울창한 소나무 숲으로 이어지며 숲이 지닌 신비한 숨결은 그대로 아이들의 감성이나 사고와 만난다. 이러한 아침 활동은 아이들의 감수성을 키우고 차분하게 공부할 수 있는 마음의 여유를 갖게 한다. 흙을 밟고 자연의 변화를 느끼는 활동으로 시작하는 산내들의 아침은 자연과 잘 어우러지는 산내들만의 교육과정이다. 학교 뒷산은 아침 숲속 활동 및 자연 관찰 학습을 할 수 있는 훌륭한 체험 학습의 장이다. 자연을 통한 관찰을 하고, 숲 산책 후 이야기를 나누기도 한다. 국어 시 쓰기 수업, 과학과 자연관찰 수업 등 체험 위주의 수업에 숲속 교실이 활용된다.

학교 주변에 있는 학교 텃밭을 활용하여 농사 짓기 체험활동도 하고 있다. 실과, 과학, 슬기로운 생활 등의 과목에서 정규 교육과정의 일환으로 적용하고 있다. 또한, 각 학년에 배당하고 남은 텃밭은 학부모들에게도 분양하여 가족끼리 농사짓는 체험을 일상적으로 하게 하였다. 또한 아이들이 놀고 자연스럽게 공부할 수 있는 복합 놀이터를 운영하였다. 야생화 및 각종 화초, 채소를 가꾸어 자연스러운 생태 학습 체험이 되게 하였다.

산내들초등학교 구성원들은 어린이뿐만 아니라 교사나 학부모도 교육적으로 성장한다. 교육 구성원들의 성장은 건강한 신뢰를 바탕으로 한 커뮤니티 속에서 이뤄졌으며 교육 구성원들의 협력이야말로 학교를 새롭게 세우고 유지하는 가장 핵심적인 힘이었다. 그리고 2001년 9월 개통하여, 접속자 150만 명을 상회하는 활성화된 홈페이지를 운영하고 있다. 홈페이지는 학교 구성원들의 적극적인 소통의 중요한 매개로 활용되고 있다. 많은 논의들이 학교 홈페이지를 통해 이루어지고 있으며 각종 학습안내와 학교자료 등이 게시판과 자료실을 통하여 공유되고 있다.

산내들초등학교는 교육 구성원들이 협력하여 좋은 학교를 만들고 그 사례를 다른 곳으로 자연스럽게 전이시키고 있다. 산내들의 성공의 열쇠는 신뢰와 믿음이었다. 교장은 교사를 믿고 교사는 아이들을 믿고 학부모들은 학교를 믿었다. 그러한 믿음은 문화가 되고, 발전과 성장을 이끄는 작은 톱니바퀴가 되어 학교를 성장하고 유지하는 결정적인 역할을 했다. 자율의 힘을 믿고 교육 구성원들이 끊임없는 소통을 한 것이 오늘날 산내들 교육의 열쇠이다.

산내들초등학교는 아직도 남에게 보여 줄 만한 멋지고 문서화된 성과물은 그렇게 많지 않지만 밀려드는 전학생들로 몸살을 앓고 각종 미디어의 단골 취재감이 되었다. 교육 구성원들의 믿음과 신뢰는 불필요하게 자신을 증명할 문서의 생산이나 보여 주기 위한 이벤트성의 행사를 최소화하고 교육 본질에 충실한 활동을 전개할 수 있게 했다. 믿음과 신뢰가 바로 그 작은 학교의 위기, 나아가 공교육의 위기를 극복 할 수 있는 유일한 희망이라고 말하고 싶다.

산내들초등학교 사례를 벤치마킹한 작은 학교들이 여러 곳에서 선을 보이고 있다. 충남 아산, 전북 완주, 경북 상주, 부산, 시흥, 익산, 부산 등에서 '작은 학교' 만들기를 실현해 가고 있다. 그 외에도 전국 각지에서 다양한 '작은 학교 만들기'가 시도 되고 있다. 산내들초등학교는 다른 학교의 사례를 통해 다시금 영감을 얻고 더 발전하는 계기를 마련하고 있다.

뜻있는 작은 학교들이 만든 '작은 학교 교육연대'는 작은 학교의 교육적 상상력을 계속 다른 곳으로 전파하고 있다. 이러한 운동은 수많은 교사와 학부모들 속에 잠재되어 있는 학교교육에 대한 '새로운 기대와 욕구'를 촉발시킨 기폭제의 기능을 할 것으로 보인다. 소수의 뜻있는 교육자들의 각고의 노력에 의해 시도된 시골 작은 학교 살리기 사례가 전국 방방곡곡의 시골 작은 학교에서 새로운 모습으로 구현되기를 희망한다.

제14장

딜레마 상황에서 행위자의 인식

학교 통폐합 정책결정의 핵심 행위자는 국가 재정과 예산을 관리하는 기획재정부, 학교교육에 관한 모든 업무를 중앙에서 관장하는 교육부이다. 교육부는 학교 통폐합 정책뿐만 아니라 농촌학교 육성 정책을 병행해서 추진하고 있다. 시·도 교육청은 중간관리자로서 중앙으로부터 압력을 받으면서 학교 통폐합보다는 작은 학교 살리기 쪽에 무게를 두는 편이다. 학교 통폐합 의사결정 무대는 실질적으로 단위 학교에서 펼쳐진다. 지역사회 주민이나 학부모의 투표에 의해 학교 통폐합 여부가 판가름 난다. 학생, 학부모, 학교 관리자가 조연 같은 주연이다.

도·농복합시인 기러기시 오리면에 있는 진달래초등학교가 문을 닫았다. 진달래초등학교 다수의 학생은 도·농복합시인 기러리시의 봉숭아초등학교로 전학을 가고, 소수 학생은 오리면에 소재하는 오리초등학교(초·중통합운영학교)로 전학을 갔다. 봉숭아초등학교로 전학을 간 학생, 통폐합 당시 진달래초등학교 학부모 추진위원장, 통폐합 당시 진달래초등학교 교감과 봉숭아학교 교장이 등장한다. 2017년 11월부터 12월 사이에 면담이 이루어졌다.

대표적인 사례라고 볼 수는 없으나 사족을 붙일 필요도 없이 학교 통폐합 배경, 과정 그리고 결과를 상세하게 이해할 수 있다. 학교 통폐합 지원금이 자주 나오는 것은 특이한 사항이다.

1. 학생
(진달래초등학교 통폐합 이후 봉숭아학교초등학교 재학)

연구자: 안녕하세요. 소개 부탁해요

학　생: 6학년 솔아라고 합니다.

연구자: 전에 진달래초에서 다니다 올해부터는 이 학교에 다니는 거예요?

학　생: 네.

연구자: 학교생활은 어때요? 전에 다니던 진달래초와 지금 다니는 봉숭아초는 어떤 게 다른 거 같아요?

학　생: 진달래초는 사람이 거의 없었는데 여기는 많은 거 같아요.

연구자: 그때 거기서는 몇 명이나 다녔었지? 같은 학년에?

학　생: 1학기 때 2명이었다가 2학기 때 한 명이 전학 갔어요.

연구자: 그럼 혼자 남았겠네?

학　생: 네.

연구자: 그럼 여기는 한 반에 몇 명이예요?

학　생: 지금은 19명이예요.

연구자: 그럼 혼자서 다닐 때랑 지금 19명일 때랑은 어때요?

학　생: 혼자 있을 때는 토론을 못했는데 여기서는 토론도 할 수 있고 그래서 좋은 거 같아요.

연구자: 그렇겠네. 그 외에 또 어떤 게 있을까?

학　생: 모르는 것을 친구들이 알려 주기도 하고 제가 알려 주기도 해서 좋아요.

연구자: 그렇구나~ 거기서는 맨날 1등이었겠는데?

학　생: 그랬어도 잘하는 것은 아니니까요.

연구자: 그 생각은 누구 생각이야?

학　생: 제 생각이에요.

연구자: 그 외에 다른 불편한 점이나 어려운 것은 없었어요?

학　생: 별로 없는데요.

연구자: 야~ 긍정적인 성격인가 보다. 여기 와서 새로운 친구들을 만났을 텐데 친구들하고 불편하거나 어렵지는 않아요? 여기 친구들은 거의 1학년부터 같이 해 오던 친구고, 솔아는 올해 처음으로 새롭게 만난 친구들인데 어색하지는 않았어요?

학　생: 네.

연구자: 말하는 게 불편해요? 솔아가 다녔던 진달래초처럼 농촌에 있는 학교들이 학생 수가 자꾸 줄어들고 있는 상황이에요. 그래서 솔아의 생각을 솔직하게 이야기해 주면 앞으로 이러한 상황들에 있는 학생들에게 어떤 도움을 줄 수 있을지 연구를 하려고 하거든. 솔아의 생각을 이야기해 주면 많이 도움이 될 수 있을 거 같아.

학　생: 1학기 때 친구들 사귀기가 힘들었어요. 2학기는 친구들도 많이 생기고 해서 괜찮아졌어요.

연구자: 친구들과는 어떻게 해서 친하게 되었어?

학　생: 학교 끝나고 학원이나 그런 걸 안가니까 애들하고 운동도 하고 대화도 하고 놀기도 하면서 친해졌어요.

연구자: 학교는 스쿨버스로 다니나?

학　생: 네.

연구자: 아침에 일찍 나와야 하겠네? 얼마나 걸려?

학　생: 차타고 30분 정도?

연구자: 그럼 차는 1학년이랑 다 같이 타고 다니나?

학　생: 네.

연구자: 그래서 차를 타는 시간이 길구나?

학   생: 네

연구자: 버스를 타고 다니니까 좋은 점이나 나쁜 점은 뭐야?

학   생: 좋은 점은 정해진 시간에 집에 가니까 좋아요.

연구자: 친구들이랑 더 놀고 싶을 때는 어떻게 해?

학   생: 친구들은 거의 학원 가거나 그래서 어차피 없어요.

연구자: 진달래초 다닐 때는 동생들하고 놀았어?

학   생: 그때는 5학년 여자애가 있어서.

연구자: 그럼 별로 안 놀았어?

학   생: 네.

연구자: 그럼 여기 학교 다니면서 힘들거나 좋았던 건 또 뭐가 있을까?

학   생: 점심시간에 친구들이 많고 밝아서 좋아요.

연구자: 여기 친구들이 착한 애들이 많은가 보다.

학   생: 네.

연구자: 여기 올 때 진달래초는 폐교를 해서 없어진다고 생각하니까 어땠어?

학   생: 새로운 학교에 온다고 하니까 긴장되었어요. 새로운 학교니까 선생님들
        도 다르고 환경도 다르고 하니까.

연구자: 지금은 좀 어때?

학   생: 괜찮아요.

연구자: 그럼 중학교는 어디로 가고 싶어?

학   생: 기러기 시내에 있는 학교로요.

연구자: 오리초로 갈 수도 있었는데 여기를 선택한 이유가 있을까?

학   생: 오리초는 학생도 없고, 여기는 친구들도 많고 그래서요. 그리고 이쪽은
        학원도 가깝고 그러니까요.

연구자: 그렇구나. 이야기해 줘서 고마워요.

2. 학부모
(진달래초등학교 통폐합 추진위원장)

연구자: 소개 부탁드려요.

학부모: 네, 저는 지금 봉숭아초에 1학년과 유치원(7살) 다니는 아이가 있어요. 지금 통폐합하기 전에 진달래초에서 '통폐합 추진위원장'을 맡았었어요.

연구자: 그럼 오리면에 오리초도 있는데 현재 이 학교(봉숭아초)와 비교하여 통학거리는 어떤 차이가 있는가요?

위원장: 아무래도 오리초가 훨씬 까깝죠. 절반가량은 가깝다고 봐야죠. 사실 추진위원장으로서 오리초가 아닌 봉숭아초를 선택할 수밖에 없었던 이유가 오리초의 경우는 아이들이 적잖아요. 제가 아이들 유치원을 보낼 때 보니까 초등학교 아이들이 너무 없어서 유치원 자체도 3~4명 정도 밖에 없었어요. 초등학교도 한 반에 1~2명인데 2명인 반도 거의 없었어요. 그래서 복식수업을 하다보니까, 사실은 예전부터 통폐합 문제가 많이 나오긴 했었어요. 아이들이 너무 많이 줄었기 때문에. 어릴 때는 큰 문제가 없어요. 초등학교는 오리초나 봉숭아초 모두 큰 문제가 없어요. 그런데 중학교는 오리초·중학교나 시내로 가야 하는데 걱정이지요. 학부모들이 요청을 했었어요. 초등학교는 오리초나 진달래초를 다녀도 중학교는 시내로 보내 달라 했대요. 원래 규정상 인근 학교를 다녀야 하잖아요. 근데 그게 안 된다고 하니까 통폐합을 하지 않은 기에요. 오랫동안요. 이번에 저희가 이렇게 결정했던 이유는 그때 당시에 비해 아이들도 현저하게 줄었고, 다문화 아이들도 많고, 작년 같은 경우에는 졸업예정자가 아예 없었어요. 오리초·중학교에 진학하는 학생이 없는 거죠. 그래서 학부모들 사이에서 우리가 시내로 나갈 수 있다면 통폐합을 추진해 보자고 얘기를 했었던 거죠. 원래 부모님들 생각은 똑같아요. 애들만 생각하지요. 봉숭아초 자체도 많은 건 아니에요. 한 반에 10명 또는 조금 넘거든요.

연구자: 그럼 통폐합 이야기가 나온 시점은 언제예요?

위원장: 원래는 몇 년 전이었어요. 시에서는 워낙 아이들이 적으니까 통폐합을 했으면 좋겠다 했고, 학부모도 중학교는 시내로 보내 달라 했지만 규정상 그게 안 되었던 거고, 그걸 선대위에 넘긴 거예요. 그러다 그게 잘 안되고 한번 무산이 되다 보니까 그냥 시간이 흘러 몇 년이 지난 거예요. 작년의 경우 더 이상은 버틸 수 없다. 시에서도 학부모들에게 통폐합 안하면 어쩔 수 없다. 그러니 학부모들도 논의를 해 봐라. 학부모들도 지금 아니면 더 이상 어렵겠구나 싶었어요. 그렇다고 분교로 가는 건 아니다 싶었고. 할 거 같으면 이번에 결정을 해서 나가자 그렇게 했었던 거조. 사실은 우리도 통폐합 하면서 2명은 오리초로 갔어요. 2명의 경우 같은 면 지역이기 때문에 아무래도 지역 학교를 보내야지 무슨 소리냐? 그랬고. 사실 지역이라는 게 가장 컸죠. 그리고 희망하지 않는 아이가 한 명 더 있었는데 그 아이 같은 경우는 형이 거기(오리초·중)에 있어서 그랬어요. 그래서 자기는 중학교를 오리초·중으로 가도 괜찮다. 나는 혼자 가도 문제없다 하는 애들은 그쪽으로 간 거고. 사실 저희는 아이들이 좀 더 많은 곳에서 혜택도 누리고 좀 더 넓은 곳에서 다니면 좋겠다 하는 꿈이 있었기 때문에 선택한 거죠. 사실 자발적으로 선택을 해서 나온 거예요. 강요를 하거나 그러지 않고. 어쨌든 원래 계획으로는 한 학교로 통합을 시키자 하는 거였어요. 저희들도 고민을 하고 협의를 하는 상황에서 너무 한쪽으로 치우치기에는 지역 인심도 그렇고 다른 학교를 희망하는 아이들이 있을 수 있어서 굳이 강제적으로 같이 나가자라고 하고 싶지 않았어요. 2~3년 후에는 모두 오리초로 갈지도 모르지만 일단 다수의 학생들이 봉숭아초를 선택했지요. 현실적으로 편법을 써서 시내 학교로 다 나가요. 그런 게 너무 많아요. 살기는 여기서 살고 있지만 주소를 이전해서 초등학교도 나가고 중학교도 나가고 그런 사람들이 많아요. 어차피 그럴 바에는 그냥 시내로 가자 그런 거예요.

연구자: 학부모 입장에서는 아이들의 입장에서 결정을 내릴 수밖에 없었을 거 같

은데 지역에서는 다른 의견도 있었을 거 같아요. 지역에서는 의견들이 어땠나요?

위원장: 지역에서는 이왕 통합할 거면 지역의 학교에 지원금을 받게 해서 그 학교를 더 활성화시키자. 그렇게 되면 어차피 그 학교 아이들도 지역 내 아이들인데 더 낫지 않겠냐는 의견도 있었지요. 그 말이 맞다고 인정하지만 우리가 첫 번째로 고려했었던 것은 아이들이 너무 없었기 때문인데 우리가 군이 오리초로 가도 전교생이 40명에서 50명 미만이지 않느냐라는 생각이었어요. 중학교 다니는 애들은 더 줄어들고 있어요. 오리초 아이들이 다 오리(초)중학교로 가는 건 아니거든요. 결국엔 나오거나 그런 상황이거든요. 어차피 우리가 열악하고 아이들이 너무 없기 때문에 아이들이 많은 경험을 할 수 있도록 불가피하게 선택을 했는데 이 아이들이 오리초로 가면 한두 명만 늘어서 큰 의미가 없잖아요. 그래서 우리는 그건 아니다. 앞으로의 아이들을 생각하자 해서 어쩌면 저희가 총대를 맨 거죠.

연구자: 혹시 그 과정에서 지역과의 갈등은 없었나요?

위원장: 있었죠. 군이 지원금을 다른 지역 학교에 나눠 주냐 그랬어요. 우리는 돈 문제가 아니라 단지 스쿨버스가 중요하다고 했어요. 사실 돈은 여길 가나 저길 가나 별 상관이 없는 게 사실이에요. 근데 스쿨버스를 지원해 주면 우리가 등하교를 위해 다닐 필요가 없으니까 중요한 문제지요. 아이들이 학원을 다니든 어디를 다니든 자가용으로 데려다줘야 하는데 그럴 수 없는 형편이니까요.

연구자: 돈 이야기를 했었는데 무슨 이야기인지요?

위원장: 통합하면 아무래도 자금이 오잖아요. 통폐합 관련 자금이 오는데 어떤 분들은 군이 그 돈을 다른 지역에 보내 쓰게 하냐? 같은 돈이면 이 지역의 학교 발전을 위해 쓰면 좋지 않느냐? 이런 이야기를 하는 분들이 지역에 좀 있었어요. 저나 다른 부모님들도 돈 하나 때문에 아이들을 보내게 되는 거는 아니지요. 그런데 지역을 살리자고 하시는 분들은 지역은 생각을 하지 않고 다른 지역 학교에 도움을 준다고 생각하는데 저조차도 그

건 합당하지 않다고 생각했고, 봉숭아초에 아이를 보낸 분들도 다 그런 이야기를 했었어요. 돈은 주지 않아도 좋다. 나갈 수만 있으면 나가게 해 달라는 거였어요. 그간 많은 그런 일들이 있었죠. 어쨌건 거기(오리초)에 다니는 아이들도 있기 때문에 우리 아이가 여기(봉숭아초)에 다닌다고 해서 여기가 좋다라고만 말할 수 없지요. 그 학교를 선택해서 잘 다니는 아이들도 있기 때문에 그렇게 말할 수만은 없을 거 같아요. 오리초 다니는 아이들도 잘 다니고 있다고 봅니다. 진달래초보다는 아이들이 늘어난 학교거든요. 혼자 또는 둘이 놀았는데 놀 아이들이 많아진 거죠. 여기 온 아이들도 처음에 적응을 못하면 어쩌나 하는 고민을 했는데 아이들은 또래 집단과 어울려 좋다라는 얘기도 하더라고요. 물론 어린아이들은 스쿨버스를 타야 하기 때문에 버스 타는 게 힘들기도 하겠지요. 아무래도 그렇겠죠. 처음에는 적응 못하고 그랬으니까. 시간이 지나다보면 더 익숙해지겠지요. 그런데 큰 아이들은 알더라고요. 그전에는 1~2명씩 지내다가 여기로 왔는데 어떨지 모르겠어요. 제 생각에는 아무래도 경험을 더 많이 하니까요. 그래도 들리는 얘기로는 재미있어 한다라고만 듣고 있어요. 제 나름대로 그렇게 듣고 있어요.

연구자: 그럼 고학년 부모님과는 직접 접촉을 하나요?

위원장: 그렇죠. 같은 동네이다 보니 자연스럽게 만나게 되죠. 안 만날 수가 없죠. 그리고 저 같은 경우는 어쨌든 추진위원회의 책임 역할을 맡았기 때문에 더 세밀하게 관심을 갖고 물어봐야 되는 상황이잖아요.

연구자: 추진위원장이라고 했는데 정확한 명칭은 뭔가요?

위원장: 통폐합 추진위원장, 그게 3명이 있었어요. 학부모 운영회장이 있었고, 자모회장이 있었고, 그리고 제가 있었는데 두 분은 아이가 졸업반이었고 저는 앞으로 다녀야 하는 상황이었고 그래서 같이 하게 한 거죠.

연구자: 그때 당시에는 아이가 유치원에 다니고 있었을 거 같아요.

위원장: 저는 유치원 운영위원장을 하고 있었어요. 아이가 유치원에 다니고 있었지요. 두 분들은 통폐합 당시 아이들이 학교에 다니고 있었던 분들이지

　요. 통폐합 운영위원회를 만들고 제가 같이 활동을 하게 된 거죠.

연구자: 그러면 통폐합 운영위원회는 어떻게 만들어졌나요?

위원장: 회장과 자모회장은 당연히 들어가야 되겠죠. 그분 아이들은 재학생이었고 저는 신입생이 되는 거고요. 그래서 같이 모여서 의견을 모아 만들었던 거죠. 그럼 이 일을 누가 했으면 좋겠냐고 했을 때 학부모들이 저한테 위임을 한 거죠. 저나 회장님이나 운영위원장에게. 두 분들 같은 경우에 아이들이 학교에 재학 중이었고, 저의 아이는 입학을 하지 않은 상태였지요. 사실 투표권은 저한테 없었어요. 투표권을 유치원 학부모까지 준 것은 아니었어요. 그때 당시 재학생 학부모들이 투표를 해서 결정을 내린 거죠. 아이들이 졸업을 하는 학부모 분들이었기 때문에 앞으로 이 아이들을 끌고 가야 할 제가 영입이 되었던 거죠.

연구자: 그러면 지역에 이 학교를 모교로 하고 있는 분들의 반응은 어떠셨어요?

위원장: 저도 졸업생이에요. 마음은 안 좋죠. 저는 어떻게 생각을 했냐면. 모르겠어요. 너무 단순하게 생각하는 건지도 모르겠는데요. 사실 모교라는 게 있으면 좋아요. 진달래초등학교가 없어진다고 해서 내가 진달래초등학교의 학생이 아니었다는 것은 아니잖아요. 저는 그렇게 생각을 했거든요. 물론 제 후배들을 계속 양성하면 좋겠지만요. 내가 그 학교에 다녔다고 해서 학교에 대한 자부심만으로 계속 남아 있어야 한다는 생각은 아니에요. 그것은 제 입장에서의 생각인 거예요. 우리 아이들의 입장이 아니라 제 생각인 거죠. 단순히 내가 다닌 학교라고 해서 1명이든 2명이든 그대로 끌고 가야 한다는 것은 아이들을 학대하는 것이라 생각했어요. 저는 어차피 진달래초등학교를 다녔지요. 진달래초가 없어져도 그 학교는 거기에 분명히 있었던 건 사실이잖아요. 없어지면 나쁘죠. 가장 중요한 거는 가까이에 학교가 없다는 거죠. 내 모교가 없어지는 건 아니잖아요.

연구자: 두 학교의 통폐합 과정에서 결정을 내릴 때 가장 결정적으로 작용했던 것은 뭐라고 생각하세요?

위원장: 사실 아이들 관리 자체가 안 되죠. 선생님들의 관리가 아니라 아이들이

자라다 보면 성향이나 습관이라는 게 있는데 한 명일 때는 그게 맞는 줄 알아요. 그런데 두 명, 세 명 일 때는 그게 아니잖아요. 체육시간만 하더라도 전교생이 다 나와 있어요. 얼른 봐도 뭐가 안 되거든요. 아이들을 유치원에 데려다주러 가면 전교생이 다 나와 있는 거예요. 그런데 아니 혼자만의 활동밖에 안 되는 거예요. 물론 공동체에서 어린아이들과 같이 하는 때도 있지만 같은 또래 친구가 없다 보니 누가 "이건 아니야." 라고 말을 해 줄 수도 없죠. 이게 무슨 얘기냐면 사실 아이들도 저도 이걸 잘 몰랐어요. 아이들 스스로도 누가 말을 해 주지도 않고, 누군가 비교 대상이 없는 거죠. 그런 말을 작년에 너무 많이 들었어요. 예를 들면, "너 친구들한테 이렇게 하면 안 돼."라고 말하는 것을 몰랐다는 거예요. 당연하죠. 친구가 없으니까 그렇게 해 본 경험이 없는 거예요. 불과 2~3년 전만 하더라도 형이나 누나들이 있었는데 그때는 "너 이렇게 하면 안 돼." 라고 하면 하지 말아야 하는 걸 알았단 말이죠. 근데 이게 1~2년 전부터 아이들이 없다 보니까 그렇게 말해 줄 사람이 없는 거죠. 이래서는 안 된다는 것을 학부모들이 이제야 알았다는 거예요. 그때 당시만 하더라도 전혀 몰랐지요. 여기 와서도 처음엔 그랬죠. "아니야. 그렇게 하면 안 돼." 라는 것을 몰랐다는 거예요. 형아들이나 누나들이 있을 때는 그렇게 하면 안 된다고 했는데 형들이나 누나들도 없다 보니까 그렇게 하다가는 진짜 문제가 생기겠구나 했지요. 그래서 그때부터 추진해 봐야겠다고 생각하고, 그동안 억눌러 왔고, 참아 왔던 것들을 터뜨린 거죠.

연구자: 그럼 진달래초가 통폐합되기 전과 통폐합 이후 지역의 변화나 반응은 어떤가요?

위원장: 제가 보기에는 일단, 아이들이나 학부모들이 잘 지낸다고 합니다. 지역에서는 어쨌든 오리초에도 지원금이 가고 있기 때문에 얼마인지는 정확히 모르겠지만 아이들도 그 혜택을 받고 있고, 앞으로 20년 30년은 아니지만 아이들이 혜택을 받고 있다는 것을 주민들도 잘 아시고 있지요. 아이들도 잘 다니고 있다는 것을 아시지요. (진달래)학교에 한두 명만 다닌

다는 것을 다 아는데 직접적으로 관계하는 분들이라든지 지역 관계자들이라든지 지역 개발위원장이라든지 하는 몇 분들이 반대를 하셨던 거지요. 몇 몇 분들이 굳이 오리초등학교를 놔두고 그렇게 시내로 아이들을 다니게 하냐라는 것인데, 저희도 그런 분들이 90%, 70% 그렇게 되었다면 추진을 못했겠지요. 애들은 많은 데로 보내야 된다고 그렇게 말씀하는 분들도 계시기 때문에 어떻다라고 말씀드리기는 힘든 부분이에요. 정말 안 좋은 것은 그런 겁니다. 폐교된 자리에 어떤 시설이 들어온다든지, 아직 들어오지는 않았지만 언젠가는 뭐가 들어온다는 것이지요. 뭐가 들어온다 하는 그런 언쟁들, 하다못해 요양시설이 들어온다든지 뭐 그런 것은 아직 뭐가 확정되지 않은 상태에서는 크게 문제되고 있지는 않아요. 물론 말은 할 수 있겠지요. 학교를 폐교시켜서 그렇게 되었다라고요. 그렇지만 지금은 그게 중요한 문제로서 비중을 차지하지는 않은 거 같아요.

연구자: 아직 아이가 어려서 중학교까지는 생각 안하셨을 수 있겠지만 만약 중학교를 보낸다고 하면 시내로 보낼 의향이신가요?

위원장: 그렇죠. 진짜 저희도 고민했던 것은 아이가 "진짜 나 여기가 싫어. 힘들어."라고 하지 않는 이상은 그렇게 할 거고요. 지금 시내로 중학교 다니는 애들이 4명 있거든요. 아이들도 좋아하고 재미있어 한다고 하더라고요. 물론 다 만나보지는 않았지만요.

연구자: 그럼 작은아이는 유치원을 어디로 다니고 있나요?

위원장: 여기 봉숭아초로 다니고 있어요.

연구자: 거리가 있는데 이동은 스쿨버스를 이용하나요?

위원장: 네, 다행히 버스를 지원해 줘서 이용하고 있어요.

연구자: 혹시 어려움이 있다면 어떤 게 있을까요?

위원장: 저는 실은 자가용을 가지고 있어서 상관은 없어요. 그래도 스쿨버스가 좋지요. 그런데 자가용이 없으신 분들은 죽으나 사나 스쿨버스를 이용해야 하는 거잖아요. 걸어서 다닐 수 있는 거리가 아니기 때문에. 물론 오리초 또한 마찬가지지만요. 어차피 걸어 다닐 수 없는 상황인거죠. 거리

상에 약간의 차이는 있지만. 저도 처음에는 스쿨버스를 타고 다니는 것을 걱정했었어요. 중학교까지 이용을 같이 해요. 어쨌거나 아이들에게 말을 해서 다 알고는 있어요. 중학교에 가려면 어차피 그렇게 해야 한다는 것을요.

연구자: 네.

위원장: 여기 오신 분들 자체는 지역에는 어쩌면 죄인인 거죠. 어쩔 수 없었지만. 아이들을 위해 결정을 한 거지. 아는 분들은 다 아시는 거고. 그래요. 저는 앞으로 바라는 것은 오리초를 갔든 봉숭아초에 왔든. 지역에 함께 살고 있는 아이들이기 때문에 기금 혜택을 받아서 잘 자라는 것. 하나로 갔으면 하는 마음, 우리 아이들이고 다른 학교로 간 아이들이고 그런 건 없어요. 서로 잘 다니고 적응 잘하기를 바라는 거예요. 아이들이 싫다고 했으면 안했을 거예요. 그런데 아이들이 좋다고 했기 때문에 그렇게 한 거죠. 후회는 사실 안 해요. 학교 옆을 지나면서 바라볼 때마다 마음이 안 좋은 건 있어요. 조금의 가능성이라도 있었으면 정말 그렇게 추진하지 않고 싶었어요. 어디서 끌고 오고, 돈을 주고 사서라도 학교를 남기고 싶었는데, 안 되더라고요. 정말 가능성이 없었어요. 설령 아이들이 온다고 하더라도 중학교 때문에 다시 나가야 하거든요. 초등학교는 어떻게든 끌고 나간다고 하더라도 결국에는 나가고, 아이들은 또 1~2명 남아요. 내년에 여기 오리(초)중학교 입학생이 1명이거든요. 지금 다니는 아이들은 3명이에요. 그중에서 2명은 시내 아이들이에요. 오리(초)중학교가 나쁘다고 할 수 없는데 결국에는 혼자 다니게 되는 거잖아요. 혼자 다니게 되는 그 아이한테 물어 봤어요. "사정이 이만 저만 해서 결국 너 혼자 남게 되는데 같이 가는 게 낫지 않겠니?" 했더니 그 아이는 혼자여도 괜찮다 했기 때문에 그럴 수 있다. 그래서 보낸 거죠.

연구자: 학교가 없으면 젊은 층들이 오지 않잖아요.

위원장: 저도 일 때문에 들어갔지만 정말 젊은 사람들이 살 수가 없어요. 일자리는 그렇다 치고 아이들이 있으면 학교가 뒷받침이 안 되면 안 되거든요.

대부분 학교에 아이들이 없거나 그러면 들어갈 엄두가 안나요. 저 같은 경우도 여기 인근 타 지역도 알아봤거든요. 사업장 때문에 알아보고 다녔는데 결국에는 학교를 보게 되더라고요. 학교를 보니까 너무 열악한 거예요. 여기 오리초 같은 상황에도 젊은 분들이 있어요. 그런데 거의 다 문화예요. 여기는 올 수가 없는 구조예요. 온다고 하더라도 주저주저하게 되는 거예요. 선 듯 오라고도 못하겠는 거예요. 귀농하거나 나이 들어서 노후 대책으로 오거나 하지 않으면 어려워요.

연구자: 이렇게 시간 내 주셔서 감사합니다.

3. 학교 관리자 1
(전 봉숭아 초등학교 교감)

연구자: 진달래 초등학교 아이들이 시내 봉숭아 초등학교에 왔네요?

교　감: 학부모 의견이 제일 중요합니다. 그분들이 원하는 쪽으로 결정하죠. 보통 교육청 입장에서는 폐교를 시키기를 희망하잖아요. 그걸 추진하려면 학부모님들의 요구사항이 많아지고 요구사항을 들어줘야 폐교를 하겠다는 동의를 해 주지요. 그러다 보니 우리는 학생을 받는 입장이고 받는 입장에서는 지원금을 받으니까 그렇기는 한데 그래도 우리 의견보다는 그쪽들 의견이 굉장히 강하게 작용해요.

연구자: 그렇군요. 제가 궁금했던 거는 진달래초에서는 통폐합 대싱 힉교에 내한 의견이 나뉘어 졌을 수도 있을 거 같은데 그때의 정황들을 설명해 주시면 좋을 것 같습니다. 학부모들이 봉숭아초를 선택했던 결정적인 이유 등 그때의 상황들이 궁금합니다.

교　감: 원래 학부모들은 폐교를 원하지만 학교 주변의 어떤 동창회라든지 마을 유지라든지 이런 사람들은 적극적으로 반대를 하는 경우가 많아요. 그 지역에 학교가 없어지면 지역이 퇴보한다 등 이런 식의 입장들이 워낙 강하다 보니 못하는 상황이었는데, 제가 듣기로는 그 당시 학교폭력이 일어났다고 해요. 그러다 보니 이럴 바에야 폐교를 시키자. 그렇게 해서 갑작스럽게 물론 그 당시에 교장선생님은 폐교를 시키려고 노력을 했었는데 학부모들은 안 하는 쪽으로 계속 방어하고 있다가 갑자기 변화가 있었던 것 같아요.

연구자: 통폐합에 대한 논의들이 언제쯤 본격적으로 이루어졌는지요?

교　감: 2016년도 1학기때 쯤에 그런 일들이 있었던 것 같아요. 학부모들이 상반기에 논의를 정리하고 어느 학교와 통합을 할 거냐를 고민했다지요. 그 근처에 있는 오리초, 그리고 봉숭아초, 시내 다른 학교 등 여러 학교를 가서 알아본 걸로 알고 있어요. 봉숭아초에서도 봉숭아초가 어떠냐고 제안을 했어요. 우리가 봉숭아초의 시설이라든지 수업이라든지 교장선생님의 경영방침 등에 대해 설명을 드렸고 궁금하면 선생님들 수업을 한 번 봐라 해서 와서 본 적도 있고, 우리 아이들이 그 아이들과 함께 프로 선수들의 배구체험학습도 간 적이 있어요.

연구자: 봉숭아초 아이와 진달래초 아이들이 함께요?

교　감: 네 그때는 어느 정도 마음이 굳혀진 상태고, 그쪽 사람들이 여러 학교를 다니면서 평가를 내렸던 것 같아요. 어떤 점에서 가장 좋았는지 모르겠지만 봉숭아초를 선택했어요. 그 분들이 오리초를 선택하게 되면 아이들이 오리중학교를 가야해요. 오리중학교는 학년에 한 반만 있고, 규모가 작아서 교감은 없고 교장만 있어요. 학부모들에게는 그게 가장 큰 문제가 된 거죠. 그러다 보니 교육이 제대로 안 이루어진다고 생각을 해서 시내로 오려고 하셨지요. 시내로 오는 조건이 시내에 있는 중학교에 진학할 수 있도록 하는 거였지요. 그런 여파가 굉장히 컸죠. 시내에는 중학교가 많잖아요. 시내에 있는 중학교를 갈 수 있는 쪽이 좋겠다고 생각한 거 같아요. 그래서 통학차가 하나 나오면 진달래초 아이들이 타고 시내버스 터미널 근처까지 갔다 오는 조건으로 결심했던 것 같아요.

연구자: 중학교 다니는 친구들도 터미널까지 이용하나요?

교　감: 그 근처에서 학교에 걸어갈 수 있도록 한다는 약속이었지요.

연구자: 그러면 앞으로 계속 아이들이 학교에 다니는 동안에는 차량을 터미널까지 지원해 주는 조건으로 했나요?

교　감: 그랬을 거예요. 봉숭아초의 입장에서 볼 때는 일단 충분히 지원을 받으니까 좋죠. 교사 입장, 학교 입장에서 보면 돈이 너무 많아도 쓰기 어려워요. 쓰는 건 한계가 있어요. 일 년 열두 달 계속 여행을 다닐 수도 체험학습을 할 수도 없는 거고 교수학습 관련하여 물건을 계속 살 수도 없는 거잖아요. 그렇다고 시설투자를 할 수가 없게 되어 있더라고요. 1년에 3억씩 나온다고 했나 올해는 8,000이 나온다고 했었고, 33억인가 나온대요. 10년 동안 다 오는 것이 아니지요. 오리초로도 2명인가 갔어요.

연구자: 분산해서 갔겠네요?

교　감: 몇 아이가 오리초로 갔죠. 그 아이의 부모는 그 지역 유지인 것 같아요. 어쩔 수 없이 심적으로 오고 싶은데 오지 못 했지요. 시골은 그런 게 좀 있죠. 면을 벗어나기가 좀 어려운 경우가 있지요.

연구자: 아마 그분 같은 경우에는 폐교를 반대하셨을 수도 있겠네요.

교　감: 학부모들의 입장에서는 제가 학부모라도 빨리 폐교시키고 큰 학교로 아이를 보내고 싶긴 한데 지역에 있는 사람들이 반대를 하니까 그걸 떨칠 수가 없는 거죠. 그런 가운데 학교폭력과 관련된 사건이 생겨서 더 이상 안 되겠다 싶었던 것 같아요. 회의를 거쳐서 폐교하는 걸로 결정했더라고요. 그 속사정은 잘 모르고 듣는 이야기로만 아는 거죠. 실제로는 그 당시에도 거기가 교감선생님이 안 계신 학교예요. 교장선생님이 모든 걸 했으니까 들리는 것만 말씀드릴 수 있지요. 그래서 봉숭아초의 입장에서 볼 때는 폐교 아이들이 와서 학교 예산이 그만큼 늘어난 셈이죠. 아이들한테 교육적인 혜택을 충분히 줄 수 있으니까 오기를 바랐죠. 교사진들도 그랬고.

연구자: 봉숭아초 학부모들은 어떤 반응이었나요?

교　감: 학부모님들은 폐교 아이들이 온다나 보다. 정확히는 모르고 오니까 돈을 받나 보다 그 정도는 기본적으로 알죠.

연구자: 그런 논의들은 학교 안에서 학부모님들이나 운영위원들하고 같이 논의됐나요? 운영위원들은 의견이 어떠셨어요?

교　감: 운영위원들은 반대할 이유가 하나도 없죠. 좋으니까요. 학부모회장 이런 사람들도 반대할 이유가 하나도 없죠. 교사들이나 학교 입장에서는 그쪽 아이들하고 이쪽 아이들하고 문화적 갭이 있으니까 신경을 써야겠다고 생각하고 있었지요. 진달래 초등학교는 다문화 출신들이 조금 많아요. 그때가 전체 8명이었나? 9명이었나? 그랬는데 다문화가 6명이었을 거에요. 그러니까 그에 대한 배려를 해 줘야 하는 상황이니까 아무래도 시내권 아이들하고 그쪽하고 차이가 있다 보니까 그쪽을 조금 더 신경을 써줘야 하는 상황이었지요. 학부모들 입장에서는 그냥 학교가 돈도 많이 받아 아이들 체험학습 충분히 자기돈 안 들어도 시켜 줄 수 있다고 해서 좋다고 했지요. 아이들 제주도 여행도 시켜 주겠다, 체험학습 가겠다고 했고, 실제로 갔다 온 걸로 알고 있어요. 올해 3학년부터 6학년까지 제주도로 여행 갔다 왔어요. 자체 예산 자기 주머니에서 경비가 안 나가고 학교에서 다 해주니까 좋은 기회다 싶었지요. 반대할 이유가 하나도 없죠.

연구자: 교사들 입장이나 학교 측에서는 적정 예산이 와야 하는데 과도한 예산이 오는 데 대한 부담감은 어떠셨어요?

교　감: 부담이 크죠. 프로그램도 운영해야 하고 예를 들면 가까운데 체험학습을 가고자 해도 그거에 맞는 계획을 세워야 하고 차량이라든가 모든 걸 준비해야 하지요. 그런데 그 정도 가지고는 돈을 못 써요. 스케일이 큰 걸 해야죠. 제주도 간다든지 스키캠프를 간다든지 학부모들 입장에서는 좋다고 하겠지만 교사들 입장에서는 준비를 해야 하니 힘들지요. 사전답사도 가야 하고. 제 생각은 그랬었어요. 봉숭아초는 체육관이 없어서 그 예산으로 체육관을 지어 주면 좋겠는데 그게 안 된다고 하더라고요.

연구자: 시설투자라서 그런가요?

교　감: 그게 그렇다고 하더라고요. 정확히는 모르겠는데 시설 쪽에는 투자하면 안 된다는 지침이 있나 봐요. 그래서 그 돈 가지고 체육관을 지었으면 어떨까 했는데, 그 걸로 체육관만 지을 수는 없는 노릇이지요. 그런 시설투자를 충분히 할 수 있으면 아무래도 도움이 되겠죠.

연구자: 예산을 조금 더 유연성 있게 쓰면 좋겠다는 말씀이죠?

교 감: 네, 그랬으면 좋겠다 싶었는데 리모델링 쪽만 가능하다고 하더군요. 그 예산 집행에는 한계가 있겠죠.

연구자: 선생님께서도 바로 다른 학교로 발령이 났는데 거기에 그냥 계셨다면 선생님께서 그 상황을 직접 겪게 되었겠네요.

교 감: 거기에 있었으면 굉장히 바빴겠죠. 요즘에는 어느 학교든 바쁘고 시에서 보조를 받아 특성화 사업이나 여러 공모사업 명목으로 4,000만 원 정도를 아이들 체험으로 쓸 수 있게 나와요. 그 정도도 사실 바쁘더라고요. 문제는 교육과정을 충실히 짜고 의도했던 대로 안 가는 게 문제예요.

연구자: 굉장히 어려움이 있었을 것 같아요.

교 감: 1~2월에 계획을 다 수립하잖아요. 그런데 3월에 인사발령을 받아 교감 선생인 제가 바뀌고, 교무도 바뀌었어요. 저랑 교육계획을 세웠던 교무가 아닌 다른 사람이 교무를 맡았더라고요.

연구자: 학교 통폐합도 처음부터 계획된 게 아니고 작년 하반기부터 급작스럽게 진행된 거잖아요. 많이 당황하셨을 수도 있었어요.

교 감: 당황한 건 없고요. 지원금을 어떻게 어디다 투입을 해야 하는지 그것이 어렵죠.

연구자: 지원 예산들이 학교의 규모에 따라 달라지는 건가요? 진날래초가 10명이었는데 10명에 3억이라고 하면 거기에서 인원이 조금 적다거나 많다든지 할 텐데 기본이 3억인 건가요?

교 감: 제가 알기로는 옛날에는 그 정도 지원하지 않은 것 같아요. 십 몇 억 정도였는데, 지금은 폐교를 안 시키려고 해서 그런지 인상해서 33억이에요. 그냥 고정된 액수가 아닌가 싶어요. 학교별로 적게 주고 많이 주는 게 아니라 고정시킨 것 같아요.

연구자: 그렇게 해도 교육부 입장에서는 학교를 유지하는 것보다 더 낫겠죠?

교 감: 그렇겠죠. 한 학교를 폐교하면 직원 수만 해도 10명 넘을 테고 학교 시설 유지라든가 이런 거를 10년 따져 보면 훨씬 더 남는 장사죠.

연구자: 그렇겠네요. 그렇지만 지역의 입장에서 보면 장기적으로 아이들이 올 수 있는 터전이 없어진 거잖아요.

교 감: 지역에서 반대하는 이유가 그거죠.

연구자: 네.

교 감: 저도 제가 다녔던 초등학교가 폐교됐어요. 저도 산골에 있는 학교가 제 모교인데 가 봤자 옛날 내가 다녔던 학교라는 생각에 씁쓸하지요. 졸업생이나 이런 사람들은 학교가 유지됐으면 하는 바람은 있을 거예요. 저도 그랬으니까요. 그런데 교육자다 보니까 없어질 건 없어져야 한다 이렇게도 생각합니다..

연구자: 아이들 입장에서 많이 생각하게 되죠.

교 감: 아이들 입장에서는 통폐합되어서 여러 친구들하고 함께 뛰어 놀아야지 한두 명 가지고는 좋은 교육이 이루어지기 어렵지요. 저도 섬에 있을 때 는 삼복식도 해봤어요. 삼복식이라는 게 1학년, 2학년, 3학년을 한 학급 으로 묶어 가르치는 거죠. 지금은 이복식을 하는데 전체 학생 수가 8명인 분교입니다. 선생님도 어렵지만 아이들도 이런 곳에서 다니는 것보다는 친구들이 여러 명 있어서 같이 뛰어놀고 공도 차보고 그런 곳에서 참다운 교육이 이루어지지 않을까 그런 생각을 많이 해 봤죠. 없어져야 하는 게 맞긴 한데 자꾸 학교가 없어진다는 게 아쉽지요.

연구자: 도시도 그렇더라고요. 도심 쪽에도 학교들이 문을 닫는 경우도 있어요.

교 감: 어디든 줄어들죠.

연구자: 학생 수가 줄어들어 어떤 일들이 생기나요.

교 감: 요즘 시골학교는 학생 수가 없어서 교장·교감 선생님이 학생을 모집하러 다니는 거예요. 그 지역에는 없으니까 다른 지역에서 모셔 오는 수밖에 없 는데 장학금을 준다거나 아이들 통학을 책임지겠다고 약속을 하지요. 그

방법밖에 현재로는 없죠. 그래서 예를 들면 도시에 있는 아이들의 일부를 빼서 시골학교로 데리고 오는 거죠. 신입생이 5명이었다가 6~7명이 되고 그런데 결국은 전체적으로 보면 학생 수는 변함이 없는 거죠. 어떤 학교는 신입생이 늘어나고 다른 학교는 줄고. 그런데 어떤 문제가 있냐면 일부 도시 학교도 아이들이 빠져나가니까 학년당 한 학급 규모로 감축된 경우가 있지요. 30명 기준에서 3~4명 있으면 두 학급을 편성할 수 있는데 3~4명이 다른 곳으로 가서 한 학급 유지에 급급한 거예요. 그러면 선생님들이 빠져나가야 하고 적지 않은 학교가 그런 상황이죠.

연구자: 그러면 학교를 운영할 때 기본적인 인력은 필요한데 학교가 소규모화되면 어떤 일이 생깁니까?

교 감: 간단한 예로 급식실 조리담당자 수는 100명 단위로 해서 3명을 쓰느냐 2명을 쓰느냐 결정을 해요. 반찬을 보통 4개의 반찬이 올라온다 보면 음식을 만드는 건 혼자선 못 만들고 몇 사람이 힘을 합쳐야 하는데, 양이 문제가 아니고 가짓수를 여러 개 하다 보니 손이 많이 가는데 학생 수에 따라서 정원이 달라지는 건 틀림없죠. 교감이 없으면 교무가 한다든지. 학생 수가 그렇게 되니까 교장선생님 입장에서는 재정적인 문제도 생길 수 있고, 어떤 교장선생님에 따라서 그 학교에 학생들이 오느냐 안 오느냐도 영향을 받습니다. 물론 교육과정도 중요하지만 얼마만큼 지원을 해 주느냐 안해 주느냐도 중요한 영향을 미치니까 장학금 혜택, 방과후 무상 등등의 인센티브를 제안하기도 하지요. 시내 학생 중에는 이런 혜택에 관심을 갖는 경우도 더러 있습니다.

연구자: 그러면 그런 예산은 교육청에서 지원하지는 않을 거 아니에요.

교 감: 발전기금은 동창회에서 지원을 하고 있고, 보통 통학을 지원해준다고 하잖아요. 그런 것들은 학교 예산으로는 안 돼요. 그럴 경우는 동창회에서 지원을 해 주죠. 동창회에서는 내가 졸업한 학교 살려야 한다는 그런 마음으로 하겠죠. 그러다 보니 동창회가 있긴 있어야죠. 동창회의 장단점이 있어요. 교장선생님이 뜻을 피고 싶어도 제한이 있어서 못하는 경우

도 있지요.

연구자: 지역 기업가를 연계하는 것도 필요하겠네요.

교 감: 그러면 좋지만 기업가들에게는 손 벌리기 쉽지가 않더라고요. 교류할 때 졸업생들 장학금도 주는 경우도 있어요. 아이들이 후배들의 아들 딸들이기 때문에 조금이라도 졸업할 때 장학금도 주고 싶고 그래서 손을 벌리는 거죠. 손 벌려서 내가 갖는 게 아니라 아이들 장학금 주지요. 학교 인근 작은 중소기업들에게 이야기해서 장학금을 확충하는데 그것도 쉬운 일은 아니죠. 교장의 열정이라면 열정 뭔가가 있어야 하는데 그렇지 않으면 그것이 쉽지는 않아요. 전통적으로 만들어지지 않은 이상 교장, 교감이 발로 뛰어야 하는데 쉽지 않죠.

연구자: 최근에 마을교육 공동체, 혁신지구 사업 등을 교육청에서 추진을 하고 있는데 학교를 유지하는 데 도움이 될까요?

교 감: 저는 조금 부정적인 생각을 가지고 있는 사람입니다. 사실은 엊그제 아리랑시에 있는 대학교에 갔다 왔어요. 마을공동체 관련해서 연수도 하는데 거기서 하는 게 무엇을 하는지 모르겠어요. 마을에서 아이를 공동으로 키워 보자는 건데 학교 입장과 시의 입장이 다를 수도 있지요. 학교에서는 어떻게 해야 할지 모르겠더라구요. 거기서 하라는 것들은 예를 들면 마을교사를 육성하자 이런 식이에요. 마을교사 육성을 학교에선 할 수 없고 시에서 오도이촌처럼 그렇게 해가지고 마을지원을 하고 거기에서 학생들 체험학습을 할 수 있게 하자는 겁니다. 마을의 시설적인 것은 학교에서 할 수는 없죠. 그런 시설이 있는 곳에 학생들을 보내서 체험을 하게 한다는 거지요. 이를테면 학생들을 데리고 가서 두부 만들기 체험하는 것들인데 사실 그런 거는 지금도 하고 있잖아요. 이상농원에서 두부체험, 고추장 만들기, 전 만들기 등등 학교 아이들을 데리고 가서 체험도 하고 그러거든요. 그런데 어려워요. 쉽지만은 않더라고요. 어떻게 보면 너무 이상적인 거에 치우치지 않나 하기도 하고 어떻게 보면 무슨 교회 집단처럼 사람들이 몰려들어서 한 마을을 이루고 살고 그 안에서 공동

체적인 삶을 사는 그런 것을 원하는가 싶기도 해요. 근데 교사들한테 그 걸 요구하기는 현실적으로 어렵잖아요. 전원생활을 꿈꾸고 있는 사람들 이라면 모여서 할 수는 있겠지만 그런 사람들을 찾아 의기투합할 수도 없 는 거고 쉽지만은 않다라는 게 제 개인적인 생각입니다.

연구자: 네.

교　감: 어렵더라고요. 학교에서 관여할 수 있는 부분도 부족한 것 같습니다. 교 육은 하루 중에 보통 오후 3시면 정규 교육과정이 끝나니까 그 안에 마을 공동체하고 어떤 일을 해야 할 거 아니에요. 그런데 제가 볼 때 방과후 시 간 또는 주말에 교사들이 아이들하고 마을교육공동체 거기 가서 무얼 하 는 걸 요구하기는 무리다. 아이들을 데리고 뭘 해야 한다면 그 마을에서 해야 하는 일이 아닌가 하는 생각이 들더라고요.

연구자: 연계는 필요한 것 같아요.

교　감: 그렇다고 해서 주말마다 교사들이 아이들을 인솔해서 가서 체험하기가 쉽지 않고요.

연구자: 네. 그렇군요. 오랜 시간 감사합니다.

4. 학교 관리자 2
(전 진달래초등학교 교장)

연구자: 반갑습니다 학교 통폐합에서 지켜야 할 원칙이 있나요.

교　장: 1면 1교 체제는 유지한다. 대한민국 목표가 그거에요. 한 면에 한 명이든 두 명이든 얼마가 되든 학교유지는 하겠다는 거지요. 학생 수가 제일 적 은 학교는 4명인 경우도 있어요. 전교생이 4명이요.

연구자: 면에 하나밖에 없는 거예요? 어느 지역이에요?

교　장: 밤나무골 지역이에요. 이렇게 이야기하면 이해가 안 되실 거 아니에요. 아이들 4명을 데리고서 더군다나 한 학년에 한 명도 없는 경우도 있을 테지요. 예를 들어, 1, 2, 3, 5, 6학년이 있으면 한 학년에 선생님들 한 명씩 1면 1교 한 학급은 유지하고 대신 교감은 없어요. 5, 6학급은 되어야 교감을 배치하거든요. 교감선생님과 교장선생님 중에서 한 분만 계시고 직원은 한 10명쯤 있겠죠. 저는 선생님들 네 분하고 행정실 직원 두 분 등 10명이 같이 있었어요.

연구자: 그때도 학급이 그렇게 많지 않았다는 이야기네요.

교　장: 여기는 리지역이라 1면 1교 원칙도 적용이 안 되지요. 복식학급이 3개 1~2학년 묶고, 3~4학년 묶고, 5~6학년 묶어놓고 가르쳤지요. 그런 방식을 복식이라고 해요.

연구자: 학교 통폐합의 결정적인 계기는요?

교　장: 간단히 말씀드릴게요. 통폐합을 하게 된 이유는 주로 학부모들 간에 복잡한 사정이 있었어요. 당연히 학부모님들이 지역 출신, 모교출신과 아닌 사람, 외지에서 온 사람도 있지요. 대부분이 그 학교 모교출신인데 당연히 통폐합에 찬성을 안했겠죠. 그 이유가 6학년이 4명 있었고, 5학년 1명, 4학년 1명 있었어요. 고학년은 그래요. 다문화 비중이 높아 11명 중 유치원 제외하고 6명인가 있었어요. 60%를 차지했지요. 그러니까 과반수를 넘었지요. 6학년에 4명이 있었는데 남자 3명, 여자 1명이었어요. 여자 아이는 운영위원장 딸인데 그 아이가 덩치가 크고 그랬어요.

연구자: 추진위원장님 만나 들었어요. 운영위원장님은 졸업해서 못 만났고 추진위원장님을 만났어요. 유치원생 학부모였던, 그 학교 나왔다고 이야기하더라고요.

교　장: 그분 여자분 만나셨다고. 그러니까 경미한 학교폭력이 발생한 거예요. 6학년 남자 3명하고, 여자 1명 있었는데 교실에서는 그런 일을 눈치 못챘지만 방과 후 시간에 가니까 선생님들 시야를 벗어나서 심하게 장난을 한 거예요. 알고 보니 5학년 때부터 지속이 된 거예요. 그렇다고 요즘 신문에 나오는 것처럼 심한 수준은 아닌데 장난을 혼자서 참고 삭힌 거예요. 학교폭력으로 조금 진통을 겪었어요. 교육청에 신고해야 하고 회의

도 여러 번 해야 하고 심지어는 당사자하고 피해자 가해자가 와서 특별교육도 받고 했지요. 이 학교를 졸업하면 모두 오리중학교로 진학해야 해요. 그런데 오리중학교가 너무 시골에 있고 아이들이 적어요. 오리초등학교하고 진달래초등학교 졸업 학생들만 수용을 해야 하거든요. 한 30명 조금 넘었다가 앞으로는 점점 줄어들 가능성이 많은 학교에요. 고개 하나만 넘으면 시내에요. 학교폭력으로 다툼이 생기다 보니 똑같은 중학교를 다니기 어려운 상황에 처한 거지요. 그럴 바에는 피해자 위원장님 자녀를 비롯해서 몇 아이들은 시내 학교로 갈 수 있도록 통합 조건을 붙인 거예요. 시내로 가게 해 주면 통합을 찬성을 하겠다는 거지요. 여러 번 조사하고 면담하고 만나고 했을 거 아니에요. 학부모님들은 100% 찬성을 했어요. 통합하자. 통합조건을 그렇게 붙이자 그렇게 된 것입니다.

동창이나 지역 유지들, 학교에 조금이라도 관계 있는 분들은 반대를 할 거 아니에요. 3년 전에도 통합논의를 했는데 그때 위원장님이 격렬하게 반대를 했어요. 아이들이 30명 정도 됐었고, 교장선생님도 어쩔 수 없이 물러섰지요. 중요한 거는 학부모가 찬성을 해야만 통합논의가 되는 거예요. 이번에는 지역 유지들, 동창회 쪽에서 농협조합장도 계시고 이장님들도 많이 계시고 하는데 이분들도 포기를 하신 거예요. 찬성하자니 그렇고 반대를 하자니 그렇고 그런 상황이었어요. 자라나는 아이들을 위해 학부모님들이 찬성을 한다는데 격렬하게 반대할 처지가 아닌 거지요. 물론 이쪽 동창회나 지역 유지들, 이장들이 절대 안 된다고 떼를 쓰면 될 수가 없지요. 교육청도 제일 걱정이었던 게 그분들의 입상이었어요. 만약에 교육청에 와서 1인 시위를 한다든지 교육감 면담을 계속 요청해서 안 된다고 억지를 부리면 통폐합이 안 되었을 수도 있어요. 그런데 이분들도 어느 정도 수긍을 해 주신 거지요. 진달래리에서 앞으로 아이들은 더 없을 테고 또 시내로 가서 공부를 더 하고 싶다고 하는데 격렬하게 반대할 수 있는 처지가 아니었던 거지요. 몇 분은 반대를 격렬하게 끝까지 하셨는데 결국은 넘어 갔지요.

연구자: 통폐합 지원 예산은 어디로 가는 거예요?

교 장: 학생을 통합흡수시킨 학교로 가지요. 6학년 4명은 중학교에 진학하니까 제외하고 나머지 학생들을 대상으로 어디로 갈 것인지 물어봤어요. 어떤 학교가 어떤 프로그램을 운영하고, 우리 아이들이 통합되면 어떤 혜택을 받을 수 있는지를 학부모 대표들하고 직접 돌아다니며 알아보았는데 봉숭아초가 최종 낙점이 된 거예요. 학부모님들이 결정하신 거예요. 봉숭아초가 그래도 우리 아이들에게 가장 적합하겠다 해서 8 : 2로 갔어요. 봉숭아초 8, 오리 2로 갔어요. 교육부에서 30억 원, 도교육청에 3억을 지원해요. 33억을 가지고 8 : 2로 배분하는 거예요. 그런데 이 예산은 한 번에 안 줘요. 10년 동안 지원한다고 합니다.

연구자: 지원금 사용하기는 어떤가요.

교 장: 지금 얘기 들어보면 돈쓰기 보통 어려운 게 아니에요. 의원들이 계속 관여하고 학교장은 마음대로 못해요. 1년에 한 번씩 중간 점검받아 가면서 씁니다. 매년 우리가 이러이런 활동을 하는데 얼마가 필요하겠다고 예산 계획을 수립하고, 지원 가능한지 일일이 심의를 받아야 해요. 그리고 시설 투자는 안 돼요. 어느 정도냐면 예를 들어 체육관을 짓는다던지 멋진 시설물을 짓고 싶은데 이런 것은 지원 안해 줘요. 돈은 많이 받지요. 쉽게 이야기하면 1년에 오리초 같은 경우는 6,000만 원을 받고 봉숭아초 같은 경우는 2억 6,000원을 받아요. 옛날에는 통합 학교들이 외국도 가고 어학연수 뉴질랜드 20일 갔다 와요. 그러면 많이 쓸 수 있잖아요. 스키장 가는 거 이런 건 기본이지요. 스키장 아이들 데리고 2박 3일 갔다 와야 한 2,000만 원밖에 안 되지요. 10년을 지원하니까 거의 한도 끝도 없는 거예요. 엄청 많이 받는 거예요. 그리고 지원금으로 통학버스 두 대를 배정했어요. 이거는 당연히 해 줘야지요. 양쪽 학교에 하나씩을 준 거예요.

연구자: 임대가 아닌가요?

교 장: 지입차를 줬어요. 여행사에서 끌고 들어오는 차를 2대 배정해 주는데 1년 예산이 보통 3,500만 원에서 4,000만 원 들어가요.

연구자: 지원금 예산에 포함되어 있는 거죠.

교　　장: 오리초는 6,000만 원을 받는데 4,000만 원을 통학버스에 사용하면 잔액이 별로 없지요. 오리초등학교는 2명 보고 배정을 해 준 건데 거기는 원래 학교 버스가 있어요. 그래서 지원금을 다른 데 활용해 보자 했는데 교육청에서는 무조건 버스를 활용하는 데 집행하라고 했다지요. 버스 1대로 통학하는 데 시간이 많이 걸렸었는데 추가 버스를 활용을 하니까 큰 도움을 받고 있다고 합니다. 우리 아이들 2명 실어 가면서 그 주변 아이들을 실어 가니까 학교 버스의 효용도가 훨씬 높아진 거예요. 봉숭아초등학교를 간 아이들은 우리 아이들만 싣고 가고 실어다 주고 있지요.

연구자: 중학생들도 그 차를 이용하는 거 같던데요.

교　　장: 중학생이 이용할 수도 있어요. 중학교에 간 4명의 아이들을 원하면 태워다 주겠다했는데 학교 시간이 잘 안 맞나 보더라고요. 물론 탈 수 있으면 타라는 조건을 달아 줬어요. 하교 시간이 초등학생하고 맞을 수가 없어서 갈 때는 그냥 타도 좋다라는 조건을 붙였는데 지금 타나 안 타냐는 확인을 안해 봤어요. 갈 때는 같이 타고 나가고 하교 때는 알아서 오는 걸로 그때 그렇게 합의했었거든요.

연구자: 통폐합에 반대 의견에 대해서는 어떻게 생각하세요.

교　　장: 통폐합 논의 때 반대한 동창회 분들의 주장이 맞긴 맞아요. 학교는 학교 하나만의 존재가 아니잖아요. 그 지역의 구심점 역할을 해야 하지요. 동창회서 봤을 때 쉽게 이야기하면 내 집이 하나 완전히 없어진 거예요. 지금 가끔 왔다갔다 해 보니까 거의 폐교 수준 됐고, 어떤 분들이 활용을 하려고 애를 쓰시는 것 같은데 동네에서 활용 목적이 약간 벗어나면 무조건 반대에요. 혐오시설이 들어 왔다 하면 큰 문제이지요. 다들 하시는 이야기가 학교 위치가 좋아요. 기러기시에서 천천히 가도 15분 정도에 도착하는 큰 도로가에 있고 그다음에 유해 시설이 거의 없어요. 학교에서 멀리 떨어져 돼지 조금 키우시는 분 있지요. 학교 주변이 오픈이 되어 있어가지고 아침부터 해질 때까지 양지가 바르지요. 여러 가지로 활용하고 싶겠지만 순수한 교육적 목적이 아니면 매각을 못하게 되어 있어요. 교육청 재산이거든요. 쉽게 누가 덤비지를 못하는데 대표적으로 통폐합된 학교를 개조하여 요양병원으로 만들고 그러잖아요. 동네에서 쉽게 허용하지 않을 것으로 보입니다.

연구자: 통폐합 이후 학생, 학부모들의 반응은 어떠해요.

교　장: 통폐합 이후에 아이들은 당연히 너무 좋은 거예요. 친구들도 많이 생겼지요. 학교 프로그램도 질이 높지요. 특히 봉숭아초등학교가 좋은 건 시내 학교는 방과 후 활동이 수익자 부담으로 운영되니 수강료를 내야 해요. 우리 학교 아이들은 아까 말한 대로 거의 무료로 참여합니다. 현장 체험학습을 1박 2일 간다 하면 학교 돈으로 가요. 학부모로부터 걷는 게 거의 없어요. 앨범은 원래 돈을 걷었었는데 통폐합 지원금이 들어가면서 다 공짜로 제공하는 거예요.

그러니 봉숭아초등학교 학부모들이 더 좋대요. 지원금을 가지고 교육적으로 뭔가를 하려고 애를 쓰니까 학교가 북적북적하고 활성화가 된 느낌이 나는 거예요. 그쪽 학부모님들이 너무 좋다는 이야기를 해요.

중학교 간 아이들도 자기들이 원하는 중학교를 가서 통폐합을 잘했다고 생각한다는 얘기가 들립니다. 오리중학교를 가는 것보다는 시내 권으로 나오는 게 좋고 다문화 아이들도 그 좁은 시골에서 하교하고 나면 만날 아이가 없어요. 아예 없어요. 만나고 싶어도 뭐 1킬로 정도 왔다 갔다 해야 하니까 만날 일도 없고 친구가 아예 없는 거예요. 그런데 그쪽으로 가서 얼마든지 학원도 갈 수 있고, 아이들 얼굴이 너무 밝아졌더라고요. 진달래 있을 때보다요.

연구자: 올해 6학년 올라간 친구 한 명을 만났는데 그 이야기를 하더라고요. 친구가 없다가 생겨서 너무 좋다고.

교　장: 그 아이는 굉장히 활발한 아이예요.

연구자: 친구도 빨리 사귀었다고요.

교　장: 5학년으로 올라 간 여자아이 한 명 있어요. 둘 다 다문화 아이들이예요.

다문화인데 겉으로 표는 안나요. 남자아이하고 갔는데 그 아이들 가끔 봐요. 우연히 만나기도 하는데 아이들이 너무 밝아진 거예요. 너무 좋은 거예요. 친구들도 금방 사귀었더라고 해서 진짜 너무 잘됐다고 했지요.

연구자: 학부모들은요.

교 장: 학부모님들은 지금까지 만났던 건 없었고 전화 두 번 받았나요? 그런데 아까 솔아 엄마는 매우 좋아해요. 첫 발령에서부터 도서와 벽지를 왔다 가다 하다가 승진을 하였지요. 그래서 아이들 없는 거에 대해 맺힌 게 있어요. 진달래 초등학교는 그냥 조용해 절간이에요. 오죽하면 절간이라고 하겠어요. 그 당시 교장실은 2층에 있고 1층에는 교무실 아이들 1~2학년이 있고 바로 옆에 6학년 교실 4~5학년이 있었는데 아이들이 있는지 없는지 몰라요.

연구자: 한 반에 한두 명이니까요.

교 장: 아이들이 놀고 싶어도 놀 거리를 쉽게 찾을 수 없지요. 그런데다가 교육청에서는 작은 학교에 오고 싶어 하는 선생님들이 없어서 타 시·도에서 들어오는 사람, 초임을 중심으로 신규 배정을 하는 거예요. 선생님들도 고생이지요. 프로그램은 똑같이 운영했어요. 4명 있는 학교도 안 하는 게 아니잖아요. 더 잘 열심히 잘할 수 있기도 하지만 여러 가지로 아무래도 약하죠. 없어요. 그런 입장에서 돈을 떠나서 아이들 미래를 위해서는 할 수 있는 학교는 통폐합해야 된다는 생각이에요. 학생 수를 늘려 보려고 해도 쉽지 않아요. 특화사업을 한다고 해도 어지간히 해가지고서는 표도 안나 명함도 못 내밀어요. 그걸 학부모들도 알아요. 지금은 통폐합 아이들을 유입한 데 가장 현실적인 것이 장학금 주겠다는 것입니다. 20만 원이 정도는 이야기가 안 되는 거고 최소한 100단위 수준으로 올라가서 인센티브를 계속 줘야 아이들이 오는 입장이거든요.

연구자: 그럼 그 예산을 어떻게 감당하나요.

교 장: 학교예산은 어렵지요. 동창회가 잘 되는 학교에서는 동창회 쪽에서도 많이 신경을 써요. 시내권 학교하고 견줄 수 있을 만큼 좋은 학교를 만들 수

있다는 확신이 서면 동창회가 관심을 갖지요. 동창회들이 잘되는 경우 기금이 많이 있어요. 기금이 억대로 간다던지 7,000~8,000만 원 수준이면 돈을 지원하는데 그렇지 않은 동창회 같은 경우 지원을 받기가 쉽지는 않아요. 그렇다고 학부모님들이 십시일반 걷는다는 것은 더 어려운 이야기고요. 동창회 하고 유대관계를 많이 맺어야 잘 되지요. 그다음에 지금은 지자체에서 지원을 많이 하니까 이를 활용할 수도 있지요.

연구자: 시골에 어떤 경우 작은 마을 도서관이 있고, 여기에서 어르신들 학습이나 이런 것들이 활발해요.

교　장: 거기 면사무소 옆에다 뭔가를 만들은 거 같거든요.

연구자: 행복학습센터라고 하나 있어요.

교　장: 알아요. 제가 바로 옆 면에 있었거든요.

연구자: 그곳은 농민회나 지역에서 활동하는 게 많더라고요.

교　장: 거기 위원장님이 귀촌하신 분이셨지요.

연구자: 그때 통폐합하면서 아이들이나 가정에 뭔가를 지원해 줬다는 얘기도 하던데 알고 계시면 말씀해 주세요.

교　장: 아이들 데리고 3박 4일 동안 제주도 갔다 오고 스키장도 갔어요. 몇 천만 원씩 들여서 제주도 갔다 오고 아이들에게 평균적으로 200만 원씩 현금은 아니고 원하는 물품을 다 사 줬지요.

연구자: 2백만 원 한도 금액 내에서요?

교　장: 그때가 11명이었으니까 2,200만 원 정도 필요했지요. 예를 들어, 옷 사고 싶다 그러면 옷 사 주고, 책 사 주고, 컴퓨터 사 주고, 원하는 거 다 해 줬지요. 애들은 경험도 하고 좋아했지요. 부모들까지 같이 갔으니까요.

연구자: 아이들한테는 그렇겠네요. 지역사회에서는 어쨌든 아까 말씀하신 것처럼 정말 지역에서는 양면적 감정을 갖고 있을 거 같아요.

교　장: 지금도 가끔 가다 보면 운동장에 풀만 완전 났지 화단은 엉망 됐지 가슴이 아프지요.

연구자: 그런 것도 있을 것 같아요. 뭔가가 있어서 젊은 층들이 유입해서 들어가

서 살 수도 있는 여건인데 학교가 없으면 일단은 쉽지 않을 거 같아요.

교　　장: 귀농을 하고 싶은데도 아이들을 교육시킬 학교가 없다면 망설여지지요. 물론 지금 교통이 좋으니까 왠만한 곳은 왔다 갔다 하기에 불편이 없기는 하지요. 그렇지만 지역의 구심점이 아까 말씀드린 것처럼 없어지는 점은 회복하기 어렵지요. 소문에 의하면 동창회 기금을 다 아이들한테 장학금으로 지급해 주고 동창회 자체를 없애 버리는 경우도 있다 합니다.

연구자: 아이들을 위해서는 그게 아마 최선이라고 생각을 했을 것 같아요.

교　　장: 학부모님들도 그렇고 학교 측에서는 일절 이야기를 못해요.

연구자: 많이 속앓이를 하셨을 것 같아요.

교　　장: 저는 직접 학부모님들하고 부딪쳐야 하고 동창회 임원도 만나야 하고 교육청도 방문해야 해요.

연구자: 진달래초등학교에 몇 년 계셨어요.

교　　장: 거기서 1년 6개월이요.

연구자: 가시자마자 그 진통을 앓으셨군요.

교　　장: 한 6개월은 아이들이 너무 착하고 좋더라고요. 발령을 잘못 받았다고 생각을 했지만 그래도 조용히 아이들하고 재미있게 있다가 나와야 했지요. 만약에 아까 그런 사건(6학년 학교 폭력 사건)이 없었다면 혹시 그냥 있을 수도 있었어요. 그냥 당시의 상태를 유지하면서 진통을 계속 겪어 가면서 할 수도 있었는지도 모르지요. 그런 일이 터지고 부각되고 보니 학부모님들이 똘똘 뭉쳐 버렸지요. 저보다 연배가 더 되신 다문화 학부형들이 있어요. 아이는 2학년밖에 안 되는데요.

연구자: 요즘엔 농촌지역이 그렇죠.

교　　장: 그분들은 그렇다고 찬성한다는 것도 아니고 반대한다는 것도 아니었지요. 젊은 일부 학부모분들이 주축이 되어야 하지요. 혜택은 많이 오잖아요. 시내에 나가서 공부하면서 집까지 태워다 주면서요. 저쪽 학교에 가면 이런 저런 혜택을 많이 받을 것이다. 이렇게 하다 보니까 반대할 명분이 없겠죠. 예를 들면, 학부모 중에서 2명 정도가 죽어도 안 된다고, 유지

해야 한다고 했으면 안 될 수도 있었어요. 그런데 학부모가 100% 찬성을 해 주시니까 일사천리로 진행되었지요.

연구자: 교육부 입장에서도 그런 학교를 유지하는 것도 힘들고 그렇다고 막 통폐합에 앞장서기도 쉽지 않을 거 같아요.

교　장: 종합적으로 점수를 매긴다고 하면 통합해야 해요. 통폐합해서 학부모나 동창회 분들 생각이 아니고 사랑하는 아이들을 위해서는 아이들이 더 넓은 물에 가서 공부하도록 해야 해요. 아이들은 어차피 나오게 돼요. 크면 여기에 머물러 있을 게 아니잖아요.

연구자: 결정적으로 진달래초 학부모님들도 중학교의 진학 문제가 가장 핵심적으로 작용했다고 볼 수 있나요?

교　장: 그렇다고 봐야죠. 거기(진달래초) 있었으면 중학교는 오리중학교에 가잖아요. 오리중학교보다는 시내로 나오고 싶은 욕구가 있었지요. 오리중학교가 조금 이름이 나 있고 뭐가 된다 했으면 안 그랬을 텐데요.

연구자: 오리중도 입학생이 굉장히 적다면서요.

교　장: 없어요. 불신을 많이 받은 학교에요.

연구자: 학교 자체가요?

교　장: 그전에 어떤 사건도 있었지요. 그러다 보니까 아이들이 없어서 초등학교랑 사정이 똑같아요. 시내에서 자발적으로 올 수 있게끔 만들어야 하는데 그럴 형편이 아니지요.

연구자: 중학교는 더 나오려고 하겠죠?

교　장: 더 나오려고 하죠. 물론 취약점이 있지만 교장선생님이랑 모든 선생님들이 굉장히 애를 쓰셨어요. 우리와 공동 학군이니까 잘 알지요. 아무리 애를 써도 다들 고생만 많이 하고 진전이 없어요.

연구자: 바쁜 시간 내 주서서 감사합니다.

제15장

탈 딜레마 사례의 특성

　전국에서 폐교 위기를 극복하고 학교 존립에 성공한 9개교의 작은 학교를 대상으로 학교 환경, 학교 비전과 목표, 교육활동, 학교의 성과와 과제, 학교발전 내적, 외적 요인을 분석하고 시사점을 추출하였다(임연기, 이진철, 2013 참조).

1. 성공적인 작은 학교의 특성

1) 학교의 환경적 특성[1]

　분석대상 학교들은 우선 공통적으로 폐교 대상 학교에 올랐던 면소재 학

---

1) 환경적 특성에서 사용하는 귀농, 귀촌, 교육 귀촌은 각각 다음과 같은 의미로 쓰였다. '귀농'은 '농업에 종사할 경제적 목적을 우선으로 선호 학교에 자녀를 입학시킬 목적이 결합된 이주 형태'를 말하며, '귀촌'은 '농촌에 정주할 목적을 우선으로 선호 학교에 자녀를 입학시킬 목적이 결합된 이주 형태', '교육 귀촌'은 '선호 학교에 자녀를 입학시킬 목적을 우선으로 농촌에 정주할 목적이 결합된 이주 형태'를 각각 의미한다.

교들로 학교 변화를 계기로 인근 지역 학부모들로부터 좋은 평가를 받으며 학생 수가 증가한 학교들이라고 할 수 있다.

분석대상 학교가 소재한 면지역은 지리적으로 전형적인 농어촌지역과 중소도시 인근 지역으로 구분할 수 있다. 살구초, 석류초, 자두초, 종려초, 홍매중 등은 전형적인 농어촌지역에 소재하고 있으며, 사과초, 은행초, 청솔중, 호두중 등은 중소도시 인근 지역에 소재하고 있다. 지리적 차이는 있으나 분석대상 학교들은 청정 자연생태 환경에 소재하고 있다는 점에서 공통적이다.

분석대상 학교가 소재한 지역은 인구학적으로는 귀농·귀촌 가정이 증가하고 있다는 점에서 특징적이라고 할 수 있다. 사과초, 은행초, 홍매중 등 3개교가 소재하고 있는 지역은 귀촌 가정과 더불어 귀농 가정이 증가하고 있는 추세이며, 나머지 학교 소재 지역은 귀농보다는 귀촌 가정이 증가하고 있는 점에서 차이를 보인다. 주목할 점은 이러한 귀농·귀촌 가정은 은퇴자 가정이 아니라 학령기 자녀를 둔 가정이라는 점, 주변 농어촌지역 거주자가 이동한 것이 아니라 대도시나 중소도시 등 도시 거주 가정이 이주한 점, 귀농·귀촌 후 학교를 선택한 것이 아니라 학교 선택 후 귀농·귀촌한 사례가 많다는 점 등이다. 즉, 학교의 변화를 긍정적으로 본 도시 거주 초·중 학부모들 중에서 자녀를 전입학시키기 위해 학교 인근 지역으로 이주해 온 것으로 분석할 수 있다.

분석대상 학교의 학생 수 증가는 두 가지 방식으로 이루어지고 있다. 첫째는 도시에 거주하면서 등하교 차량을 이용하는 방식이고, 둘째는 거주지 이전에 의한 방식이다. 거주지 이전은 다시 몇 가지 유형으로 구분할 수 있다. 기러기 가정, 귀촌 가정, 귀농 가정 등이 그것이다. 기러기 가정은 아버지는 도시에서 경제생활을 하고 어머니가 자녀와 함께 농어촌에 거주하는 가정을 말한다. 귀촌 가정은 도시 거주자가 농어촌지역으로 주거지를 이주한 경우로 가정의 경제생활은 이전에 거주하던 도시에서 하는 경우를 말한다. 이는 교통사정이 좋아져 가능해진 유형으로 볼 수 있다. 귀농 가정은 농어촌 거주 의사가 가장 확고한 유형으로 가정의 경제생활과 자녀 교육 모두를 청정 자연생태 환경에서 하고자 하는 유형에 해당한다.

⟨표 15-1⟩ 분석대상 학교의 환경적 특성

학교명	분석 내용
종려초	• 전형적인 농촌지역 • 관광지 인근 • 귀촌 가정 학생 증가: 전교생 70% 정도
살구초	• 전형적인 농촌지역 • 귀촌 가정: 최근 5년간 매년 5~12가구 • 귀촌가정 학생 수: 전교생의 10% 정도
사과초	• 인구 28만 산수유시와 20분 거리 농촌 마을 • 귀촌 가정 증가 • 전입 학생 꾸준히 증가
석류초	• 전형적 농촌지역 • 귀농 · 귀촌 가정: 최근 5년간 매년 2~6가구 • 귀농 · 귀촌 가정 학생 수: 전교생의 30% 정도
자두초	• 전형적 농촌지역 • 귀촌 가정 완만한 증가 • 전입 학생 꾸준히 증가
은행초	• 인구 22만 갈매기시와 30분 거리 어촌 마을 • 귀농 · 귀촌 가정 완만한 증가 • 전입 학생 꾸준히 증가
홍매중	• 전형적 농어촌학교 • 국내 대표적인 생태농업 지역 • 귀농 · 귀촌 가정 완만한 증가 • 전입 학생 꾸준한 증가
호두중	• 인구 27만명 개나리시와 20분 거리 농촌지역 • 초등 학부모 지역 유입(교육 귀촌) 꾸준한 증가 추세 　(지역 거주자 우선입학 대비) • 전입 학생 급속한 증가(2013년도 입학경쟁률 14 : 1)
청솔중	• 인구 50만 자목련시와 20분 거리 농촌지역 • 매년 관내 초등학생 10% 자목련시 학교로 유출 • 전입 학생 꾸준한 증가

살구초, 자두초, 종려초, 청솔중, 호두중 등 5개교의 이주 학부모들은 귀촌한 경우가 다수이고, 사과초, 은행초, 홍매중의 이주 학부모들은 귀촌자와 귀농자가 혼재되어 있으며, 석류초 이주 학부모의 경우 귀농자가 주를 이루고 있다. 학교의 긍정적인 변화가 널리 알려진 학교일수록 거주자 의무 입학 배정 원칙을 고려한 이주 가정이 많은 경향을 보이고 있다. 종려초와 호두중은 학교 주변지역으로의 귀촌이 두드러진 경우에 해당한다.

2) 학교 변화의 계기

분석대상 학교들은 앞서 언급했듯이 공통적으로 학생 수 감소로 인한 폐교 직전의 학교들이었다. 이러한 학교를 활성화시키고자 한 의식적 출발점은 '작은 학교의 교육적 장점을 살리고자 한 점'과 '청정 자연생태 환경에 소재하고 있는 점'에 주목한 것으로 볼 수 있다.

사과초, 은행초, 자두초는 학교 회생을 위하여 교사와 학부모가 자구적인 노력을 진행하는 가운데 중앙 및 지방의 행재정적 지원을 계기로 활성화한 사례로 볼 수 있다. 살구초와 석류초는 행재정적 지원을 계기로 학교와 지역사회의 자구적 노력이 뒤따른 사례에 해당하며, 종려초는 공모교장의 리더십과 추진력이 변화의 주요 계기로 작용하였다.

중학교의 경우 홍매중은 지역 차원의 자구적 노력이 공모교장 부임을 계기로 활성화한 사례로 학교장의 리더십과 교사의 주도적 역할 및 지역사회의 적극적인 협력이 일구어 낸 성과로 평가된다. 호두중은 공모교장의 리더십에 교사들의 헌신적인 노력이 더해진 사례에 해당하며, 사립학교인 청솔중은 경영자 및 학교장이 주도하는 가운데 교사들의 적극적 노력이 더해지며 활성화한 사례로 볼 수 있다.

어떤 경우든 '농산어촌 전원학교 육성사업' 등 중앙의 행·재정적 지원사업과 지방교육청 차원의 지원사업이 학교 활성화의 계기로 작용했다고 할 수 있다. 이는 두 가지 유형으로 구분할 수 있는데, 한 유형은 학교 구성원들에 의

〈표 15-2〉 분석대상 학교의 학교변화 계기

학교명	분석 내용
종려초	• 2003년 학생 수 80명으로 폐교 또는 분교장 격하 위기 • 2007년 내부형 교장공모제로 공모교장 부임 • 교육부 지원 전원학교 및 경기교육청 지원 혁신학교
살구초	• 2008년 이전까지 학생 수 감소로 정상적 학교운영 위기 • 교육부 지원 전원학교
사과초	• 2007년 학생 수 11명으로 폐교 위기 • 2008년부터 새로운학교네트워크 산수유시 모임이 결성되면서 작은 학교를 살리고자 하는 교사 학부모 연대 활동(교사팀 형성) • 전남교육청 지원 무지개학교
석류초	• 2010년 학생 수 18명으로 폐교 위기 • 지역사회 기관단체의 적극적 학교 지원 • 교육부 지원 전원학교
자두초	• 2011년 학생 수 13명으로 폐교 위기 • 작은학교를 살리고자 하는 교사와 학부모 연대 활동이 자몽시에서 시작됨(교사팀 형성) • 기존 농어촌학교 활성화 사례 탐색 등 사전 준비과정 • 전북교육청 지원 혁신학교 사업
은행초	• 2010년 학생 수 18명으로 폐교 위기 • 갈매기시 시민단체(공동육아어린이집, 생협 등) 회원과 함께 작은 학교 살리기 연대 활동(교사팀 형성) • 기존 농어촌학교 활성화 사례 탐색 등 사전 준비과정 • 강원교육청 지원 행복더하기 사업
홍매중	• 2009년 학생 수 97명으로 정상적 학교 운영 위기 • 2006년부터 면내 초·중·고 교사들의 학교 활성화를 위한 자구적 노력 • 면내 각종 기관 단체의 유기적 지원 체제 • 2007년 내부형 교장공모제로 공모교장 부임 • 교육부 지원 전원학교 사업
호두중	• 2009년 학생 수 71명으로 폐교 위기 • 2009년 내부형 교장공모제로 공모교장 부임 • 교육부 지원 전원학교, 전북교육청 지원 혁신학교
청솔중	• 2009년 당시 학생 수 감소로 2학급 유지가 어려운 상황 • 농촌 사립학교 위기 타개를 위한 학교 경영자의 노력(도시 학생 중 전입 희망 수요에 대한 전략적 대응) • 교육부 지원 전원학교 사업

한 자구적 노력이 기울여지고 있는 가운데 지원사업이 투입된 경우이고 또 다른 유형은 지원사업의 유치를 계기로 학교 활성화가 본격화된 유형이다.

분석대상 학교들은 대부분 학교 변화의 초기 과정에서부터 학부모가 학교 교육에 적극 참여하였다. 학부모의 학교 참여는 학생 수 증가 등에 중요한 역할을 했다. 특히 사과초, 은행초, 자두초 등 3개교는 폐교 위기 상황에서 학교의 변화를 구상하는 초기 논의 과정에서부터 적극적으로 참여하였다.

3) 학교의 비전 및 목표

분석대상 학교 중 대다수 학교들은 학교의 비전 및 목표를 학교 구성원의 논의를 거쳐 확정하였다는 특징이 있다. 대부분의 초등학교는 배려, 나눔, 협동, 소통, 상생 등 공동체적 접근을 중요시하며 생태적 가치를 중시하고 있는 점에서 공통적이다. 중학교 역시 공동체적 접근을 기본으로 하고 생태적 가치 추구를 목표로 삼고 있으며, 여기에 더해 학력과 인성 교육의 내실화에 비중을 두고 있다. 또한 농어촌 소재 학교로서 농어촌의 교육적 현실을 감안한 교육과정의 운영을 지향하였다.

〈표 15-3〉 분석대상 학교의 비전 및 목표

학교명	분석 내용
종려초	• 학교교육의 다양화 특성화 • 도 · 농 교육격차 해소 • 교육복지 구현 • 소통과 협력의 학교공동체 구현
살구초	• 행복하게 놀기 • 미래핵심역량 기르기 • 전문적 학습공동체 • 아름다운 학교 만들기

사과초	• '자율과 협력'을 모든 면에서 강조 • 배려와 나눔을 통한 관계 맺기 • 다함께 하는 자치 공동체 • 협력적 배움과 스스로 학습하기 • 오감 생태 교육 • 놀이하며 체력 기르기
석류초	• 인재 교육(탐구, 진로, 도전활동) • 품성 교육(배려와 나눔의 공동체, 심신 건강)
자두초	• 자립과 상생(스스로 서기와 서로를 살리기) • 모든 학생을 독립된 주체로 세우기 • 학생의 재능과 능력을 살리는 교육
은행초	• 배우는 기쁨이 있는 학교 • 더불어 소통하는 학교공동체 • 경쟁보다 협동으로 성장하는 학교 • 모두 함께 기쁨을 누리는 학교
홍매중	• 농촌형 교육과정(특성화, 지역화 교육과정) 운영 • 소규모 농어촌 중학교 모델 창출 • 지성 인성 감성이 조화로운 인재 양성 • 지속가능한 농어촌학교
호두중	• 세움과 나눔의 교육 • 자신을 소중히 가꾸고 타인을 존중하는 주체적 민주시민 육성 • 상상력을 키워 새로운 비전을 만드는 유목적 인간 육성 • 자기주도적 삶의 기반을 만드는 미래형 인간 육성 • 자연과 인간의 친화를 통해 감성적 삶을 영위하는 생태적 인간 육성
청솔중	• 하력 증진 학교 • 인성 지리산 학교 • 특기 신장 학교 • 돌아오는 농촌학교 • 잘 가르치는 방과후학교

4) 학교 운영 원칙

분석대상 학교들은 폐교 위기의 농어촌 작은 학교를 변화시키기 위해 작은 학교의 교육적 장점을 살리며 청정 자연생태 환경을 교육적으로 활용하고자 하는 의식에서 출발하여 이를 현실화할 조건으로 학교 운영의 원칙을 수립하는 데 관심을 기울였다.

분석대상 학교들은 공통적으로 민주적 의사결정 과정을 중요시하였다. 학교가 비민주적으로 운영될 경우 학교의 비전과 목표 실현이 어렵다는 공통의 인식 아래 학교의 운영 구조를 변화시키는 데 많은 노력을 기울였다. 분석대상 학교들은 결과적으로 학교장의 민주적 리더십이 발휘되고 있는 학교로 볼 수 있다. 학교의 관리자로서 학교장은 권위주의적인 방식으로 교사를 통제하기보다 교사들의 자율성을 존중하며 창의적 의견을 수렴하기 위한 민주적 과정과 절차를 중시하였다.

이러한 교직원의 근무 풍토가 형성되면서 교사들은 자연스럽게 집단적으로 전문성을 높이기 위해 학습공동체를 구성하여 운영하는 사례가 일반화되었다. 교사들은 자신들의 모든 판단과 활동을 학생의 성장과 발달에 초점을 맞추어 학습공동체를 운영하였다.

분석대상 학교들은 학부모의 학교 참여를 활성화하는 데 관심을 두었다. 특히 사과초와 자두초는 학교교육과정 편성·운영·평가 과정에 학부모의 학교 참여를 보장하였다.

〈표 15-4〉 분석대상 학교의 운영 원칙

학교명	분석 내용
종려초	• 학생 자존감 및 자신감 회복 • 정의적 능력을 바탕으로 한 학업성취도 제고 • 자율경영체제(교육활동 중심 조직, 행정업무 경감 등) • 민주적 자치공동체 형성(학생회, 학부모회) • 교사의 전문적 학습공동체 운영 • 교육과정의 다양화 특성화

살구초	• 교사학습동아리 운영 • 교원업무 경감 • 교육공동체 구현
사과초	• 민주적 의사결정 • 학교교육과정 편성 · 운영 · 평가에 모든 학교구성원 참여 • 교수학습 중심 운영체제
석류초	• 학생 중심 교육과정 운영 • 교육과정 중심 학교경영 • 민주적 의사결정 • 교육공동체 추구
자두초	• 교수학습 중심 운영 체제 • 일하기 중심 교육과정 운영 • 학부모와 함께 만들어 가는 학교
은행초	• 자발적 참여와 민주적 의사결정 • 창의성과 자기주도적 배움 중시 • 지역사회의 긍지와 희망 • 교사의 전문적 학습공동체 운영
홍매중	• 농업 · 농촌의 교육적 가치 반영(교육과정 특성화) • 민주적 합리적 운영체제 구축 • 일과중 정기적으로 교직원 연수 시간 확보 • 교사의 전문적 학습공동체 운영
호두중	• 모든 교육활동을 학생의 성장과 발달에 초점 • 수업 혁신과 평가 방법 개선을 통한 창의력 신장 • 행복한 꿈을 갖기 위한 창의적 체험활동 강화 • 교사의 전문적 학습공동체 운영 및 학생 자치 활성회 • 정규 교육과정의 특성화
청솔중	• 학력 인성 특기신장 교육에서 경쟁력 확보 • 다양한 방과후학교 운영으로 사교육비 경감 • 지역주민(평생교육) 프로그램 운영 • 학교 주변 환경(소나무 숲)의 교육적 활용 극대화

5) 주요 교육활동

분석대상 학교들의 교육활동을 확인한 결과 이들 학교에서 발견된 공통적인 교육활동의 특징은 다음과 같다.

- 교육과정의 다양화 · 특성화 추구
- 교육복지 확대
- 학부모 및 지역 사회와의 연계 추진, 학부모의 학교 참여 활성화
- 방과후학교 운영 내실화
- 자연과 첨단이 조화된 학습 환경 조성

특히 이러한 교육활동은 학교의 비전과 목표와의 연계성을 고려하여 일관성을 유지하고 있다는 점에서 특징적이라고 할 수 있다. 교육과정의 다양화와 특성화는 농어촌학교로서의 장점과 약점을 보완하며 기회 요인을 충분히 활용하고 위협 요인을 상쇄하는 방향으로 이루어졌다. 이는 교과활동, 창의적 체험활동, 방과후학교활동을 학교 교육에 반영하는 방식으로 이루어졌다.

방과후학교 프로그램은 농어촌의 교육 여건상 문화예술 분야의 취약성을 보완하기 위해 문화예술 프로그램을 다양하게 실시한 점이 두드러진다. 교육복지는 학습활동비 지원, 학습코칭 지원. 통학차량 지원, 돌봄 프로그램 운영 등 농어촌 취약계층에 대한 선별적 지원과 생태문화 체험 지원, 테마학습 지원 등 모든 학생을 대상으로 한 지원을 동시에 추진하였다.

분석대상 학교들은 대학생 멘토링, 학부모 전문가 활용 등을 통해 농어촌지역의 인적 자원이 부족한 현실을 해결하였다. 학부모의 학교 참여를 활성화하기 위해 학교 교육과정 운영에 학부모를 참여하도록 하였으며, 학부모교실을 다양한 주제로 개설하여 학교 평생교육을 실현하고자 하였다.

〈표 15-5〉 분석대상 학교의 주요 교육활동

학교명	분석 내용
종려초	• 교육 내용 다양화: 교과 통합 교육과정 재구성 • 교육복지 확대(학습경비 지원, 보육실 운영 등) • 부진아 지도 및 특별 보충 지도 • 학부모 참여 기회 확대(학교행사 진행, 학부모 체육대회, 교육과정 평가회, 가정방문 등) • 지역연계 방과후학교 운영(학부모 주민 강사, 특기적성위주 프로그램)
살구초	• 독서교육(인문학적 상상력 기르기) 학습코칭 프로그램 운영 • 교육과정 재구성 학예술 중심 방과후학교 특성화
사과초	• 학생 선택 창의적 체험활동(프로젝트 학습, 도전활동, 동아리활동) • 방과후학교 운영(문화예술 중심 프로그램 편성) • 다모임 시간 운영 학부모 및 지역사회 협력 프로그램 운영
석류초	• 학생 맞춤형 프로그램 운영(연극 프로그램, 골프 교실, 영재반, 교내 인증제, 나의 꿈 포트폴리오, 플래너 활용, 야간 공부방 등) • 생태 문화 체험학습(지역투어, 생태학습, 공동체문화활동, 스포츠활동) • 학부모 주민 프로그램 운영(시설 개방, 평생학습 강좌)
자두초	• 배려와 나눔의 실천(관계 맺기, 듣는 태도 기르기, 봉사활동) • 자치공동체 실천(학생자치회, 가족단위 참여 프로그램) • 공부습관 기르기(협동학습, 도전활동, 독서 생활화) • 선택 교육활동(동아리, 실과 선택) 오감 생태교육(농사체험, 환경체험, 생태 표현) • 놀이로 체력 다지기(공동체 놀이, 동아리 체육) 다모임 시간 운영
은행초	• 구성주의 교육과정 실천: 프로젝트 학습(농사짓기 등) • 독서교육 연계 진로교육 테마체험학습, 계절학교 • 학생 요구 중심 방과후학교 운영 다모임 시간 운영 • 학부모 모임 활성화(학부모포럼, 학부모 공부모임, 학부모 동아리 등)
홍매중	• 특성화 지역화 교육과정 운영(1, 2, 3학년별 진로, 생태, 인성) • 선택과목 다양화(정보, 환경, 한문) • 방과후학교 운영(학습능력 향상 프로그램, 문화예술 프로그램) • 교육복지 확대(급식, 방과후학교, 통학버스)
호두중	• 창의적 체험활동으로 진로 탐색 시간 운영 • 특성화 교과 운영(1, 2, 3학년별 연극, 생태환경, 향토문화) • 독서 교육(도서관 리모델링, 다양한 독서 행사)

	• 방과후학교 운영(학습 코칭, 교과 보충, 1인 3특기적성 활동) • 학부모 및 지역사회 연계 프로그램(학부모 아카데미, 학생 · 교사 · 학부모 참여 행사)
청솔중	• 인성교육 프로그램(학급 야영, 음악회, 자아탐색 여행) • 문화예술 감성 교육(음악 교육 활성화, 1인 1악기) • 중국어 선택과목 편성 • 방과후학교 운영(학력증진, 인성지리산, 특기신장) • 학부모 및 지역 연계(결연 및 협약, 추가 재원 확보)

2. 성공적인 작은 학교의 성과와 과제

분석대상 학교에서는 학생 수 증가, 학력향상, 학생의 정서적 안정성 등을 확인하였다. 이 외에도 분석대상 학교들은 학부모와의 친밀한 관계, 시설 및 교육환경 개선, 학생과 학부모 만족도 향상, 지속적 발전 여건 구축, 지역사회와 교육청의 좋은 평판 등의 성과가 나타났다.

1) 학생 수 증가

분석 대상 학교들은 사전 조사를 거쳐 학생 수가 증가하고, 학업성취도가 향상하였으며, 학생과 학부모의 만족도가 높은 학교들 중에서 선정하였다. 학교 내부 자료 분석 및 학교 방문 면담을 통해서 실제로 이들 학교들은 학생 수, 학업성취, 만족도 측면에서 괄목할 만한 성과를 거두고 있는 것으로 확인할 수 있었다.

학생 수 증가는 다양한 방식으로 이루어졌다. 기본적으로는 학교의 변화에 대한 지역사회의 평판이 좋아지면서 학구 내 학부모는 물론 인근 지역의 학부모들이 이들 학교에 대해 관심을 가지게 되었다. 일차적으로는 학구 내 학생의 외지 유출이 거의 없다. 학교 변화 이전에는 학교가 과소규모화될수록 학생 유출이 가속적으로 진행되었다. 학교의 변화를 시도하지 못한 학교들은 이러한 악순환의 과정에서 종국적으로는 폐교 상황을 맞이하는 게 일반적인 모습이었다고 할 수 있다.

분석대상 학교들은 학교의 변화를 추진함으로써 학구 내 학생의 외지 유출을 억제함은 물론 학구 이외의 지역으로부터 학생들이 유입될 수 있는 조건을 형성하였다. 외지 학생의 유입은 '거주지 이전'과 '학교 재배정'의 방식으로 이루어졌다. 중학교의 경우 '자율학교 지정을 통한 학생 모집 범위 확대' 방식이 추가로 활용되었다.

거주지 이전은 학령기 자녀를 둔 가정의 귀농 · 귀촌에 따른 것으로 앞의 '학교의 환경적 특성' 분석에서 언급한대로, 귀농 · 귀촌 후 학교를 선택한 것이 아니라 학교 선택 후 귀농 · 귀촌한 사례가 많다는 점에 주목할 필요가 있다. 즉, 학교의 변화를 긍정적으로 본 도시 거주 초 · 중 학부모들이 자녀를 전입학시키기 위해 학교 인근 지역으로 이주해 온 것이다. 이는 1980년대 이후 꾸준히 이루어진 소위 '교육 이촌'의 역전 현상으로 볼 수 있다. 경제적 이유와 더불어 '농어촌학교의 소규모화에 따른 학교교육의 질 저하'가 탈농 · 이촌 현상의 주요한 원인으로 작용해 온 기존의 패턴을 바꾼 사례로 볼 수 있다.

학교 재배정은 신입생에 해당하는 사항으로 학교폭력 등의 사유로 거주지 학구 내 학교 배정 대신 학구 외 희망학교에 재배정 받는 방식으로 이루어졌다. 학교에 따라서는 학교 재배정 방식이 한계를 보이는 경우도 나타나고 있다. 예컨대, 종려초, 사과초, 호두중의 사례에서 보듯이 학교의 긍정적인 변화가 주변 지역으로 널리 홍보되고 전입학을 원하는 학생들이 많아질수록 학교 재배정의 방식을 통한 전입학보다 우선 배정을 받을 수 있는 거주지 이전을 통한 우선 입학이 이루어지고 있다.

자율학교 지정을 통한 학생 모집 범위 확대는 중학교에 해당하는 것으로 대표적으로 호두중과 홍매중 사례를 들 수 있다. 호두중은 전국범위 학생 모집이 가능해짐에 따라 학교는 학생들이 생활할 기숙 시설을 마련해야 하는 과제를 안게 되었으나, 호두중 사례에서 보듯 교육청과 지자체의 지원과 협조로 이런 문제를 해결할 경우 면지역 중학교가 적정 규모를 유지하는 학교로 탈바꿈할 수 있는 것이다. 홍매중은 군교육청에서 학구조정위원회를 열어 매화학구에 거주하는 학생이 홍매학구의 홍매중을 배정받을 수 있도록 함으로써 학생 유입을 가능하게 하였다.

2) 학력 향상

분석대상 학생 학업성취도 향상의 몇 가지 요인을 들 수 있다. 첫째는 학생 수 증가와의 관련성이다. 과소규모학교의 경우 정상적인 교육과정의 운영이 어려워지고 이로 인한 학생 이동이 가속화되는 악순환이 벌어지는 반면 학생 수 증가로 학교가 적정규모를 유지함에 따라 학교 교육의 질을 향상시킬 수 있는 요건을 갖추었다는 점이다.

둘째는 추가 재원의 적절한 사용이 학업성취도 향상의 조건으로 작용한 측면이다. 중앙 및 지방 차원의 다양한 학교 지원사업에 따른 추가 재원을 정규 교육과정 및 방과후학교의 교수학습지원비로 사용하면서 교육 여건이 불리한 농어촌학교의 교육 질 향상에 기여한 것이다. 대표적으로 교육부의 '전원학교 육성 사업'을 들 수 있다. 우수 사례로 선정된 대다수 학교는 전원학교로 지정되어 3년에 걸친 지원을 받은 학교들로 예산 지원뿐만 아니라 컨설팅 및 모니터링을 받으며 학교 경영을 개선한 데 힘입은 것이라고 할 수 있다.

셋째는 학교교육의 질 향상을 위한 구성원의 창의적 노력이다. 분석대상 학교들은 예외 없이 해당 학교 교사들이 '전문 학습공동체'를 형성하여 학생의 성장과 발달에 초점을 둔 논의를 상시적으로 진행하고 있다. 때때로 잦은 회의와 모임으로 업무 피로도가 높아지는 상황에 대한 우려가 제기되기도 하지만 이들 학교 교사들은 공통적으로 학습공동체를 통한 학교의 변화와 발전에 자부심을 가지고 있다.

3) 인성 발달

분석대상 학교들은 학교 방문을 통해 확인한 결과 학생들의 표정이 매우 밝다는 공통점을 보였다. 이 학교들은 경쟁보다는 협동을 강조하였으며 지적 성취에 앞서 인성 발달을 중요하게 여기는 교육활동을 실천하였다. 이른바 '다모임'을 통해 모든 학생들이 한 자리에 모여 학교 생활의 전반적인 사항들에 대해 자유롭게 대화하는 자리를 만들었으며, 학생들이 자치적으로 활동하는 영역에 있어 교사들은 학생들의 생각과 행동을 존중해 주었다. 호두중은 학생 자치활동 역량이 뚜렷하게 신장된 것으로 평가된다. 호두중 학생들은 모든 교내 행사를 학생회가 주관하여 실시하였다.

4) 학부모의 만족도 향상

분석대상 학교들은 학교의 변화를 시도하기에 앞서 학교가 처해 있는 주·객관적 조건을 확인하기 위해 SWOT 분석을 실시하였다. 학교별 SWOT 분석에서 나타난 공통점은 '소규모학교의 장점 살리기'와 '농어촌학교의 장점 살리기' 두 가지를 중요하게 여기고 있다는 점이다.

도시의 거대학교 내지 과밀학급의 문제와 한계를 지적하며 소규모학교이면서 농어촌학교가 갖고 있는 장점을 주목하였다. 학교 교육과정 역시 이러한 맥락에서 편성 운영하였다. 또한 이러한 교육 수요가 있음을 파악하고 도시 학부모를 대상으로 적극적으로 홍보하였으며, 시역단위로 교육시민단체를 결성하여 '소규모학교, 농어촌학교'의 장점을 공유하는 등 학생 유입을 위해 적절히 대처했다. 청솔중은 농어촌 소규모학교의 장점에 사교육비 경감 방안을 제시하여 이에 공감하는 학부모들의 선택을 이끌어내는 성과를 거두었다.

학부모 대상 설문조사 결과에서도 분석대상 학교의 학부모들은 학교에 대해 매우 높은 만족감을 보이고 있었다. 분석대상 학교 학부모의 학교교육에

대한 만족감은 일반학교 학부모의 만족감에 비해서도 상당히 높게 나타났
다. 따라서 소규모학교 운영의 성과 중에 하나는 교육 소비자인 학부모의 만
족감을 제고시켰다는 데 있다.

〈표 15-6〉 분석대상 학교의 성과

학교명	분석 내용
종려초	• 학생 수 증가 • 학력 향상 • 학생들의 정서 안정 • 학생 · 학부모 · 교사 만족도 높음 • 자연과 첨단이 조화된 학습환경 조성
살구초	• 학생 수 증가 • 학력 향상 • 학생 · 학부모 만족도 높음 • 자연과 첨단이 조화된 학습환경 조성
사과초	• 학생 수 증가 • 교육여건 개선 • 새로운 학교 문화 형성
석류초	• 학생 수 증가 • 학력 향상 • 학부모 만족도 높음 • 자연과 첨단이 조화된 학습환경 조성
자두초	• 학생 수 증가 • 학생 · 학부모 만족도 높음 • 학생 자치활동 역량 형성 • 새로운 학교 건축 구현
은행초	• 학생 수 증가 • 학력 향상 • 학생 · 학부모 만족도 높음
홍매중	• 학생 수 증가 • 학력 향상 • 학생 · 학부모 만족도 높음 • 자연과 첨단이 조화된 학습환경 조성

호두중	• 학생 수 · 학급 수 증가 • 학력 향상 • 학생 · 학부모 만족도 높음 • 학생 자치 역량 향상 • 지역사회 활성화(초등학생 가정 유입) • 자연과 첨단이 조화된 학습환경 조성
청솔중	• 학생 수 증가 • 학력 향상 • 사교육 의존도 감소 • 학부모 교실 활성화 • 농어촌 우수학교(가고 싶은 학교)로의 학교 위상 확보 • 자연과 첨단이 조화된 학습환경 조성

5) 과제

분석대상 학교들은 농어촌 소규모학교를 대상으로 하는 각종 행·재정적 지원으로 학교의 발전적 변화를 꾀하여 오고 있으나 적지 않은 과제를 안고 있는 것으로 확인되었다. 대부분의 학교가 학생 수가 증가하며 학력 수준이 향상되었으나, 현지 토박이 학생과 외부 유입 학생 등 이질적인 집단이 혼재하면서 학력, 인성 등에서 개인 차이가 나타나고 있어 이를 줄이기 위한 노력이 필요하다. 학교에 따라서는 학습부진 및 학교부적응 학생도 증가하여 이들 학생에 대한 전문적인 개별화 지도가 요구된다.

향후 지속적인 학생 수 유지 및 증가를 위해서는 전입학 희망 학생의 안정적 확보를 위한 학구 조정의 필요성이 대두되고 있다. 자율학교 지정에 따른 학생 모집 범위 확대(호두중) 및 학구 조정(홍매중), 학교 재배정(사과초) 등 교육청의 협조로 학생 유입을 위한 제도상의 여건을 마련한 학교들도 있으나 대부분의 학교는 '위장 전입' 논란에서 자유롭지 못하다.

분석대상 학교들은 공통적으로 근무 희망 교원의 안정적 확보를 위한 인사제도 개선을 희망하였으며, 방과후학교 운영에 필요한 강사 지원을 과제로 들었다.

모든 학교는 향후 지속적인 추가 재원 마련을 과제로 꼽았다.

〈표 15-7〉 분석대상 학교의 과제

학교명	분석 내용
종려초	• 교육과정 재구성 • 학력 격차 극복 • 교육 여건 개선(특별실 부족) • 근무희망 교원의 안정적 확보
살구초	• 학력 격차 극복 • 근무희망 교원의 안정적 확보 • 지속가능성 확보 노력
사과초	• 학력 격차 해소 • 추가 재원 확보 • 이주희망 가정의 정주 여건 마련 • 근무 희망 교원의 안정적 확보 • 지속가능성 확보 노력
석류초	• 학부모 학교 참여 제고 • 귀농 · 귀촌 가정 정주 여건 마련 • 추가 재원 확보 • 근무 희망 교원의 안정적 확보 • 지속가능성 확보 노력
자두초	• 비전과 목표 유지 • 가정 배경이 다양한 학생 집단에 대한 개별화 교육 • 방과후 강사 등 외부 인적 자원 확보 • 학생 유입을 위한 학구 조정 • 지속가능성 확보 노력
은행초	• 통학 차량 확보 • 학생 유입을 위한 학구 조정 • 근무 희망 교원의 안정적 확보 • 지속가능성 확보 노력
홍매중	• 안정적인 추가 재원 확보 • 근무 희망 교원의 안정적 확보 • 지속가능성 확보 노력

호두중	• 학력 격차 해소 • 교사 수업개선 • 추가 재원 확보 • 지속가능성 확보 노력
청솔중	• 교육여건 개선 • 기존 학교 부적응으로 전입한 학생 대상 교육 • 학생유입을 위한 학구제 개선 • 추가 재원의 안정적 확보 • 지속가능성 확보 노력

3. 성공적인 작은 학교의 발전 요인

성공적인 소규모학교의 발전 요인들을 다음과 같이 내적 요인과 외적 요인으로 구분하여 요약할 수 있다.

1) 내적 요인

(1) 교사의 노력과 의지

교원들은 학교가 발전하기 위한 가장 중요한 동력으로 교사의 학교 발전 의지와 노력을 가장 중요한 요인으로 꼽고 있다. 사실 학교 교육의 시작과 끝은 교사에 의해 좌우된다고 해도 과언이 아닐 것이다. 그만큼 학교에서 교사는 가장 중요한 위치를 치지하고 있다. 아무리 학교 밖에서 밀려오는 개혁의 요구와 강요도 교실 내의 교사들이 움직이지 않으면 아무 성과가 나타나지 않는다. 그동안 수많은 학교 개혁을 위한 예산 투입과 정책들이 성공하지 못한 근본적인 요인은 사방이 벽으로 둘러싸인 교실의 교사들이 변화에 대해 공감하지 못했기 때문이다(Owens, 2008).

요컨대, 학교의 성공 요인은 학교의 실질적인 운영 주체인 교사들의 학교 발전 의지와 노력이라는 점이다. 분석대상 모든 학교들에서 '교사들의, 교사들에 의한, 학생들을 위한 학교교육'이 이루어지고 있었다. 이처럼 교사가 확신을 가지고 학교발전을 위해 자발적으로 헌신할 때 학교는 성공적으로 발전될 수 있는 조건이 마련되었다고 할 수 있다.

(2) 새로운 교육 요구 반영

분석대상 학교들은 새로운 교육 요구를 반영함으로써 성공을 거둘 수 있었다. 새로운 교육 요구의 기본 전제로 '농어촌 소규모학교'에 착안한 것이다. 농어촌이기 때문에, 소규모학교이기 때문에 가능한 교육적 가치를 학교교육에서 현실화하였다. 이 새로운 교육 요구는 산업화에 몰두하던 시기에는 나타나지 않던 요구로 한국 사회가 후기 산업화 시기로 이행되는 과정에서 자연스럽게 형성된 요구로 볼 수 있다. 분석 사례들은 도시과밀화에 따른 문제, 개인주의화에 따른 문제, 환경 위기 문제 등이 일상화되는 가운데 농어촌의 청정 생태 환경과 공동체적 관계 형성을 원하는 사회 저변의 요구를 실현한 학교 모델로 평가할 수 있다.

폐교 위기의 농어촌학교를 변화시켜 학생 수가 늘어나도록 한 이들 사례는 인구·사회학적으로도 중요한 의미를 지닌다. 즉, 이들 학교에 학생 수가 늘어난 과정에 주목할 필요가 있다. 많은 경우 귀농·귀촌 후 학교를 선택한 것이 아니라 학교 선택 후 귀농·귀촌한 사례가 많다는 점이다. 학교의 변화를 긍정적으로 본 도시 거주 초·중 학부모들이 자녀를 전입학시키기 위해 학교 인근 지역으로 이주해 온 사례를 적지 않게 확인할 수 있었다. 이는 1980년대 이후 꾸준히 이루어진 소위 '이촌 향도의 역전 현상으로 볼 수 있다. 경제적 이유와 더불어 '농어촌학교의 소규모화에 따른 학교교육의 질 저하'가 탈농·이촌 현상의 주요한 원인으로 작용해 온 기존의 흐름을 바꾼 사례라고 할 수 있다.

분석대상 학교들은 공통적으로 학력과 더불어 인성, 생태 등을 중시하는 학교 교육과정을 개발하여 적용하였다. 이러한 교육과정은 학부모와 학생의 새로운 교육 요구를 충족시켜 주었다.

(3) 공동체적 학교 문화 형성

분석대상 학교들은 교육공동체적 원리를 충실히 이행함으로써 소기의 성과를 거둘 수 있었다. 이들 학교는 '헌신', '동반자 의식', '인간관계 형성', '참여와 소통', '합의에 의한 내부 통제', '공공성', '민주주의', '사회적 연대', '사회적 책무', '공동선 추구', '집단 정체성', '핵심가치 공유' 등 교육공동체의 특성을 실천하고 있는 것으로 평가된다.

이들 학교는 학교의 변화를 시도하기에 앞서 학교의 비전과 목표를 세우는 과정을 중요하게 여겼으며, 수립된 비전과 목표를 모든 구성원이 공유하기 위해 지속적으로 노력하였다.

대다수 학교는 민주적인 학교 운영체제를 정착시키기 위한 부단한 노력을 기울여 왔다. 이를 위해 기존 학교 체제의 문제를 지속적으로 점검하는 내부 토론을 정기적으로 갖고 있다. 또 학교가 지역사회에서 담당해야 할 교육적 역할에 충실하기 위해 노력하였으며, 지역사회와의 연대를 끊임없이 모색하였다.

(4) 교사의 자생적 학습조직 구축

대부분의 분석대상 학교에서는 교사들이 자생적 학습조직을 구축하고 있었다. 대다수 학교는 학교 구성원 모두가 한 자리에 모여 학교생활의 전반적인 사항들에 대해 자유롭게 대화하는 자리를 만드는 과정과 학부모의 학교 참여 및 학생자치활동을 중요하게 여겼다. 또한 이 학교들은 경쟁보다는 협동을 강조하였으며 교사들은 학습공동체를 일상화하였다. 이러한 노력을 통해 분석대상 학교들은 '동반자 의식'을 공유하며 '헌신'하는 태도를 상호간에 고양함으로써 공동체적 학교 문화를 형성하는 데 상당한 성공을 거두었다. 교사들의 자생적 학습조직은 특히 소규모학교의 발전을 위한 기본적인 전제조건이 될 수 있다.

(5) 학생중심 교무분장체제로의 전환

소규모학교가 발전하기 위해서는 행정중심 교무분장체제에서 나타나는 형식주의와 실적주의를 극복해야 한다. 성공적인 소규모학교에서는 교사 중심의 민주적 학교운영체제를 구축하고 있고, 교육활동 중심으로 업무를 재조직하였다. 교사들의 행정업무 부담을 줄이기 위해 별도의 행정전담팀을 구성하였으며, 지시전달 위주의 회의문화를 토론형 회의문화로 바꾸었다. 분석대상 학교의 대부분은 행정중심의 교무분장 구조에서 과감하게 학생지도 중심의 교무분장제로 전환하고 있음을 확인할 수 있었다.

(6) 학교장의 민주적 리더십

분석대상 학교들은 학교장이 민주적 리더십을 발휘함으로써 새로운 조직운영 모델을 정착하고 있었다. 학교장은 권위주의적 행동을 탈피하고 행정위주, 실적위주의 성과보다는 구성원의 합의로 설정한 학교의 비전과 목표를 관리하는 데 주력하였다.

대부분의 학교가 권위의 위계화에 따른 의사소통 장애, 규칙과 규정 위주 운영에 따른 경직성과 목표 전도, 지나치게 분업적인 업무체제로 인한 권태감, 지시일변도 업무부과에 따른 사기 저하 등의 관료 조직화에 따른 문제를 안고 있는 데 비해 분석대상 학교의 학교장은 교육공동체의 특성을 구현하는 방향으로 리더십을 발휘하였다.

〈표 15-8〉 분석대상 학교의 내적 성공 요인

학교명	분석 내용
종려초	• 혁신적인 공모교장 부임 • 학교 구성원 모두가 핵심가치 공유 • 학교 구성원의 협력적 문화 • 교사들의 자발적인 노력 • 교장의 민주적 리더십 • 학생 중심, 교육과정 중심으로 교무업무 조정

살구초	• 교사들의 헌신적 노력 • 교사 학습공동체 • 외형적 성과지향 탈피 교육내실화 추구 • 협력적 교직원 문화 형성 • 학교장의 민주적 리더십
사과초	• 학교 구성원 모두가 핵심가치 공유 • 작은학교를 살리고자 하는 교사·학부모 모임 활동 • 학생중심 교육과정 • 수업 개선을 위한 교사들의 노력 • 학교장의 민주적 리더십
석류초	• 학생의 자신감과 자긍심을 키우는 연극 프로그램의 지속 운영 • 초빙 교장의 리더십
자두초	• 학교 구성원 모두가 핵심가치 공유 • 농어촌 작은학교 장점 살리기 • 교장의 민주적 리더십 • 젊은 교사들의 헌신적인 노력 • 교육본질을 추구하는 학부모 요구 반영
은행초	• 학부모의 교육 요구 수렴 • 교사들의 자발적 역량 강화 노력 • 모든 학교 구성원이 학교 비전 공유
홍매중	• 교직원의 열정과 혁신 마인드 • 교직원 역량 강화 • 민주적 합리적 의사소통체제 • 특색 있는 학교 교육과정 개발 적용 • 귀농·귀촌 가정의 교육적 요구 반영(생태, 인성 교육)
호두중	• 학력 향상과 인성 교육의 동시 추진 • 학생·학부모·교직원의 주인 의식 형성 • 교사 학습공동체 활성화
청솔중	• 교직원의 학교에 대한 애착심 및 단결심 • 도시학교 부적응 학생 수요파악 및 학생 유치전략 수립 • 학교 설명회(맞춤형 홍보)

2) 외적 요인

(1) 학부모의 학교 운영 참여

분석대상 학교들은 공통적으로 학부모의 학교 참여가 활성화되어 있다. 이는 자연스럽게 학생과 학부모의 학교 만족도 향상으로 나타났다. 학부모의 학교 참여는 참여 영역과 방식에 따라 차이는 있으나 기본적으로 학교와 학부모의 소통이 원활하게 이루어지고 있다고 할 수 있다. 사과초, 은행초, 자두초 등 3개 학교는 학교 변화를 시도하고자 하는 초기 과정에서부터 교사와 학부모가 함께 참여한 대표적인 사례이다. 이들은 1~2년에 걸쳐 학교 변화의 방향과 내용에 관해 전문적인 학습을 하였으며 대상 학교의 선정에서부터 인적 구성에 이르기까지 관심을 가지고 지원하고 협력하였다. 이런 과정에 참여한 학부모 중 상당수는 자신의 자녀를 대상 학교에 보내고 이후 학교 운영 과정에도 적극 참여하였다.

(2) 외부의 재정지원사업 유치

분석대상 학교들이 성공적인 학교로 거듭날 수 있었던 데는 학교 구성원의 자구적 노력에 더해 추가적인 행·재정적 지원이 큰 역할을 한 것으로 평가할 수 있다. 이들 학교는 모두 교육부 차원에서 '농산어촌 전원학교'로 지정되거나, 교육청 차원의 '혁신학교'로 지정되어 추가적인 행·재정적 지원을 받은 학교이다. 추가 재원은 교육시설을 개선하거나 교육프로그램을 운영하는 비용으로 사용하며 학교 운영에 활력을 불어넣었다. 전원학교 육성사업을 교육부로부터 위탁받아 구심적 역할을 해 온 공주대학교 한국농촌교육연구센터는 학교 컨설팅 및 모니터링 과정과 연계하여 행·재정적 지원을 하였으며, 도교육청은 학교 혁신을 위한 교원 연수 및 운영 매뉴얼 제공 등을 통해 이들 학교를 지원하였다. 광역자치단체 및 기초자치단체도 교육 여건 개선 등 행·재정적 지원을 함으로써 학교가 성공적으로 변화하는 데 기여하였다고 할 수 있다. 분석대상 학교들은 공통적으로 지역연계체제를 성

공적으로 구축하였다. 학교의 변화상에 대한 지역사회의 긍정적 인식이 확
산되면서 지역사회의 관심과 참여 및 지원이 활성화된 점 또한 성공사례 창
출에 기여했다고 할 수 있다.

〈표 15-9〉 분석대상 학교의 외적 성공 요인

학교명	분석 내용
종려초	• 교육부 지원 전원학교, 경기교육청 지원 혁신학교
살구초	• 교육부 지원 전원학교, 경기교육청 지원 혁신학교 • 지역사회 협력 관계 구축
사과초	• 학부모 학교 참여 • 전남교육청 지원 무지개학교 • 산수유교육지원청 지원: 학생 유입 지원(학교 재배정)
석류초	• 교육부 지원 전원학교 • 지리산교육지원청 지원: 군 인사규정 개정, 시설 개선 • 학교발전협의회 조직 운영
자두초	• 학교 설명회 • 학부모 연대 및 협력 • 전북교육청 지원 혁신학교
은행초	• 지역사회의 관심과 참여 • 강원교육청 지원 행복더하기학교
홍매중	• 지역의 인적 물적 자원의 교육적 활용 • 지역 내 교육관련 유관기관의 협조와 지원 • 교육부 지원 전원학교 • 매화교육지원청 지원: 학생 유입 지원(학구 조정)
호두중	• 교육부 지원 전원학교, 전북교육청 지원 혁신학교 • 전북교육청 지원: 자율학교 지정 • (전국범위 학생 모집, 기숙시설 확보)
청솔중	• 교육부 지원 전원학교 등 다각적인 추가 재원 확보 • 자연과 첨단이 조화를 이룬 학교 환경 • 지역사회 연계체제 구축

3) 종합

성공적인 소규모학교의 일반적인 특성과 성공적인 소규모학교의 발전 요인은 소규모학교에서만 확인할 수 있는 특성 및 요인이라기보다 일반 학교에도 적용할 개연성이 있는 성공 요인이라고 할 수 있다. 그렇다면 소규모학교만의 성공 요인은 무엇인가.

첫째, 학교공동체의 원리 및 수단을 구현하기에 유리하다는 점이다. Sergiovanni(1994), DuFour(2004) 등이 교육공동체 논의에서 제시하고 있는 바와 같이 소규모학교는 '핵심 가치를 공유'하고, '합의에 의한 내부 통제'가 가능하고, '동료성을 형성'하기에 유리한 조건으로서 학교의 교육력을 '학생의 학습에 초점'을 맞추게 되면 학교 효과가 보다 명확하게 나타날 수 있다는 점이다. 실제로 분석대상 학교 사례에서 확인할 수 있듯이 이들 소규모학교에서는 학교의 비전 및 목표를 설정하는 과정에 모든 교직원이 참여하고 있으며, 설정된 비전과 목표에 담긴 핵심 가치를 상시적으로 공유하는 협의체제를 갖추고 있다. 모든 교사와 모든 학생이 한자리에 모여 허심탄회하게 자신의 생각과 의견을 주고받는 자리인 이른바 '다모임'은 이를 보여 주는 좋은 예에 해당한다.

둘째, 개별화 학습 지도가 상시적으로 가능하다는 점이다. 소규모학교는 학급당 학생 수가 10~20명 정도로 학생 개개인의 능력과 특성을 고려한 개별화 학습 지도가 용이한 조건이다. '학급당 학생 수'는 학교교육의 질과 관계되는 교육 지표의 하나로 '학급당 학생 수가 적을수록 교육의 질이 높아진다.'는 가설에 입각할 때 소규모학교는 교육의 질을 높일 수 있는 가능성이 많다고 볼 수 있다. 분석대상 학교 교사들은 소규모학교의 이러한 교육적 강점을 살리고자 하는 의식적인 노력을 기울여 왔으며, 이들 학교의 기초학력 미달 학생 수가 줄어든 결과로 나타났다.

셋째, 지역 조건의 교육적 반영이 용이한 점이다. 외국의 경우 '학교내 학교'의 형태를 띠는 소규모학교가 존재하지만 국내 대부분의 소규모학교는 농어촌지역에 소재하고 있다. 한국의 성공적인 소규모학교는 농어촌지역 사회와의 연계 체제를 구축하고, '농업·농촌의 가치'를 교육적으로 반영하였다. 앞서 언급한 대로 도시과밀화, 개인주의화, 환경 위기 문제 등이 일상화되면서 농어촌의 청정 생태 환경과 공동체적 관계 형성을 원하는 사회 저변의 요구를 교육적으로 반영한 학교 모델을 보여준 것이다. 지역 조건에 기반한 새로운 교육 요구를 반영함으로써 폐교 위기를 극복하고 학생 수가 증가하는 성과를 거둔 것으로 볼 수 있다.

넷째, 교사들의 학습조직이 밀도 있게 운영될 수 있다. 학교가 발전하기 위한 가장 중요한 동력은 교사의 노력과 협력에 있다. 학교 규모가 작을수록 '교사 문화'가 강하게 형성될 수 있으며, 교사의 학습조직은 학교 발전을 위한 전제 조건에 해당한다. 분석대상 학교들이 행정중심의 교무분장 구조에서 과감하게 학생지도 중심의 교무분장제로 전환할 수 있었던 것 역시 소규모학교라는 조건에 기인한 것으로 평가할 수 있다. 이러한 내부 운영 구조의 변화를 통해 교사들의 학습조직이 밀도 있게 운영될 수 있었으며, 이는 학교의 교육력 향상으로 이어져 결과적으로 학생의 성장과 발달을 촉진하게 되었다고 할 수 있다.

제16장

전망과 과제

농촌을 방문할 때마다 농촌의 곳곳에 그것도 아주 좋은 위치에 학교가 자리하고 있다는 사실에 놀라게 된다. 이 학교들 중에서 일부 학교들은 정부 예산으로 설립된 것이 아니라 학교 부지를 주민들이 자치단체에 기부 체납하는 형식으로 마련하여 설립되었다. 사학도 한몫을 했다. 학교마다 농촌 주민의 바람과 호응, 그리고 땀이 흠뻑 배어 있는 것이다. 농촌학교에서는 성인의 문맹 퇴치를 위한 국문강습소가 운영되기도 하였다. 한국인의 향학열, 교육열을 농촌에서도 물씬 느낄 수 있다.

그런데 농촌의 많은 학교가 이미 문을 닫거나 다른 용도로 활용되고 있고, 남아 있는 학교 중에서 상당수의 학교는 학생 수가 점점 줄어들어 조만간 문을 닫을 상황에 처해 있다는 사실에 또 다시 놀라게 된다. 농촌교육의 문제는 도시 교육과 비교해서 학생들의 학업성취 수준, 교육여건 등이 뒤처진다는 이른바 도·농 교육격차의 차원에서 주목을 받아 왔으나 이제 농촌학교의 생존 차원에서 접근해야 할 심각한 국면에 처하고 있다. 그동안의 도·농 간 교육격차에 대한 우려만 해도 호사스러운 고민이고 이제 농촌학교의 존립을 걱정해야 할 때에 이른 것이다.

농촌학교의 황폐화는 일차적으로 산업화, 도시화에 따른 인구이동에 기인한 것이다. 2000년대 이후에는 인구의 고령화와 출산률 저하로 학령인구의 급감에 따라 농촌학교의 공동화가 확산되고 있다. 농촌은 행정 구역상 읍·면 지역으로 규정하고 있는데, 이러한 분류 기준에 따르면 농촌 인구 구성비가 1960년에 72%에서 2020년 18.7%로 줄어들었다. 특히, 면지역 인구 구성비는 1960년 63%에서 2020년 9%로 급격히 줄어들었다. 농촌 인구는 30여 년 만에 50% 미만으로 줄어들고, 50여 년 만에 20% 미만으로 줄어들었다. 농촌은 한국 사회의 중심으로부터 주변으로 전락했다. 농촌에 서 있는 학교도 예외일 수 없다.

한국은 정부 수립 이후 교육기회 확대 정책을 추진하여 오지벽지를 포함한 전국 방방곡곡에 학교를 세우고 점진적으로 교육여건을 개선시켜 왔다. 6·25 전쟁도 향학열을 막지 못했으며 천막학교가 등장하기도 했다. 폭발적인 교육열을 수용하기 위해 콩나물 교실, 2부제 수업을 마다하지 않았다. 선 학생 수용, 후 교육여건 확충으로 완전 취학에 다가섰다. 농촌지역에 있어서 교육기회 확대 정책은 바로 제동이 걸렸다. 역설적이게도 기회를 확대시키기 위하여 널리 학교를 세운 만큼 학교 공동화는 빨리 찾아왔다. 도시화와 산업화에 따른 인구이동에 덧붙여 좋은 학교를 찾아 농촌학교를 떠나 도시학교로 가는 학생이동이 이어졌다. 말이 태어나면 제주도로 보내고 사람이 태어나면 서울로 보내라고 했던가.

1982년부터 학생 수가 급감한 농촌지역에서 학교 통폐합 조치를 착수하였다. 통폐합 정책의 일차적 취지는 농촌학생들의 학습권 보장과 경제적 효율성 제고에 있다. 학생 수가 극심하게 줄어드는 농촌학교의 통폐합은 교육적, 교육재정적 차원에서 불가피한 측면이 없지 않기도 하다. 그럼에도 정부의 정책은 몇 가지 점에서 문제점을 노정하였다. 여기에서 딜레마에 빠진 농촌학교 통폐합 정책의 편린을 찾을 수 있다.

우선 일관성 없는 정책추진으로 정부 정책의 신뢰성 상실을 초래하였다.

학교 통폐합에 대한 정책기조가 강력시행과 작은 학교 살리기를 왔다 갔다 하였고, 정부가 개입했다가 교육청 자율에 맡기기도 하였으며, 국가가 인센티브를 제공하기도 하고 시·도 자체재원에 의존하기도 하였다. 통폐합 권고 기준도 확고한 근거도 없고, 안정적이지 않았다.

다음으로 정책의 형식주의가 팽배하였다. 학교 통폐합을 장기적 비전을 바탕으로 추진하기보다는 학생 수 감소에 따라 본교폐지 → 분교장 개편 → 분교장 폐지로 이어지는 단순한 추진 모델을 기반으로 하였다. 통폐합을 꼬리에 꼬리를 물고 추진해야 하는 형국이다. 또한 교육청 수준의 정책 행위자들이 정책 집행 과정을 소극적으로 바라보고, 심지어 통폐합에 관한 최종 의사결정을 주민이나 학부모의 투표로 결정하도록 하여 책임을 전가하고 있다. 통폐합 기준은 권고기준으로서 물렁한 기준에 불과하다. 중앙투자심의회의 학교총량제 적용에 따른 학교신설 압박, 지방교육행정기관과 각급 공립학교에 두는 교원배정 기준을 개정하여 소규모학교 존립 기반 열악화 등 통폐합 정책의 개선보다는 외곽에서의 보조 제도개선을 활용하고 있다.

아울러 통폐합 보상책에 대한 적절성 논란을 불러일으키고 있다. 통폐합 이해당사자들을 달래기 위한 무마용 지원금은 계륵과 같은 역할을 하고 있다. 무마용 지원금은 통폐합을 결정하는 데 실질적인 영향을 미쳐 통폐합을 유인하는 작용을 하고 있고, 학교를 잃은 학부모와 학생들을 위한 보상적 조치 차원에서 긍정적인 기능을 하고 있다. 정부는 인센티브를 계속 늘리는 데 몰두해 왔다. 다른 한편으로 무마용 지원금은 지역주민과 학부모들의 합리적인 통폐합 의사결정을 왜곡시키는 작용을 하고 있고, 지원금이 공정하지도 않고 교육적이지도 않게 활용되는 부분이 있다는 점에서 부정적인 기능을 하고 있다. 무마용 지원금을 중단해야 한다는 주장도 제기되고 있다.

농촌학교의 통폐합 정책은 순탄하게 추진되지 않았다. 정부의 학교 통폐합 방침에 대한 근본적인 저항의 일환으로 이른바, '농촌 작은학교 살리기 운동'이 태동되었다. 농민단체와 시민단체들은 정부의 농촌학교 통폐합 정책을 적극 비판했다. '작은 학교를 지키는 사람들'이라는 연대 기구를 조직하고, 농촌교육 육성 대책을 촉구하기도 했다. 신문기사를 검색한 결과를 통해 지금도 통폐합 정책에 대한 국민들의 호응은 낮은 편임을 알 수 있다.

이러한 상황에서 정부의 학교 통폐합 정책은 '만족화모델'을 기반으로 하고 있다. 통폐합 관련 각종 자료의 수합과 분석, 전문가들의 진단과 숙의 등의 절차를 거쳐 신중하면서 완벽하고 합리적인 의사결정을 추구하기보다는 주민투표에 의한 폐교결정으로 간단하면서도 폐교조치에 따른 후유증을 최소화하는 데 주력하고 있다. 한 학교의 문을 닫는 문제를 어떻게 합리적으로 해결해야 하는가에 초점을 두기보다는 이해당사자들의 동태적 특성을 고려하여 만족화 수준을 중시하여 통폐합을 결행하는 방법을 채택하고 있는 것이다. 딜레마 상황에서 합리모형에 근거한 성공적인 의사결정의 가능성이 줄어드는 점을 감안한 불가피한 조치라고 생각한다. 딜레마 관점에서 만족화모델의 모범적인 적용사례라고 평가할 수도 있을 것이다.

통폐합 정책에 대한 더욱 큰 저항은 폐교 위기에 처한 학교들의 성공 사례들이다. 학생 수가 급감하여 문을 닫기 일보 직전의 학교들이 통폐합 권고 기준을 훌쩍 넘어 보란 듯이 생존하고 있는 이 학교들이야말로 학교 통폐합 정책을 더욱 곤혹스럽게 하고 있다. 지금의 농촌학교 상황을 딜레마로 보는 중요한 이유이다. 학생 수 감소 추세를 보면 통폐합의 추진은 불가피하고 더 이상 지연시킬 사안이 아니다. 그럼에도 소규모학교 성공사례를 접할 때 학교 폐교는 여러 가능성의 싹을 꺾는 선택이라는 비판을 면하기 어려운 것이다. 폐교 위기를 벗어난 학교들은 농촌학교의 지역적 특수성과 작은 학교의 강점을 최대한 활용하려고 하는 공통적인 특성을 가지고 있다. 물론 약점도 극복하려는 노력을 기울인다. 온통 문제로만 보는 전통적인 시각과는 다르다.

농촌의 지역적 특성과 농촌학교의 교육여건에 대해 한걸음 더 다가가자. 최근 국민의 생활양식이 전반적으로 도시형 사회로 이행되고 있다. 아울러 거주지와 종사하는 산업의 분리, 종사하는 산업의 겸업화 추세 등이 나타나고 있다. 특히, 농촌에 거주하고 있는 가구 중에 비농어가 비중이 갈수록 높아지고 있다. 도시와 농촌의 경계가 명확하지 않을 뿐만 아니라 교통과 통신의 발달로 도시와 농촌의 간극은 점차 좁혀지고 있다. 반면에 행정구역에 따라 농촌으로 분류되는 읍지역과 면지역 간, 또는 동일한 면지역에서도 인구규모나 산업 등에 있어서 큰 차이를 나타내고 있다.

농촌은 도시와 비교해 볼 때, 몇 가지 공통적인 지역적 특성이 있다. 우선, 주민들의 정주성이 강하다. 그리하여 전통, 안정, 보수 등의 지역적 특성을 가지고 있다. 다음으로 농업이나 어업 등 동일한 산업에 종사하는 인구의 비중이 높은 편이다. 종사하는 산업차원에서 주민들의 상호 보완적 기능이 강한 지역적 특성을 가지고 있다. 아울러 마을단위의 굳건한 통합성을 바탕으로 상호 부조하고 기풍, 규범 등을 공유하는 지역적 특성을 가지고 있다. 도시와 차별적인 농촌 특유의 사회적 관계를 나타내는 커뮤니티를 형성하고 있다.

그동안 농촌지역에 소재하는 농촌학교의 교육여건을 부정적인 차원에서만 파악하려는 경향이 없지 않았다. 그러나 농촌학교를 살리기 위해서 도시학교를 뒤따라가는 것보다 도시학교에서 찾기 어려운 농촌학교의 강점을 살리자는 주장이 제기되면서 농촌학교의 강점이 무엇인가에 대해 주목하기 시작하였다. 농촌학교의 강점을 우선적으로 짚어 보면 다음과 같다.

농촌학교는 청정 자연환경에 둘러싸여 있고, 농촌은 국민의 일상생활과 직결된 식품생산의 기지라는 점, 농촌에는 면면히 지켜 오고 있는 전통문화가 있다는 점 등 도시에서 찾을 수 없는 특색 있는 교육자원을 가지고 있다. 또한 도시 학교에 비해 학교에 대한 신뢰감과 의존성이 높고, 학력경쟁이 치열하지 않다. 학교 구성원 간 긴밀한 인간관계가 상존하고, 가정·학교·지역사회의 교육적 연계가 강하다.

이와 같은 강점에도 불구하고, 농촌은 도시와 비교하여 사회적 고립성, 문화적 지체성, 경제적 빈곤성, 공공서비스 질의 낙후성 등 교육환경으로서 취약점을 가지고 있다. 학령인구의 급격한 감소와 인구구조의 고령화, 우수학생의 도시로의 이탈 지속화, 결손가정학생의 증가와 학습집단의 이질화, 교사들의 근무의욕 저하와 자녀교육 문제로 학교소재 지역 거주 기피 등의 문제를 안고 있다.

농촌학교는 소재 지역과 규모 면에서 매우 다양한 양상을 보이고 있으나, 학교규모별로 공통적인 특성을 가지고 있다. 적정 규모 이하의 학교를 소규모학교로 분류하는데, 일부 학자들은 '적정' 소규모학교, 통폐합 기준으로서 '최소' 소규모학교의 개념을 사용하고 있다. 초·중학교의 경우, 학생 수 기준으로 300명 이하, 학급 수 기준으로 11학급 이하를 소규모학교로 규정할 수 있으며, 학생 수 기준으로 60명 이하, 학급 수 기준으로 5학급 이하를 '과소규모' 학교로 규정할 수 있다.

농촌학교는 소규모학교로서 중요한 강점을 가지고 있다. 첫째, 학습지도와 생활지도의 개별화가 가능하다. 둘째, 학생들의 학교활동 참여 및 상호 협동적 학습기회가 많다. 셋째, 학교 구성원 간, 특히 교직원과 학생 간의 친밀한 인간관계를 형성하고 있다. 넷째, 학생 수 대비 학습환경 및 공간이 충족하다. 다섯째, 학교운영의 탈관료화, 인간화 실현 가능성이 크다.

반면에 농촌학교는 소규모학교로서 다음과 같은 취약점을 안고 있다. 첫째, 경쟁의식 등 상호발전을 자극하는 심리적 학습환경이 침체될 수 있다. 둘째, 인간관계의 고정화 등으로 학생들의 사회성 발달 도모에 취약하다. 셋째, 다양한 교과개설 및 교육 프로그램의 운영 그리고 특별교실의 확충에 한계가 있다. 넷째, 다방면의 재능을 가진 교원확보가 곤란하다. 다섯째, 교사 의존성이 과다하고, 교사의 업무부담이 과중하다.

이와 같이 농촌은 도시지역과 다른 지역적 특성을 가지고 있고, 교육여건 차원에서도 강점과 취약점을 동시에 가지고 있다. 농촌교육의 문제를 해소하기 위하여 농촌에 소재하고 있는 학교의 강점을 극대화하고, 취약점을 보완하기 위한 특색 있는 학교 만들기가 대세이다. 하지만 모든 학교가 성공사례의 대열에 합류하고 있지 못하다. 지역적으로 도시 근교에 있는 농촌학교들이 유리하기는 하지만 폐교 위기를 벗어난 학교들은 공통적으로 교사들의 열정과 협력이 자리하고 있다. 그래서 모든 농촌학교가 폐교위기를 극복할 수 있다고 보기는 어렵다. 다만 정부가 진정성을 가지고 성공사례를 확산하는데 충분히 노력해 왔는지 반성해 볼 필요가 있다.

이쯤 해서 농촌학교의 미래를 전망해 보자. 농촌의 전반적인 경제 침체 그리고 인구 감소와 고령화 추세에 따르면 농촌교육의 미래는 더욱 어둡기만 하다. 그러나 다른 한편으로는 농촌이 모종의 공간으로서 또는 지역으로서 가치와 특성을 내재하고 있고, 농촌 여기저기서 폐교 위기를 극복하고 존립에 성공한 학교사례를 바탕으로 긍정적인 전망을 내릴 수도 있다. 비관적 시나리오와 긍정적 시나리오를 함께 검토할 필요가 있다.

비관적 입장에서 보면 농촌 인구 감소와 고령화, 농촌의 경제 침체가 지속화될 것으로 전망되고 있다. 통계청(2006)의 장래인구추계자료에 따르면 2010년 현재 농가인구는 전체인구의 6.1%에 불과하고, 2015년에는 5.3%, 2020년에는 4.7% 수준까지 감소할 것으로 예측된다. 농가인구 대비 65세 이상 고령 인구 비중은 2010년 현재 29.1%, 2015년 39.1%, 2020년에는 44.7%에 이를 것으로 보인다. 이에 따라 농가인구 대비 학령인구는 지속적으로 감소할 것으로 보인다.

농촌의 경제 침체로 GDP 비중은 현재 2% 수준에서 지속적으로 낮아지고, 도시와 농촌의 소득 격차도 심화될 것으로 예측된다. 윤석원(2012: 11)은 농업부문에서 상위 규모화농 10%와 영세농 30%만 남고, 약 60%의 중농규모의 농민은 중장기적으로 분해될 것으로 보고, 농민은 전체인구의 2~3%까지 축소될 것으로 어두운 전망을 내놓고 있다. 도시 가구 대비 농가의 소득이 66.8% 수준에서 더욱 악화되고 양극화도 심화될 것으로 보고 있다.

농촌지역마을공동체의 해체도 가속화되고 있다. 한국농촌경제연구원(2012)의 농촌의 과소화 마을 실태와 정책과제 보고서에 따르면, 2010년 현재 마을 가구가 20호 미만인 과소화 마을이 3,019곳(전체 8.5%)에 이르며 2005년 2,048(전체 5.7%)에서 급속하게 농촌 마을의 공동체 붕괴가 일어나고 있고, 해체 속도는 더욱 빨라질 것으로 전망되고 있다. 이제 해체를 넘어 소멸에 대한 염려로 가득하다. 2040년까지 현재 주민 10명 이하, 75세 이상 절반인 마을은 소멸한다고 한다. 이에 따라 충남의 경우, 행정단위인 리보다 작은 자연마을 351개가 소멸한다는 것이다(중앙일보, 2015. 11. 5.). 마을 소멸에 이어 지방 소멸을 내다보고 있다. 지방 소멸이 이미 현실로 다가왔다는 것이다(뉴스 1, 2021. 1. 10.).

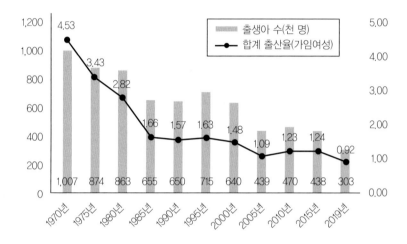

[그림 16-1] 합계출산율과 출생아 수 변화 추이

학생 수의 지속적 감소는 학교 존속을 위협할 것이다. 학생 수 감소 현상은 합계출산율이 1.3 이하로 떨어지는 초저출산 현상이 2001년 이후 더욱 악화하고 있는 점을 감안할 때 상당 기간 지속될 것으로 예상된다. 학교 없는 면지역도 점차 증가할 것이다. 농촌학교 포기론이 확산되고, 취약 지역부터 농촌학교 공동화가 진행될 것이다.

한편, 농어촌학교의 지속적인 학생 수 감소에도 불구하고 희망적인 미래를 전망할 수 있는 몇 가지 증표가 나타나고 있다. 우선 귀농 및 귀촌 인구가 증가하고 있다는 점을 지적할 수 있다. 정부의 보도자료에 따르면 귀농·귀촌 가구가 2011년에 1만 가구를 돌파한 이래 매년 급속한 증가추세를 보이고 있다. 지역별 특성에 따라 귀농과 귀촌 등 농어촌 이주 패턴이 다르고, 아직 과반수가 '나 홀로' 귀농 또는 귀촌이라는 점에서 농어촌 학령인구의 동반 증가에는 한계가 없지 않으나 고무적인 추세임은 분명하다. 농어촌학교 교육의 질에 대한 국민들의 신뢰가 더욱 확고해진다면 귀농, 귀촌 인구 증가가 촉발하는 계기가 될 수 있을 것이다.

아울러 도시학교에서 농어촌학교로의 역류 이동 수요가 발생하고 있다는 점을 주목할 필요가 있다. 그동안 농어촌에서 도시로의 일방적인 학생유출이 대세였으나 최근에는 도시에서 농어촌으로의 역이동이 조금씩 확대되고 있다. 물론 아토피와 같은 피부병 등 질환을 치유할 목적으로 농어촌학교를 찾거나, 도시학교에서 적응하지 못하여 부득이 농어촌에 소재한 대안학교를 찾는 경우도 없지 않지만 농어촌학교가 가지고 있는 교육적 가치를 높게 평가하는 학부모들이 늘어 가고 있음을 감지할 수 있다. 지역이나 공간으로서 농어촌학교의 가치를 재인식하는 분위기가 꿈틀대고 있음을 알 수 있다. 전국에서 폐교위기를 극복하고 적정규모화를 이룬 이른바 성공학교 사례가 증가하고 있음은 이를 입증하고 있다.

장차 도시학교 학업성취수준을 능가하는 농촌학교가 출현할 것으로 기대할 수 있다. 일본의 아키타현 농촌학교가 좋은 사례이다. 전국학력·학습상황조사(2007년도부터 초등학교 6학년, 중학교 3학년 대상으로 실시)에서 4년 연속 초등학교 6학년은 1등, 2010년도 조사에서는 중학교는 2등을 차지하였다. 초등학교 3~6학년 및 중학교 2~3학년 학생을 대상으로 소인수 학급 수업(20명 정도)을 전개하며 기초학력 향상을 위한 학습보조교사 배치와 Team Teaching 실시에 중점을 두고 있다.

학교 통폐합 정책과 병행하여 2000년대 중반 이후부터는 농촌 학생의 삶의 질 향상을 추구하고 있으나 황폐화로 가는 도도한 흐름을 되돌리기에는 역부족이다. 현재 딜레마에 처해 있는 농촌교육의 실상을 종합적으로 진단해 보면 중앙 정부가 농촌교육 발전을 위하여 더욱 적극적인 역할을 수행해야 할 때라고 판단된다. 지금도 적정시기라고 볼 수는 없지만 여기서도 지체하여 시기를 놓치면 다수의 농촌학교가 재활 불능 수준으로 황폐화될 것으로 전망된다. 무엇보다 농촌교육 발전에 관하여 어떤 철학과 비전을 가지고 접근하는가가 중요하다. 주민의 희망에 따른 적정규모화 시도도 불가피한 현실이지만 중장기적 안목을 가지고 농촌학교의 보존을 위한 적극적 정책이 추진되어야 한다. 이를 통해서 지리적으로 불이익을 받고 있는 농촌 학생의 균등한 교육기회를 보장하고, 도시학교의 과밀화 등의 문제를 해결할 기틀을 마련할 수 있을 것이다.

미래 농촌학교의 모습에 대한 시나리오를 요약해 보자면, 농촌학교는 전반적으로 학생 수 감소라는 도도한 흐름을 거스를 수 없으며, 이에 따라 학교 소규모화를 넘어 영세화 추세가 지속될 것이다. 지역에 따라 자연 소멸학교가 속출하고 전략적인 학교통합 수요가 발생할 것이다. 다른 한편, 농촌학교를 보존하고 육성하려는 관계자의 열정적인 노력이 이어지고, 이를 지원하기 위한 행·재정적·정책적 수요가 증가할 것이다.

이와 같이, 지속적인 학교 폐교 압력과 이를 극복하려는 작은 학교 살리기 활동이 병존하는 딜레마 상황에서, 농촌 학생들의 학습권을 어떻게 안정적으로 보장하느냐가 가장 중요한 과제이다. 인위적으로 학교 문을 닫아 가는 경우, 가정에서 학교공간으로의 접근성 악화를 피할 수 없다. 통학버스 서비스를 확충해도 학생들에게 통학 부담을 전가하기 때문에 기회의 공정성 차원에서 문제이다. 영세한 교육여건을 고수하면서 작은 학교를 존속하고자 하는 경우, 학생들에게 제공하는 교육 프로그램의 질을 유지하고 향상시키는 데 어려움이 많다. 농촌 작은학교는 다면적, 복합적 학습결손 학생들의 비중이 더욱 높아지고 있는 만큼 통합형 복지적 관점(임연기 외, 2008 참조)에서 늘어나는 돌봄과 특별 프로그램 수요의 확대를 감당하기도 쉽지 않다. 학교 폐교와 육성 정책 모두 가시밭길이다.

농촌학교의 지속가능한 미래를 중·장기적으로 전망해 볼 때, 농촌학교를 모두 소멸시키거나 모두 육성할 수 없는, 즉 학교 통폐합 정책과 육성정책 모두 임계 지점에 다가오고 있으므로, 이제 별개로 추진해오던 두 개의 정책을 하나의 정책으로 통합해서 추진해야 한다고 생각한다. 그간의 대립적 관점에서 벗어나 다른 길이지만 하나의 길로 융합시킬 필요가 있다. 국가적 통폐합 권장 지침을 유지하되 통폐합 사무를 지역 자율에 맡기면, 지역은 관내 학교들의 조화와 균형적 발전의 시각에서 통폐합과 육성을 함께 고려하여 농촌학교의 딜레마 상황을 벗어날 수 있을 것이다.

학교 통폐합 의사결정과 육성 활동이 모두 개별 단위학교 수준에서 이루 어지고 있기 때문에 모두 한계에 이르고 있음을 주목할 필요가 있다. 학교 폐교 결정을 내린 이후, 폐교 학생들은 인근 작은 학교를 선택하기보다 멀지 만 더 큰 학교를 선택하여 아예 전출하는 경향이 있어 농촌지역은 학생 공 동화가 더욱 가속화된다. 역시 개별 단위학교 수준에서 추진하는 작은학교 보존과 육성을 위한 노력도 바로 인근 학교와 긍정적인 효과를 공유하지 못 한다. 멀리 떨어진 학교들과는 연대를 형성하여 동반 발전하는 양상과 대비 할 수 있다.

이제 농촌학교는 학교 통폐합이든, 보존과 육성이든 개별 단위학교 수준 에서 검토하고 추진하는 단계를 넘어섰다고 본다. 국가는 지원하고, 해당 지 역이 중·장기적 관점에서 지역의 특수성을 고려하여 다양한 학교운영체제 를 선택하여 발전을 도모해야 할 지점에 와 있다. 지금의 단위학교 학구보다 더 넓은 지역 수준에서 선택적으로 중심형 학교체제와 분산형 학교체제 또 는 절충형 체제로 분화하여 농촌학교의 발전을 추구해야 한다.

지역 중심형 학교체제에서 주목해야 할 학교유형은 초·중, 중·고, 초· 중·고 통합운영학교이다. 학교 급간의 단계성을 강조하여 단절과 분리를 전제로 하는 획일적인 학제 속에서 통합운영학교의 지정확대가 가능하도록 현재 여러 어려움을 겪고 있는 통합운영학교들이 정상석으로 운영할 수 있 는 조치를 조속히 강구할 필요가 있다.[1] 특히 하나의 통합운영학교에서 초 등과 중등 교사 교차수업의 장벽을 풀 수 있도록 엄격하게 분리 운영하고 있 는 초·중등 간의 교원자격체제를 보완할 필요가 있다. 아울러 유치원과 초 등학교 저학년 수준의 학생들이 집에서 근거리 통학이 가능한 k-2, k-4 형

---

1) 임연기 외(2020). 세계의 통합학교. 서울: BM성안당 참조.

태의 '분교형 마을학교' 운영모델의 도입을 검토할 필요가 있다. 분산형 학교체제에서는 학교 간, 학교급 간 연계를 강화한 연합형 공유 학교체제를 구축하여 운영해야 한다. 농촌학교를 특정 농촌지역에 국한한 독립적인 기관으로서가 아니라 '공간의 개념'으로 인식하고, 여러 지역 학생들이 공유하는 학교유형을 발전시켜야 한다. 농촌학교의 미래를 위해 전국 단위 학생 모집이 가능하도록 면지역 농촌학교특별학구제를 채택하고, 학교존립(to be)을 뒷받침할 수 있도록 통학버스와 기숙사 확충(two B: bussing and boarding)에 대한 과감한 투자가 필요하다.

농촌학교의 발전을 위해 교육지원청 수준에서의 교육자치 역량을 강화할 필요가 있다. 교육지원청 수준에서 일반 행정, 지역인사들이 폭넓게 참여하는 가칭 지역농촌학교발전협의체를 구성하여 운영해야 한다. 가급적 빨리 지역 농촌교육 발전을 주도하는 교육지원청 로컬교육 거버넌스 체제를 작동시켜야 한다. 여기에서 교육장의 리더십이 중요하다. 기초수준의 지방교육자치제 도입이 어려운 현실 속에서 지역 농촌학교의 지속 가능한 발전을 위해 교육감과 임기를 같이 하여 4년 임기를 보장하는 개방형 교육장 공모제의 도입을 검토할 필요도 있다.

농촌지역 교육지원청의 기능은 작은 학교의 행정, 복지 등의 공통 업무를 직접 담당하여 작은학교의 업무 부담을 획기적으로 개선하는 공동지원체제로 개편해야 한다. 그리고 교육지원청 수준에서 농촌학교의 전문적인 인적자원을 확충하고 활용할 수 있도록 농촌학교 교장 공모제와 농촌지역 특별교사채용제, 비인기 농촌지역학교의 경우 장기 근무를 허용하는 특별교원전보제를 확대 시행해야 한다.

국가 수준에서는 도시학교 중심의 정책추진에 편중하는 경향이 있는데, 도시학교와 차별적인 농촌학교를 위한 정책의 비중을 높여 도시학교와 농촌학교가 조화를 이루면서 활발하게 교류하고 동반하여 발전할 수 있는 정책을 개발해야 한다. 또한 시·도별로 농촌학교의 균형적인 발전을 도모할 수 있는 구심적 역할을 적극 수행해야 한다. 우수 사례를 발굴하여 전국적으로 확산시키기 위하여 국가 수준에서 농촌학교 교장 아카데미, 농촌학교 교사 연수, 컨설팅을 전문적으로 담당할 농촌교육연구 지원체제를 정비하고, 관계자 네트워크를 구축해야 한다.

끝으로 농촌교육의 안정적, 지속적 발전을 실효적으로 도모할 수 있는 제도적 장치로서 농촌학교 육성 특별법을 제정해야 한다. 특별법에는 농촌교육 발전을 위한 정부와 지방자치단체의 임무를 명료화하고, 학교운영의 자율화, 교직원의 사기 진작, 교육프로그램의 질 향상을 위한 각종 행·재정지원 대책을 명시해야 한다(임연기 외, 2009 참조). 더 넓게는 국가의 지역균형 발전 정책을 전면 재검토할 필요가 있다.

❏ 참고문헌

강만철, 김미숙, 이영, 남기곤, 김동현(2002). 농어촌 교육 진흥 방안 연구. 전남교육
    연구소.

강영혜 외 (2005). 양극화 해소를 위한 교육 분야 대책수립 연구. 서울: 한국교육개발원.

강원도교육연구원(2012). 새로운 소규모학교 학교 운영 방안 탐색. 강원도교육연구
    원.

곽태철(2004). 사립대학 구조조정 방안의 법률적 검토 및 제도화를 위한 기초연구.
    교육인적자원부.

교육개혁위원회(1996.8). 신교육체제 수립을 위한 교육개혁방안(Ⅲ).

교육과학기술부(2009. 10.). 적정규모 학교 육성 선도군 지원 시범사업 신청서.

교육과학기술부(2012). 초・중등교육법 시행령 일부개정령안 입법예고.

교육부(1998). 교육50년사. 서울: 교육부.

교육부(2016). 적정규모 학교육성 강화 및 폐교 활용 활성화.

교육인적자원부(2006). 농산어촌 소규모학교 동폐합과 적정규모학교 육성계획.

김동환(2002). 보호된 가치와 정책딜레마. 한국정책학회보, 11(1), 27-52.

김동환(2009). 보호된 가치와 정책 딜레마. 소영진 외 공저, 딜레마와 제도설계. 서울:
    나남출판. 83-116.

김병성(1985). 학교교육과 교육격차. 한국교육개발원.

김영철, 한유경(2004). 학급규모의 교육효과 분석. 교육재정경제연구, 13(2), 175-202.

노명순(2009). 대입정책에서 나타난 비일관성의 원인분석: 2008학년도 이후 대학입학제
    도 개선안 중심으로. 소영진 외 공저, 딜레마와 제도 설계. 서울: 나남출판. 293-321.

농림부(2002). 농촌 교육여건과 개선과제.

농림부(2004). 농림어업인 복지 등 실태조사결과. 보도자료.

농림부(2005). 농림어업인 삶의 질 향상 제1차 5개년 기본계획 세부 추진과제.

농림부장관(2004). 농업농촌종합대책 확정 발표문.

농림수산식품부(2010). 농림어업인 삶의 질향상 및 농산어촌 지역개발 시행계획 점검 · 평가보고서.

농어촌교육발전위원회(2002). 농어촌교육 발전방안 연구.

대통령자문 교육혁신위원회(2004). 농어촌교육 살리기 종합방안.

류지성, 박용규, 이갑성, 조희재, 배성오(2006). 대학혁신과 경쟁력. 삼성경제연구소.

박통희, 김동환(1994). 딜레마와 형식주의: 이종범 외 공저, 딜레마 이론. 서울: 나남출판. 189-211.

박혜진, 김규섭, 김순영, 김영주, 신묘철, 최지숙(2019). 적정규모학교 육성 지원기금 효율적 운영방안. 충청정책연구소.

백일우(2000). 교육경제학. 서울: 학지사.

서준경(2009). 정책 딜레마의 사회적 구성. 윤건수 외 공저, 딜레마와 제도 설계. 서울: 나남출판. 347-382.

소영진(1994). 딜레마와 패러독스. 이종범 외 공저, 딜레마 이론. 서울: 나남출판. 45-47.

소영진(2000). 딜레마 발생의 사회적 조건. 윤건수 외 공저, 딜레마와 행정. 서울: 나남출판. 55-85.

소영진(2009). 전자정부 구축사업 추진체계의 딜레마와 극복방안. 소영진 외 공저, 딜레마와 제도설계. 서울: 나남출판. 185-218.

염재호, 박국흠(1994). 딜레마와 정책의 비일관성. 이종범 외 공저. 딜레마 이론. 서울: 나남출판. 157-185.

윤건수(1994). 변동조직의 딜레마와 상징. 이종범 외 공저, 딜레마 이론. 서울: 나남출판. 79-109.

윤건수(2009). 정부의 결정을 딜레마 상황으로 가게 하는 요인과 그에 대한 대응책에 관한 연구. 소영진 외 공저, 딜레마와 제도설계. 서울: 나남출판. 117-149.

윤석원(2012). MB 농정의 한계와 주요 농정 개혁과제. 위기에 처한 생명창고: 한국농업을 살리는 길. 1-24.

윤정일, 송기창(1990). 사학진흥방안 연구소. 교육정책자문회의.

이미영(2004). 농촌교육 발전에 관한 교육운동 연구. 우석대학교 대학원 석사학위논문.

이종각(1993). 해방 후 사회교육정책의 역사적 평가: 한국교육학회 교육사연구회 편 (1993). 한국현대교육의 재평가. 서울: 집문당.

이종각(2014). 부모, 학부모, 교육열에 대한 새로운 생각, 새로운 정책. 서울: 원미사.

이종범(1986). 국민과 정부 관료제. 고려대학교 출판부.

이종범(1994). 정책딜레마와 상징적 행동. 이종범 외 공저, 딜레마 이론. 서울: 나남출판.

이종범(2000). 개혁의 딜레마와 조직의 대응. 윤견수 외 공저, 딜레마와 행정. 서울: 나남출판. 175-218.

이종범(2009). 불확실성, 모호성과 딜레마 상황에서의 절차적 합리성의 탐색. 소영진 외 공저, 딜레마와 제도설계. 서울: 나남출판. 31-60.

이종범 외(1992). 정책분석에 있어서 딜레마 개념의 유용성. 한국행정학보, 25(4), 3-22.

이진철(2012). 농촌교육 진단과 대책관련 선행연구 검토. 농촌교육포럼 1차 집담회. 한국농촌교육연구센터.

이혜영(1998). 한국근대 학교교육 100년사 연구(III): 해방이후의 학교교육. 한국교육개발원.

이혜영, 김지하, 마상진(2010). 농산어촌 소규모학교 통폐합 효과분석. 한국교육개발원 연구보고서.

임연기(1992). 고등교육체제 및 정원정책 개선을 통한 대책. 한국교육개발원 교육정책토론회 보고서. 45-80.

임연기(1998). 교육에 대한 국민의식 조사연구. 한국교육개발원.

임연기(2005a). 한국 대학 구조조정 정책의 특징과 쟁점. 교육행정학연구, 23(4). 243-268.

임연기(2005b). 농어촌 학교 교원자격기준 제정 및 적용 방안. 한국교원교육연구, 22(3), 27-46.

임연기(2006). 한국 농촌교육 정책의 변천과 그 특성 및 과제. 교육행정학연구, 24(4), 27-50.

임연기(2007a). 한국 농촌교육 육성정책의 쟁점과 과제, 북해도대학교육학부초청 학술심포지엄자료집. 21-70.

임연기(2007b). 한국 농촌교육의 문제와 정책적 함의. 한국과 호주의 농촌교육 발전 과제 탐색 국제 심포지엄. 기조발표 논문, 17-24.

임연기(2007c). 한국 농촌교육의 문제와 정책적 함의. 교육행정학연구, 25(4), 565-584.

임연기(2007d) 트로우의 대학교육체제 성장론 재음미. 한국교육행정학회소식지, 93.

임연기(2011). New directions and tasks of the rural educational welfare policy in Korea. 교육행정학연구, 29(2), 565-584.

임연기(2012a). 농산어촌 연중돌봄학교 육성사업의 추진내용과 성과 분석. 교육행정학연구, 30(2), 153-177.

임연기(2012b). 농산어촌 전원학교 육성사업의 특징 및 성과 분석. 교육행정학연구, 30(3), 43-65.

임연기(2012c). 농어촌 학교 육성정책의 성과와 과제. 한국농촌교육연구센터 정책토론회 자료집, 3-39.

임연기(2013a). TNA를 활용한 '교육복지'에 대한 언론보도의 비교 분석. 교육학연구, 51(2), 199-224.

임연기(2013b). 한국 농촌교육의 전망과 과제, 공주대학교 한국농촌교육연구센터. 동아시아 국제학술심포지엄자료집.

임연기(2013c). 농촌 소규모 사립학교 통폐합 정책의 특성과 향후 과제. 교육연구 28(1), 173-197.

임연기(2013d). 소규모 학교의 쟁점과 과제. 한국교육재정경제학회 제62차 학술대회 소규모 학교 재정 효율화 방안 기조발표 논문, 1-20.

임연기(2015). 농산어촌 우수고 육성사업의 특성과 성과 분석. 교육연구, 29(2), 49-74.

임연기(2019). 교육제도 사례 강의노트 (비출판 자료).

임연기, 권동택(2007). 도·농간 교육격차분석연구. 공주대학교 교육연구소.

임연기, 권동택(2008). 도·농간 학생이동 실상분석. 공주대학교 교육연구소.

임연기, 김명숙, 김현철(1997). 97 교육현안 조사연구. 한국교육개발원.

임연기, 김용, 곽효정(2016). 도서벽지 교육진흥 및 안전관리를 위한 정책연구. 교육부 정책연구.

임연기, 김종두(2010). 농산어촌 통학차량 운영 발전과제. 서울: 문영사.

임연기, 김희중, 정현용, 조성의, 양도길, 이갑순(2015). 농업·농촌 가치를 반영한 농촌형 교육과정 개발연구. 충청남도교육청 정책연구.

임연기, 문미희(2007). 예비교사를 위한 도덕성 함양 프로그램 개발. 한국교원교육연구, 24(2), 119-141.

임연기, 문미희, 정현승(2007). 교사와 도덕성. 대전: 대문사.

임연기, 민병성(2007). 농촌 중등학교 우수교원의 특성 분석. 공주대학교 교육연구소.

임연기, 박삼철(2005). 대학입학전형제도 개선방안 연구. 한국교육정책연구소.

임연기, 박삼철(2008). 농산어촌 통합형 교육복지 모델 구상. 공주대학교 교육연구소.

임연기, 박삼철, 김병찬, 강충서, 히고(2020b). 세계의 통합학교: 제도와 운영사례. 서울: BM성안당.

임연기, 이진철(2013). 소규모학교 성공사례 분석 연구. 서울: 한국교육개발원.

임연기, 이진철, 정광희(2005). 농어촌 학교 발전방안연구: 농어촌 학교정책 국제비교를 중심으로. 공주대학교 교육연구소.

임연기, 정영모, 김숙경, 김혜경, 이상용, 한영훈(2020a). 2019 농어촌 교육여건개선 사업 추진실적과 운영사례. 공주대학교 중앙농어촌교육지원센터.

임연기, 정택희(2011). 2010년도 농산어촌 연중돌봄학교 평가 결과보고서. 공주대학교 한국농촌교육연구센터.

임연기, 정택희, 김희중(2013). 농촌 초·중학교 학생과 교원의 교육행복도 분석. 공주대 한국농촌교육연구센터.

임연기, 최준열(2009). 농산어촌 교육지원 특별법 제정 기초연구. 한국농촌교육연구센터.

임연기, 허병기, 한유정, 김홍주(1993). 학생이동의 실상과 대책. 한국교육개발원.

임연기, 히고(2012). 외국의 농촌교육 육성정책. 공주대학교 한국농촌교육연구센터

정명채(2002). 농어업·농어촌 교육제도 개선방안. 정책토론회자료. 한국농촌경제연구원.

정지웅, 정명채, 이종렬, 진동섭, 구자억, 김혜숙, 최준렬, 정철령, 이정선, 나승일(2002). 농어촌 교육 발전방안 연구. 농어촌교육발전위원회.

정진환, 원영삼(2000). 농어촌 소규모 사립중등학교 통·폐합 추진에 관한 연구. 한국 사립 중·고등학교법인협의회.

중앙대 부설 한국교육문제연구소(1974). 문교사: 1945-1973. 서울: 중앙대학교출판부.

최흥석, 윤견수(2000). 딜레마 상황에서의 의사결정 행동. 윤견수 외 공저, 딜레마와 행정. 서울: 나남출판. 29-53.

충청남도교육위원회(1982). 충남교육사.

충청남도교육청(2004). 지역중심학교 육성 기본계획. 내부자료.

충청남도교육청(2005). 중등 농어촌 거점학교 육성계획. 내부자료.

통계개발원(2008). 한국의 사회 동향.

통계청(2019). 2018년 사회조사결과.

통계청(2019). 2018년 초중고 사교육비 조사결과.

통계청(2019). 가계금융조사.

피천득 편역(2008). 가지 않는 길. 내가 좋아하는 시. 서울: 샘터. 89-90. Frost Robert (1916). The Road Not Taken.

한국농촌경제연구원(2012). 농촌의 과소화 마을 실태와 정책과제.

한국행정연구원(2018). 사회통합 실태조사.

한석호(2015). 농가인구예측 모형 개발 및 중장기 전망. 한국산학기술학회논문지, 16(6), 3797-3806.

홍후조, 박인우, 장인실, 김종백(2003). 학급당 학생 수 감축이 교육과정 운영에 미치는 영향 연구.

勝田守一(1956). 岩波小事典「教育」. 東京: 岩波書店.

川前あゆみ(2010). へき地生活体験・へき地教育指導体験と地域に根ざす教師の育成, 日本生活体験学習学会誌 第10号.

城戸幡太郎(1993). 教育学事典. 東京: 岩波書店.

久保義三 他(2001). 現代教育史事典. 東京: 東京書籍.

公立義務教育諸学校の学級規模及び教職員配置の適正化に関する検討会議(2011). 少人数学級の更なる推進等によるきめ細やかで質の高い学びの実現に向けて ~教職員定数の改善~. 東京: 文部科学省.

貞広幸雄 他(2010). 施設再配置政策立案支援手法の開発と適用−メタヒューリスティクスによる複数適正解導出と分析−. 日本オペレーションズ・リサーチ学会 2010年春季研究発表会アブストラクト集.

玉井康之(2008). 現代におけるへき地・小規模教育の特性と"へき地"のパラダイム転換の可能性, 玉井康之 編著 子どもと地域の未来をひらくへき地・小規模教育の可能性. 東京: 教育新聞社.

中央教育審議会初等中等教育分科会(2010). 今後の学級編成及び教職員定数の改善について(提言). 東京: 文部科学省.

中央教育審議会教員の資質能力向上特別部会(2011). 教職生活の全体を通じた教員の資質能力の総合的な向上方策について(審議経過報告). 東京: 文部科学省.

豊田充嵩(2011). 「へき地・複式教育実習」の成果と今後の展望−2010年度教育実習改革プロジェクト報告−. 和歌山大学教育学部教育実践総合センター紀要, 21.

農林水産省農村振興局(2006). 農村のソーシャル・キャピタル検討に当たって. 東京: 農林水産省.

葉養正明(2011). 人口減少社会の公立小中学校の設計-東日本大震災からの教育振興の技術-. 東京: 協同出版.

葉養正明 他(2010a). 教育条件整備に関する総合的研究(学校配置研究分野)報告書〈第二次報告書〉. 東京: 国立教育政策研究所.

葉養正明 他(2010b). 教育条件整備に関する総合的研究(学校規模研究分野)報告書. 東京: 国立教育政策研究所.

葉養正明 他(2010c). 市区町村教育委員会による公立小中学校の統合と再編に関連する答申類リストと内容の分析(「教育条件整備に関する総合的研究」〈学校配置研究分野〉報告書). 東京: 国立教育政策研究所.

葉養正明 他(2011). 教育条件整備に関する総合的研究(学校配置研究分野)〈最終報告書〉. 東京: 国立教育政策研究所.

広田健(2008). へき地・小規模校の教育実践経験と教師の卵の成長-北海道教育大学の取り組みを通じて-, 玉井康之 編著 子どもと地域の未来をひらくへき地・小規模教育の可能性. 東京: 教育新聞社.

北海道へき地教育振興会(1954). へき地の教育事情. 北海道: へき地教育振興会.

溝口謙三(1987). 地域社会と学校. 東京: 放送大学教育振興会.

森岡清美・塩原勉・本間康平 編(1993). 新社会学辞典. 東京: 有斐閣.

文部科学省(2008). 国内におけるスクールバス活用状況等調査報告書. 東京: 文部科学省.

文部科学省(2011). 文部科学白書2010. 東京: 文部科学省.

山本光則(2005). 山村留学の軌跡と現状, 山村留学の現状と課題. 東京: 農林水産政策研究所.

葉養正明 他(2010). 教育条件整備に関する総合的研究(学校規模研究分野)報告書, 東京: 国立教育政策研究所.

Ambrose, L., & Ferrisb, J. S. (2008). School size and youth violence. *Journal of Economic Behavior and Organization, 65*(2), 318-333.

Axelrod, R. M .(1984). *The Evolution of Cooperation*. New York: Basic Book.

Baron, J. (1999). Utility maximization as a solution: Promise, difficulties, and Impediments, *American Behavioral Scientist, 42*(8). 1301-1321.

Baron, J., & Spranca, M. (1997). Protected values, *Organizational behavior and human decision processes, 70*(1), 1-16.

Bett, J. & Schkolnik, J. (1999). The behavioral effects of variations in class size:

The case of math teachers. *Educational Evaluation and Policy Analysis*, *21*(2). 193–213.

Blatchford, P., Bassett, P., & Brown, P. (2011). Examining the effect of class size on classroom engagement and teacher–pupil interaction: Differences in relation to pupil prior attainment and primary vs secondary schools. *Learning and Instruction*, *21*(6), 715–730.

Bray, M. (1987). *Are small schools the answer?* London: Common Wealth Secretariat.

Brockner, J., & Rubin, J. Z. (1985). *Entrapment in Escalating Conflicts: A Social Psychological Analysis*. New York: Springer–Verlag.

Buddin, R., & Zimmer, R. (2005). Is charter school competition in California improving the performance of traditional public school? working paper WR–297–EDU. CA: Rand Corporation.

Cameron, K. S., & Quinn, R. E. (1988). Organizational paradox and transformation. In R. E. Quinn, & K. S. Cameron (Eds.), *Paradox and transformation: Toward a change and management*. Cambridge: Ballinger Publishing Company.

Clinchy, E. (1998). The Educationally challenged American school district. *Phi Delta Kappan, 80*(4), 272–277.

Coase, R. H. (1988). *The Firm, the Market, and the Law*. Chicago: The University of Chicago Press.

Colins, D. (1989). Organizational harm, legal condemnation and stakeholder retaliation: A typology, research agenda and application. *Journal of Business Ethics, 8*, 1–13.

Crossley, M., & Watson, K. (2003). *Comparative and international research in education: Globalisation, context and difference*. London: Routledge Falmer.

Darling–Hammond, L., Ross, P., & Milliken, M. (2010). Brookings papers on educational policy. 163–203.

Defour, R. (2004). What a professional learning communities. *Educational Leadership, 61*(6). 6–11.

Dill, A. K., & Mulholland, S. E. (2010). A Comparative look at private and public schools' class size determinants. *Education Economics, 18*(4), 435–454.

Eric Development Team (2000). School size and school performance in impoverished communities. *Eric Digest*. ED 448968.

Finn, J. D., Gerber, S. B., & Boyd-Zaharias, J. (2005). Small classes in the early grades, academic achievement, and graduating from high school. *Journal of Educational Psychology*, *97*(2), 214.

Fiske, A. P., & Tetlock, P. E. (1997). Taboo trade-offs: Reactions to transactions that transgress the spheres of justice. *Political Psychology*, *18*(2), 255–297.

Ford, J. D., & Backoff, R. H. (1988). Organizational change in and out of dualities and paradox. In R. E. Quinn, & K. S. Cameron (Eds.), *Paradox and transformation: Toward a change and management* (pp. 81–121). Cambridge: Ballinger Publishing Company.

Geel, V. (1988). The Prisoner's dilemma and educational policy, Notre Dame Journal of Law, *Ethical & Public Policy*, *3*, 301–374.

Gottfredson, D. C., & Dipietro, S. M. (2011). School size, social capital, and student victimization. *Sociology of Education*, *84*(1), 69–89.

Hanushek, E. A. (1999). Some findings from an independent investigation of the Tennessee STAR experiment and from other investigations of class size effects. *Educational Evaluation and Policy Analysis, 21*(2), 143–163.

Hardin, R. (1982). *Collective Action*. Johns Hopkins University Press.

Hartocollis, A. (2019, August 27). SAT "adversity score" is abandoned in wake of criticism. *The New York Times*. Retrieved from www.nytimes.com/2019/08/27/us/sat-adversity-score-college-board.html.

Haynes, F. (1998). *The Ethical School*. London and New York: Routledge.

Imberman S. A. (2009). The effect of charter schools on achievement and behavior of public school students: An instrumental variables approach. University of Houston.

Jaschik, S. (2019, September 3). College Board overhauls "adversity index." Inside Higher Ed. Retrieved from www.insidehighered.com/admissions/article/2019/09/03/college-board-overhauls-adversity-index.

Johnson, J. D., Howley, C. B., & Howley, A. A. (2002). Small works in Arkansas: *How poverty and the size of schools and s*chools districts affect school performance in Arkansas. ED 462229.

Jordan, M. (1993, March). SAT CHANGES NAME, BUT IT WON'T SCORE 1,600

WITH CRITICS. *The Washington Post*. Retrieved from https://www.washingtonpost.com/archive/politics/1993/03/27/sat-changes-name-but-it-wont-score-1600-with-critics/c8bf8809-2c0f-4582-9911-9e5f74ed4c6d/

kahneman, D., & Tversky, A. (1984). Choices, values *and frame. American Psychologist, 39*(4), 341-350.

Klonsky, M., & Ford, S. (1994). One urban solution: Small schools. *Educational Leadership, 51*(8), 64-67.

Lawrence, I. M., Rigol, G. W., Essen, T. V., & Jackson, C. A. (2003). A Historical Perspective on the Content of the SAT. *ETS Research Report Series, 2003*(1), 1-19.

Lee, V. E., & Smith, J. B. (1997). High school size: Which works best and for whom?. *Educational Evaluation and Policy Analysis, 19*(3), 205-227.

Leithwood, K., & Jantzi, D. (2009). Review of empirical evidence about school size effects: A policy perspective. *Review of Educational Research*, 79(1), 464-490.

Lemann (2013). A History of Admission Testing. In Zwick, R. (Eds.), *Rethinking the SAT: The future of standardized testing in university admissions* (pp. 1-15). London: Routledge.

Levin, H. M. (1999). The public-private nexus in education. *The American Behavioral Scientist, 43*(1), 124-137.

Lyson, T. A. (1986). Migration selectivity and early adult attainment. *Rural Sociology, 51*, 328-342.

Lyson, T. A. (2005). The importance of schools to rural community viability. In J. Lionei & R. Gibbs (Eds.), *The Role of Education: Promoting the Economic and Social Vitality of Rural America*(pp. 23-27). Special Report by Southern Rural Development Center.

Macpherson, R. J. S. (1996). *Educative Accountability: Theory, Practice and Research in Educational Administration*. New York: Elsevier Scince Inc.

Marchant, G. J., & Paulson, S. E. (2005). The relationship of high school graduation rates and SAT scores, *Educational Policy Analysis Archives, 13*(6).

Meier, D. (1996). The big benefits of smallness. *Educational Leadership, 54*(1), 12-15.

Mosteller, F. (1995). The Tennessee study of class size in the early school grades.

The Future of Children, 5(2), 113-127.

Mumby, D. K. (1988). Communication and Power in Organization: Discourse, Ideology and Domination, *Norwood: Ablex Publishing Corporation. Chapt 1.*

Muray, E. J. (1968). *Conflict: Psychological aspects, International Encyclopedia of Social Science 3.* New York: Crowell Collier and Macmillan, Inc. 220-226.

Nathan, L. & Myatt, L.(1998). A journey toward autonomy. *Phi Delta Kappan, 80*(4), 278-286.

Normore, A. H. & Iion, L. (2006). Cost-effective school inputs. *Educational Policy, 20*(2), 429-454.

Nye, B., Hedges, L. V., & Konstantopoulos, S. (1999). The long-term effects of small classes: A five-year follow-up of the Tennessee class size experiment. *Educational Evaluation and Policy Analysis, 21*(2), 127-142.

Olssen, M., Codd, J., & O'Neill, A. (2004). *Education policy: Globalization, citizenship and democracy.* London: SAGE.

Owens, R. G., & Valesky, T. C. (2011). *Organizational Behavior in Education: Leadership and School Reform* (10th ed). Boston: Pearson Education, Inc.

Poole, M. S., & Van de Ven, Andrew, H. (1989). Using Paradox to Build Management and Organization Theories. *Academy of Management Review, 14*(4), 562-578.

Pounderstone, W. (1992). *Prisoner's Dilemma.* 박우석 역(2004). 죄수의 딜레마. 서울: 한영문화사.

Quinn, R. E., & Cameron, K. S. (1988). Organizational paradox and transformation. In R. E. Quinn, & K. S. Cameron (Eds.), *Paradox and Transformation: Toward a Change and Management*(pp. 1-18). Cambridge: Ballinger Publishing Company. 1-18.

Rest, J. R. (1986). *Moral Development: Advances in Research and Research.* New York: Praeger.

Ricoeur, P. (1981). *Hermeneutics and Human Stories: Essays in Interpretation,* Cambridge: Cambridge University Press.

Riggs, F. W. (1964). *Administration in Development Countries.* Boston: Houghton Mifflin Company.

Sandel, M. J. (2009). *Justice: What's the Right to do.* 이창신 역(2010). 정의란 무엇인가. 서울: 김영사.

Sergiovanni, T. (1994). *Building Community in Schools*. San Francisco: Jossey-Bass Publisher.

Shaw, E. J., Marini, J. P., Beard, J., Shmueli, D., Young, L., & Ng, H. (2016). The Redesigned SAT® Pilot Predictive Validity Study: A First Look. *Research Report, 2016*(1). New York, NY: College Board.

Smith, K. K., & Berg, D. N. (1987). *Paradoxes of Group Life understanding Conflict, Paralysis and Movement in Group Dynamics*. San Francisco: Jossey-Bass Pub. Chapt 1.

Soares, J. A. (2007). *The Power of Privilege: Yale and America's Elite Colleges*. Stanford, CA: Stanford University Press.

Soares, J. A. (2020). The "Landscape" or "Dashboard Adversity Index" Distraction. The Scandal of Standardized Tests: Why We Need to Drop the SAT and ACT. In J. A. Soares (Eds.), *The Scandal of StandardizeTest* (pp. 76-94). New York, NY: Columbia University Teachers College Press.

Stiefel, L., Iatarola, P., Fruchter, N., & Berne, R. (1998). The effects of size of student body on school costs and performance in New York City High Schools. ED 420-464.

Stone, D. A. (2002). *Policy Paradox: The Art of Political Decision Making* (Revised ed.). New York: W.W. Norton and Company.

Strauss, V. (2014, April). *What does the SAT measure? Aptitude? Achievement? Anything? The Washington Post*. Retrieved from https://www.washingtonpost.com/news/answer-sheet/wp/2014/04/22/what-does-the-sat-measure-aptitude-achievement-anything/

Theobald, P. & Mills, Ed. (1995). Accountability and the struggle over what counts. *Phi Delta Kappan, 76*, 462.

Trow, M. (1974). "Problems in the transition from elite to mass higher education," in *Polices for Higher Education*, Paris: OECD.

Urban, W. M., 한기욱 역(1988). 상징체계의 일반이론. 김영직 편, 상징. 서울: 문학과 지성사.

Van de Ven, A. H. (1987). Three Rs of administrative behavior: rational, random, and reasonable. In R. H. Hall, & R. E. Quine (Eds.), *Organizational Theory and Public Policy*. New York: Sage Publication.

Van de Ven, A. H., & Poole, M. S. (1988). Paradoxical requirement for a theory and organizational change. In R. E. Quinn & K. S. Cameron (Eds.), *Paradox and transformation: Toward a change and management* (pp. 19-63). Cambridge: Ballinger Publishing Company.

Walsley, A., Fine, M., King, S. P., Powell, L. C., Holland, N. E., Gladden, R. M., & Mosak, E. (2000). *Small schools: Great strides, a study of new small schools in Chicago.* New York: Bank Street College of Education.

Wasley, P. A., & Lear, R, J. (2001). Small schools, real gains. *Educational Leadership, 58*(6), 22-27.

Weiss, C. C., Carolan, B. V., & Baker-Smith, E. C. (2009). Big school, small school: Retesting assumptions about high school size, school engagement and mathematics achievement. *Journal of Youth Adolescence, 39*, 163-176.

Werblow, J., & Duesbery, L. (2009). The impact of high school size on math achievement and dropout rate. *The Journal of Higher Education, 82*(1), 1-32.

Wyse, A. E., Keesler, V., & Schneider, B. (2008). Assessing the effects of small school size on mathematics achievement: A propensity score-matching approach. *Teachers College Record, 110*(9), 1879-1900.

국내 신문기사, 인터넷 사이트

뉴스 1(2021. 1. 10.). 지방 소멸이 이미 현실화 됐다.

손정수(2019. 6. 26.). 굿데일리 뉴스.

이길원(2020. 7. 26.). 뉴스 1.

임아영, 박은하(2019. 1. 20.). 경향신문.

임연기(2016. 2. 19.). 작은 학교, 보존과 육성이 먼저다. 동아일보

중앙일보(2015. 11. 5.). 25년 뒤 충남, 마을 351개 사라진다.

한국경제신문(2020. 10. 4.). [창간 기획] 부모 재력이 스펙.

한국교육신문(2000. 8. 28.). 7면.

교육통계서비스(kess.kedi.re.kr)

국가통계포털(www.kosis.go.kr)

http://smallschool.ktu.or.kr/pink/index.html 검색일 2004. 5. 1.

http://blog.daum.net.net/gu4660/4102/ 검색일 2016. 1. 19.

https://ko.wikipedia.org/wiki/ 검색일 2019. 6. 1.

❑ 찾아보기

◆ 인명 ◆

저자 소개

임연기(Im, Youn-kee)

공주대학교 사범대학 교육학과 명예교수
교육부 지정 중앙농어촌교육지원센터 센터장
(사)한국교육행정학회 이사

〈주요 경력〉
강남중학교 교사
한국교육개발원 선임연구위원
공주대학교 사범대학 교육학과 교수
공주대학교 기획처장, 교육과학연구원장, 한민족교육연구원장 등
한국장학재단 비상임이사
교육부 시·도 교육청평가위원회 위원장
보건복지부 중앙생활보장위원회 위원
농림부 삶의질 실행계획 평가위원
한국교육행정학회 회장
한국방과후학교학회 회장

〈주요 저·역서〉
교사와 도덕성(공저, 대문사, 2007)
교육학개론(공저, 학지사, 2011)
교육복지의 이해(공저, 학지사, 2013)
한국 교육행정학 연구 핸드북(공저, 학지사, 2013)
한국의 교육행정 탐구(공동체, 2018, 대한민국학술원 2018 우수도서 선정)
세계의 통합학교: 제도와 운영사례(공저, 성안당, 2020)
교육행정 및 경영 탐구(4판, 공저, 공동체, 2020)
교직실무: 교직의 이해와 혁신(2판, 공저, 공동체, 2020)
교육행정학의 반성과 비판(공역, 교학연구사, 1991)
교육학의 이해(역, 공주대학교 출판부, 2005)

딜레마와 교육정책

한국 농촌학교의 딜레마 상황과 정책 대응
Dilemma and Educational Policy

2021년 2월 20일 1판 1쇄 발행
2021년 2월 25일 1판 1쇄 발행

지은이 • 임연기
펴낸이 • 김진환
펴낸곳 • (주) **학지사**

　　　　　　04031 서울특별시 마포구 양화로 15길 20 마인드월드빌딩
대표전화 • 02)330-5114　　　팩스 • 02)324-2345
등록번호 • 제313-2006-000265호

홈페이지 • http://www.hakjisa.co.kr
페이스북 • https://www.facebook.com/hakjisabook

ISBN 978-89-997-2358-2 93370

정가 19,000원

출판 · 교육 · 미디어기업 **학지사**

간호보건의학출판 **학지사메디컬** www.hakjisamd.co.kr
심리검사연구소 **인싸이트** www.inpsyt.co.kr
학술논문서비스 **뉴논문** www.newnonmun.com
원격교육연수원 **카운피아** www.counpia.com